Jutta Ditfurth

Feuer in die Herzen

Plädoyer für eine
ökologische linke Opposition

CARLSEN

Für Manfred Zieran

und für alle Menschen, die sich ihre Utopie nicht
rauben, ihre Analyse nicht dumm machen, ihre Kritik
nicht denunzieren und sich in ihrer Handlungsfähigkeit
nicht beschränken lassen.
Ich bedanke mich bei denen, die mich bei diesem
Buch mit Solidarität, Anregungen, Informationen und
Kritik unterstützt haben.

1. Auflage September 1992
Copyright © by Carlsen Verlag GmbH, Hamburg
Lektorat Wolfgang Schuler
Umschlaggestaltung Buchholz/Hinsch/Hensinger
Umschlagfoto: Kurt Steinhausen
Gesetzt aus der Times
von KCS GmbH, Buchholz/Hamburg
Druck und Bindung Friedrich Pustet, Regensburg
Printed in Germany
ISBN 3-551-85002-X

Inhalt

Feindbild Mensch

Wir wissen nicht, ob am Ende der Auseinandersetzung um ein humanistisches Menschenbild der Mensch, wie wir ihn heute kennen, noch existieren wird: kreativ und widersprüchlich, lernfähig, fähig zu Reflexion, Selbstbestimmung und Emanzipation, neugierig und feige, solidarisch und egoistisch, unterwürfig und freiheitsliebend. Die Fronten in dieser außerordentlich politischen Auseinandersetzung um das, was der Mensch ist und was er künftig sein soll, scheinen verworren. Weder BündnispartnerInnen noch GegnerInnen verhalten sich, wie wir es von ihnen erwarten könnten.

Der Mensch ist ein »Ensemble der sozialen Verhältnisse« (Marx), in denen er aufwächst, lebt, arbeitet, liebt, streitet und kämpft. Die gegensätzliche Vorstellung finden wir nicht nur in der traditionellen und herrschenden Auffassung der Medizin und der Biologie. Das Feindbild »Mensch«, die gewaltsame biologistische Beschränkung des Menschen auf Geschlecht, angebliche Rassen, auf »Begabungen« und »Anlagen« streut heute in alle Bereiche der Gesellschaft. Lose, oberflächliche Gedankenfacetten verbinden sich zu geschlossenen biologistischen Konzepten. Gedankenschrott und Bewußtseinsgifte wie die der Esoterik nähren menschenfeindliche, politische und wirtschaftliche Interessen. Und die organisieren sich erschreckend systematisch.

In »Deutschland«, wie die BRD plötzlich hemmungslos genannt wird,[1] wurde der Faschismus nie aufgearbeitet, weder von den Herrschenden in Kapital und Politik noch von den »kleineren« TäterInnen und MitläuferInnen. Wichtige Akteure[2] überlebten das Ende des Nationalsozialismus und beteiligten sich nach 1945 an der »Gestaltung« von Nachkriegsdeutschland. Sie bestimmten die Strukturen, die Ausbildungsinhalte und das Bewußtsein in Wirtschaft, Politik, Justiz, Kultur, Bildung, Medizin. In den Wissenschaften, von der Medizin bis zu den Sozialwissenschaften, hat, von den Emanzipationsbewegungen der sechziger bis achtziger Jahre zeitweise an den Rand gekämpft, ein Menschenbild überlebt, das jedem und jeder einen festen Platz in der Gesellschaft zuweist. Wer oben ist, soll oben bleiben, wer unten ist, unten. Autoritäre Gesellschaften und Herrschaftsverhältnisse werden aus »biologischer« Ordnung abgeleitet. Ausbeutung, Erniedrigung und Perspektivlosigkeit erfahren ihre »natürliche« Begründung.

Ob Biologie oder kosmisches Schicksal: GentechnokratInnen, ÖkofaschistInnen und AnhängerInnen des *New Age* gehen Hand in Hand in die Ökodiktatur. Wir werden feststellen, daß wir mitten im Prozeß der Enthumanisierung der Ökologie stehen und daß sie uns in vielfacher Gestalt als Kampfbegriff gegenübertritt.

Die außerparlamentarische Opposition, linke und emanzipatorische Initiativen, die StudentInnen- und die Lehrlingsopposition, die Anti-AKW- und die Frauenbewegung, antimilitaristische und internationalistische Bewegungen haben seit 1968, vielleicht 15 oder 20 Jahre lang, den stinkenden Mief nicht nur »unter Talaren« wegfegen können. VertreterInnen von Staat, Kapital, Kirche und etliche Besitzer der veröffentlichten Meinung treten seit einigen Jahren mit guter Hoffnung an, die Erfolge dieser begrenzten gesellschaftlichen Emanzipation auszuradieren. Haben sie Erfolg, wird dieses Land noch schwerer erträglich, als es sowieso schon ist. Es gäbe dann kaum noch Widerstand gegen die Eroberungsfeldzüge gegen Menschen und Natur.

Mit einigen Managern läßt sich derzeit unverkrampfter als mit manchen ehemaligen Linken darüber diskutieren, daß wir im Kapitalismus leben und daß es der zentrale Antrieb des Kapitals ist, sich menschliche Arbeitskraft und Natur möglichst billig anzueignen, um die günstigsten Verwertungsbedingungen zu schaffen. Wer inzwischen von den Verhältnissen profitiert und deshalb keine anderen (mehr) will, leugnet Grunderkenntnis. Solche Leute erkennen wir gelegentlich daran, daß sie viel von »ökologischer und sozialer Marktwirtschaft« schwätzen und zusammenzucken, wenn eine/r statt dessen von »Kapitalismus« spricht oder »Profit« sagt statt »Gewinn«. Politische Erkenntnis und gesellschaftlicher Erfolg stehen in keinem unmittelbaren Zusammenhang. Wir sollten versuchen, schlechte politische Zeiten wenigstens ohne verblödeten Kopf zu überstehen.

Einer der Erfolge der Linken war es, daß Menschen lernten: Wissenschaft und Technologie sind nicht wertfrei, sondern interessengeleitet, was bedeutet, daß es in der Forschung viele Wei-

10

chen gibt, an denen sich der weitere Weg entscheidet, zum Beispiel *für* Atomenergie und *gegen* eine ökologische und soziale Energieversorgung. Forschungsziele und Erkenntnisinteressen richten sich nach den spezifischen Kapitalverwertungsinteressen der jeweiligen Fraktion, die auf die wissenschaftliche Arbeit Einfluß nimmt. Im Fall der Atommafia ist dies nach wie vor das Interesse an Herrschaft und Profit durch Atombombenfähigkeit und Energieverschwendung. Für die Atomenergie wie für die Gen- und Reproduktionstechnologie gilt: Überprüfe, wer woran arbeitet, wer Forschung, Wissenschaftler und Wissenschaftlerin bezahlt und aus welchem ökonomischen oder politischen Interesse. Dann weißt du, was herauskommen soll, welchem Zweck es dient, welche Zusammenhänge, sozialen Interessen und welcher Teil der Realität vernachlässigt und geleugnet wird, welche alternativen wissenschaftlichen und technologischen Entwicklungen zerschlagen werden und welche politische Entwicklung uns droht.

I. Die letzte Ressource
Destruktivkraft Gen- und
Reproduktionstechnologie

Mörderische Ethik

Die Gen- und Reproduktionstechnologien bieten die wissenschaftlich legitimierte Möglichkeit, die Grenzen der Ausbeutung von Mensch und Natur zu erweitern, mehr aus dem menschlichen Körper herauszupressen als nur Arbeitskraft, mehr aus dem Boden als nur Uran oder Saatgut. Der Angriff der Gendiktatoren aus Kapital, Politik und Wissenschaft richtet sich auf die Ware aller Waren: den menschlichen Körper, die menschliche Zelle. Die Kapitaloffensive zielt auf die menschlichen Gene, auf den um alle seine sozialen Fähigkeiten enteigneten, biologisch reduzierten, gentechnologisch zerlegten Menschen. Für die maximale Ausbeutung unseres Lebens stehen dem Gentechkapital noch einige Hindernisse entgegen: ein paar lästige Gesetze, wenige moralische Skrupel in Teilen der herrschenden Klasse und der Stand der gegenwärtigen Forschung. Während sie viele Milliarden US-Dollar und Mark in die Gentechnologie investieren, zielen die Betreiber auf die Beseitigung der größten Barriere ihrer Pläne, der kulturellen Schranken des gegenwärtigen, brüchigen Wertesystems. Denn das Menschsein soll ein völlig anderes werden.

Viele wissenschaftliche und technische Entwicklungen wurden nie gemacht oder nie weiterverfolgt, weil sie den Herrschenden weder ökonomischen noch politischen Nutzen versprachen. Es gibt Produktivkräfte, die unter *allen* gesellschaftlichen Bedingungen zu *Destruktivkräften* werden, wie die Atomenergie und die Gen- und Reproduktionstechnologie. Andere technologische Systeme haben oft einen ambivalenten Charakter. Ihre Brauchbarkeit für uns kann manchmal von den konkreten technischen und gesellschaftlichen Umständen abhängen, unter denen sie eingesetzt werden. In der chemischen Industrie beispielsweise finden wir Produktionsverfahren oder Stoffe, die mit Änderungen auch in einer künftigen humanen Gesellschaft brauchbar sein könnten. Anderes, wie die gesamte Chlorkohlenwasserstoffproduktion, Pestizide oder chemische Kampfstoffe, ist unter allen Umständen zerstörerisch.

In den Naturwissenschaften wurde nach der Physik die Biologie zur neuen Leitwissenschaft. In der Verbindung mit der Medizin und mit unbedingter Unterstützung der Informatik[3] nimmt sie in Gestalt der Gen- und Reproduktionstechnologie den Spitzenplatz des gegenwärtigen Forschungsinteresses ein. Sobald die in der Gentechnologie liegenden ungeheuren Profitchancen den Kapitaleignern bewußt wurden, lenkten sie große Teile ihrer Forschungs- und Entwicklungskapazitäten auf die Gentechnologie. Heute ist diese in ihrem Organisationsgrad allenfalls mit der Rüstung vergleichbar.

In einer Gesellschaft wie der deutschen, in der Faschismus nicht aufgearbeitet, sondern mit Großmachtbildung »belohnt« wird, lebt der Rassismus, und als dessen spezifische Ausprägung der Antisemitismus[4], um so heftiger weiter. Wie sollte gerade die Gen- und Reproduktionstechnologie von rassistischer und biologistischer Ideologie frei sein? Die Ideologie von der angeblichen Minder- und Höherwertigkeit menschlichen Lebens, die Eugenik[5], ist, ganz im Gegenteil, in den Gen- und Reproduktionstechnologien bestens aufgehoben. Mit dieser Technologie kann sich die Eugenik weiter ausbreiten, das naturwissenschaftliche Menschenbild und bald das sozialwissenschaftliche dominieren und immer tiefer in alle Bereiche dieser Gesellschaft vordringen. Ein moderner Faschismus würde, gleichgültig wie ablehnend sich heute einige neofaschistische Organisationen gegenüber der Gentechnologie verhalten, ohne Gen- und Reproduktionstechnologien nicht mehr auskommen. Wie im Kapitalismus der Faschismus angelegt ist − als Möglichkeit, nicht als zwangsläufige Entwicklung −, ist der Gen- und Reproduktionstechnologie die Eugenik, die systematische Unterscheidung in minder- und höherwertiges Leben, immanent.

Die internationale »WissenschaftlerInnengemeinde«, wie sie sich selbst verniedlichend nennt, behauptet, sie stimme darin überein, nicht in die menschliche Keimbahn einzugreifen. Bei diesem Eingriff wird fremde (etwa tierische) Erbsubstanz gentechnisch in die menschliche Eizelle eingebaut, mit dem Ziel der Weitervererbung dieser fremden genetischen Eigenschaften über mehr als eine Generation. Werden diese Verfahren perfektioniert und beschleunigt, steht am Ende der Mensch als ein Stück gentechnisch rekombiniertes Leben. »Wenn wir, sagen wir mal in zweihundert Jahren, die DNA maschinell herstellen können, dann

16

könnten wir genau entscheiden, welchen Menschen, nach welchem genetischen Vorbild, wir haben wollen«, sagt Joshua Lederberg, Nobelpreisträger für Medizin und Physiologie.[6] Möglicherweise wäre er einer derjenigen, die entscheiden würden, nach welchem Vorbild »wir« den Menschen haben wollen. 1966 schlug Lederberg vor, es doch einmal mit der Züchtung von »subhumanen Individuen« zu versuchen: gentechnische Kreuzungen aus Menschen und Affen für spezielle niedere Aufgaben; und andererseits die Klonierung (künstliche Herstellung genetisch identischer Kopien einer Zelle durch ungeschlechtliche Vermehrung) wertvoller menschlicher Erbgutträger. 1970 führte er vor dem Repräsentantenhaus in Washington die Notwendigkeit aus, durch vorgeburtliche Selektion und später durch gentechnischen Umbau »defekter Menschen« die Zahl der Belegungen von Krankenhaus- und Anstaltsbetten − und damit die Kosten − um ein Viertel zu senken. Lederberg kann sich mit seinem Menschenbild des Unmenschen in Gentechnologenkreisen höchster Zustimmung erfreuen, er ist wahrlich kein Außenseiter. Später wurde er zum Chefberater der erfolgreichen Cetus Corporation (USA).[7]

Die WissenschaftlerInnen*gemeinde* ähnelt einem Marionettentheater im Eigentum der multinationalen Konzerne (deren Begehrlichkeiten sie im eigenen Interesse voranzutreiben weiß). Sie wird ihre Übereinkunft − die heute mindestens experimentell andauernd unterlaufen wird − eines Tages auch offen sprengen. Noch ist der Kampf nicht ganz entschieden. An vielen Orten reden sich Verkaufsstrategen hochbezahlte Köpfe heiß und entwerfen Kampagnen, wie die Manipulation des menschlichen Erbgutes einer skeptischen Öffentlichkeit schmackhaft zu machen ist.

Wer bereit ist, Lebewesen zu patentieren, will das Leben in seinen Besitz bringen und kommerzieller Nutzung zuführen. Wer mit Hilfe der Genomanalyse gesundheitlich gefährdete Arbeitsuchende selektiert, will nicht etwa gesundheitsschädliche Produktionsbedingungen verändern, sondern sucht nach giftresistentem »Menschenmaterial«. Wer die vorgeburtliche Diagnostik ständig um neue Prüfkriterien erweitert und zur Zwangseinrichtung machen will, will die Qualitätskontrolle für Embryonen und bereitet Menschenzüchtung vor.

Wer den Menschen auf seine Gene reduziert, seiner sozialen Potenz beraubt, wer Eliten durchsetzt und die Oben-Unten-Ordnung, wird eines Tages menschliche Prototypen durchsetzen wollen, den Kapitalinteressen perfekt angepaßte menschliche Lebewesen. Auf der internationalen CIBA-Konferenz 1962 in London waren gentechnisch verkrüppelte Menschen für die Raumfahrttechnik eine Idee, die nicht auf Ablehnung stieß. Heute reden die Gendiktatoren von anspruchslosen, giftresistenten Robotermenschen, profitablen biologischen Maschinen. Es ist das Ziel der Menschenzüchtung, die einzigartige menschliche Individualität fremdbestimmten Interessen zu opfern. Das Menschenbild der GentechnokratInnen ist seit vielen Jahren bekannt. Es setzt sich schleichend durch. Was sollten die Fraktionen von Kapital, Staat, Politik, Wissenschaft und Medien gegen Menschenzüchtung einzuwenden haben? Die Zurückhaltung ist vorzugsweise taktischer Natur.

Die Gen- und ReproduktionstechnologInnen haben es verstanden, die Geschichte ihrer Wissenschaft zu verbergen, denn ein Grundstein der heutigen Humangenetik wurde in den nationalsozialistischen Vernichtungsanstalten und Konzentrationslagern gelegt. »Die besten Geister der Menschheit werden genetische Methoden entwickeln, die neue Eigenschaften, Organe und Biosysteme erfinden, die den Interessen, dem Glück und der Herrlichkeit jener gottgleichen Wesen dienen, deren dürftige Vorahnung wir elende Kreaturen von heute sind«, sagte der US-Eugeniker und Nobelpreisträger Hermann Joseph Muller. 1935 schlug er vor, das »stark befallene menschliche Material [...] so gut wir können zusammen[zu]setzen«.[8] Man müsse eines Tages auf der Suche nach den »Genen für Schwachsinn«, träumt Muller, »die gesamte Bevölkerung im Hinblick auf ihre möglichen ›Trägereigenschaften‹ gründlich untersuchen und bei einem Großteil die Fortpflanzung unterbinden«. Nur »Trägheit« und »Ignoranz« verhinderten die »Loslösung der Fortpflanzungsfunktion vom Liebesleben des Individuums.« Durch »Selektion männlicher Keime« sei es heute (1935!) schon möglich, daß 50 000 Kinder durch »künstliche Besamung« die »Anlagen eines als überragend einzuschätzenden Mannes« erben. Klar wurde, wer sich selbst für »überragend« hält: 80 Prozent allen Spendersamens stammen heute (Anfang der neunziger Jahre) von Medizinern und Medizinstudenten.[9]

Muller ist kein Sonderfall. Auf der genannten CIBA-Konferenz redeten die Wissenschaftler noch Klartext. Etwa Nobelpreisträger Joshua Lederberg: Das Wesen des Menschen lasse sich auf »1,80 Meter einer besonderen Molekülsequenz«, die Länge seiner DNS[10], zurückführen.[11] Zuchtauswahl, die Entwicklung der Gesellschaft hin zur »freiwilligen Eugenik« (Auswahl hochwertiger Keimzellen, Verhinderung minderwertigen Lebens), Leihmütter, vegetative Vermehrung von sogenannter Genialität, Diskriminierung und Vernichtung von »genetisch Defektbelasteten« – Begriffe wie diese prägen die Sprache der GentechnokratInnen bis heute. Die Menschheit trägt eine »genetische Bürde«, und RassehygienikerInnen, SoziologInnen und GentechnologInnen sind nur da, um uns ein wenig von der Last des Lebens abzunehmen. Medizin-Nobelpreisträger F. H. C. Crick, heute einer der berühmtesten Gentechnologen, sagte 1962 in London: »Haben die Menschen überhaupt ein Recht, Kinder zu bekommen? Wie wir von Dr. Pincus [...] hörten, wäre es für die Regierung nicht sehr schwierig, der Nahrung etwas beifügen zu lassen, was den Nachwuchs unterbindet. Außerdem könnte sie [...] ein anderes chemisches Mittel bereithalten, das die Wirkung des ersteren aufhebt und das nur solche Leute erhalten, deren Fortpflanzung erwünscht ist. Das wäre keineswegs indiskutabel [...] von der humanistischen Ethik sehe ich nicht ein, wodurch ein Recht auf Kinder zu begründen sein soll [...]«[12]

In frauenfreundlicher Pose plädieren Muller und seine Epigonen für eine Aufzucht des Embryos außerhalb des Mutterleibs, um die Frauen von der »oft unerträglichen Last ihres Geschlechts« zu befreien und die »unvorstellbare Tortur der Geburt zu mildern«. Worum es ihm eigentlich geht, sagt er deutlich: »Ein solcher Fortschritt in der Wissenschaft der Fortpflanzung würde uns die wertvolle Möglichkeit eröffnen, die Entwicklung des Embryos sehr viel unmittelbarer zu steuern«, und von noch größerer Bedeutung wäre die »Möglichkeit, Embryos mit überragenden Erbanlagen selektiv großzuziehen oder gar zu vermehren.«[13]

Im April 1992 gab die Medizinische Fakultät der Universität Tokio bekannt, daß in ihrer gynäkologischen (!) Abteilung erstmals eine Ziege in einer künstlichen Gebärmutter heranreife. Der zuständige Wissenschaftler Yoshinori Kuwabara hält die Übertragung der Methode auf Menschen für so machbar wie wünschenswert. Eine italienische Arbeitsgruppe um Carlo Bulletti arbeitet in Bologna mit herausoperierten Gebärmüttern und sogenannten überzähligen Embryonen an dem gleichen Problem.[14] Muller formulierte in der Zeit des Faschismus, wovon GenetikerInnen Anfang der neunziger Jahre träumen: Menschenzucht, Macht über Fortpflanzung und Leben und die restlose Plünderung der biologischen Potenzen des Menschen zum Zwecke der Herrschaft über das Leben und des Profits. Es ist, als wäre *Mein Kampf* noch einmal geschrieben worden und als läse fast niemand das Buch und nähme es ernst.

Alles, wirklich alles wird zur Ware

Im Slum einer indischen Stadt betreut ein Team ausländischer Ärzte eine Gruppe von Frauen. Alle diese Frauen gehören zu den Ärmsten, und alle haben neugeborene Babys. Ihre Lage ist anders als die ihrer Nachbarn. Sie werden abwechslungsreich ernährt, sie erhalten Seife, saubere Kleidung, Wäsche und Trockenmilch für ihre Kinder. Dafür bezahlen sie mit ihrem Körper. Sie prostituieren sich nicht sexuell, sondern vermieten biologische Funktionen ihres Organismus an einen bundesdeutschen Chemiekonzern. Ihre Milchsekretionsdrüsen wurden von den Ärzten gentechnisch so manipuliert, daß sie einen wertvollen pharmakologischen Grundstoff produzieren, den sie mit der Muttermilch ausscheiden. Diese Milch zapfen die Forscher den Frauen ab und filtern in ihrem Labor den begehrten Wirkstoff heraus. Die Substanz wird sorgfältig in gläserne Sicherheitsbehälter verpackt, vakuumverschlossen und tiefgekühlt an die Forschungsabteilung des Chemiekonzerns geschickt. Der Konzern bezahlt die Ärzte gut, denn der aus den menschlichen Fabriken, den Frauen, gewonnene pharmakologische Wirkstoff läßt sich zu Höchstpreisen vermarkten.

Diese Beschreibung bezieht sich auf die nächste Zukunft. Beim Europäischen Patentamt in München liegt seit April 1992 ein Antrag mit der Nummer EP 0279 582 A 3. Antragsteller und Nutznießer: Baylor College of Medicine in Houston, Texas, USA, und die Firma Granada Biosciences, Houston, Texas.[15] Es ist ein Antrag auf »gene pharming«, ein gentechnisches Verfahren, mit dem Säugetiere durch gentechnische Manipulation dazu veranlaßt werden sollen, pharmakologische Wirkstoffe herzustellen. Unter Punkt achtzehn und neunzehn finden wir unter diesen Säugetieren das »Säugetier Frau«, deren Brustdrüse manipuliert und in den Privatbesitz der Antragsteller gelangen soll. Bisher wurde das Verfahren bei Nutztieren angewendet. Auch wenn dieser Antrag erst einmal abgelehnt werden sollte, wird er doch in wenigen Jahren, geht die Entwicklung so weiter, durchgesetzt sein. Einen positiven Vorbescheid erhielt ein australisches Institut, das ein Gen aus dem Eierstockgewebe einer schwangeren Frau patentieren lassen will. Dieses Gent steuert das menschliche Hormon Relaxin während der Geburt.[16]

Vor allem der weibliche Körper ist für die WissenschaftlerInnen hochinteressant: Milchdrüsen, Eizellen, Eierstöcke, Gebärmutter. Das Ziel ist die Verfügungsgewalt über die menschliche Fortpflanzung mittels der Kontrolle und der Enteignung des weiblichen Reproduktionsapparates. Diese Verfügungsgewalt ist die Voraussetzung für Menschenzucht. VertreterInnen der gen- und reproduktionstechnologischen Wissenschaft, oft mit Nobelpreisen dekoriert, wollen die Fortpflanzungsorgane aus dem weiblichen Körper lösen. Die menschliche Fortpflanzung soll diesem gefährlichen, düsteren Ort, der weiblichen Gebärmutter, entrissen werden, Stück für Stück. Eizellen zum Beispiel können auch toten Frauen entnommen werden. Wer braucht in Zukunft eine ausgewachsene Frau mit lästigen sozialen Ansprüchen und Rechten, wenn ein zu diesem Zweck gezüchteter weiblicher Embryo die begehrten Eierstöcke besitzt, die man für die Produktion von Eiern herausoperieren und kultivieren können wird?

Die Entfremdung des Menschen
von sich selbst

Die neue Form der Herrschaft des Menschen über den Menschen verlangt technische und ideologische Voraussetzungen. Neben der Veränderung des gegenwärtigen Bewußtseins der Menschen von sich selbst gibt es seit langem die Enteignung selbstbestimmter Sexualität und Fortpflanzung durch Abtreibungsverbot, Gebärzwang und die Kontrolle von Schwangerschaft und Geburt. Dieses alte System, das patriarchale Herrschaft[17] seit Jahrtausenden stärkt, erfährt unter den Bedingungen wissenschaftlicher und technologischer Veränderungen einen Entwicklungssprung.

Um über die reproduktiven Fähigkeiten jener Menschen verfügen zu können, die über sich selbst bestimmen wollen, muß ihnen das Selbst-Bewußtsein genommen werden. Die Frau, die abtreiben will oder abgetrieben hat, ist — sofern sie weiße Bewohnerin des reichen Nordens ist — Haßobjekt organisierter AbtreibungsgegnerInnen in Staat, Kapital, Kirche und Teilen der Medien. Die Frau, die entschieden hat zu gebären, wird zur kranken Frau gemacht. Nicht die Frau stellt durch eigene Beobachtung die Schwangerschaft fest, sondern ÄrztInnen. Vorgeschriebene Pflichtuntersuchungen machen sie zum staatlichen Kontrollobjekt. Die »verantwortliche« Geburt soll im Krankenhaus stattfinden, die Frau liegend, medizintechnischen Einrichtungen auch dann ausgeliefert, wenn der Verlauf der Schwangerschaft keinen Anhaltspunkt für Komplikationen bietet.

Monate vor der Geburt gucken Frauen mit Hilfe von Ultraschall »Fötenfernsehen«. Die Untersuchungen sollen ihr den Embryo als eigenständige Person vorführen, um sie von einer Abtreibung abzuhalten.[18] Er tritt ihr vermeintlich losgelöst von ihrem Körper gegenüber. Das erleichtert es Legionen sogenannter LebensschützerInnen, als selbsternannte AnwältInnen im Namen der »Rechtsperson Embryo« ganz eigene bevölkerungspolitische Interessen gegen die selbstbestimmten individuellen Interessen der Frau durchzusetzen. Die GentechnokratInnen folgen. Wie peinlich, wenn sich die vermeintliche eigenständige Rechtsperson auf dem Ultraschallbild später als Zyste oder Darmschlinge entpuppt.

Die Ergebnisse der vorgeburtlichen Untersuchungen werden zusammen mit den persönlichen Daten der Mutter, den späteren Daten der Geburt und der Abschlußuntersuchung im Mutterpaß erfaßt. Eine Kopie des Berichts wird vom behandelnden Arzt oder von der Ärztin an die kassenärztliche Vereinigung geschickt, ohne daß die Frauen gefragt werden.[19] Für die Legitimation des Geburtsmedizinapparates ist es notwendig, daß die »Krankheit« Schwangerschaft zum immer größeren Risiko wird. Je größer das Risiko, desto mehr Gewinn durch teure Untersuchungen und um so mehr Kontrolle.[20] Vorsorgeuntersuchungen dienen mehr und mehr der Kontrolle des »genetischen« Materials des möglichen künftigen Menschen und seines »fötalen Umfeldes«, der Frau. Mit jeder Schwangerschaft, mit jeder Geburt, wird die genetische Datenbank über die Bevölkerung vervollständigt. Ziel dieser Entwicklung einer eugenisch dominierten Geburtsmedizin ist weder die Selbstbestimmung von Frauen noch die Gesundheit des Embryos.

Mensch auf Probe

Unkontrollierte Embryonen will die pränatale (vorgeburtliche) Diagnostik, eine weitere auf die Genomanalyse aufbauende Technik, verhindern helfen. Zu diesem Zweck werden bei der schwangeren Frau Blut-, Urin-, Fruchtwasser-, Enzym- und Proteintests gemacht. Dem Embryo wird Zellmaterial für Chromosomenuntersuchungen entnommen. Es gibt folgende Entnahmeverfahren:

- Mit der *Amniozentese* wird durch die Bauchdecke der Frau in der 16. bis 20. Woche Fruchtwasser entnommen. Das Ergebnis über die genetische Qualität des Embryos liegt nach zwei bis vier Wochen vor.
- Mit der *Chorionzottenbiopsie* wird dem Körper der Frau in der 7. bis 11. Schwangerschaftswoche Zellmaterial aus der Zottenhaut, dem vom Embryo gebildeten Teil der Plazenta, entnommen. Das Ergebnis kann nach wenigen Stunden geliefert werden.

● Mit der *Fötoskopie* wird der Embryo durch den Körper der Frau in der 15. bis 20. Schwangerschaftswoche mit Hilfe eines Endoskops betrachtet. Ihm wird Blut-, Haut- oder Lebergewebe entnommen.

Das Risiko für eine Fehlgeburt liegt bei der Amniozentese unter einem Prozent, das bedeutet bis zu eine Fehlgeburt auf hundert Untersuchungen. Bei der Chorionzottenbiopsie steigt das Risiko von 2 auf bis zu 10 Prozent. Dennoch wird diese Methode in den meisten Krankenhäusern bevorzugt. Ihre schnellen Ergebnisse über die angebliche Qualität des künftigen Menschen machen Abtreibungen aus eugenischen Gründen noch vor der Zwölfwochenfrist der Indikationsregelung oder Fristenlösung möglich.

Die pränatale Diagnostik ist eine gentechnische Selektionsmethode zur Verhinderung von »minderwertigem Menschenmaterial«. Ihre Aufgabe ist es, die Geburt möglicher und angeblich behinderter Menschen zu verhindern. Das führt dazu, daß Embryonen aus eugenischen Gründen abgetrieben werden, aus Gründen, die mit der Be-*Wert*ung des embryonalen Genoms[21] und der davon abgeleiteten vermeintlichen späteren menschlichen Qualität zu tun haben. Daß es sich dabei um eine Hilfe für selbstbestimmte Entscheidungen von Frauen handelt, ist schiere Propaganda. Frauen, die heute noch glauben, diese Methode helfe ihnen in einer behindertenfeindlichen Gesellschaft die befürchteten Belastungen durch ein sogenanntes behindertes Kind zu vermeiden, werden morgen feststellen, daß sie erpreßt worden sind abzutreiben, weil ihre Embryonen den Qualitätsvorstellungen von Staat, Kapital und Wissenschaft nicht entsprechen.

Die Gründe für die selbstbestimmte Entscheidung einer Frau für eine Abtreibung sollten nur in ihrem eigenen Leben liegen und nicht mit der eugenischen Qualität des späteren Kindes begründet werden. Die pränatale Diagnostik ist kein Hilfsmittel weiblicher Autonomie, geschaffen von frauenfreundlichen Wissenschaftlern in einer menschenfreundlichen Gesellschaft. Ihre Nutzung hilft bei der gesellschaftlichen Durchsetzung der menschenfeindlichen Eugenik. Ihr unkritisch zu begegnen zeugt von Ignoranz und einem Weltbild, das die Wahrnehmungsgrenze von zweieinhalb Metern um die eigene Person herum nicht überschreitet.[22]

Die pränatale Diagnostik ist eine *Selektionstechnik.* Die immer feineren Methoden der Früherkennung von Abweichungen von der herrschenden Norm als der Norm der Herrschenden bieten den humangenetischen Beratungsstellen[23] die Möglichkeit, im Interesse der neuen deutschen Volksgemeinschaft Abtreibungen zum Wohle eines »gesunden Volkskörpers« mit High-Tech-Wissenschaft neu zu rechtfertigen. Die pränatale Diagnostik ist ein Einfallstor für gentechnischen Rassismus. Sie trägt dazu bei, diese Gesellschaft noch menschenfeindlicher zu machen. Jeder *lebende* sogenannte behinderte Mensch wird ein Selektionsversagen symbolisieren. Die Gesellschaft signalisiert ihnen: Solche wie dich rotten wir aus. Du hast kein Existenzrecht. Für den Ministerialrat im bayrischen Justizministerium Günter Hirsch und den Regierungsdirektor im Bundesjustizministerium Dr. Wolfram Eberbach ist es eine »Verlockung«, mit jedem nicht geborenen Behinderten durchschnittlich 7,3 Millionen Mark einzusparen, was bei 100 000 »Fällen« schon einen Betrag von 730 Milliarden Mark ausmacht.[24] Eine Gesellschaft mit Menschen nur nach ihrem Bild? Der US-Genetiker Bentley Glas spricht eine der Zielvorstellungen gentechnischer Manipulation klar und deutlich aus: »Kein Elternpaar wird in jener Zukunft das Recht haben, die Gesellschaft mit einem mißgebildeten Kind zu belasten.«[25] In den USA gibt es schon die ersten Fälle von verweigertem Krankenversicherungsschutz für Eltern, die sich trotz latenter Erbkrankheit ein weiteres Kind wünschen. Die genetische Diskriminierung wächst. Wenn sich die wissenschaftlich festgestellte »Minderwertigkeit« mit Armut verbindet, werden Menschen ganz und gar in den Dreck gestoßen.

Mit der Verhinderung von Behinderungen (nicht von behinderten Menschen), also der Hilfe für konkrete Individuen, hat die Selektionstechnik nicht einmal im Ansatz zu tun. Dauerhafte gesundheitliche Schäden werden von Radioaktivität aus Atomanlagen und Atomwaffenversuchen, chemischen Giften in Luft, Wasser, Boden und Nahrungsmitteln, Pestiziden, Holzgiften usw., sozialen Gewaltverhältnissen, kaputtmachenden Arbeitsbedingungen, miesen Wohnungen, der Gewalt des Autoverkehrs, Medikamentenvergiftungen oder Sportunfällen verursacht und: »4 Prozent der Neugeborenen leiden zwar an genetisch bedingten

Störungen, von diesen sind jedoch nur 0,5 Prozent vererbt, die restlichen 99,5 Prozent treten spontan als Neumutationen auf.«[26]

Drei Dinge gewährleistet die pränatale Diagnostik schon heute: erstens die genetische Erfassung von immer größeren Teilen der Bevölkerung schon vor der Geburt, zweitens die Durchsetzung von die Menschenzüchtung vorbereitenden Selektionstechniken und drittens die Vergiftung des Menschenbildes in unseren Köpfen.

Niemand darf sich die Illusion machen, daß wir in dieser Gesellschaft freie Individuen sind, denen es erlaubt ist, *umfassend* selbstbestimmt und verantwortlich zu entscheiden. Wer setzt die Norm, was »lebenswertes« Leben ist? Nicht wir, sondern die Herrschenden in dieser Gesellschaft, die von ihnen so rasend nach rechts entwickelt wird. Sie versuchen, mit ihren menschenfeindlichen Werten auch in unsere Köpfe zu dringen. Würden wir — wegen der besonderen gesellschaftlichen Benachteiligung — eine Abtreibung wegen des »Qualitätsmerkmals« Trisomie[27] befürworten, aber auf andere Möglichkeiten des »Qualitätsnachweises« für ein künftiges Kind freiwillig verzichten? Sie wollen unbedingt einen Sohn und fänden heraus, es wird ein Mädchen, was nun? Sie wollen nur *ein* Kind und das soll ein Halbgenie sein, damit es dem Leistungsdruck standhält. Wie lange würden Sie Ihre Embryonen testen, bis das »Produkt« Ihren Ansprüchen genügt?[28] Wann würden Sie merken, daß Sie begonnen haben, Ihre eigene Existenz in Frage zu stellen?

Biologistisches Dogma und zentraler Irrtum

Bei der Grundvoraussetzung der herrschenden gentechnologischen Wissenschaft handelt es sich um einen zentralen Irrtum: daß menschliche Fähigkeiten nach einem genetisch festgelegten Plan reifen und die menschliche Persönlichkeit nur geringfügigen sozialen Einwirkungen ausgesetzt sei. Dabei gibt es reversible, kompensierbare, unterdrückte, inaktive, sich unter verschiedenen sozialen und ökologischen Bedingungen völlig unterschiedlich entwickelnde, insgesamt von den gesellschaftlichen Verhältnissen des sozialen Wesens Mensch abhängige Möglichkeiten persönlicher Entwicklung. Die ungeheure Entwicklungsvielfalt des Menschen wird in kapitalistischen Gesellschaften gewaltsam auf Streichholzschachtelformat gepreßt. Veränderungen, zum Beispiel im Bildungswesen, sollen kleine FachidiotInnen produzieren, die, durch Konsumbeteiligung gezähmt, die Verhältnisse für unveränderbar halten und eine der für sie von Politik, Kirche und Kapital vorgesehenen Funktionen im Leben brav übernehmen.

Solange in die Produktion menschlichen Lebens noch nicht systematisch eingegriffen werden kann, wird aus dem vorhandenen »Embryonen- und Menschenmaterial« ausgewählt, mittels gentechnischer Reihenuntersuchungen beim geborenen Menschen, mit der pränatalen Diagnostik bei Embryonen, mit der In-vitro-Fertilisation (Befruchtung im Reagenzglas) und der Entscheidung, welche Eizelle befruchtet wird und wachsen soll und welche nicht.

Die Kolonisierung des weiblichen Körpers

Um zu lernen, wie in die Produktion des Lebens am besten eingegriffen werden kann, brauchen WissenschaftlerInnen Frauen, die ihnen für eine gewisse Zeit ihr Fortpflanzungssystem zur Verfügung stellen. Das patriarchal (durch männliche Herrschaft) erzeugte Minderwertigkeitsgefühl, ohne Kind keine »richtige Frau« zu sein, Aufklärung hin und Frauenbewegung her, hilft der Wissenschaft bei der Beschaffung des »menschlichen Materials« für Experiment und Erfassung.

Künstliche Befruchtung, Embryonentransfer, In-vitro-Befruchtung – die meisten Manipulationsverfahren werden zuerst bei Tieren ausprobiert. Den Eingriff in die Fortpflanzungs»produktion« der Kuh beschreibt Gena Corea in *Muttermaschine*: Aufgetautes Sperma wird in eine Art Pistole geladen, eine vierzehn Monate alte Jungkuh in eine Box gezerrt und bis zur Bewegungslosigkeit festgebunden. Sie wehrt sich mit weit aufgerissenen Augen vergeblich. »Joey bewegte seine Hand im Darm der Kuh hin und her, dann fand er den Muttermund und packte ihn. Mit seiner rechten Hand führte er den Lauf im 45-Grad-Winkel in ihre Vagina. Ortete die Öffnung des Muttermundes. Schob und drehte den Lauf hindurch. Schoß die Pistole in ihr ab.«[29]

Das Leben der Kuh hängt davon ab, daß sie regelmäßig die Ware Kalb liefert. Durch lange historische Phasen und patriarchale Ideologien hindurch hing und hängt bis heute der Wert von Frauen von ihrer Fähigkeit ab, die »Ware« Leben zu liefern. Ohne diesen fremdbestimmten Druck wären nicht so viele Frauen bereit, sich jahrelang reproduktionstechnologischen Quälereien auszusetzen, um ein »eigenes« Kind zur Welt zu bringen.

Führen bei der Frau riskante Hormonzugaben, Tubendurchblasung (bei verklebtem Eileiter), nervtötender Geschlechtsverkehr nach Stundenplan und auch künstliche Befruchtung mit dem Samen des Partners oder eines anderen Mannes nicht zur Schwangerschaft, kommt das In-vitro-Fertilisations-Programm (IVF) ins Angebot. Zuerst wird die Frau »superovuliert«. Mit Hormonen werden die Eierstöcke überstimuliert, damit viele Eizellen »geerntet« werden können. Signalisiert das Ultraschallbild mehrere Eibläschen, wird durch eine Hormonspritze der Eisprung eingeleitet. Spätestens nach 40 Stunden werden die Eizellen dem Körper der Frau entnommen.

Zur besseren Sicht für die WissenschaftlerInnen wird, nach einem Einstich mit den entsprechenden Gerätschaften, die Bauchhöhle der vollnarkotisierten Frau mit Kohlendioxid aufgepumpt. Die reifen Eizellen werden mit einer Kanüle abgesaugt. Üblicherweise werden mit diesem Verfahren drei bis fünf Eizellen gewonnen. Mehr als sechs Eingriffe dürfen es nicht sein. Drei Frauen sind bisher an den Folgen laparoskopischer Eizellenentnahmen gestorben. Die reifen Eizellen werden auf ihre genetische Qualität geprüft und in einer Nährflüssigkeit aufgehoben. 1992 wurden allein etwa 50 Stoffwechselstörungen bei in-vitrokultivierten Embryozellen festgestellt. Die Computerausdrucke mit den menschlichen Fehlern und den Kriterien für lebenswertes Leben werden immer länger. Irgendwann würden auch wir mangels Qualität verworfen.

Professor Hans Moravec von der Carnegie-Mellon-Universität in Pittsburgh sieht im Erhalt der Menschheit ohnehin keinen Sinn. Synthetische, künstlich konstruierte Wesen, die etwa ab dem Jahr »2030 eigenständig denken« können, um dieses störanfällige Wesen Mensch, vom »schwerfälligen Schritt der biologischen Evolution« gebremst und unfähig zu weitreichender Erkenntnis, etwa im Jahr 2050 abzulösen. Moravec: »Beim Weiterreichen der Fackel wird nicht viel verloren sein.«[30]

Das geprüfte und bearbeitete Sperma des Mannes, der sich mit Hilfe von Pornomagazinen in einem sterilen Klinikraum sexuell »befriedigt«, wird den Eizellen beigefügt und beides in einen Brutschrank getan. Nach 48 Stunden haben sich die befruchteten Eizellen vier- bis achtmal geteilt – falls alles gutgeht. Ansonsten muß die schmerzhafte, entwürdigende und teure Behandlung abgebrochen und gegebenenfalls wiederholt werden. Ist die extrakorporale (außerkörperliche) Befruchtung gelungen, wird der Embryo mit Hilfe eines dünnen Plastikschlauchs durch Scheide und Gebärmuttermund in die Gebärmutter eingespült.

Die IVF-Behandlungszentren fälschen die Erfolgsquote zum Beispiel, indem sie die Zahl der positiven Schwangerschaftshormontests angeben. Aber nur in 1,5 bis 7,5 Prozent der Fälle führt die Behandlung zum Erfolg, der doch wohl nur an der Geburt eines Kindes gemessen werden kann. »Kein anderer operativer Eingriff mit so geringen Erfolgsaussichten wird ohne akute Lebensgefahr der Patientin und noch dazu so häufig durchgeführt.«[31] Schätzungsweise 80 Prozent der Frauen brechen nach dem ersten mißlungenen Versuch die IVF-Behandlung ab. Sie ertragen die physischen und psychischen Belastungen nicht oder haben sich inzwischen über die Risiken informiert:

● »Überzählige« Embryonen im Körper schwangerer Frauen werden in manchen Kliniken mit einer Injektion Sekundenkleber (Auszug aus einer Gebrauchsanweisung: »Jeglichen Hautkontakt vermeiden«) getötet. »Überzählige« Embryonen außerhalb des weiblichen Körpers sind wirtschaftlich interessant für Transplantationen (Diabetes, Parkinsonsche, Huntington und Alzheimersche Krankheit) und für die pharmakologische sowie kosmetische Produktion.

- IVF kann zu lebensgefährlichen Eileiterschwangerschaften führen.
- Eileiter und Gebärmutter können bei den Eingriffen (chirurgische Entnahme der Eier, die Follikelpunktionen, Narkosen, Entnahme von Gebärmutterschleimhaut usw.) verletzt werden und sich (chronisch) entzünden.
- Die Zahl der Kaiserschnitte wird erhöht und damit das bei der ganzen Behandlung erhöhte Risiko der chirurgischen Eingriffe, einschließlich der Vollnarkosen, für Herz und Kreislauf.
- Massive Hormongaben können Brust-, Gebärmutter- und Gebärmuttermundkrebs verursachen.
- Es besteht das − unerforschte − Risiko, daß die so geborenen Kinder durch den hohen Hormonbeschuß steril oder krank werden. Niemand weiß, welche Schäden die chemische Behandlung der weiblichen Eizelle, die die Hälfte des Erbmaterials des möglichen Kindes enthält, und ihre Bestrahlung in vielen Ultraschallbehandlungen im Ablauf eines Lebens oder über mehrere Generationen zur Folge haben wird. Es existiert der Verdacht auf mögliche Chromosomenschäden.

Selektionspflicht
und faschistische Kontinuität

Die Industrialisierung der weiblichen Fortpflanzungsfähigkeit wird betrieben ohne jedes Wissen über die möglichen Folgen. Der Auftrag der WissenschaftlerInnen ist so alt wie die menschenverachtende Ideologie, die so viele VertreterInnen ihres Berufsstandes prägt. 1926, in der Weimarer Republik, formulierte das Deutsche Zentralinstitut für Volksgesundheitspflege: »Wir müssen die schrankenlose Vermehrung des Minderwertigen eindämmen, möglicherweise verhindern, wir müssen dafür sorgen, daß die wenigen Kinder, die geboren werden, so hochwertig als möglich sind, damit der Geburtenrückgang nicht auch die Qualität *unseres Volkes* [Hervorhebung d. d. A.] verschlechtert.«[32]

Den Faschisten galten Menschen als minderwertig, die nicht-

»arisch« waren oder auf andere Weise ihren rassistischen, erbbiologischen Normen nicht entsprachen. Sie schufen die Voraussetzungen für die *systematisch* organisierte Vernichtung allen auf diese Weise als minderwertig denunzierten menschlichen Lebens. »In der ersten Phase der nationalsozialistischen Bevölkerungspolitik von 1933 bis etwa 1935 wurde eine Reihe von Gesetzen erlassen, die eine erste Welle des Terrors gegen diejenigen ermöglichte, die durch die katastrophalen wirtschaftlichen und sozialen Verhältnisse bereits an den Rand der Gesellschaft gedrückt worden waren. Das ›Gesetz zur Verhütung erbkranken Nachwuchses‹ sorgte für die Sterilisierung von Anstalts- und Fürsorgeheiminsassen, von Hilfsschülern, Alkoholikern und allen, bei denen die Manifestation einer im Gesetz definierten Erbkrankheit aktenkundig geworden war.«[33] Ab 1935 verbot das »Gesetz zum Schutz der Erbgesundheit des deutschen Volkes«, das sogenannte »Ehegesetz«, die Eheschließung von Erbbelasteten und beschloß ihre Aufnahme in Heil- und Pflegeanstalten und Psychiatrien. Als erbkrank galten nun auch gesunde entferntere Verwandte von tatsächlichen oder vermeintlichen Kranken sowie »Rückfallverbrecher«, Prostituierte, Alkoholiker und Menschen, die geringfügige Straftaten begangen hatten. Muller erklärte noch 1962 auf der erwähnten CIBA-Konferenz, daß mehr als 20 Prozent der Bevölkerung genetische Defekte haben. Diese Menschen dürften »entweder nicht bis zur Geschlechtsreife gelangen; wenn sie aber leben, so dürfen sie sich nicht fortpflanzen.«[34]

Jüdinnen und Juden, KommunistInnen und SozialistInnen, Roma und Sinti, geistig und körperlich Behinderte, Verarmte, OstarbeiterInnen, Schwule wurden verstümmelt, vergiftet, erschlagen, verstrahlt, vergast. Die Väter der modernen Humangenetik, Wissenschaftler wie Otmar Freiherr von Verschuer (1896–1969) oder sein Mitarbeiter Josef Mengele, erhielten reiches Forschungsmaterial aus den Vernichtungsanstalten und KZs: Blut, Gewebe, Skelette, Eizellen, Embryonen. Auf ihren Erkenntnissen beruht die heutige Humangenetik, die der US-Wissenschaft als vorbildlich galt – und von ihr finanziell unterstützt wurde – sowie zeitweise der sowjetischen Genetik unter Stalin. Die verantwortlichen Nazi-Wissenschaftler, die sich um die Kaiser-Wilhelm-Institute (KWI) für Anthropologie und Biologie scharten,

31

konnten, sofern sie den Krieg überlebt hatten, am Aufbau der bundesdeutschen Medizin, Anthropologie, Biologie und deren Menschenbild mitarbeiten.

Schon wieder sind 27 Prozent der Deutschen der Ansicht, sie seien »anderen Völkern« überlegen, 17 Prozent sind noch unentschieden.[35] Nationalismus und Rassismus, verwachsen mit einem knochenreaktionären Frauenbild, prägen die Ausbildung von vielen WissenschaftlerInnengenerationen, einschließlich der gegenwärtigen. Natürlich, die Sprache hat sich verändert. Geschichte wiederholt sich nicht in gleicher Gestalt. Die Propaganda ist moderner, die Ausleseargumentation yuppifiziert, kalt, unmenschlich, kostenorientiert, »qualitätsbewußt«. Menschen werden auf coole, wissenschaftlich verbrämte Weise vollständig Objekt.

Es gibt Frauen, die die Enteignung ihrer Fortpflanzungsfähigkeit und deren Vermarktung bei anderen Frauen (etwa als Leihgebärmütter oder »Brüterinnen«) als »Befreiung« und Autonomie von biologischen Zwängen verklären. Ein rechter Teil der US-amerikanischen Frauenbewegung zum Beispiel trampelt mit diesen Argumenten in den Fußstapfen kolonialer Ausbeutung. Diese Auffassungen finden wir auch in der Bundesrepublik, wenn auch in geringerer Zahl. Ein solches pervertiertes, antisoziales Verständnis von »Autonomie« soll die profitable Ausbeutung von armen Frauen aus den kapitalistischen Zentren des Nordens oder des Trikont* als Babyfabriken begründen.

Es gibt »Farmen« im Trikont, auf denen Babys und Kleinkinder ermordet und ausgeschlachtet werden, um ihre Organe teuer zu verkaufen. Über Jahre wurden (und werden) – etwa in Kolumbien – Arme auf der Straße und Patienten in psychiatrischen Kliniken ermordet, damit ihre Körper MedizinstudentInnen aus weißen reichen Familien als Forschungsgegenstand dienen. Alles, wirklich alles wird zur Ware. Der menschliche Körper wird in Einzelteile zerlegt und industriell ausgebeutet.

Wer hofft, dies seien allgemein geächtete, verbrecherische Ausnahmen, kleinbürgerliche Gruselgeschichten, soll wissen: Zum

---

* Trikont = die drei von den kapitalistischen Zentren unterentwickelt gehaltenen Kontinente Asien, Zentral- und Südamerika sowie Afrika. Mit dem Begriff wird der Versuch gemacht, die Hierarchie im Begriff »Dritte Welt« durch eine neutrale Kategorie zu ersetzen.

Beispiel in Niedersachsen wird ein Transplantationsgesetz vorbereitet, welches das Ausschlachten von Organen für tot erklärter Menschen grundsätzlich erlaubt. Wer dies nicht will, muß zu Lebzeiten formgerecht und sehr deutlich Widerspruch einlegen und hoffen, daß sein Interesse dann auch von seinen ErbInnen durchgesetzt wird. Wie übereinstimmend die Positionen der großen Parteien sind, belegt die klammheimliche Übernahme des Transplantationsgesetz-Entwurfes der CDU durch die SPD-Grüne-Landesregierung im Januar 1992 in Niedersachsen. Der CDU-Entwurf wiederum ist bis auf acht Worte identisch mit dem der *Arbeitsgemeinschaft der deutschen Transplantationszentren e. V.*, dem Interessenverband des Organbusiness. Für den Sozialethiker Hans Grewel aus Dortmund ist das, »als würde die Formulierung des Kriegswaffenkontrollgesetzes der Rüstungsindustrie überlassen«.[36] Von den an der Regierungsverantwortung beteiligten Grünen haben wir keine Kritik vernommen.

Die Propaganda der Menschenfresser

In einer Welt, in der sich der Kapitalismus — vorläufig — durchgesetzt hat, hat sich auch das Prinzip Profit weltweit durchgesetzt. Niemand ändert etwas daran, wenn er oder sie diesen Kapitalismus »Marktwirtschaft« nennt und mit »sozial«, »frei« oder »ökologisch« garniert. Das Kapital arbeitet nach der schlichten Logik, die beiden einzigen Quellen des Reichtums, die menschliche Arbeit und die Natur, möglichst billig zu verwerten und sie sich vollständig zu unterwerfen. Der Mensch ist Träger einer milliardenfach existierenden profitablen Ressource. Seine biologische Potenz liegt vor dem Zielfernrohr von Kapital, Staat, Militär und Wissenschaft. Mit der Plünderung dieser letzten Ressource, der Natur des Menschen, durch die Gen- und Reproduktionstechnologie befindet sich der Kampf gegen unser Leben und gegen unsere sozialen Rechte auf einem neuen Höchststand.

Eine Gruppe von WissenschaftlerInnen verschiedener kalifornischer Universitäten will Forschungsmittel, um die »Bushmen«

Südafrikas, die »Hill People« von Neu Guinea, afrikanische Pygmäen, die Yanomamis des Amazonas und die spanischen Basken unter die genetische Lupe zu nehmen. Ihre größte Sorge ist, sie könnten mit dem Studium des Genoms der »verschwindenden Ressourcen«, wie sie die Menschen nennen, nicht fertig werden, bevor diese ausgestorben sind.[37] Sie wollen Menschen katalogisieren, anstatt ihnen beim Kampf gegen die Ursachen von Malaria, Seuchen, Armut, Unterernährung, Demütigung, Fremdherrschaft, Naturzerstörung, Verweigerung von Gesundheitsversorgung, Landraub und Militärgewalt zu helfen.

Ein ÄrztInnenteam der James Cook Universität in Australien deckte 1987 auf, daß 60 Prozent der Aboriginesfrauen (australische Ureinwohnerinnen) im Bundesland Queensland zwangssterilisiert worden waren, um ihre Zahl niedrig zu halten. Die Zwangssterilisierungen wurden gleich nach Kaiserschnitten durchgeführt. Aboriginesmädchen über 17 Jahren wird häufig das verbotene Langzeitempfängnisverhütungsmittel »Depot Provera« gespritzt. Als »Neben«wirkung sind Krebs und Unfruchtbarkeit möglich. Die Spritzen werden zum Beispiel als Rötelnimpfungen getarnt.[38] »Mississippi-Blinddarmoperation« nannte mensch in den zwanziger Jahren die Zwangssterilisierung von rund 60 000 Frauen, fast ausschließlich schwarze, arme Frauen, in den USA.[39] Heute steckt die UNO dreistellige Millionenbeträge in bevölkerungspolitische Programme: Lebensmittel und Arbeit gegen »freiwillige« Sterilisierung in Bangladesch, Nahrung, medizinische Versorgung nur bei »freiwilliger« Unfruchtbarkeit in Indien. Wir werden sehen, wie rassistische Bevölkerungsprogramme heute mehr und mehr mit der Rettung der Natur begründet werden.

Sprache transportiert Bewußtsein. In den Auseinandersetzungen um die Atomenergie in den siebziger Jahren versuchte die Atomindustrie aus Atomkraftwerken »Kernkraftwerke« zu machen. Damit sollte jede Assoziation mit Atombomben verhindert werden und die Vorstellungskraft der potentiellen Opfer sogenannter ziviler Atomanlagen auf so Alltäglich-Friedvolles wie etwa Kirschkerne gelenkt werden. Niemand sagt zu Atombomben »Kernbomben«, weil hier die Gefahr seit Hiroschima und Nagasaki nicht zu leugnen ist. Heute wird der Versuch gemacht, aus der Atomfusion eine »Kernfusion« zu fabrizieren, als ob diese mit Radioaktivität nichts zu tun hätte. Ein vergleichbarer Versuch von Begriffsverwirrung geschieht heute mit der Vermengung von *Bio*technologie und *Gen*technologie, als sei der Reifungsprozeß von Käse oder das Zustandekommen eines Hefeteiges der gentechnischen Manipulation der menschlichen Keimbahn vergleichbar. Biotechnologie ist jede gezielte Ausnutzung biologischer Systeme unter vom Menschen geschaffenen kontrollierten Bedingungen zur Erzeugung bestimmter Produkte, zum Beispiel von Käse oder Brotteig. Die Gentechnologie hingegen arbeitet mit der Erbsubstanz. Mit ihren Methoden werden DNS und RNA aus lebenden Zellen gelöst und neu zusammengesetzt.

Die Sprache der GentechnokratInnen ist orwellsch. Wenn sie »genetische Prävention« sagen, meinen sie nicht Gesundheitsvorsorge, sondern tödliche Selektion von möglicherweise behinderten Menschen. Sprechen sie von »(somatischer) Gentherapie«, meinen sie die Manipulation von Genen oder gar die Übertragung von fremdem genetischem Material in einen anderen Körper (Transgene) wie bei der erwähnten Manipulation der weiblichen Brustdrüsen. Propagieren sie »Keimbahn-Therapien«, meinen sie in Wahrheit keine Heilung, sondern den höchst riskanten gentechnischen Eingriff in die menschlichen Erbanlagen, mit dem Ziel, auch die künftigen menschlichen Generationen zu verändern. Ihr Ziel ist eine Qualitätssteigerung des menschlichen Zuchtmaterials; und was Qualität sein soll und zu welchem gesundheitlichen, sozialen und kulturellen Preis sie beschafft wird, bestimmen sie.

Krankheit als Legitimationsventil

Wichtigstes Element der gendiktatorischen Propaganda ist der menschliche Einzelfall. Das Gentechnikkapital hat frühzeitig aus den harten Konflikten mit der Anti-AKW-Bewegung und aus der öffentlichen Kritik nach der Chemiekatastrophe im italienischen Seveso »gelernt«. Umfragen haben den Gentechnikmultis vorgeführt, daß die größten Erfolge mit dem Versprechen lebensrettender Medikamente zu erwarten sind. Den skeptischen, schlecht informierten Menschen wird untergejubelt: Bist du gegen Gentechnik, bist du schuld, wenn Menschen leiden müssen. Seitenlang schildert etwa die Bayer AG in einer Firmenbroschüre die Alzheimersche Krankheit einer Frau, um den LeserInnen die Gentechnologie schmackhaft zu machen. (Dabei gibt es inzwischen Forschungen, nach denen die Alzheimersche Krankheit wesentlich auf Vergiftung durch Schwermetalle zurückzuführen ist.)

Zur legitimatorischen Wirkung trägt bei, daß es wenig öffentliches Wissen über die Ursachen von Krankheiten und alternative Therapieansätze gibt. Da taucht dann selten die Frage auf, weshalb oft so geringe Anstrengungen unternommen wurden, konventionelle oder alternative Heilmethoden gegen dieselben Krankheiten zu entwickeln, gegen die nun gentechnische Wundermittel versprochen werden. Der potentielle Absatzmarkt schien nicht profitabel genug. Wo Milliardengewinne leuchten, werden Heilsversprechen gebraucht, damit niemand die Entwicklung stört. Lange vernachlässigt, dient die eine und andere Krankheit nur als Legitimationsargument.

Manche Vorwegpropaganda für versprochene gentechnische Pharmaka erscheint, als empfehle einer die Zustimmung zu einem Atomkraftwerk mit dem Hinweis, Radioaktivität lindere Halsschmerzen. Selbst wenn eines Tages mittels der Gentechnologie Medikamente hergestellt werden könnten, die tatsächlich heilen, wären damit nicht alle Folgen in Wissenschaft und Gesellschaft zu rechtfertigen. Praktisch ist nichts über die möglichen Auswirkungen durch gentechnisch hergestellte Medikamente bekannt. Was richten ihre Neben- und Abfallprodukte bei den Arbeitenden und in der Umwelt an? Wie wirken gentechnisch hergestellte Pharmazeutika langfristig im Körper des Patienten oder bei seinen Nachkommen?

Humaninsulin war 1979 das erste gentechnische Produkt überhaupt. Ohne Insulin kommt es bei Zuckerkranken zu schweren organischen Störungen bis zum Koma. Seit 1984 wird im gentechnischen Großverfahren Insulin hergestellt; es verdrängte seitdem das Insulin, das aus der Bauchspeicheldrüse von Rindern und Schweinen gewonnen wird. Der Hauptgrund für die gentechnische Herstellung ist der größere Profit für die Hersteller, wie etwa die Hoechst AG, und nicht etwa die besseren Behandlungsmethoden. Denn das Gentechprodukt kann schwere Folgen für die PatientInnen haben: Symptome der Unterzuckerung werden oft nicht rechtzeitig erkannt, Verwirrtheit, Konzentrations- und Koordinationsstörungen oder Antikörperreaktionen können die Folge sein. Eine Studie in acht Schweizer Krankenhäusern ergab dreimal so viele schwere Ohnmachtsanfälle wie bei der Verwendung von tierischem Insulin, Ohnmachtsanfälle, die zu Gehirnschäden führen können.[40] PatientInnen, die wieder tierisches Insulin erhalten, leiden anschließend kaum noch unter vergleichbaren Nebenwirkungen. Der Pharmaindustrie ist es seit 1984 mit intensiver Werbung gelungen, 80 Prozent der 650 000 insulinspritzenden DiabetikerInnen in der BRD auf gentechnisch gewonnenes Insulin »umzustellen« mit Parolen wie: »Ein Traum wird Wirklichkeit«, »Nach dem Vorbild des Menschen«, »Humaner geht es nicht«. Um die Abhängigkeit und den Profit zu erhöhen, verdrängt die Pharmaindustrie tierisches Insulin zielgerichtet vom Markt. Aber PatientInnen beginnen sich zu wehren und organisiert vorzugehen. In der Bundesrepublik, der Schweiz und in Großbritannien wollen PatientInnenvereinigungen gegen die Hersteller klagen.

Auch andere gentechnisch produzierte Medikamente können lebensgefährlich oder tödlich sein: 30 Menschen starben an der in Japan gentechnisch hergestellten Substanz L-Tryptophan, die Bestandteil verschiedener Medikamente ist. 2000 Menschen in der BRD und den USA litten wegen L-Tryptophan am sogenannten Eosinophilie-Myalgie-Syndrom (EMS) mit starken Gelenk- und Muskelschmerzen und Blutbildveränderungen. Der Stoff wird Nahrungsmitteln (zum Beispiel für Sportler zum Muskelaufbau) und Arzneimitteln (zum Beispiel Antidepressiva) zugesetzt und wurde zuvor nicht mit gentechnischer Hilfe hergestellt.[41]

Niemand weiß, wie die menschliche Gesundheit mittel- und langfristig auf gentechnisch verdreckte Nahrung reagieren wird. Obst, Gemüse, Fisch und Milchprodukte enthalten bereits Wachstumshormone, die aus gentechnisch manipulierten Kolibakterien hergestellt wurden. Brot und Bier sind mit gentechnisch hergestellten Enzymen vergiftet. Daß ein Riesengeschäft winkt, ist sicher: Die US-Regierung fördert die gentechnische Manipulation von Lebensmitteln hemmungslos, weil bis zum Jahr 2000 ein Umsatz von 50 Milliarden US-Dollar erwartet wird.

Mehr als hundert Feinschmeckerrestaurants in New York werben inzwischen zornig damit, daß sie mit »reinen«, nicht gentechnisch manipulierten Lebensmitteln kochen. Aber schon ein Drittel der US-Käsesorten reifen mit dem gentechnisch produzierten Milchgerinnungsstoff Chimosyn. Seit 1988 ist in der Schweiz gentechnisch hergestelltes Chimosyn im Käse erlaubt, Käse, der vermutlich auch in die Bundesrepublik importiert wird − ohne Information der VerbraucherInnen − sowie gentechnisch manipulierte Vitamine, Süßstoffe und Enzyme. Die EG schickt sich soeben an, die stoßfeste Tomate zu genehmigen.[42] Erst 1993 soll in der Bundesrepublik entschieden werden, ob gentechnisch manipulierte Lebensmittel überhaupt gekennzeichnet werden müssen. Ein Verbot ist nicht mehr in der Diskussion.

Weltkonzern Du Pont:
Von Mausmenschen und Schweinehunden

Am 13. Mai 1992 erteilte das Europäische Patentamt in München auf Antrag der Harvard Universität (USA) und unter der Nummer EP 0 169 672 ein Patent für *alle* auf bestimmte Weise gentechnisch manipulierte *nichthumane Säugetiere*. Die Tiere werden genetisch so manipuliert, daß sie leicht Krebs bekommen und deshalb für Tests in der Chemieindustrie »verbraucht« werden können. Der Fall ging fälschlicherweise als Patent für die »Krebsmaus« durch die Medien. Alleiniger Nutznießer der Vermarktung des Verfahrens und Eigentümer aller tierischen Nachfahren ist der multinationale Konzern Du Pont. Jahresumsatz 1990: 40 Milliarden US-Dollar, allein bei den Pestiziden: 1, 8 Milliarden US-Dollar.[43] Du Pont darf nun in zehn europäischen Ländern für 20 Jahre alle nichtmenschlichen Säugetiere gentechnisch manipulieren, hat das Monopol auf deren Vermarktung, die entsprechenden Krebstests und auf alle natürlichen Nachkommen dieser transgenen Tiere und ihre Chromosomen. Natürlich will Du Pont lediglich Menschen helfen!

Aber warum ist der Konzern dann der Welt größter Hersteller von Fluorchlorkohlenwasserstoff (FCKW) mit einer Jahresproduktion von mindestens 350 000 Tonnen voll- und teilhalogenierter FCKW? (Vor der Hoechst AG mit mehr als 61 000 Tonnen voll- und teilhalogenierter FCKW jährlich.) Teilhalogenierte FCKW zerstören die Ozonschicht sehr viel weniger als vollhalogenierte. Sie heizen aber (wie zum Beispiel der teilhalogenierte Stoff F 134a [Hoechst AG]) den Treibhauseffekt bis zu 3200mal stärker an als Kohlendioxid.[44a] Warum weigert sich Du Pont seit 1975, seine FCKW-Produktion einzustellen? »Hautkrebs hat einen Namen: Du Pont«, sagt Greenpeace. Vielleicht braucht der Chemiekonzern gentechnisch manipulierte, monopolisierte Lebewesen für Du-Pont-produzierten Krebs? Wer mit Zerstörung Riesenprofite scheffelt, kann es ja auch mit Reparaturtechniken versuchen. In den neunziger Jahren machten US-Hersteller mit FCKW-Produkten einen Gewinn von 5,7 Milliarden US-Dollar.[44b] Zwei Drittel der FCKW werden in den USA vom Militär oder in dessen Auftrag verbraucht.[45] Aufgrund einer weiteren fünfprozentigen Ausdünnung der Ozonschicht rechnet die US-Umweltbehörde EPA statt mit 500 000 Fällen von Hautkrebs mit zwölf Millionen in den nächsten 50 Jahren.[46]

Die Ursachen von Krebs sind heute weitgehend bekannt. Radioaktivität, Chemie, schlechte Ernährung, schwere psychische Belastungen lösen Krebs aus oder helfen bei der Schwächung der Immunabwehr. Elektrosmog[47a] bewirkt unter anderem, daß die menschlichen Zellen durchlässiger für chemische Schadstoffe werden und damit für Krebs. Bemerkenswerte, die Interessen der Energiekonzerne bedrohende Forschungsergebnisse werden seit Jahren unterdrückt. In der Hemmungslosigkeit seiner Gier unterscheidet sich Du Pont nicht von anderen Chemiekonzernen.[47b] In den dreißiger und vierziger Jahren unterstützte Du Pont (als Konzern in den USA) die Nazis mit Waffen, Chemikalien, Brennstoffen und Gas für Konzentrationslager.[48] 1943 baute Du Pont das erste Atomkraftwerk[49], beteiligte sich an der Produktion der ersten Atombombe, wurde in den sechziger Jahren durch schwere Asbestvergiftungen bei ArbeiterInnen und in den achtziger Jahren durch schwere Blei- und Tetrachloräthylenverseuchungen von Wasser berühmt und verdient viel Geld mit dem krebsverdächtigen Pestizid Benlate DF (in der BRD: Benomyl).[50] Du Pont war 1986 an ungenehmigten Freisetzungsversuchen von genetisch veränderten Mikroorganismen beteiligt[51] und manipuliert Saatgut und Bäume gentechnisch, um die Herbizidresistenz zu erhöhen. Du-Pont-Vertreter nennen das »Wachsende Partnerschaft mit der Natur«. Jetzt will Du Pont einen roten Teppich für den Eroberungsweg nach Osten. Marc Schriber, Direktor der Osteuropaabteilung in der Genfer Europazentrale des Konzerns, verlangt zehn Jahre Steuerfreiheit, niedrige Löhne und nur hundertprozentigen Alleinbesitz, keine Joint Ventures. Der Multi ist verwöhnt, wo sich schon im Westen staatliche Subventionen auf 60 Prozent seiner Investitionen addieren.[52]

Patente auf Leben

Gegenwärtig wird die Anzahl der menschlichen Gene in einem Zellkern auf rund 100 000 geschätzt. Ihre Erforschung verläuft immer schneller. Ziel des Humane-Genome-Projektes in den USA, das unter Leitung der Gesundheitsbehörde begann, ist die vollständige Entschlüsselung des menschlichen Genoms. Ihre geschätzten Kosten liegen zur Zeit bei sechs Milliarden US-Dollar. Das mehr als 200 000 Jahre alte Erbgut des Menschen soll erfaßt und über Patente privatisiert werden, die Voraussetzung für optimale Kommerzialisierung. Im Juli 1992 wurde das komplette Projekt privatisiert, das gesamte Wissenschaftlerteam wechselte zur neugegründeten Human Genome Sciences Inc. Mit einem Startkapital von 70 Millionen US-Dollar zielt das Unternehmen auf den Profit aus dem Verkauf von Patentlizenzen für die entschlüsselten Gene.[53a] Die USA drängt mit der Gentechnologie zurück an die Spitze der Weltmächte.

Für mehr als 2300 Fragmente menschlicher Gene aus Gehirnzellen hat die US-Gesundheitsbehörde im Juni 1991 die Patentierung beantragt,[53b] eifersüchtig und unter dem gleichen ökonomischen Interessendruck lassen sich die Genzentren Europas auf dieselbe Logik ein. Immer schneller werfen die Computer ihre Informationen aus. Jedes Genhäppchen wird patentiert, wer weiß, ob es nicht eines Tages viel Geld bringt. Die Gentechnologie wird zur Geheimwissenschaft im Besitz weniger. Nur eine kleine Zahl von transnationalen Konzernen wie Monsanto, Bayer, Du Pont, Nestlé, Merck, Hoechst, BASF, Ciba Geigy, Schering, Hoffmann La Roche, Sandoz und wenige andere könnten eines Tages den genetischen Reichtum des Lebens vollständig in Besitz haben und vermarkten. Vor kurzem sicherte sich der US-Chemiekonzern Merck für eine Million US-Dollar das Patent auf die gesamte genetische Vielfalt des Regenwaldes von Costa Rica, schätzungsweise 5 Prozent der genetischen Mannigfaltigkeit der Erde. Aktien an Teilen des costaricanischen Regenwaldes wurden in den letzten Jahren von *Micky Maus (!)*, *Tropica Verde e. V.* und dem *Deutschen Kinderregenwald e. V.* verschenkt und verkauft.[54]

Konzerne sammeln Patente und wollen Trikontstaaten zwingen, jährlich Saatgut plus Düngemittel plus Pestizide (um so herbizidresistenter das Saatgut, um so größer das Geschäft mit Pestiziden) zu kaufen. Patentiertes Saatgut darf nicht selbst vermehrt werden, es muß jährlich neu gekauft werden. Jeglicher fruchtbare Boden und die Nahrung der Armen gerät über Landraub und Gentechnologie vollständig in den Monopolbesitz der Reichen. Die Manipulation von Saatgut wird mit unfruchtbarem Land gerechtfertigt, mit größerer Ausbeute, mit dem Kampf gegen den Hunger. Nun, rund ein Viertel des fruchtbaren Bodens in Mexiko und Mittelamerika[55] haben inländische und ausländische Großgrundbesitzer mit Pestiziden und schweren Maschinen unfruchtbar gemacht. Mehr als zwei Drittel des fruchtbaren Bodens von Guatemala sind mit Kaffee bebaut. Kaffee hat keine einzige Kalorie, keinen Nährwert, und sein Export dient dem Reichtum der Großgrundbesitzer von Weltbanks Gnaden.

Der Genreichtum der Welt und damit fast alle unsere Nahrungsmittel stammen aus dem Süden. 5000 Jahre lang haben Menschen im Trikont Pflanzen kultiviert – allein im indischen Distrikt Chhatishgarh fanden sich 18 000 verschiedene Reissorten.[56] Bodenschätze wie Öl oder Gold gehören heute prinzipiell dem Land, auf dessen Boden sie gefunden werden. Die Ausbeutung durch den Norden erfolgt durch Kauf zu Dumpingpreisen oder Erpressung durch Verschuldung. Der *genetische* Reichtum jedoch wird einfach gestohlen und als patentierte Saat, kombiniert mit Pestiziden und Dünger zu Höchstpreisen an die Bestohlenen zurückverkauft. Wer sich Saatgut nicht mehr leisten kann, verhungert oder zieht in die großen Städte. Die Gentechnologie wird die Slums bevölkern helfen und dem reichen Norden neue Schreckensbilder für ignorante bevölkerungspolitische Gewaltphantasien liefern. Millionen hungertoter Menschen werden die GentechnokratInnen auf dem Gewissen haben, wenn eines Tages die großen Lebensmittelmultis und die Händler nicht einmal mehr räuberische Niedrigpreise für Nahrungsmittel aus dem Trikont bezahlen und Kakao nicht mehr aus Malaysia, Vanille nicht mehr aus Madagaskar, Kaffee nicht mehr aus Kenia, Soja nicht mehr aus Brasilien, sondern dies alles aus der gentechnischen Retorte kommt.

Selektion an der Rampe zum Arbeitsplatz

Sie sind arbeitslos und lesen die Stellenanzeigen. Eine Chemiefabrik in der Nähe Ihres Wohnortes sucht einen Facharbeiter. Sie rufen unter der angegebenen Telefonnummer an, es meldet sich die Personalabteilung, die Ihnen einen Termin gibt. Vor dem Gespräch schickt man Ihnen einen Fragebogen zu, in dem Sie ausführlich nach Ihren Krankheiten und denen Ihrer Verwandten befragt werden. Kleingedruckt steht unten, daß Sie mit einem medizinischen Test einverstanden sind. Nach dem Gespräch mit der Personalsachbearbeiterin wird Ihnen in den Räumen des Werksarztes eine Gewebs- oder Blutprobe entnommen. Wozu? Nur zu Ihrem Besten.

Eine Woche später erhalten Sie einen freundlichen Brief: »Sehr geehrter Herr Soundso, zu unserem Bedauern müssen wir Ihre Bewerbung abschlägig bescheiden. Unsere genetische Untersuchung hat ergeben, daß Sie eine Disposition für Arthritis und Blasenkrebs haben. Mit Rücksicht auf Ihre Gesundheit müssen wir Ihnen daher leider absagen. Wir wünschen Ihnen für Ihren weiteren Lebensweg alles Gute. Mit freundlichen Grüßen.«

Diese »Rücksichtnahme« der Firma auf die Gesundheit des Arbeitssuchenden wird die Arbeitsbedingungen und die Produktion dieses Betriebes natürlich nicht verändern. Mit dem DNS-Test im Rahmen eines gentechnologischen Screenings (Reihenuntersuchung) will die Firma Kosten sparen, die entstehen, wenn giftige Arbeitsplätze Menschen so krank machen, daß ein kausaler Zusammenhang und die Verantwortung der Firma nicht geleugnet werden kann und sie zahlen muß: Lohnfortzahlung, Schmerzensgeld, Rehabilitation, Ersatzarbeitskräfte. Oder sie will herausfinden, wer von ihren potentiellen Beschäftigten »genetische Anlagen für spät ausbrechende Krankheiten« hat. Sie hatten dummes Pech: Ihr genetischer Bauplan, wie ihn die herrschende Wissenschaft interpretiert, wurde als zu wenig giftresistent eingestuft. Sie sind zu teuer.

An der Universität Mainz fördert das Bundesforschungsministerium mit mindestens 1,5 Millionen Mark ein Projekt, mit dem Routinetestverfahren für Krebsanfälligkeit bei Beschäftigten zum Beispiel in der chemischen Industrie entwickelt werden sollen. Es ist möglich, daß dies auch die Hoechst AG interessiert. Wolfgang Hien von der Universität Bremen hat nachgewiesen, daß seit »rund einem Jahrhundert [...] bekannt [ist], daß aromatische Amine, die in der Farben- und Pharmaindustrie [zum Beispiel bei der Hoechst AG] eingesetzt werden, Blasenkrebs verursachen«.[57] Und es gab auffällig viele Fälle von Blasenkrebs bei der Hoechst AG.

Statt die Produktion zu verändern, werden genetische Tests vorbereitet, um »individuelle Anfälligkeiten«, also Beschäftigte herauszufiltern. Vielleicht werden dafür eines Tages Daten verwendet, die heute schon bei Chemiekonzernen wie der Hoechst AG gesammelt werden. Der leitende Werksarzt Dr. Fritz Schuckmann gab gegenüber der *Frankfurter Rundschau* zu, daß er über viele Jahre Daten über Todesursachen und Krankheiten von Beschäftigten illegal gesammelt habe. Er habe ein Krebsregister angelegt, das − wie er einräumte − rechtswidrig (entstanden) sei.[58] Weil »bei der Hoechst AG wie bei vielen Konzernen die werksärztliche Abteilung und die betriebliche Krankenkasse unter demselben Dach residieren, unter dem auch die Einstellungsuntersuchungen vorgenommen werden«, brauchen wir nicht viel Phantasie, um uns vorzustellen, wie die Selektion an der Rampe zum Arbeitsplatz — auch dank der einheitlichen Krankenversicherungskarte — morgen aussehen wird. Eine gute Betriebsrätin könnte eines Tages — wegen eines genetisch festgestellten 13,8prozentigen Blasenkrebsrisikos aus der Krankenversicherung wie aus dem Betrieb geschmissen werden, ganz unpolitisch, und nur um dem Konzern und der Gesellschaft Kosten zu ersparen. Bis die Selektion perfekt klappt, werden viele ausländische Arbeiter in der Verarbeitung der aromatischen Amine beschäftigt, auf deren Angst und Anpassungsbereitschaft die Firma sich meist verlassen kann.

Ganz in der Nähe der Hoechst AG, im Institut für Humangenetik des Frankfurter Universitäts-Klinikums, werden Neugeborene ausländischer Familien in Hessen einem genetischen Screening unterzogen, um einem bestimmten Enzymmangel (G-6-PD-Mangel) auf die Spur zu kommen, der angeblich das Blasenkrebsrisiko bei Kontakt mit Nitro- und Aminoverbindungen (!) »verursacht«. Menschen mit diesem Enzymmangel können außerdem auf bestimmte Medikamente mit einem hämolytischen Schock reagieren.[59] Bevor die Medikamente vom Markt genommen werden, werden lieber die G-6-PD-»Defekten« auf die Liste der gefährdeten Embryonen gesetzt. Weltweit haben etwa 100 Millionen Menschen diesen Enzymmangel.

Chemiekonzerne sind kooperationsfreudig. Sie sprechen sich ab. Sie teilen Märkte auf. Der eine kriegt den Vorrang bei Herz-Kreislauf-Medikamenten, die anderen bei Hormonprodukten oder Pestiziden. Die Kooperation funktioniert auch im Fall der Ablehnung Ihrer Bewerbung. Ihr endgültiges genetisches Urteil findet sich, versehen mit ihren persönlichen Daten und einem digitalisierten Foto, auf Namenslisten wieder, die zwischen den Firmen ausgetauscht werden. Sie können nicht erwarten, daß ein Konzern die Verantwortung für Ihre defekte Erbmasse übernimmt. Sie müssen einsehen, daß das Ihr ganz privates Problem ist. Sie haben künftig so wenig Chancen, einen Job zu erhalten, wie eine oppositionelle linke Gewerkschafterin auf einer schwarzen Liste.

Es ist hart genug, wenn wir einen Job nicht bekommen, weil wir angeblich zu alt oder zu jung, über- oder unterqualifiziert sind oder im Verdacht stehen, umgehend einen Betriebsrat wählen zu lassen. Die genetisch begründete Ablehnung unterscheidet sich davon grundlegend. Versehen mit dem Siegel »wissenschaftlich geprüft«, endgültig, lebenslänglich, ein individuell anscheinend nicht ausgleichbarer Defekt, kann sie zum sozialen Todesurteil werden. Unterstellen wir einmal, es gäbe so etwas wie ein »Krebs-Gen« – was ich bezweifle –, dann wäre es als Möglichkeit, als genetische Disposition, bei vielen oder gar allen Menschen angelegt. Es hinge von den ökologischen und den sozialen Verhältnissen ab, in denen ein Mensch lebt, ob aus der Möglichkeit eine Tatsache wird. Das Wissenschaftsverständnis und das gnadenlose Menschenbild hinter der Gentechnologie definiert die Möglichkeit aber als unausweichliche Konsequenz. Der Gentest in der Arbeitswelt wird nur für eines gebraucht: die Menschen zu selektieren, um gesundheitszerstörende Arbeits- und Lebensbedingungen nicht verbessern zu müssen.

Bei der Selektion an der Rampe zum Arbeitsplatz wurden Sie zur falschen Seite geschickt. Man hat Sie als minderwertige Abweichung deklassiert, Abweichungen von einem Normmenschen, den es nicht gibt. Das isoliert Sie. Wenn Sie persönlich Glück haben, sind die Einstellungsbedingungen in einer anderen Firma etwas liberaler, sonst bleibt Ihnen nur eine geringe staatliche Sozialhilfe im Alter von 38 Jahren.

Einsamkeit, Isolation und mangelnde Solidarität werden wachsen, wenn wir die Entmenschlichung der Gesellschaft durch die Gentechnologie nicht verhindern. Hoffentlich haben Sie genug Selbstbewußtsein, um Ihren Wert als Mensch notfalls gegen eine gesellschaftliche Mehrheit definieren und aufrechterhalten zu können. Meinen Sie, Sie schaffen das? Viel Glück!

Science-fiction? »Der US-Chemiekonzern Dow [Chemical] hat mit Hilfe eines arbeitsmedizinischen Überwachungsprogrammes Arbeiter ausgesondert, die als besonders ›krebsanfällig‹ galten. Zum Schutz ›ungeborenen Lebens‹ verlangten American Cyanamid und General Motors von Arbeiterinnen bestimmter Betriebe den Nachweis der Gebärunfähigkeit.«[60a] Natürlich sind diese Arbeitsbereiche auch für alle anderen in diesem Betrieb arbeitenden Menschen, Frauen wie Männer, gesundheitsgefährdend. Aber die Konzernleitung kalkuliert ein, daß langfristige Schäden an Erwachsenen weniger auffallen als bei neugeborenen Kindern von Arbeiterinnen. Bei gesundheitlich geschädigten weißen Kindern im Norden der Welt reagiert die Öffentlichkeit doch oft unangenehm aufgeregt. Unruhe dieser Art wünscht der Konzern zu vermeiden. Weil Erwachsene ihr Leben lang vielen unterschiedlichen Giften und deren höchst kompliziertem Zusammenwirken ausgesetzt sind, können alle Chemiekonzerne damit rechnen, daß sie die Zuweisung von Schuld für Gesundheitsschäden bei Erwachsenen meistens erfolgreich abwehren können.

Kaum bemerkt von der Öffentlichkeit führt die BASF seit 1970 in Ludwigshafen Chromosomenanalysen bei MitarbeiterInnen bestimmter Arbeitsbereiche durch.[60b]

Manchmal werden Gene auch heimlich analysiert. 1987 ließ Siemens/Kraftwerkunion (KWU) in Absprache mit der bayrischen Atomaufsicht den bei seiner Arbeit im Atomversuchszentrum Karlstein (Kreis Aschaffenburg) radioaktiv verseuchten Arbeiter Peter Eiter ohne dessen Wissen genetisch untersuchen. Die Tests wurden vom Bundes*gesund*heitsamt (BGA) vorgenommen, das nicht nur gentechnisch manipulierte Lebensmittel befürwortet, sondern in diesem Fall auf die Zustimmung Peter Eiters keinen großen Wert legte. Das fehlgebildete Kind Eiters starb elf Tage nach der Geburt. Auch von der Chromosomenanalyse beim Säugling erfuhren die Eltern nichts. Die Staatsanwaltschaft Aschaffenburg hat das Ermittlungsverfahren gegen Siemens eingestellt.[61]

Schon heute steigt die Zahl der Berufskrankheiten, schon heute werden die Risiken einer zerstörerischen Produktionsweise auf die Arbeitenden abgewälzt. 1989 gab es seit 1950 die höchste gemeldete Anzahl von Berufskrankheiten. Nur wurde 1950 noch jedem vierten Betroffenen eine Rente gezahlt, heute nur noch bei jeder zwölften Erkrankung.[62] Auf dem siebten Weltkongreß für Arbeitsschutz im Mai 1990 in Hamburg berichtete der Generalsekretär des Weltkongresses, daß seit 1985 kaum noch Fortschritte bei der Bekämpfung von Arbeitsunfällen gemacht worden seien. Im Gegenteil, es wurde bekannt, daß eine Flut von immer neuen Chemikalien und die vielen neuen elektronischen Arbeitsplätze die Gesundheit der Menschen beeinträchtigen oder gar zerstören.[63]

Mit Gentests wird mehr getan, als »nur« die Kosten auf die betroffenen Menschen abzuwälzen: Die Schuldfrage wird entschieden. Verursacher sind Ihre Gene, die des gläsernen arbeitenden Menschen – was kann Ihr Arbeitgeber dafür? Die Entsolidarisierung wird vorangetrieben: Wenn Sie schuld sind, tragen Sie auch die Kosten allein, was denn sonst? Auch in diesem Zusammenhang ist die (tendenzielle) Zustimmung von DGB-VertreterInnen zur Genomanalyse kriminell. Noch drückt sich der DGB um eine organisationseinheitliche Aussage zur Gentechnik, ein entsprechendes Memorandum ist immer wieder verschoben worden und soll erst im Frühjahr 1993 verabschiedet werden. Für Theologen wie Professor Elsässer gehört die Gentechnik heute schon zum »Forschungsauftrag Gottes«.[64]

In der ursprünglichen Begründung für das EG-Projekt »Prädiktive Medizin« von 1988 heißt es: »Da es höchst unwahrscheinlich ist, daß wir in der Lage sein werden, die umweltbedingten Risikofaktoren vollständig auszuschalten, ist es wichtig, daß wir soviel wie möglich über Faktoren der genetischen Prädisposition lernen und somit stark gefährdete Personen identifizieren können. [...] prädiktive Medizin [zielt] darauf ab, [...] gegebenenfalls die Weitergabe der genetischen Disponiertheit an die folgenden Generationen zu verhindern.« Aufgrund öffentlichen Protests sah sich die EG-Kommission gezwungen, den Projektantrag neu zu formulieren. Ohne Änderung des wissenschaftlichen Programms wurde das Vorhaben Ende Juni 1990 vom EG-Ministerrat verabschiedet. Innerhalb von zwei Jahren sollen 30 Millionen Mark ausgegeben werden.[65]

Die Genomanalyse hilft nicht nur, menschliches Leben neu zu bewerten, sie hilft auch, der kapitalistischen Produktionsweise die Verantwortung für physische und psychische Krankheiten abzunehmen. Die Zahl der Anerkennungen von Berufskrankheiten wird drastisch sinken. Sie wird um so mehr sinken, je mehr verantwortungsbewußte Eltern (Verantwortung wird zur *Selektionspflicht* umdefiniert werden) dank der Gentechnologie die Chance hatten, den anfälligen, minderwertigen Embryo gegen einen genetisch wertvolleren zu tauschen.

Im Knast der Gene

Die genetische Vielfalt des Menschen ist Resultat der extrem unterschiedlichen materiellen Bedingungen menschlicher Evolution, zum Beispiel des Klimas. Sie zu zerschlagen, nach rassistischer Norm auszurichten, könnte – einmal von der mörderischen Inhumanität der dazugehörigen gesellschaftlichen Verhältnisse abgesehen – zur Zerstörung des menschlichen Immunsystems beitragen.

TechnokratInnen können selten dialektisch denken, ihre mechanischen, von (rassistischen) Vorurteilen bestimmten Erklärungsversuche führen sie in Fallen. Unser Problem ist, daß sie nicht im Sandkasten spielen, sondern uns mit aller Gewalt ihre menschenverachtenden Werte oktroyieren wollen. Es gibt keinen Standardmenschen. Jeder Mensch hat Schwächen, Widersprüche, gesundheitliche Dispositionen, deren Mehrzahl nicht ausbrechen muß, sondern sich in einem komplizierten Wechselspiel mit sozialen und natürlichen Umweltfaktoren befindet.

Gleichgültig, welche Zeitschrift oder Zeitung wir aufschlagen, die Beiträge über »Entdeckungen« genetisch determinierter Krankheiten, Anlagen, Charaktereigenschaften füllen mehr und mehr Seiten. Selbst »risikoreiches« Verhalten wie »Glücksspiel« und »starker Alkoholkonsum« oder gar der »Seitensprung in der Ehe« sei genetisch bedingt, sagt der Professor für Psychologie und Soziologie, Heinz Meyer aus Aachen.[66] Wahrscheinlich trifft das auch auf die Lust an der Sportschau zu, und selbst Fernsehzeitschriften befriedigen nur einen genetischen Plan. Wer das absurd findet, soll wissen, daß US-WissenschaftlerInnen behaupten, daß die Menge des TV-Konsums bei Kindern genetisch geprägt sei.[67] Ganz sicher ist das Lesen linker und gentechnikkritischer Zeitschriften wie *E. coli-bri* oder *Gen-ethischer Informationsdienst*[68] abnorm und muß gentechnisch repariert werden.

Die neofaschistische Burenpartei »Afrikaaner« kündigte an, Südafrika »mit der Intelligenz zu regieren, die wir unseren rein weißen Genen verdanken.«[69] Das sieht einer der einflußreichsten Abtreibungsgegner, Dr. Siegfried Ernst, Gründer und Vorsitzender der Europäischen Ärzteaktion (EÄA), ähnlich, denn »der durchschnittliche Intelligenzquotient [ist] nicht nur bei einzelnen Personen, sondern auch bei verschiedenen sozialen Schichten und einzelnen Rassen verschieden.«[70] Manche »Weiße«, auch Linke und Linksliberale, fühlen sich äußerst großmütig, wenn sie sagen, die menschlichen »Rassen« seien zwar *gleichwertig*, aber doch verschieden.

Sind Menschen wie Pudel oder Schäferhunde zu unterscheiden? Rasse ist kein wertfreier, wissenschaftlicher, sondern ein biologistischer und rassistischer Begriff. Menschen unterscheiden sich nach Geschlecht, sozialen Klassen und ethnischer Herkunft. Das ist Unterscheidung und schafft Probleme genug. Es gibt keine menschlichen Rassen.

Ernst, langjähriger hoher Funktionär in der evangelischen Kirche und der CDU Baden-Württembergs, denunzierte die Unterstützung der Anti-Apartheids-Bewegung durch bundesdeutsche Kirchengruppen als sentimentale, ideologische Kapitulation vor dem schwarzen Rassenhaß, plädiert für die Todesstrafe und für Soldatenopfer sowie ein an die Wehrpflicht gebundenes Wahlrecht, wettert gegen die »Bastardisierung« durch Rassevermischung, gegen Homosexualität, entartete Kunst, schlampige Frauen. Und überhaupt: Das »Weltjudentum« war doch in gewisser Weise für die Behandlung durch die Nazis selbst verantwortlich.[71] Die GentechnologInnen unterstützen die biologistische Ansicht, daß Intelligenz kein Komplex vielfacher, sozialer, erworbener Eigenschaften sei, sondern angeboren: etwa die Pennsylvania State University mit Unterstützung des National Institute on Child Health and Human Development.[72]

Mal populär, mal tiefschürfend wissenschaftlich trieft das biologistische Gift in die Köpfe der Menschen. Ich blieb per Fernbedienung bei einer TV-Sendung mit einem Professor für Otologie (Ohrenheilkunde) hängen. Der trat in Margarete Schreinemakers SAT 1-Show auf und erläuterte im Plauderton, wie er an der Form der Ohrmuschel den kriminellen Charakter eines Menschen erkennen könne. Weil er seinen reaktionären Mist verständlich und witzig erzählte, johlte das Publikum und begann, sich gegenseitig mißtrauisch auf die Ohrläppchen zu schielen. Die Moderatorin kreischte vor Begeisterung. Der hohe »Unterhaltungswert« gewährleistet das Wohlwollen ihres Chefs sowie ihr hohes Honorar. Was kümmert sie, daß sie bei der Verbreitung von biologistischem Unsinn hilft? Was interessiert sie schon, daß sie und ihr Professor in der Konsequenz dazu beitragen, daß Kinder aus armen oder ausländischen Familien noch weniger Zugang zu Bildung und breiter Qualifikationsmöglichkeit erhalten, weil ja so viele Eigenschaften durch Nasen-, Augen-, Stirn- oder Ohrenform festgelegt sind? Es gab einmal eine Zeit, an die es in dieser Gesellschaft keine besondere Erinnerung mehr gibt, in der Menschen massenhaft ermordet wurden, weil sie krumme Nasen hatten oder weil Kopfmesser »nichtarische« Werte maßen.

In den USA werden Menschen auf der Basis genetischer Beweisführung zum Tode verurteilt, während sich Wissenschaftler in US-Fachzeitschriften wie *Science* noch über Fehlerhäufigkeit und Seriosität des Verfahrens so heftig auseinandersetzen, daß die Fetzen fliegen. Inzwischen stellte sich heraus, daß die genetischen Übereinstimmungen zwischen Menschen in geschlosseneren Bevölkerungsgruppen viel größer sind als gedacht und der genetische Fingerabdruck, dieses weitere Produkt der Genomanalyse, nicht zur Beweisführung taugt.[73] Das wird einigen Menschen nicht mehr viel nützen. Die Grünen in Hessen sind nichtsdestotrotz auf dem Fortschrittstrip und bereit, den genetischen Fingerabdruck bei »klaren Regelungen« und nach Anordnung eines Richters zu erlauben.[74]

Angriff auf die Emanzipation des Menschen

Element für Element setzt sich in dieser Gesellschaft ein unmenschliches Menschenbild durch. Es ist, als würden wir einer langsamen Gehirnwäsche unterzogen. Das − begrenzte − gesellschaftliche Wissen von Emanzipation, von der Lern- und Bildungsfähigkeit des Menschen, vom immensen Einfluß unserer sozialen Umwelt, von Befreiung und Aufklärung soll ausgelöscht werden. Hat dies Erfolg, degeneriert der Mensch zum Opfer seiner Gene und somit zum Objekt der GentechnokratInnen. Wäre die kollektive Gehirnwäsche erfolgreich und könnte das erkämpfte, verhaßte Bewußtsein der späten sechziger und der siebziger Jahre von Menschen als sozialem Wesen und als Subjekt von Emanzipation und Befreiung endlich ausgerottet werden, würde für die Herrschenden manches leichter. Es bestünde zum Beispiel keine besondere Notwendigkeit mehr, die Arbeitsbedingungen in der chemischen Produktion zu verändern. Die Befürworter von »Eliten«, von selektiver, klassenspezifischer Bildung und Ausbildung wären um eine pseudowissenschaftliche Argumentation reicher. Die herrschenden Verhältnisse von Ausbeutung und Vernichtung erhielten einen enormen vermeintlich wissenschaftlich begründeten Legitimationsschub.

Dieser ideologische Angriff auf unsere Vernunft soll einen immensen Markt vorbereiten. Denn je mehr genetisch determiniert ist, desto mehr Geld können WissenschaftlerInnen und Wissenschaftseinrichtungen für die Entwicklung gentechnischer Therapien, Techniken und Produkte kassieren. Vermeintliche genetische Probleme erfordern gentechnische Lösungen. Vor den gierigen Augen der Gentechnikindustrie breitet sich ein vollständig neuer Markt aus: gentechnische Produkte gegen Hunger, Krebs, Aids, Hautkrankheiten, Sucht, Halsschmerzen und Menstruationsbeschwerden. Warum sollen Kinder noch Kinderkrankheiten bekommen? Ein gentechnischer Eingriff in den Embryo beseitigt auch dieses Problem wie die genetische Anlage für Dickdarmkrebs oder Akne. Klingt das nicht traumhaft?

Gewiß, es sind längst nicht alle Gene entschlüsselt. Viele werden von GentechnologInnen für unbedeutend gehalten. Sie nennen sie »Junk«-Gene, Abfallgene. Zweifel? Sei kein Spielverderber, suche dein lichtes Heil im New Age und Think positive! Eines Tages werden die Gentechnikbetreiber die Folgen der Mißachtung »entdecken«. Sie werden sagen: Oh, das haben wir nicht gewußt. Aber sie handeln heute, und sie wissen nichts. Das Interesse des Kapitals an Herrschaftssicherung und Profit und das der WissenschaftlerInnen an hohen Einkommen und internationalem Renommee ist stärker als alle humane Vernunft. Ihre Antwort auf Schäden werden neue Reparaturtechniken sein. Das ist ihre Logik. Das einzige, was sie bremst, sind Aufklärung und Widerstand. Wir brauchen Zeit und Aufklärung, damit mehr Menschen dieser unmenschlichen Wissenschaft den Kampf ansagen.

Geld oder Leben

Ein Verbund von US-GenwissenschaftlerInnen hat mit dem Aufruf »The Pledge« erklärt, keine Pentagon-Forschungsgelder anzunehmen.[75] Naiv und selbstbetrügerisch. Sämtliche gentechnologische Forschung ist abhängig vom Gentechkapital, auch in den USA und selbst wenn Steuergelder strömen. Es gibt keine reine akademische Forschung. Bis 1994 wird zum Beispiel der Konzern Monsanto (USA) die Gentechnikforschung der Washington University mit 100 Millionen US-Dollar fördern.[76] Multinationale Konzerne − und damit auch Rüstungsmultis − entscheiden weltweit über Lehrstühle, Forschungspersonal, Methoden, Zeitpläne, Fragestellungen, Anwendungsgebiete. Widersprüche resultieren aus der Tatsache, daß es Interessenkollisionen zwischen den Genzentren innerhalb eines Landes und zwischen den Ländern gibt.

Wenn das bundesdeutsche Gentechkapital (vor allem die Chemiemultis) jammert, es würde mit »fehlender Akzeptanz« (Wolfgang Hilger, Vorstandsvorsitzender der Hoechst AG) und bürokratischen Hemmnissen verdrängt, will es nur noch mehr Freiheiten für ökonomische Brutalitäten, und es will rechtfertigen, weshalb es sich überall auf der Welt ins Gengeschäft einkauft. Diese Branche nörgelt am lautesten und hat den meisten Erfolg damit. Allein die Bayer AG fuhr 1991 einen Gewinn von 3,2 Milliarden Mark vor Steuern ein.[77] Hoechst verlagert immunologische Forschung nach Japan, produziert im Elsaß und finanziert Forschungkooperationen mit US-Firmen. Bayer erwirbt über seine US-Tochter Miles vor allem Lizenzen. Schering baut ein riesiges Forschungszentrum in Richmond (Kalifornien) und kauft Firmen. Die BASF investiert 170 Millionen Dollar für ein Forschungszentrum bei Boston. Hoffmann La Roche kaufte sich mit über zwei Milliarden US-Dollar 60 Prozent der Aktien von Genentech (USA).[78]

Dabei hat Forschungsminister Riesenhuber, Freund der Chemie-, Atom- und Gentechnikindustrie, soeben 50 Millionen Mark für fünf Jahre Forschung über die Nützlichkeit gentechnisch manipulierter Mikroorganismen in der Abfallbeseitigung lockergemacht.[79] Auch die EG läßt sich nicht lumpen: Mit 262 Millionen Mark finanziert sie ein »Biomedizin-Programm«, das die DNS-Analyse (Genscreening), angebliche genetische Bedingungen von Krankheiten, die Analyse des menschlichen Genoms und – als Alibi – ein paar ethische Fragen zum Gegenstand hat.[80] Das Gengeschäft übertrifft schon heute alle Rekorde: In nur 13 Monaten verschaffte sich die Gentechbranche 4,5 Milliarden US-Dollar über die US-Börse, 50 neue Firmen besorgten sich so ihr Kapital. Die US-Regierung erhöhte ihre Subventionen auf mehr als vier Milliarden US-Dollar jährlich. Der Markt wird durch Aufkäufe zentralisiert, kleinere erfolgreiche Firmen werden geschluckt. Weltweit wird der Markt mit gentechnischen Produkten heute mit vier Milliarden US-Dollar veranschlagt, Tendenz bis zum Jahr 2000 auf 50 Milliarden US-Dollar steigend.[81] Schon 1995 werden die fünf umsatzstärksten gentechnischen Pharmazeutika einen jährlichen Umsatz von 2,3 Milliarden US-Dollar ausmachen (1992: 1,4 Milliarden US-Dollar).

Im Juni 1992 legte Umweltsenator Fritz Vahrenholt (SPD) den Grundstein für das erste gentechnische Überwachungslabor der Bundesrepublik in Hamburg. Mit dem neuen Labor der Umweltbehörde will er ab 1994 »den Tiger reiten« und versuchen, die Gentechnik in ihrer Unaufhaltsamkeit ein »bißchen zu kontrollieren«.[82] Schon abgeworfen, Fritz! Allein in Hamburg gibt es mehr als 100 Genlabors (bundesweit mehr als 1000), hinter denen ein enormes Kapital steckt. Vahrenholts Labor wird ab 1994 mit einer AssistentInnenstelle und einer WissenschaftlerInnenstelle ausgerüstet sein. Eine Alibieinrichtung.

Die menschliche Zelle braucht den »Ariernachweis«

Hat das menschliche Leben keinen eigenständigen, von seiner konkreten Gestalt unabhängigen Wert, dann ist es ein Leben auf Probe und die Entscheidung über sein Existenzrecht treffen andere. Das Lebendige wird den Herrschenden seine Qualität nachweisen müssen: Lebenswert? Oder nicht? Oder vielleicht nur reparaturbedürftig? Die menschliche Zelle benötigt künftig einen Ariernachweis. Wenn wir, wie Marx empfiehlt, alle Verhältnisse umwerfen müssen, »in denen der Mensch ein erniedrigtes, ein geknechtetes, ein verlassenes, ein verächtliches Wesen ist«[83], gibt es keine andere Möglichkeit, als die Gen- und Reproduktionstechnologien uneingeschränkt abzulehnen. Zumindest deswegen, weil diese Wissenschaft in ihrer Gesamtwirkung unter den Bedingungen der herrschenden kapitalistischen Produktionsweise nur menschenfeindliche Resultate erzielen kann.

Ein wie »erniedrigtes« Wesen ist ein Mensch, dem ein minderer Wert zugeschrieben wird? Wie »geknechtet« ist eine Frau, die ihre Fortpflanzungsfähigkeit fremdbestimmten Qualitätskontrollen unterwerfen muß, um einer Gesellschaft die Kosten für ein vermeintlich behindertes Kind zu ersparen? Oder weil sie als Angehörige des Trikont im Interesse des kapitalistischen Nordens nicht selbstbestimmt ein Kind austragen darf? Und ist ein vollständig asexuell gezeugtes und extrakorporal ausgebrütetes Kind nicht ein äußerst »verlassenes« Wesen?

Schritt für Schritt verändert sich das Bild des Menschen von einem »Ensemble der gesellschaftlichen Verhältnisse« zu einem biologistisch, auf seine (fehlinterpretierten) Gene beschränkten Wesen, seiner sozialen Fähigkeiten enteignet, auf begrenzte, für die Herrschenden nützliche Funktionen reduziert.

Möglicherweise aus Resignation über die real existierenden frauenfeindlichen Verhältnisse plädieren Teile der Frauenbewegung für die Aufhebung der Koedukation in Schulen oder entwickeln eine Vorliebe für die sogenannte *Differenztheorie*. Die geht nicht von der »Differenz«, also der Unterschiedlichkeit der Individuen, aus, sondern fixiert Kollektividentitäten wie »Rasse« oder Geschlecht und wird damit so rassistisch wie sexistisch. Plötzlich wird das Frausein nicht mehr als soziales und kulturelles Konstrukt analysiert, sondern biologistisch bestimmt. Die Aufwertung des »weiblichen Andersseins« als Geschlechtscharakter berührt die Argumentationsstränge der RechtsextremistInnen und NeofaschistInnen. Und diese Position stützt die antihumane Geheimwissenschaft Esoterik, wenn aus der »weiblichen Natur« nach einer diffusen Zivilisationskritik die Retterin der durch Männergewalt vom Untergang verurteilten Erde wird.[84]

Die Gen- und Reproduktionstechnologie ist eine Kampfansage an das gesellschaftliche Wesen Mensch, an seine Lernfähigkeit, an seine Befreiung, an seine Individualität, an sein Recht auf individuelle Unterschiedlichkeit, das sich nicht nach irgendeinem Verwertungsprinzip ausrichtet. Verlieren wir diesen Kulturkampf, ist dies ein Sieg von Hierarchien, Herrschaft, Profit. Der gentechnisch manipulierte und konstruierte Mensch wäre schlimmer dran als ein Sklave. Er würde zerlegt und wieder zusammengesetzt nach fremden Plänen. Seine Individualität würde im Innersten zerbrochen. Der Mensch verlöre seinen letzten Schutzbereich.

Die Nazis rissen ihren jüdischen, polnischen, kommunistischen, schwulen Opfern in den KZs die Goldzähne aus den Mündern, nachdem sie sie systematisch ermordet hatten, und machten Lampenschirme aus ihrer Haut. Sie experimentierten mit Zwillingen, operierten für medizinische Erkenntnis ohne Narkose, infizierten ihre Opfer experimenthalber mit grauenhaften Seuchen, sterilisierten Frauen und Männer mit radioaktiven Strahlen und verstümmelten sie.

Der kapitalistische Weltmarkt — und einen anderen gibt es nicht — verspricht die optimale Verwertung der Ware Mensch: Menschen als Pharmafabriken, genetisch hochwertige Embryonen, genomanalytische Selektionsmethoden, gentechnisch manipulierte menschliche Zellen und gentechnisch manipulierte Menschen, vom Menschen losgelöste (Fortpflanzungs-)Organe als Bausteine industrieller Menschenzüchtung und schließlich die Menschenzüchtung selbst, der Traum der Genetiker. Auch wenn der Versuch gemacht wird, die Geschichte der Gentechnologie im Nebel des Vergessens zu verwischen: Der Weg, den die Gen- und Reproduktionstechnologie von Beginn ihrer verdrängten Geschichte an eingeschlagen hat, läßt keinen Raum für menschenfreundliche Phantasie. Von dieser Wissenschaft ist ein modernisierter, wissenschaftlich verbrämter Rassismus nicht mehr zu trennen.

Ob die Gen- und Reproduktionstechnologien erfolgreich durchgesetzt werden können, hängt auch davon ab, ob die Erkenntnisse linker ökologischer Wissenschaftskritik, wie sie in den sechziger und siebziger Jahren vor allem von der Opposition gegen den

Krieg in Vietnam, gegen Atomanlagen und vom Feminismus erarbeitet wurden, bewahrt und weiterentwickelt werden können. Wird mit der Yuppifizierung des Denkens (Seichte, Schein, Zusammenhanglosigkeit und Entsolidarisierung), das aus der Veränderung sozialer Verhältnisse folgt, auch die Ablehnung der Atomenergie aufgegeben, bekommen Zynismus, Fortschrittswahn und Wissenschaftsgläubigkeit ihre heiß ersehnte Chance und mit ihnen die lebensverachtende Gentechnologie. Noch ist gegen sie kein breiter Widerstand organisiert.

Wir haben gesehen, daß sich die Gen- und Reproduktionstechnologie nicht um menschliche Gesundheit, die Heilung von Erbkrankheiten oder die Beseitigung des Hungers sorgt. Die Gen- und Reproduktionstechnologie ist eine Destruktivkraft. Unter keinen noch so demokratischen Verhältnissen − die Bundesrepublik halte ich für einen verkappt autoritären Staat mit formaldemokratischen Regelungen[85] − ist die Gentechnologie human einsetzbar. Der Grund dafür liegt nicht nur im Gefahrenpotential durch die Manipulation am menschlichen Erbgut. Das Produkt der Gentechnologie ist das sich selbst vermehrende Risiko, der Eingriff in die Evolution durch gentechnisch manipulierte Mikroorganismen und Genpartikel (zum Beispiel Viren). Nur drei Fälle:

- Das »Eis-Minus-Bakterium« (1983 produziert, 1985 illegale Freilandversuche in den USA, 1987 Freilandversuche auf Erdbeer- und Kartoffelfeldern in Kalifornien) soll Frostschäden an Pflanzen verhindern, beeinflußt aber auch Klima und Regenbildung, verdrängt und manipuliert natürliche Bodenbakterien, bildet Geschwüre an Bäumen.

- In Argentinien wurden Rinder mit gentechnisch hergestelltem Tollwutimpfstoff behandelt. Das Fleisch der Versuchstiere wurde später als Nahrungsmittel verkauft. Während des Versuchs wurde die Milch an Molkereien geliefert. MitarbeiterInnen des Versuchsprojektes wurden fahrlässigerweise mit manipulierten Viren infiziert.

- 1987 wurde im ersten Freilandversuch der Bundesrepublik in Bayern ein Erbsenfeld mit zehn Billionen gentechnisch manipulierten Bodenbakterien (Rhizobium leguminosarum) »geimpft«. Ähnliche Versuche finanziert die EG in Großbritannien und Frankreich.

Die Zusammenarbeit mit dem größten Bio- (und Gen)technologiezentrum der Welt in Puschkino (100 Kilometer von Moskau), dem Moskauer Schemyakin-Institut und der tschechoslowakischen Regierung lockt westeuropäische Gentechnikkonzerne. Billige Arbeitskräfte (in 130 sowjetischen mikrobiologischen Fabriken arbeiten 192 000 Menschen), Rohstoffe zu Dumpingpreisen, viel Land für Freisetzungsversuche, viele Arme für Menschenversuche, geringe öffentliche Kritik, lächerlich wenige Vorschriften und geringe bürokratische Hemmnisse verheißen traumhafte Geschäfte.

Die Bedrohung wird vorstellbar: Gentechnisch veränderte Viren als Insektenbekämpfungsmittel, Pestepidemien durch Killermikroben, stickstoffoxidierende Bakterien, die das Grundwasser verseuchen, Produktion neuer Schädlinge, explosionsartige Ausbreitung geklonter Arten und Zusammenbruch des natürlichen Abwehrsystems und vor allem: nichtrückholbare, genmanipulierte Organismen.[86] Freisetzungsversuche greifen auf vollkommen unbekannte Weise in das Ökosystem ein. Die eigentlichen Versuchskaninchen sind Menschen in einem riesigen Freilandlabor, von dem das Gentechnikkapital meint, es müsse ihm zur Verfügung stehen wie das menschliche Genom. Das Atomkapital kannte die genauen Wirkungen der Atomenergie nicht und war begierig, sie kennenzulernen, zuerst in New Mexico, dann in Hiroschima und Nagasaki. Das Gentechkapital braucht menschliche Körper, tierische und pflanzliche Zellen und fruchtbaren Boden. Der Boom hat begonnen. Das sich selbst vermehrende Risiko Gentechnologie braucht »Lebensraum«. Wo das Gentechkapital die dereguliertesten Verhältnisse vorfindet, den geringsten Schutz für Mensch und Natur, da zieht es hin.

II. Renaissance der Atomtechnologie

Die gemeinsamen Wurzeln der Destruktiv-kräfte Gen- und Atomtechnologie

Im August 1956 tagten zwei Kongresse in Kopenhagen. An den I. Internationalen Kongreß für Humangenetik schloß sich direkt der WHO-Kongreß Effect on Radiation on Human Heredity (Strahlenwirkung auf menschliche Erbanlagen) an. Die Wissenschaftler beider Kongresse kamen überein: »Wenn die öffentliche Meinung den Entwicklungen auf dem Gebiet der Kernenergie positiv gegenüberstehen soll, dann muß die Allgemeinheit darauf vertrauen können, daß die Forschungen, welche für ihre zukünftige Gesundheit und die ihrer Kinder wichtig sind, einen gleichrangigen Platz einnehmen.« Womit die vereinigten Wissenschaftler meinten, daß die »experimentalgenetische und vor allem die humangenetische Forschung« dringend einer noch stärkeren Förderung bedürfe. [87]

Diese Aussage zeigt die eng miteinander verknüpften Interessen an der Atom- und der Gentechnologie. Erstens: Die Menschen sollen der Atomenergie »positiv gegenüberstehen«. Zweitens: Gesundheitsforschung, gemeint war damit die humangenetische Forschung, soll einen »gleichrangigen Platz« neben der hochgeförderten Atomtechnologie einnehmen. Von der Gentechnologie erwarteten die Wissenschaftler die Reparatur des von der Atomtechnologie angerichteten Schadens an der menschlichen Gesundheit. Eine gefährliche Illusion, denn gentechnische »Reparaturen« sind keine Hilfe, sondern lösen neue biologische Kettenreaktionen aus. Für deren »Beherrschung« dürfen anschließend ruhmsüchtige, wissenschaftlichem Ehrgeiz skrupellos verfallene WissenschaftlerInnen neue vermeintliche Reparaturtechniken erfinden, zu ihrem Ruhm, für Nobelpreise und den Profit ihrer Geldgeber.

1933, im Jahr der Machtergreifung der deutschen Faschisten, erkannte Alfred Ploetz (1860−1940), der Begründer der Rassehygiene, »radioaktive Niedrigstrahlung« als ernsthaftes genetisches Problem und plädierte für den Ausbau seiner Fachrichtung. Ploetz hatte in seinem Hauptwerk *Grundlinien der Rassehygiene* bereits 1895 die Utopie einer inhumanen Gesellschaft entwickelt, in der im Namen des Fortschritts und auf der Basis der Vererbungslehre menschliches Leben nach eugenischen Kriterien zu selektieren sei. 1958 schrieb Ottmar Freiherr von Verschuer im Vorwort der deutschen Ausgabe des Berichtes über den genannten WHO-Kongreß über die Wirkung von radioaktiver Strahlung: »Deutschland hat früher in der ganzen Welt als das klassische Land der Genetik gegolten [...] Auch die Humangenetik nahm ihren ersten Aufschwung in Deutschland. Die Genetik hat in den letzten Jahrzehnten in Deutschland einen fast katastrophalen Rückgang erlebt.«[88a] Zu dieser Zeit, 1958, war Verschuer, einer der berühmtesten Rassehygieniker Hitlers, bereits Direktor des Instituts für Humangenetik an der Universität Münster. Seine Datenbank zur Humangenetik wurde vom Atomministerium finanziert. Dieses Atomministerium veröffentlichte in der Reihe »Strahlenschutz« auch den erwähnten Bericht über den WHO-Kongreß.

Karrieren wie Verschuers und die anderer NS-Rassehygieniker in Münster (es gab und gibt sie an fast allen Universitäten) waren besonders leicht, wenn einer wie Professor Dr. Hermann Goecke 1962 zugleich Rektor der Universität, Direktor der Klinischen Anstalten und Direktor der Frauenklinik sein konnte. Im Faschismus war Goecke einer der Ärzte, die an der Universitätsklinik Münster mit Maßnahmen zur »Sterilisation durch Röntgen- und Radiumbestrahlung« beauftragt waren. Neben KZs machten NS-Ärzte Krankenhäuser und Heilanstalten zu Orten von Strahlenverbrechen an mehr als 250 000 Menschen, deren Fortpflanzung wegen ihrer angeblich minderwertigen Erbanlagen aus bevölkerungspolitischen Erwägungen nicht erwünscht war. Insgesamt wurden mehr als 400 000 Menschen zwangssterilisiert. Etwa 1000 geistig behinderte minderjährige Menschen werden jedes Jahr in der BRD sterilisiert. Die allermeisten sind Mädchen und Frauen; das jüngste, so veröffentlichte das Fernsehmagazin »Panorama«, war elf Jahre alt. 80 Prozent der Mädchen, schätzt Rolf Hendricks von der Lebenshilfe Hamburg, werden vor der Zwangssterilisierung über den wahren Charakter der »Blinddarmoperationen« nicht aufgeklärt. Das Betreuungsgesetz (1988) erlaubt die Sterilisierung geistig Behinderter ohne ihre Zustimmung.[88b]

Die Erkenntnisse aus der geheimen Mutationsforschung flossen 1935 in die erweiterte Novelle des Gesetzes zur Verhütung erbkranken Nachwuchses ein. Eine »einschneidende Eugenik« war 1962 auf dem Kongreß der CIBA-Foundation der dringende Wunsch der Elite der Humangenetiker, unter ihnen die alten NS-Rassehygieniker mit Macht und Einfluß, unangefochten in Ämtern und Würden. Die steigende Mutationsrate durch erhöhte Radioaktivität begründete die Forderung der Wissenschaftler — nicht nach Einstellung aller Atomtests und der Atomprogramme, die 1962 bereits seit rund 20 Jahren die Welt verseuchten —, sondern nach verschärftem Einsatz angeblicher gentechnologischer Reparaturtechniken.[89] Die meisten Humangenetiker begrüßten wie Hermann Joseph Muller die Atombewaffnung und bekannten sich ausdrücklich zum atomaren Wettrüsten. Muller erhielt 1946 den Nobelpreis für den Nachweis der Erzeugung von Mutationen bei der Fruchtfliege durch Strahlung. Die Fruchtfliege, lateinisch Drosophila, war wegen ihrer großen Fruchtbarkeit und ihrer schnellen Generationenfolge zum verbreitetsten Objekt in der klassischen Genetik geworden.

Geschmolzene Augäpfel

Die US-Atomkommission (Atomic Energy Commission, AEC), 1946 gegründet, war bis Ende der sechziger Jahre die Hauptfinanzierungsquelle der Humangenetik.[90] Sie hatte die Oberaufsicht über die gesamte zivile und militärische Nutzung der Atomenergie. Ausgestattet mit gewaltigen Geldmengen, führte sie ab 1946 Atombombentests im Pazifik durch, etwa auf dem Bikini-Atoll. Ab 1951 holte sie die nuklearen Sprengungen in die näher gelegene Wüste von Nevada (USA) zurück. Bereits im ersten Jahr begann sie mit nicht weniger als 16 oberirdischen Atombombentests dieses Gebiet und die dort lebenden Menschen zu verseuchen.

Etwa 250 000 Soldaten waren die Versuchskaninchen bei den Atomtests in der Wüste von Nevada. Mehr als 800 Atombomben detonierten bis heute allein in Nevada. Die US-Atomkommission verteilte in den fünfziger Jahren eine Broschüre, in der es heißt: »Wenn Sie in der Nähe der Nevada Test Site wohnen [und das betraf rund 700 000 Menschen], sind Sie in einem sehr realen Sinn ein aktiver Teilnehmer am Atomtestprogramm der Nation.«[91] Auch die Kirche war auf seiten der Bombenbauer. In einem Propagandafilm beruhigte ein Pfarrer einen Soldaten: »Es gibt einen phantastischen Blitz, dann hörst Du das Grollen und spürst die Wärme auf Deiner Haut, und dann kannst Du aufschauen und die wundervolle Pilzwolke sehen, die langsam in den Himmel wächst mit all ihren Farben des Regenbogens.«[92]

Wissenschaftler der Berkeley-Universität (an der wir viele Humangenetiker finden) in San Francisco gingen 1960 von »6000 mißgebildeten Neugeborenen« durch die Atomtests aus: »Doch diese Risiken muß man in Kauf nehmen angesichts des dringend erforderlichen Atomwaffen-Arsenals unseres Landes«.[93] Kanadische WissenschaftlerInnen veröffentlichten 1992 in einer Studie der McMaster-Universität Hamilton (Kanada), daß die oberirdischen Atomversuche der fünfziger und sechziger Jahre in den USA und in Großbritannien den Tod von 320 000 Babys verursacht haben. Nach der Verlagerung der Tests unter die Erde habe die Sterblichkeitsrate wieder abgenommen (was die langfristige Wirkung nicht vergessen machen darf), sei aber Ende der siebziger Jahre wieder angestiegen, nach Meinung der Forscher durch zunehmende Störfälle in Reaktoren. Gestützt wird diese Untersuchung durch ein Memorandum von US-WissenschaftlerInnen vom 12. März 1992: Von 1950 bis 1980 seien allein in den USA 280 000 Babys infolge der Atomexplosionen gestorben. Millionen Menschen zwischen zehn und 45 Jahren seien gesundheitlich direkt durch die Atomtests geschädigt. Ein besonderes Problem sei das geschwächte Immunsystem vieler Menschen, da ihre Mütter während der Schwangerschaft radioaktiven Strahlen ausgesetzt gewesen waren.[94]

Und immer gab es Wissenschaftler, die nur an den Veränderungen der genetischen Substanz im Körper der Opfer interessiert waren. Von den vierziger bis in die siebziger Jahre testeten US-ForscherInnen die Wirkung von Radioaktivität auf das Erbmaterial auch bei unaufgeklärten zivilen Forschungsobjekten. Radioaktive Flüssigkeit wurde Kindern, Gefangenen, Armen und Alten eingeflößt.[95]

Wer auf Atomtechnologie setzt, will patriarchal-kapitalistische Herrschaft sichern, will Atombomben bauen können, will Profit mit einem unbeherrschbaren Energieträger machen, will und muß − in diesem Verständnis − die Menschen an die kapitalistischen Produktionsprozesse anpassen und nicht etwa Wissenschaft und Technik den Menschen unterwerfen.

Das »1. Manhattan-Project« im Forschungszentrum in Los Alamos (USA) war die Entwicklung der Atombomben, die für den ersten großen »Lebendversuch« über Nagasaki und Hiroschima abgeworfen wurden. Das »2. Manhattan-Project« wird die größte Gendatenbank der Welt genannt. Hier wird genetisches Material der Opfer von Hiroschima und Nagasaki bis Tschernobyl gesammelt. Von Beginn an wurde intensiv untersucht, welche biologischen und genetischen Folgen radioaktive Strahlung hat und haben würde. Die Forschungen an dem toten, sterbenden oder qualvoll überlebenden »Menschenmaterial« von Hiroschima und Nagasaki wurden von den USA vor allem für die Festlegung sogenannter Grenzwerte bei Röntgenuntersuchungen, für die Arbeit in Atomanlagen und zur Verharmlosung der Atomenergie herangezogen. Die weitaus meisten Forschungsergebnisse blieben geheim.

Die Atomenergie hat ausschließlich militärische Wurzeln. Als 1942 der erste Atomreaktor an der Universität Chicago in Betrieb genommen wurde, dachte niemand an Stromerzeugung.[96] Strom wurde später zum zufälligen zivilen Abfallprodukt einer Militärtechnologie, bot die Möglichkeit für Extraprofite und zur Rechtfertigung der Atomenergie. Seit dem ersten Atombombentest am 16. Juli 1945 durch die USA auf dem Testgelände Alamogordo in New Mexico und den US-Atombomben auf Hiroschima am 6. August und auf Nagasaki am 9. August 1945 wurden − mit Stand vom Juni 1992 − in 47 Jahren weltweit mindestens 1933 Atomwaffen gezündet, vermutlich mehr als 2000. Schätzungsweise 50 bis 150 Atomtest werden bis heute verheimlicht. Im Durchschnitt fand alle neun Tage ein Atombombentest statt.

Den weltweit acht ersten Atombomben der USA folgte am 29. August 1949 die erste Atombombe der UdSSR.

Die USA zündeten 940 Atombomben, die UdSSR 720, Frankreich 191, Großbritannien 45, China 36, Indien zündete bisher eine Atombombe. Bis heute bestreiten Israel und Südafrika einen gemeinsamen Atomtest. Allein 1991 explodierten 14 Atombomben: sieben US-amerikanische, sechs französische, eine britische.[97] Mit der Sprengkraft aller Atombomben von mehr als einer Milliarde Tonnen TNT wurden bis heute unvorstellbare Mengen radioaktiven Materials in die Atmosphäre gebombt und in die Erde gesprengt. Auch andere Nationen wurden atombombenfähig, viele dank deutscher Hilfe. So gratulierte die Klöckner-Humboldt-Deutz AG (KHD) dem Pakistan Institute of Nuclear Science and Technology (Pinstech) 1992 in einer großformatigen Anzeige zum 25jährigen Bestehen. Das pakistanische Institut bereitet Pakistans Atombombenprogramm vor. KHD sei »stolz, Pakistan bei der Entwicklung der Atomforschung geholfen zu haben«. Pinstech arbeitete an einer Wiederaufarbeitungsanlage bei Rawalpindi mit, mit der »jährlich bis zu 20 Kilogramm des Bombenstoffs Plutonium gewonnen werden«. Das Auswärtige Amt gab zu, daß »das Pinstech langfristig entscheidende Impulse durch eine Zusammenarbeit mit Deutschland« erhielt.[98] Manche »Impulse« haben Bombenfolgen.

Die US-Atomtests — Hiroschima und Nagasaki finden wir in einer Liste des Energieministeriums als »Versuche« wieder — finden heute in der radioaktiv verseuchten, belebten Wüste von Nevada statt. Die sowjetischen/russischen Atombomben wurden früher meist in Kasachstan (800 Atomtests) gezündet, heute vorwiegend auf der Eismeerinsel Nowaja Semlja, die französischen im polynesischen Mururoa (allein von 1975 bis 1984: 59 atomare Sprengkörper) und in Fangataufa. Von 1960 bis 1966 zündete Frankreich 17 Atombomben in der südalgerischen Sahara. Die chinesischen Atomtests finden meist in Lop Nor statt.[99]

Der Entwicklung von Wissenschaft und Technologie in Osteuropa und der Sowjetunion, aber auch in Ländern, die ihr Verständnis von Wissenschaft und Technologie von dort übernahmen wie Kuba, lag nie eine eigenständige sozialistische Logik zugrunde; und demzufolge auch kein wesentlich anderer Umgang mit der Natur als im Kapitalismus. Ziel der wirtschaftlichen Planung war, die kapitalistischen Staaten zu überholen. Daß wissenschaftliche Forschung und technologische Entwicklung in einem angeblich sozialistischen Land stattfanden, sollte ihr menschenfeindliches Wesen wie durch Zauberei humanisieren.

Als ob eine ähnliche quantitative Wachstumslogik wie im Kapitalismus, ein ähnlich vernichtender Beherrschungswille gegenüber der Natur und eine ähnliche Menschenverachtung im Stalinismus durch ein »sozialistisches Etikett« einen humanen Charakter erhalten könnte. Diese Verdrehung ist eine Beleidigung des auf die selbstbestimmte Befreiung des Menschen gerichteten Grundgedankens des Sozialismus seit Karl Marx und Friedrich Engels – und nicht nur bis Rosa Luxemburg und Che Guevara. Sie alle hätten das, was sie unter Sozialismus verstanden, weder in der Stalinschen Perversion wiedererkannt noch in den osteuropäischen Staaten überhaupt wiedergefunden.

»Wir machen Berge dem Erdboden gleich, bringen Wasser in die Wüste und schlagen Schneisen durch den Dschungel. Wir bringen Leben, Glück und Wohlstand an Orte, auf die noch kein Mensch seinen Fuß gesetzt hat«, schwärmte 1951 Wladimir Wischinskj, einer der wissenschaftlich Verantwortlichen für das sowjetische Atomprogramm. Nicht anders Edward Teller, verantwortlich für die US-amerikanische Wasserstoffbombe und Verfechter des SDI-Programmes. Als Leiter des Lawrence Livermore Laboratory (LLL) wollte Teller 1952 mit Atomkraft das Wetter steuern, Zentralafrika bewässern und künstliche Diamanten erzeugen. Immer wieder stellten Atommafiosi in Staat und Wissenschaft größenwahnsinnige Pläne bei politischen Anlässen vor. Mal für einen 480 Kilometer langen Kanal vom Mittelmeer durch die Wüste Negev zum Golf von Akaba während der Suezkrise, ein anderes Mal, als die Verhandlungen über den Panamakanal stockten, quer durch Mittelamerika. Mit mehr als 120 Atomsprengungen in verschiedenen Teilen des Landes versuchte auch die Sowjetunion Flußläufe umzudrehen, Stauseen anzulegen, Öl- und Gasquellen zu erschließen oder Brände zu löschen.[100]

»Pflugschar« hieß ein US-Atomtestprogramm, bei dem eine 140-Kilotonnen-Atombombe mit Namen »Sedan« (zehnfache Sprengkraft der Bombe, die über Hiroschima gezündet wurde) am 16. Juli 1962 einen 95 Meter tiefen und 350 Meter breiten Krater in die Wüste von Nevada sprengte. Die Druckwelle schleuderte 12 Millionen Tonnen Dreck und Gestein bis in zwei Kilometer Höhe. Plutonium wurde über 250 000 Quadratkilometer verteilt. Ein einziges Milligramm in der Lunge kann bereits Krebs erzeugen. Der Fallout wurde noch im Norden Kanadas gemessen, so wie sowjetische Atombombentests in Japan gemessen wurden. In Nevadas Nachbarstaat Utah wurde still und leise Milch mit radioaktiver Belastung von bis zu 30 000 Becquerel pro Liter vom Markt genommen. Zum Vergleich: Nach Tschernobyl lagen die Höchstwerte in Bayern bei 1500 Becquerel. »Pflugschar« sollte ein Test sein für »planetarische Leistungen« von »planetarischen Ingenieuren« (Teller vor dem US-Kongreß).[101]

Auf 500 000 Menschen nahe dem Testgelände bei Semipalatinsk (Kasachstan) fiel in vierzig Jahren der radioaktive Fallout von 15 000 Hiroschima-Bomben.[102] Ob in Kasachstan oder in Nevada, wir finden Kinder ohne Arme, Beine oder Gehirn, Menschen mit Lungen, Lymphdrüsen, Magen, Nieren, Knochen voller Krebs, Chromosomenschädigungen, zusammengebrochenen Immunsystemen, so daß einfache Infektionen tödlich sind, chronisch blutenden Schleimhäuten, Blindheit und Taubheit, Gefäßerkrankungen, geistige Behinderungen, abstürzender Lebenserwartung, eine hohe Kindersterblichkeit und eine radioaktiv verseuchte Natur, in der Menschen nicht mehr leben können.[103]

Wieviel den Herrschenden ein Menschenleben wert ist, macht uns eine Änderung des US-Gesetzes »Radiation Exposure Compensation Act« (Public Law 101–426) vom 15. Oktober 1990 klar: Es ermöglicht im Einzelfall eine Entschädigung der Krebsopfer der Atomtests der fünfziger bis siebziger Jahre in Höhe von 75 000 US-Dollar.[104] Viele Gräber werden damit lange gepflegt werden können.

Eine Gruppe von britischen und australischen WissenschaftlerInnen schlug vor, in Zentralaustralien einen Zaun zu errichten, der Menschen und Tiere bis etwa zum Jahr 242 000 (das Zehnfache der Halbwertzeit von Plutonium) davon abhalten soll, ein durch britische Atomtests (1953 bis 1963) mit mehr als 20 Kilogramm Plutonium und ebensoviel angereichertem Uran radioaktiv verseuchtes Gebiet zu betreten. Der Zaun ist billiger als die

600 Millionen Mark, die es kosten würde, das vergiftete Erdreich abzutragen.[105] Und wohin auch mit so viel strahlender Erde? Wegen steigender Kosten und wechselnder weltweiter öffentlicher Kritik wurde 1963 von 60 Staaten ein internationales Teststoppabkommen unterzeichnet. Die internationale Atommafia verlagerte von da an die Atomtests unter die Erde. Bis heute treten radioaktive Fallouts durch den Boden in die Atmosphäre aus. Mit den unterirdischen Atomtests, die nicht weniger gefährlich sind, wird das Problem auf künftige Generationen verschoben. Es gibt keinerlei Schutz gegen die sich anhäufenden Berge radioaktiver Erde.[106]

Wofür die Tests? Welche Wirkung die relativ kleinen Atombomben auf Hiroschima und Nagasaki auf Menschen hatten, wurde oft beschrieben: »Hunderte und Aberhunderte flohen aus der Stadt, fast alle waren verletzt. Manchen waren die Augenbrauen abgesengt, Hautfetzen hingen ihnen von Gesicht und Händen. Einige erbrachen sich, während sie liefen. Viele waren nackt, bei manchen zeigte die verbrannte Haut ein Muster: Die Träger der Unterwäsche oder die Blumen des Kimonos hatten sich als Schattenrisse abgezeichnet.« So der US-Journalist John Hershey. Er fand eine Gruppe von Soldaten im Wald: »Ihre Gesichter waren vollständig verbrannt, ihre Augenhöhlen leer, die Flüssigkeit ihrer geschmolzenen Augäpfel war auf ihren Wangen geronnen, ihre Münder waren nur noch geschwollene eitrige Wunden.«[107]

Ob Tuareg und Berber in der algerischen Sahara nach französischen Atomtests bei radioaktiven Abräumarbeiten eingesetzt, ob mehr als 500 000 Menschen in Kasachstan verstrahlt wurden, wobei etwa 100 000 starben, ob in Hiroschima und Nagasaki 300 000 Menschen getötet wurden (150 000 sofort, 200 000 später) und wir heute dort die Opfer in der dritten Generation finden, ob Australien 10 000 Soldaten als Versuchskaninchen mißbraucht und ungezählte Aborigines verstrahlt hat, ob in Nevada 250 000 Soldaten als Testpersonen abkommandiert und die indianischen BewohnerInnen der Wüste, die Shoshone, vernichtet werden:[108] Die Atomtests gehen weiter. Die Vereinigung internationaler Ärzte gegen den Atomkrieg (IPPNW) hat in einer Studie berechnet, daß allein die zwischen 1945 und 1980 oberirdisch gezündeten Atombomben bis zum Jahr 2000 weltweit mehr als 430 000 Menschen das Leben kosten werden.[109]

Manchmal trifft es auch Prominente. Jochen Vorfelder beschreibt in seinem Bericht im *Greenpeace Magazin*, daß John Wayne 1954, ein Jahr nach elf oberirdischen Atomtests in Nevada, in Utah den Film »Der Eroberer« drehte, in dem er Dschingis Khan darstellte: »Nach Abschluß der Außenaufnahmen brachten Techniker 60 Tonnen Sand für Nachdrehs ins Studio mit. Zwölf Jahre später waren 91 der 220 Mitglieder des ursprünglichen Drehteams an Karzinomen erkrankt, über 50 starben an Krebs, darunter John Wayne.«[110]

Anfang August 1992 stimmten 68 von 100 US-Senatoren einem Gesetzentwurf zu, der unter gewissen Bedingungen die Einstellung aller Atomtests nach dem 30. September 1996 voraussieht. Sie sollen zunächst für neun Monate ausgesetzt werden, danach sollen fünf Jahre lang fünf Atomtests pro Jahr erlaubt sein, je vier zur »Verbesserung der Sicherheit und einer zur Überprüfung der Zuverlässigkeit der vorhandenen Atomwaffen«. Das ist insoweit Propaganda, als die Atomtests fast immer nur der Weiterentwicklung des atomaren Waffenarsenals gedient haben. Falls andere Staaten in dieser Zeit der begrenzten US-Tests einer weltweiten Atomtesteinstellung zustimmen, wäre dies − so der Gesetzentwurf − auch das Ende der US-Atomtests.

Die *Tageszeitung* jubelte unkritisch: »Abschied vom Atomtest«[111]. Aber schon arbeitet der mächtige militärisch-industrielle Komplex der USA an der Aufweichung des Beschlusses. Ein Veto des Präsidenten gegen den Teststopp könnte nur von einer (unwahrscheinlichen) Zweidrittelmehrheit im Repräsentantenhaus und im Senat überstimmt werden. Die US-Regierung versucht jeden Atomteststopp zu unterlaufen. In den nächsten fünf Jahren sollen maximal sechs bis acht Bomben jährlich gezündet werden.[112]

Verteidigungsminister Richard Cheney verkündete, »die USA wollten, trotz der Abrüstungsvereinbarungen mit Rußland, an ihren unterirdischen Atomwaffenversuchen festhalten. Es gäbe keine verläßliche Alternative [...] auch nach dem kalten Krieg bestehe weiterhin die Notwendigkeit atomarer Abschreckung [...] auch für die Sicherheit und Verläßlichkeit [! d. A.] des

US-Atomarsenals seien die Atomtests, deren ›Umweltverträglichkeit‹ er hervorhob, unabdingbar.«[113]

»Der russische Energieminister Viktor Michailow hält ›zwei bis vier‹ Atomexplosionen pro Jahr für notwendig, ›um die Verteidigungsfähigkeit Rußlands zu gewährleisten‹ falls nicht die USA mit ihren Tests ebenfalls aufhörten.«[114] Leonid Bolschow, Direktor des Moskauer Instituts für Reaktorsicherheit der Akademie der Wissenschaften, warnt vor den »negativen Folgen für die Sicherheit«, wenn die »vaterländische Kernenergetik abstirbt«.[115] Aus taktischen innenpolitischen Rücksichten − Stimmenverluste an Umweltparteien − versprach François Mitterrand ein Ende der französischen Atomtests Ende 1992. Ohne einen US-Teststopp wird diese Position wohl kaum aufrechterhalten werden. Der britische Premierminister John Major will auch in Zukunft nicht auf Atomtests verzichten: Die »Erprobung der Sprengköpfe für die britische Trident in Nevada werde fortgesetzt«.[116] Die britische Regierung besteht außerdem auf der Aufrüstung ihrer mit Atomraketen bestückten U-Boote. 512 statt 192 Atomsprengköpfe sollen künftig die »Abschreckungsfähigkeit« Großbritanniens gewährleisten.[117] Heute befinden sich mindestens 200 Tonnen Plutonium in Zehntausenden US-amerikanischer und sowjetischer Atomwaffen. Eine grapefruitgroße Plutoniummenge kann die gesamte Menschheit vernichten.

Die einen brauchen Nuklearwaffen für die Vorbereitung neuer Kriege (»Verteidigungsbereitschaft«). Der Abwurf einer Atombombe wurde im Golfkrieg selbst von ehemaligen bundesdeutschen Linken erwogen, die damit auf die Seite der Barbarei wechselten. Andere wollen einfach ein Geschäft machen, wie sie es vom Kapitalismus gelernt haben: Die International Chetek Cooperation in Moskau bietet heute, 47 Jahre nach Hiroschima und Nagasaki, ihre nuklearen Dienste an. Ab 1993 will sie für 450 bis 1900 US-Dollar pro Kilogramm Gift- und Atommüll auf der russischen Insel Nowaja Semlja mit Hilfe einer Atombombenexplosion in 600 Meter Tiefe einschließen. Mit einem ersten Test im Januar 1993 will sie 3000 Tonnen »Chemieabfälle von ausländischen Anlieferern ›mit einem einzigen Sprengsatz‹ behandeln«.[118] Vor Nowaja Semlja liegt schon die »Lenin«. Das atomare Traumschiff der Sowjets, ein Eisbrecher, angetrieben von drei kompakten Druckwasserreaktoren, wurde 1967 schrott-reif in der Karasee versenkt und liegt inmitten von mindestens 16 000 Tonnen radioaktiven Flüssigkeiten, die zwischen 1964 und 1986 in die Barents- und Karasee gekippt wurden.[119]

Keine Grenze, keinen Grenzwert

Die Atomkatastrophe von Tschernobyl am 26. April 1986 scheint für Humangenetiker in aller Welt eine Art Sternstunde gewesen zu sein. Die Angst vor fehlgebildeten Kindern trieb Frauen, auch in der Bundesrepublik, in Scharen in die sogenannten human-genetischen Beratungsstellen, die bis dahin eher skeptisch betrachtet wurden und keine große Akzeptanz genossen. Die aus künstlichen Befruchtungen gewonnenen »überzähligen« Embryo-nen wurden unter anderem vom US-Arzt Robert Gale für Rücken-marktransplantationen von Tschernobylopfern verwendet.[120]

650 000 Menschen wurden als Helfer durch die »besondere« verstrahlte Dreißig-Kilometer-Zone geschleust und wochen- und monatelang erhöhter radioaktiver Strahlung ausgesetzt. »Bio-roboter« wurden sie zynisch genannt, nachdem deutsche High-Tech-Roboter aus dem Kernforschungszentrum Karlsruhe auf dem Dach des zerborstenen Reaktors unter der Wucht der Strah-lung »sofort ihr Leben aufgegeben haben« (Tschernosenko). Etwa 35 Millionen Menschen haben in der Sowjetunion eine grenz-wertüberschreitende »Überdosis« an Radioaktivität erhalten. Aber wir müssen davon ausgehen, daß es keine noch so winzige Dosis Radioaktivität gibt, die für den Menschen unschädlich ist. Die Zahl der verstrahlten Menschen ist demzufolge in Wirklich-keit noch größer. Wladimir Tschernosenko, der wissenschaftliche Leiter der Aufräumarbeiten in Tschernobyl sagt, etwa 10 000 Menschen seien bis 1991 infolge der Atomkatastrophe von Tschernobyl elend zugrunde gegangen.[121] Alle medizinischen Untersuchungen bestätigen einen dramatischen Anstieg vielfälti-ger Krebskrankheiten bei Kindern und Erwachsenen. Die Zahlen steigen, je länger der Tag der Reaktorexplosion zurückliegt.

1900 starb in Mitteleuropa etwa jeder dreißigste Mensch an Krebs, 1930 jeder achte Mensch, heute mindestens jeder dritte bis vierte. Der Physiker Professor Jens Scheer von der Universität Bremen ermittelte eine um 35 Prozent höhere Säuglingssterblichkeit im süddeutschen Raum als Folge von Tschernobyl.[122] Der Physiker Alfred Körblein bestätigte 1992 die in der Wissenschaftszeitschrift *Lancet* 1989 veröffentlichte Studie der Bremer WissenschaftlerInnen. Es wächst inzwischen auch der Verdacht, daß infolge von Tschernobyl die Zahl der Kinder mit Down-Syndrom in der Bundesrepublik gestiegen ist.[123] Radioaktivität kennt keine Grenzen und ignoriert alle Grenzwerte.

Wie in der ehemaligen Sowjetunion werden auch bei uns Menschen durch Zahlenmanipulationen vor radioaktiver Strahlung geschützt. »Die Moskauer Zeitung ›Iswestija‹ beschrieb, wie am 8. Mai 1986 neue Grenzwerte für die Aufnahme radioaktiver Strahlen beschlossen wurden, nachdem im Politbüro [...] immer höhere Zahlen von Verstrahlten eingegangen waren. Aufgrund der Anhebung der Grenzwerte auf das Zehnfache des ursprünglichen Wertes ›erholten sich Tausende unserer Genossen auf einen Schlag [...]‹, schrieb ›Iswestija‹«[124] sarkastisch. Vergleichbares findet in der Bundesrepublik statt.

Wie überall, sind auch in der Bundesrepublik Grenzwerte politische Zahlen. In Hessen galten bis zum 31. Mai 1986, fünf Wochen nach der Atomkatastrophe in Tschernobyl, Grenzwerte in Höhe von 20 Becquerel Jod 131 pro Liter Milch. Eine neue EG-Verordnung legt den Grenzwert auf 500 Becquerel radioaktives Jod in einem Liter Milch fest. Andere Lebensmittel durften 1986 200 Becquerel Jod 131 enthalten, die EG erlaubt für die nächste Atomkatastrophe 2000 Becquerel. In Hessen, und auch das war zu hoch, lag 1986 der Grenzwert für Nuklide wie Cäsium 137 bei 100 Becquerel pro Kilogramm, beim nächsten GAU muß weniger weggeworfen werden, die menschlichen Körper werden zum direkten »End«lager. Die EG erlaubt 1250 Becquerel Cäsium 137 und erstmalig − Plutonium 239 und Americium 241 in einer Menge von 20 Becquerel pro Liter und 80 Becquerel pro Kilogramm.[125]

Bundesdeutsche Piloten haben eine Klage gegen Behörden eingereicht, nachdem US-Wissenschaftler 1989 herausgefunden hatten, daß von 100 000 Crew-Mitgliedern und Passagieren, die in 20 Jahren 98 Mal bei US-Inland-Flügen in Höhen zwischen 9000 und 11 000 Meter geflogen waren, 1000 Menschen an Krebs starben. Bei 37 Rund-um-die-Welt-Reisen stieg die Zahl sogar auf 1200 Krebstote. Es gibt — im Gegensatz zu den USA und anderen Ländern — in der BRD keine Strahlenschutzwerte für Piloten, Bordpersonal und Passagiere. Strahlenforscher der Universitäten Gießen und Marburg, unter ihnen der Physiker Horst Kuni, errechneten im Auftrag der Pilotenvereinigung »Cockpit« für die Strecke Frankfurt — New York eine Bestrahlung von 400 bis 900 Millirem, »sofern sie im Jahr zwischen 250 bis 600 Flugstunden in einer Höhe ab rund 10 000 Meter verbringen«.

Die gesetzlich erlaubte jährliche Ganzkörperdosis für jeden von uns beträgt 60 Millirem, davon 30 Millirem in Gasform (Radioaktivität in der Luft) und 30 Millirem in flüssiger Form (im Wasser). Den jährlichen Grenzwert für gasförmige Radioaktivität in Höhe von 30 (kriminellen) Millirem pro Normalbürger können Fluginsassen schon während eines einzigen Langstreckenfluges erreichen. Bei 500 Millirem, sagt selbst die Internationale Strahlenschutzkommission, liegt ein »deutlich erhöhtes Krebsrisiko«. Das sind knapp 17 Langstreckenflüge.[126] Piloten, Stewards und Stewardessen sowie Passagiere werden aus Gründen der Kostenersparnis diesem lebensgefährlichen Risiko ausgesetzt, denn es kostete mehr Geld für Treibstoff, würden die Piloten der Strahlung durch niedrigere Flugrouten ausweichen. Und auch eine Strahlenschutzausstattung der Flugzeuge ginge an das Portemonnaie der Betreiber, privater Airlines, aber auch der staatlichen Lufthansa. Offen ist, wie hoch die zusätzliche Belastung der FluginsassInnen durch Begegnungen mit den Fallouts der Atombombentests und durch die häufige radioaktive Fracht (medizinische Güter) ist.

Radioaktive Niedrigstrahlung zerstört die menschliche Gesundheit und kann töten. Dies gehört zu den größten Tabus in der Bundesrepublik. Ohne Atombombenexplosionen und Katastrophen wie in den Atomanlagen von Windscale (Großbritannien 1957), Harrisburg (USA 1979) oder Tschernobyl (UdSSR 1986), ohne die vielen tausend kleineren »Störfälle« in Biblis, Neckarwestheim oder Grohnde gibt jeder Atomreaktor im ungestörten Normalbetrieb ständig radioaktive Niedrigstrahlung ab, an die Luft und an das Wasser. Im Gegensatz zur »reineren« Atombombe enthält ein Atomkraftwerk eine Vielzahl verschiedener radioaktiver Isotope, die sich in ihrer Wirkung verstärken können. Weil sie Alpha- oder Betastrahler sind, können sie in der Nahrungskette angereichert und im menschlichen Körper eingebaut werden.

Aufgrund von Untersuchungen der Bremer Atomphysikerin Inge Schmitz-Feuerhake mußte das niedersächsische Sozialministerium zugeben, daß Menschen in der Nähe von Atomreaktoren höchst gefährdet leben. Bei vier von fünf untersuchten Erwachsenen wurden Chromosomenveränderungen zugegeben. Die Untersuchungen waren veranlaßt worden, nachdem in der Samtgemeinde Elbmarsch von 1989 bis 1991 sieben Kinder an Leukämie erkrankten. Zwei sind inzwischen gestorben. Die Samtgemeinde liegt in der Nähe des AKW Krümmel.[127] Den Jahresgrenzwert von 60 beziehungsweise 30 Millirem erhalten Menschen, die nahe an Atomkraftwerken leben, fast automatisch. Dieser Grenzwert ist kein Schutzwert. Er schließt eine bestimmte Anzahl von krebstoten Menschen ein, eine Zahl, die für politisch tragbar gehalten wird, damit das strahlende Geschäft weitergehen kann.

An hochgiftigen chemischen Substanzen wie Dioxin darf – nach US-Grenzwerten – nicht mehr als einer pro 100 000 Menschen sterben. Die kanadische Wissenschaftlerin Rosalie Bertell wies nach, daß – bezöge man diese Genehmigung zum Sterben auch auf Radioaktivität – »die Bevölkerung maximal einer jährlichen Dosis von 0,05 Millirem Strahlung ausgesetzt wurde [...] Das wäre ein Hundertstel der heutigen deutschen Grenzwerte.«[128] Die Internationale Strahlenschutzkommission ICRP (International Commission on Radiological Protection) empfiehlt erst jetzt, die jährlich erlaubte Strahlenbelastung für AtomarbeiterInnen in Atomkraftwerken von 5 auf 2 Rem zu senken. Die EG erwägt die Übernahme dieses Grenzwertes. Ein Rem sind 1000 Millirem. Zum Grenzwert von 5 Rem für die Gesamtbevölkerung in 30 Jahren erklärte die Internationale Strahlenschutzkommission: »Die Kommission ist der Ansicht, daß dieser Wert [5 Rem pro Generation = 30 Jahre] einen vernünftigen Spielraum für die Atomenergieprogramme der absehbaren Zukunft schafft.«[129] Das britische Amt für Strahlenschutz hat in einer Studie nachgewiesen, daß das Risiko für ArbeiterInnen in Atomanlagen, an Leukämie zu sterben, wesentlich über dem der übrigen Bevölkerung liegt. Die Untersuchung, die im März 1992 im *British Medical Journal* veröffentlicht wurde, stützt sich auf die Auswertung der Daten von 95 000 MitarbeiterInnen ziviler und militärischer Atomanlagen in einem Zeitraum von 16 Jahren. 6600 sind mittlerweile gestorben, 50 davon an Leukämie, 1800 sind krebskrank. Zwar mußte das Amt zugeben, daß das Risiko »doppelt so hoch liege, wie bislang angenommen«; die Grenzwerte zu senken, hielt das Amt nicht für nötig, weitere Untersuchungen sollen die Industrie erst einmal vor Konsequenzen schützen.[130] Nachdem Untersuchungen lange Jahre keine auffälligen Veränderungen der Krankheitsstatistiken zeigten, liegt beispielsweise die Leukämierate der Atomarbeiter der US-Atombombenfabrik von Oak Ridge (USA) 1992, nach 16 Jahren, mehr als 63 Prozent über den Durchschnittswerten der Normalbevölkerung (die mittlerweile gleichfalls steigen).[131]

Radioaktives Wasser fließt aus der Wiederaufbereitungsanlage Sellafield, Großbritannien. Sellafield war nach der Atomkatastrophe von 1957 der neue Name für Windscale. Im Mai 1992 wurde radioaktiv verstrahlter Tang in der irischen See vor Sellafield gefunden. Die Strände wurden nicht geschlossen.[132] The business must go on.

In der Wissenschaft wird das Krebsrisiko durch radioaktive Niedrigstrahlung berechnet, indem mensch davon ausgeht, eine Bevölkerung von einer Million Menschen würde ein Jahr mit 1 Rem bestrahlt. Dann wird untersucht, wie viele Menschen zusätzlich (über den hohen Durchschnittswerten) an Krebs sterben (nicht nur krank werden). Die Entstehungsgeschichte des BEIR-Reports III von 1980[133] vom Committee on the Biological Effects of Ionizing Radiations, einem von der US-Akademie der Wissenschaften eingesetzten Gremium, zeigt, wie Wissenschaft ökonomischen Interessen unterworfen ist. Das Gremium empfahl in einer Vorabinformation zum Abschlußbericht 1979 mehrheitlich die Anwendung der sogenannten linearen Dosis-Wirkungskurve, einer bestimmten, sehr üblichen Berechnungsform für die Folgen radioaktiver Niedrigstrahlung. Der daraus errechnete Risikofaktor lag bei 158 bis 501 zusätzlichen Krebstoten pro eine

Million Menschen bei einer jährlichen Strahlenbelastung von 1 Rem. Daraufhin setzte der Präsident der Akademie für die Erstellung des Abschlußberichts die Wissenschaftlergruppe neu zusammen. Die benutzte das sogenannte linear-quadratische Modell der Internationalen Strahlenschutzkommission und kam auf nur noch 67 bis 226 zusätzliche Krebstote.[134]

Nach den sehr vorsichtigen Berechnungsmethoden des BEIR-Reports (Vorbericht) gab es 1980 501 zusätzliche Krebstote und bis zu 1250 zusätzliche Krebskranke pro eine Million Menschen bei einer jährlichen Strahlenbelastung von 1 Rem. Das sind, bezogen auf etwa 78 000 000 Menschen in der Bundesrepublik: 39 078 zusätzliche Tote und 97 500 zusätzliche Krebskranke durch radioaktive Niedrigstrahlung.[135]

Politisch ist der Umgang mit radioaktiven Grenzwerten überall. Die britische Strahlenschutzkommission National Radiological Protection Board (NRPB) erhöhte als Konsequenz aus den immer wieder gestiegenen Krebsraten in Hiroschima und Nagasaki ihren Richtwert. Seit November 1987 gelten 300 Krebstote pro eine Million Menschen bei einer jährlichen Strahlenbelastung von 1 Rem als Richtwert statt der bisherigen 125.[136] Wir sind beruhigt, unser Krebs liegt im Bereich des Normalen.

Seit mehr als 20 Jahren erforschen kritische WissenschaftlerInnen das Risiko durch radioaktive Niedrigstrahlung: Ernest J. Sternglass (USA), Alice Stewart (Großbritannien), Inge Schmitz-Feuerhake und Horst Kuni (BRD) sind nur einige Namen. Angefeindet und bekämpft von der herrschenden Wissenschaft und dem Atomkapital, gelten ihre Forschungsergebnisse heute als zutreffend: Es gibt keine Schwelle, unterhalb derer Radioaktivität ungefährlich wäre, und radioaktive Niedrigstrahlung bedeutet schon in winzigen Mengen Leiden und Tod. Der Bremer Physiker Jens Scheer geht davon aus, daß sie bei kleinsten Mengen eine überlineare Wirkung erzielt, das heißt, überproportional zu Krebs führt, um dann langsamer weiter zu steigen. K. Z. Morgan, der ehemalige Vorsitzende der Internationalen Strahlenschutzkommission ICRP hat 1987 festgestellt: »Seit 1960 gibt es eine überwältigende Fülle von Daten, die zeigen, daß es für Krebserzeugung durch Strahlung keine Toleranzdosis gibt.«[137] Radioaktive Strahlung wirkt zudem bei Menschen unterschiedlich. Sie schädigt Kinder anders als Erwachsene, und Menschen, die chemischen Giften, Elektrosmog oder Streß ausgesetzt sind, anders als Menschen in einer angenehmeren Lebenssituation.

Die Erkenntnisse über radioaktive Niedrigstrahlung sind – neben einer Vielzahl weiterer Argumente – der vorrangige Grund der bedingungslosen Ablehnung der Destruktivkraft Atomenergie, ob in militärischer Gestalt oder in ziviler Verkleidung. Wer Atomenergie herstellt und verbreitet, ist deshalb nicht nur möglicherweise ein Mörder. Um von dieser Erkenntnis abzulenken und ihre Pläne durchzusetzen, hat die Atommafia – in gebührendem zeitlichem Abstand zu Tschernobyl – eine propagandistische Offensive gestartet. Es droht die weltweite Renaissance der Atomindustrie.

Club of Rome, Club Atom

»Der Club, bisher als kernenergiefeindlich bekannt, [plädiert] für Erhalt und Ausbau der Kernenergie«, freut sich der Informationskreis Kernenergie, die Propagandaagentur der bundesdeutschen Atommafia über den Club of Rome.[138] Eine Fälschung?

Der Club of Rome wird seit seinem Bericht *Die Grenzen des Wachstums* (1972) so überschätzt wie Herbert Gruhl mit seinem Buch *Ein Planet wird geplündert*, zu dem wir später noch kommen werden. Über den Club-Bericht von 1972 äußerte Ernest Mandel befriedigt und spöttisch, daß »diese Herren, die vom Marxismus unbeleckt sind und aus bürgerlichem Milieu stammen, jetzt mit 125 Jahren Verspätung – verglichen mit Marx – entdeckt haben, daß anarchisches, planloses, unbewußtes, ungesteuertes Wachstum nicht nur die Grundlagen des materiellen Wohlstandes, sondern sogar die physischen Voraussetzungen für das Überleben der menschlichen Zivilisation bedrohen kann«, sogar »der Spezies Mensch«. Mandel kritisiert, »daß sie den zugrundeliegenden Mechanismus [...] noch nicht verstanden haben« und daher die »Schlußfolgerungen [...] die Lösungen, die sie vorschlagen, teils inadäquat und teils schlimmer [sind] als die

Übel, die sie kurieren wollen«. Sie greifen »dieses zerstörerische Potential des kapitalistischen Wirtschaftswachstums« nicht an. Sie leugnen, daß »das Ziel wirtschaftlicher Aktivität [...] die Maximierung der Einnahmen, ohne Rücksicht auf und unabhängig von Konsequenzen für Glück oder Unglück und die Entwicklung oder Verkümmerung menschlicher Talente ist«.[139]

Diese Kritik trifft heute noch mehr auf den Club of Rome zu als vor 20 Jahren. In seinem Bericht *Die globale Revolution* von 1991[140] sagt der Club: »Unter solchen Umständen könnte die Kernspaltung die einzige Möglichkeit sein, die Situation wenigstens teilweise zu entschärfen [...] Heute [...] räumen wir widerwillig ein, daß die Verbrennung von Kohle und Öl [...] wahrscheinlich noch gefährlicher ist als die Atomkraft. Darum gibt es triftige Gründe dafür, die nukleare Option offenzuhalten und schnelle Brüter zu entwickeln.«[141] Es ist kein Zufall, daß der Club of Rome, obwohl ihm im Gegensatz zu normalen BürgerInnen unvermeßlich viele Informationen zur Verfügung stehen, ausgerechnet mit der zentralen Propagandathese der internationalen Atommafia auf den Markt kommt. Auch die behauptet, daß das Klima nur zu retten, Hautkrebs nur abzuwenden und Überflutung küstennaher Tiefebenen nur zu vermeiden sei, wenn die Atomenergie ausgebaut würde.

In einer Anzeige in der *Quick* vom 17. Juni 1992 tönen »Ihre Stromversorger«: Badenwerk (Karlsruhe), Bayernwerke (München), Elektromark (Hagen), EVS (Stuttgart), Isar-Amper-Werke (München), Neckarwerke (Esslingen), PreussenElektra (Hannover), RWE Energie (Essen), TWS (Stuttgart) und VEW (Dortmund) ähnlich, wenn auch deutlicher als der feine Club aus Paris, der 1968 in Rom gegründet wurde: »Wir ersparen der Umwelt 140 Millionen Tonnen CO_2. Jährlich.« Sie schonen »die Umwelt und Rohstoffe, indem wir mehr als ein Drittel des deutschen Stroms aus Uran herstellen. Ohne die bei der Verbrennung von Kohle, Öl und Gas entstehenden Schadstoff-Emissionen.«

Die Enquetekommission »Vorsorge zum Schutz der Erdatmosphäre« des Deutschen Bundestages wollte sich in ihrem letzten Zwischenbericht ans Parlament noch auf keine einheitliche Empfehlung in der Frage Klima und Atomenergie einigen. Während sich die einen offensiv für die Nutzung der Atomenergie zur Vermeidung klimaschädlicher Emissionen aussprachen, wollten die anderen die Gefahren des Treibhauseffekts noch nicht »gegen die bekannten Risiken und Langzeitwirkungen der Atomenergie ausspielen« lassen. Die möglichen Auswege aus dem »Dilemma« sollen aber noch vor der Konferenz »in einem sachlichen und diskursiven Verfahren« gefunden werden.[142]

Gehen wir der Behauptung nach, mit der Atomenergie lasse sich das Klima retten, bevor wir uns der Frage zuwenden, welche Interessen eigentlich hinter der Tätigkeit des Club of Rome stecken.

Atomenergie zerstört das Klima

Es ist erstens töricht und verantwortungslos zu behaupten, daß ein auf Atomenergie begründetes Energiesystem weniger Kohlendioxid (CO_2) produziert als eines *ohne* Atomenergie. Zweitens ist es falsch anzunehmen, ein Energiesystem *ohne* Atomstrom müsse einen ebenso hohen Verbrauch haben wie eines *mit* Atomenergie. Der dritte Irrtum ist, daß es Fortschritt bedeute und menschliches Wohlergehen, einen maximalen Überschuß an Energie zu produzieren. Tatsächlich stößt ein auf Atomenergie begründetes Energiesystem mehr CO_2 aus als eines ohne Atomstrom.

China ist das bevölkerungsreichste Land der Erde.[143] China hat − wie alle Länder des Trikont − ein Recht auf Entwicklung. Die Menschen in China müßten die Chance haben, selbstbestimmt, unter Berücksichtigung ihrer sozialen Lage und des Erhalts ihrer ökologischen Lebensgrundlagen, darüber zu diskutieren und zu entscheiden, welchen Charakter und welche Qualität diese Entwicklung haben müßte. Aber die chinesische Regierung plant, zur Freude ihrer westlichen, von jedem Massaker unbeeindruckten Verhandlungspartner, einen gewaltigen Entwicklungsschub nach kapitalistischem Vorbild. Was würde geschehen, machte China eine Entwicklung durch, wie von der Atommafia verlangt und selbst vom Club of Rome befürwortet?

Um in China Elektrizität, wie in Frankreich, zu 70 Prozent mit Atomenergie zu decken, müßte deren Anteil an der eingesetzten

Primärenergie etwa 25 Prozent betragen. Die restlichen 75 Prozent der eingesetzten Primarenergie würden durch die Verbrennung fossiler Energieträger gedeckt. Primärenergie ist die in den Energieträgern Kohle, Gas, Erdöl, Wind, Erdgas, Wasser, Sonnenstrahlung, Biostoffe, Erdwärme vor der Umwandlung in Elektrizität enthaltene Energie. Die Deckung von 25 Prozent Primärenergie aus Atomenergie bedeutete für China: Siebenhundert Atomkraftwerke mit je 1200 Megawatt[144] elektrische Leistung bei einer unrealistischen durchschnittlichen Laufzeit von zwanzig Jahren, denn real steigt die Störanfälligkeit von Atomreaktoren nach spätestens fünfzehn Jahren aufgrund von Materialermüdung.

Schon aufgrund der längeren Betriebsdauer müßten jedes Jahr fünfunddreißig Atomkraftwerke hinzugebaut werden. Je größer ein Atomkraftwerk ist, desto größer muß das Ersatzkraftwerk sein, das bei Stillstand (Brennelementewechsel, Reparaturen, Störfälle, Katastrophen) ersatzweise angeschaltet werden kann, damit die Stromversorgung sichergestellt bleibt. Ein Programm für siebenhundert Atomkraftwerke würde China in tiefste Verschuldung stürzen und alle verfügbaren menschlichen Ressourcen für die Entwicklung angepaßter Technologien auf Jahrzehnte abschöpfen. Wir haben damit weder die Gefahren beim Uranabbau noch den Atommüll, weder Gesundheitsschäden noch Vegetationssterben erwähnt.

Berechnungen von ökologischen WissenschaftlerInnen belegen seit Jahren: Würde in der Bundesrepublik der Anteil der Atomenergie an der Stromerzeugung von 35 auf 70 Prozent erhöht, sänke der Einsatz anderer Energieträger um nur etwa 10 Prozent. Denn auch hier gilt: Gerät ein Reaktor vom Netz, muß ein in Reserve stehender Atomreaktor angeschaltet werden. Es gibt wirtschaftliche und soziale Gründe, die gegen den Einsatz von Atomenergie sprechen; Literaturhinweise finden sich in der Anmerkung[145]. Atomstrom ist der teuerste Strom: Keine andere Energieerzeugungstechnik hat vergleichbar hohe Fix- und Betriebskosten bei einer derartig geringen Zahl von (radioaktiv verseuchten) Dauerarbeitsplätzen, für deren Erhalt in inniger Übereinstimmung das Atomkapital wie die Industriegewerkschaft Bau-Steine-Erden werben.

Einem Energiesystem, das auf Atomenergie beruht, ist immanent, daß sich die in die Atomenergie investierten Kapitalbeträge in der Logik kapitalistischer Produktion schnell und bald auszahlen müssen. Jede alternativ — etwa durch moderne Windenergieanlagen — erzeugte Kilowattstunde stört den Kapitalrückfluß. Und jeder in die Atomenergie investierte Geldbetrag fehlt für die Entwicklung von ökologischen Energiesystemen. Wie die Forschungsgelder aufgeteilt werden, zeigen wir unten.

»Neben der Möglichkeit, durch den Einsatz von Kernenergie zur Stromerzeugung fossile Energieträger zu substituieren, hat die Kernenergie auch ein nicht zu unterschätzendes Potential für nicht-elektrische Anwendungen und kann auch auf diesem Sektor wesentlich zur Minderung des CO_2-Klimaproblems beitragen. Sie kann zum Beispiel eingesetzt werden, um Raumwärme zu liefern [. . .]«, verlangt das Deutsche Atomforum dreist und frech.[146] In der Logik des Kapitalverwertungsinteresses des Atomkapitals liegt die Verschwendung von Strom wie die aggressive Eroberung neuer Absatzmärkte.

Ein Beispiel für beide Strategien ist der Wärmemarkt. Verschwendung wie aggressive Eroberung finden statt, wenn für das Heizen eines Raumes auf eine Temperatur von 18 bis 22 Grad Celsius die teure, hochwertige Luxusenergie Strom verwendet wird, die üblicherweise mit hohem Einsatz von Primärenergie unter hohem Energieverlust gewonnen wird. Es darf nicht darum gehen, soviel Strom wie möglich zu verkaufen, sondern den wirklichen Bedarf von Menschen nach Licht, Transportmöglichkeiten und warmen Räumen ökologisch und damit auch wirtschaftlich zu decken. Rational wäre beispielsweise, das Bedürfnis nach warmen Räumen durch Kombination aus Wärmedämmung, solarer Architektur, Sonnenkollektoren, Wärmepumpen oder übergangsweise rationeller Kraftwärmekoppelung mit hohem Wirkungsgrad und geringer Verschwendung zu befriedigen.[147]

Wäre in der Bundesrepublik seinerzeit in effizientere Energienutzung investiert worden statt in Atomenergie, könnte die emittierte CO_2-Menge heute um 370 Millionen Tonnen niedriger liegen, das ist etwa die Hälfte des heutigen jährlichen CO_2-Ausstoßes und das Zehnfache dessen, was auf der Weltenergiekonferenz in Montreal 1987 die Bundesrepublik zu reduzieren gefordert hat.

Wirklicher Fortschritt im Energiebereich läge im Übergang zu einer Kombination aus Einsparung, rationeller Nutzung und einem sanften Einsatz regenerativer Energieträger wie Sonne, Wind und Wasser. Es gibt simple, höchst effiziente, kurzfristige Möglichkeiten des Energiesparens: Tempolimit, neue Technologien in der Industrie, bei Gebrauchsgütern wie zum Beispiel Haushaltsgeräten oder Baumaschinen, Verbesserung des Wärmeschutzes an Gebäuden und Verbesserung des Wirkungsgrades von Heizungsanlagen und Kohlekraftwerken usw. Wer außerdem das Klima retten will, soll die Produktion und Verarbeitung voll- wie teilhalogenierter Fluorchlorkohlenwasserstoffe (FCKW) sofort einstellen sowie vergleichbarer klima- und ozonschichtzerstörende Spurengase.

Um das Klima zu retten, muß der Import von Tropenholz strikt verboten, die Zerstörung der Regenwälder ebenso beendet werden wie die Verbrennung von Kohle, Öl und Erdgas in absehbarer Zeit; außerdem müssen wir endlich Abschied nehmen vom irrationalsten Transportsystem der menschlichen Geschichte, dem massenhaften individuellen Auto- und Lkw-Verkehr. Nicht zuletzt würde die vollständige Streichung der Schulden des Trikont weitere Wüstenausbreitung verhindern helfen. Dies alles sind Elemente des eigentlichen Ziels: die herrschende Logik des heutigen Wirtschaftens zu zerbrechen und die patriarchal-kapitalistischen Herrschaftsverhältnisse abzuschaffen, die den Menschen erniedrigen, krankmachen, töten und die Natur vernichten.

Der Treibhauseffekt durch alle Treibgase zusammen — wie Fluorchlorkohlenwasserstoffe (FCKW), Methan, Distickstoffoxid — ist mittlerweile so groß wie der von CO_2 allein und steigt weiter an. Weshalb wohl besteht keine weltweite Einigkeit auf seiten des Energiekapitals, diese Gase kurzfristig und drastisch zu reduzieren? Es geht um Geld — wie wir am Beispiel des Konzerns Du Pont gesehen haben. Und es geht darum, das CO_2-Problem zu benutzen, um den Ausbau von Atomenergie voranzutreiben. Aber deren verstärkter Einsatz wird das Klima, das wir Menschen brauchen, noch mehr ruinieren.

Das Öko-Institut hat analysiert,[148] wieviel CO_2 entsteht, wenn Strom vollständig aus Atomenergie gewonnen würde, einschließlich der Primärenergie zur Gewinnung von Uran und Uranerz, einschließlich des Baus von Atomreaktoren und der Folgen ihres Betriebes. Mit — auf die Bundesrepublik bezogenen — 54 Gramm CO_2 pro Kilowattstunde (elektrisch) produziert ein auf der Basis von Atomstrom arbeitendes Energiesystem mehr CO_2 als alle Gasheizkraftwerke, Blockheizkraftwerke und Anlagen zur Stromerzeugung aus regenerativen Energien zusammen.[149]

Atomkraftwerke verseuchen die Luft auch mit dem radioaktiven Edelgas Krypton 85. Ständig dringt es unsichtbar aus Atomkraftwerken, aus Wiederaufarbeitungsanlagen und Atommüll-»end«lagern. Es erhöht die Ionisationsrate in der Atmosphäre, so daß der elektrische Widerstand zwischen Ionosphäre und Erdoberfläche abnimmt: Wolkenbildung, Niederschlagshäufigkeit und Klima verändern sich. Krypton 85 wandelt Schwefel- und Stickoxide in ihre Säureradikale um und schädigt auch auf diese Weise Menschen, Tiere und Pflanzen.

Eine Voraussetzung für die Rettung des Klimas ist aus allen diesen und weiteren Gründen die sofortige Stillegung aller Atomanlagen, in Ost und West, in Nord und Süd. Damit befinden wir uns in direktem Widerspruch zur Atommafia und — zum Club of Rome. Ein Energiesystem ohne Atomstrom kann sich einen sehr viel niedrigeren Verbrauch leisten als eines auf der Basis von Atomstrom. Jeder in die Energieeinsparung investierte US-Dollar, berechneten US-Wissenschaftler, würde 50 Kilowattstunden (KWh) einsparen helfen. Gleichzeitig führt diese Investition dazu, daß trotz abnehmenden Energieverbrauchs die gleiche Energiedienstleistung erbracht wird. In Atomstrom angelegt, brächte ein US-Dollar hingegen nur ein Siebtel des Effekts, nur 7,4 Kilowattstunden.[150]

Mit der Atomenergie wird der Weg in eine Klima- und Atomkatastrophe geebnet, wird das Kapital und die wissenschaftliche Potenz verschluckt, die wir für Alternativen brauchten. Die Atommafia braucht zur Durchsetzung ihrer Interessen den Abbau von Demokratie: Mit der weiteren Nutzung der Atomenergie öffnet sich das Tor in die Ökodiktatur.

Schon jubeln mit der Atommafia befreundete WissenschaftlerInnen wie Hans-Jürgen Schlosse von der Universität Münster, mit Blick auf die profitablen Märkte des Ostens, daß die »Technikkritik ohne Technikkompetenz«, die in den siebziger Jahren

»die Kernenergie zum Sündenbock für wesentliche Probleme der komplexen Industriegesellschaft gemacht« habe, nur getragen sei von einer »vom industriellen Alltag gänzlich abgehoben Gebildetenattitüde«, die den »Bürgern Ostdeutschlands sowie Mittel- und Osteuropas fremd und kaum nachvollziehbar« erscheine.[151] Es ist erstaunlich, wie plötzlich Kapitalvertreter die Fortschrittsgläubigkeit von Menschen aus einem »Unterdrückungssystem« für den Ausbau der Atomenergie meinen ausnützen zu können.

Hat das Atomkapital hoffen können, für seine geplanten Raubzüge nach Osten einen so angesehenen Geschäftspartner wie den Club of Rome zur Seite zu haben?

Wer ist der Club of Rome?

Berichte *an den* Club of Rome werden zu Berichten *des* Clubs, wenn alle Mitglieder des Club-Rates zustimmen. Das gelang bisher nur den Autoren des neuesten Berichtes *Die globale Revolution* (1991), Alexander King und Bertrand Schneider. Ein Farbfoto in der Veröffentlichung zeigt die beiden, kindisch grinsend, wie sie gemeinsam einen Globus in Händen halten.

Wer also ist der Club? Er entstand 1968 in Rom und legte 1972 den Bericht *Die Grenzen des Wachstums* vor. Er besteht gegenwärtig aus 100 (ordentlichen) Mitgliedern aus 53 Ländern. Die einzige Frau, von der mensch im Zusammenhang mit dem Club je gehört hat, ist die einzige Festangestellte, die Sekretärin des Clubs in seinem Büro in Paris. Auch Linke und AnhängerInnen von Befreiungsbewegungen wurden noch nicht als Clubmitglieder gesichtet, zu denen neben den Autoren des Berichts von 1991 vielmehr Kapitalvertreter gehören wie Fiat-Chef Giovanni Agnelli oder VW-Vorstandsmitglied Daniel Goeudevert (der frühere Chef von Ford Deutschland), ehemalige Politiker wie der Schweizer Exbundesrat Kurt Furgler und Naturwissenschaftler wie der schottische Chemiker Alexander King. Nach eigenen Angaben sind alle Mitglieder »von Rang und Namen« und vorzugsweise Naturwissenschaftler. Der Club ließ verlauten, er sehe gern (noch) mehr Industrielle, Ingenieure und Politiker in seinen Reihen.[152]

Politiker im Ruhestand, Manager mit winzigen Zweifeln am eigenen lebenslangen Tun, WissenschaftlerInnen, die materiell oder ideologisch in den herrschenden Konsens eingebunden sind, neigen dazu, Lösungen für Krisen vorzuschlagen, die jenen nicht brechen, sondern die real existierenden patriarchal-kapitalistischen Herrschaftsverhältnisse stabilisieren. Aus dem Anspruch, die Welt zu retten, und aus dem Eingebundensein in herrschende Interessen entstehen höchst widersprüchliche Vorlagen. Hier und da begibt sich der Club in gewisse Gegensätze zu Bestrebungen einzelner Kapitalfraktionen, aber er sprengt nie deren Rahmen.

Der Club gibt sich wertfrei und behauptet von sich, »keinerlei politische Ziele«[153] zu verfolgen. Er nimmt für sich in Anspruch. die »komplexen Probleme einer Welt, in der die *wechselseitige* [Hervorhebung d. d. A.] Abhängigkeit der Nationen kontinuierlich wächst, global zu betrachten«. Wechselseitige Abhängigkeit der Nationen? Sind die USA von Costa Rica wirklich so abhängig wie Costa Rica von den USA? Kaum, wie wir allein am Beispiel des Kaufs des gesamten Genreichtums des costaricanischen Regenwaldes durch den US-Konzern Merck beobachten konnten.

Der Club will »Perspektiven« entwickeln, »längerfristige als Regierungen«, und ein »tieferes Verständnis der Wechselwirkungen der Gegenwartsprobleme [erreichen], Probleme politischer, wissenschaftlicher, sozialer, kultureller, psychologischer, technologischer und ökologischer Art« aufzeigen, ein Geflecht, das der Club »Weltproblematik« nennt. Zu deren Lösung entwickelt der Club natürlich »Weltlösungsstrategien«.[154] Darunter läuft nichts.

Da die Mitglieder des Clubs überwiegend zu den Herrschenden beziehungsweise zur herrschenden Technologie- und Wissenschaftsfraktion gehören, kennen sie weder Klassen noch soziale Schichten, was nicht bedeutet, daß sie Armut unerwähnt ließen. »Der Mensch ist der Verursacher der Weltproblematik«, und die besteht aus irgendwelchen »wirtschaftlichen Systemen und menschlichem Verhalten der Gegenwart«. Wichtigste Elemente sind »die Bevölkerungsexplosion im Süden und die erst kürzlich [!] erkannten globalen Auswirkungen menschlichen Tuns auf die Umwelt«. Das Problem Kapitalismus, imperiale Raubzüge, Ausbeutung, Verprassen von Rohstoffen im Norden und dessen Reichtum existieren nicht. Die Kritik an der Mensch und Natur zerstörenden kapitalistischen Wirtschaftsweise, die von WissenschaftlerInnen und politischen Menschen seit 125 Jahren so grundsätzlich wie differenziert entwickelt wurde, wird eiskalt ignoriert.

»Schuld an den Unzulänglichkeiten des Systems haben nationale Regierungen [...] Behörden [...] politische Parteien, Unternehmen, Gewerkschaften, Bildungssysteme, nichtstaatliche Organisationen«[155], nie aber die kapitalistische Produktionsweise, die das materielle Wohlergehen der Clubmitglieder so vortrefflich sichert, daß jeder die Arbeit für den Club unentgeltlich über eigene Büros und Referentenstäbe abwickeln kann (und muß). Arme Schlucker haben hier nichts verloren.

Für den Club gibt es gewisse Fehlentwicklungen, aber keine grundsätzliche Kritik an der wissenschaftlichen und technologischen Entwicklung: »Daher ist zu erwarten, daß die Technik und ihre schöpferische Partnerin, die Wissenschaft, ein wesentliches Element der Weltlösungsstrategie sein werden.«[156] »Die« Technik und »die« Wissenschaft gibt es nur als dem Kapitalverwertungsinteresse untergeordnete Bereiche. Eine Antwort auf die Frage, wie eine humane Wissenschafts- und Technologieentwicklung, die den Schutz der Natur mit einschlösse, aussehen könnte, ist vom Club nicht zu erwarten. Im Gegenteil. Der Club, der sich so gern als wertfreie, objektive, über allen schwebende, völlig unpolitische Instanz sieht, verlangt im Kapitel »Methoden und Mittel« die »Entwicklung der Kernfusion« als Bestandteil der »Erforschung alternativer Energiequellen« und ist damit voll im politischen Geschäft des Atomkapitals.[157] Der Club erhebt mit dieser Aussage nicht nur eine neue zerstörerische Technologie, die Atomfusion, auf den Sockel »alternativer Energien«, er setzt auch auf den Ausbau des großtechnologischen atomaren Weges, den die internationale Atommafia insgesamt eingeschlagen hat. Welche Übereinstimmung in der politischen Zielsetzung!

Ihre Sorge für die Umwelt führt den Club auch an anderen Stellen zu dramatischen gedanklichen Höhen: Die Steigerung des Pestizideinsatzes von 5 auf 26 Kilogramm je Mensch von 1950 bis

1986 veranlaßt ihn zur Überlegung, ob es »erstrebenswert« sei, »den Energieverbrauch in der Landwirtschaft zu drosseln«, und daß für die Antwort auf die Frage, »in welchem Umfang der gegenwärtige und künftige Nahrungsbedarf der Weltbevölkerung aus ›organischem Anbau‹ gedeckt werden« könne, »noch viel Denkarbeit geleistet werden« müsse.

Der Club bedauert vielfach, daß das »spirituelle« Element vom materiellen unterdrückt wird. Möglicherweise sind das leise Selbstzweifel am lebenslangen Tun dieser älteren Herrschaften. Vom »großen Übergang«, dem »Entstehungsstadium einer neuen Weltgesellschaft«, ist die Rede, von der »Triebkraft dieses Wandels [...] der Mikroelektronik und [...] der Molekularbiologie«[158], einer »globalen Gesellschaft, auf die wir zusteuern« und die nur »zustande kommen [kann], wenn sie von moralischen und spirituellen Werten getragen und geordnet wird. Den Menschen wohnt jenseits aller Kultur, Religion und Philosophie ein Durst nach Freiheit inne [...] ein Streben nach dem Überschreiten der eigenen Grenzen und ein Suchen nach dem Jenseits«.[159]

Interessanter als die esoterisch gefärbte Sprache des Berichts — als sei Fritjof Capra Berater gewesen — ist die teilweise Übereinstimmung mit dem Menschenbild der Humangenetiker. Mullers »genetische Bürde«, von der er den Menschen durch Selektion, Genmanipulation und Zucht befreien wollte, heißt beim Club: »Unser genetisches Erbe verfolgt uns«. Der »Egoismus [...] ist eine Eigenschaft aller biologischen Arten [...] Gier, Eitelkeit, Wut, Angst und Haß — sind Manifestationen der Brutalität unseres Egoismus.« Und der Club fragt sich: »Reichen die traditionellen Werte nicht aus, um mit den neuen Herausforderungen wie der Genmanipulation fertig zu werden, Herausforderungen, die das Gewissen der Menschen beunruhigen und sie verwirren?«[160] Und der Freiburger Genetiker Carsten Bresch leitete auf einer Konferenz des Clubs in Hannover 1989 das Bevölkerungswachstum, das »zur Bedrohung für die Menschheit« geworden sei, aus der genetischen Prägung des Menschen ab, die es zu überwinden gelte. Wird sich ein nächster Bericht zufällig dem Thema Gentechnologie widmen, um unsere angebliche Technikfeindlichkeit überwinden zu helfen?

Für kein einziges Clubmitglied existieren die über 500 Jahre

Kolonialismus, Völkermord und Kulturvernichtung unter der Fahne weißer Herrschaft und des Christentums. In den Zentren des Kapitalismus wird — in den Augen des Clubs — auch nicht an neuen Raubzügen gearbeitet: »In den westlichen Ländern gibt es [...] gesetzliche Rahmenbedingungen, die das Wirken der Marktkräfte regulieren«, und »einen bestimmten Verhaltenskodex, der von der Geschäftswelt oft implizit akzeptiert wird. So etwas ist notwendig, um das glatte Funktionieren der kapitalistischen Gesellschaft sicherzustellen, um den Betrug zu verhindern und die Arbeitskräfte und die Öffentlichkeit zu schützen.«[161] Der schottische Koautor Alexander King verliert kein Wort über die Slums am Rande englischer und schottischer Großstädte, über Krankheitsepidemien aufgrund von Mangelernährung und grausamen Wohnverhältnissen, über Massenarbeitslosigkeit, Abbau von letzten sozialen Rechten im eigenen Land, über Rassismus und staatliche Gewalt, ob in Nordirland oder gegen die Organisation der ArbeiterInnenbewegung. Alles Kennzeichen für das »glatte Funktionieren der kapitalistischen Gesellschaft«.

Der Club hatte ein ganz anderes Problem. Nach den *Grenzen des Wachstums* von 1972 machte keiner der mehr als ein Dutzend anderen Berichte — über Mikroelektronik oder die Zukunft der Ozeane — Furore. Erst mit *Die globale Revolution* sind die »müden Ruhestörer« (*Frankfurter Allgemeine Zeitung*) wieder in der Diskussion. Der Bericht ist eine marktgerechte Mixtur aus Besorgnis, viel Globalverantwortung, Zeitenwende-Esoterik, Apokalypse, »Wir-alle«-Appellen und banalen Erkenntnissen über die Wirklichkeit, ohne die Grundlagen der herrschenden Verhältnisse je in Frage zu stellen. Vor allem anderen hilft der Club mit seiner demagogischen Offensive in Sachen »Klimaschutz durch Atomenergie« beim Verstopfen der Legitimationslücke und damit bei der Durchsetzung neuer atomarer Entwicklungen, einschließlich der Atomfusion. Der neue Bericht des Club of Rome ist eine Bankrotterklärung bürgerlicher Wissenschafts- und Technologiekritik.

Chronik eines angedrohten Konsenses

Irgendwann 1986, im Jahr von Tschernobyl, stritt ich mich mit Klaus Meyer-Abich: (SPD), dem damaligen Wissenschaftssenator von Hamburg. Wie begegneten uns, auf Einladung der damals noch linken GAL, im Veranstaltungszentrum »Fabrik« in Altona, auf meiner Seite mein alter Freund und Anti-AKW-Kämpfer, Lieder- und Theatermacher Walter Moßmann. Meyer-Abich galt damals als AKW-Gegner, weil er ein Buch geschrieben hatte (*Die Grenzen der Atomwirtschaft*), in dem er sich kritisch zur Atomenergie äußerte. Da saß er nun und verteidigte so gereizt wie demagogisch, warum die SPD in Hamburg nicht aus der Atomenergie aussteigen könne. Da gebe es dieses juristische Problem und jene bürokratische Hürde. Nach der Veranstaltung meinten Zuschauer, wir hätten den Armen in die Ecke getrieben, der sei sonst nicht so.

Vier Jahre später, im März 1990, erklärte Klaus Meyer-Abich: »Wir dürfen uns einer national eingegangenen, von uns gemeinsam zu verantwortenden Gefahr Atomenergie nicht dadurch entziehen, indem wir andere Länder einer anderen Gefahr, der Klimagefahr, aussetzen.«[162] Meyer-Abich, Mitglied der Klima-Enquete-Kommission des Deutschen Bundestages, forderte zur Bekämpfung der Klimakatastrophe nun auch den Ausbau der Atomenergie. Etwa zur selben Zeit outeten sich WissenschaftlerInnen in den USA als AtombefürworterInnen.

In den USA wurde seit der Atomkatastrophe im AKW Three Mile Island bei Harrisburg 1979 zunächst kein AKW mehr gebaut. Doch 1990 appellierten 700 US-WissenschaftlerInnen an Präsident George Bush, wegen des Treibhauseffekts den Ausbau des Atomprogramms voranzutreiben. Unter ihnen befand sich auch Amory B. Lovins, vielen bundesdeutschen AKW-GegnerInnen noch als Gleichgesinnter und Autor des Bestsellers *Sanfte Energie*[163] bekannt. Für Lovins war die Atomenergie in den siebziger Jahren »am Ende«, überflüssig, gefährlich und das Gegenteil einer Zukunftstechnik. Ihre zivile Nutzung sei von der militärischen nicht zu trennen, und eine effektive Kontrolle und Sicherheit könne es niemals geben. Alle diese Argumente sind heute noch besser begründet als 1978, nicht nur wegen Tschernobyl. Was sich verändert hat, ist, daß Lovins seit Anfang der achtziger Jahre als Berater des US-Energieministeriums und der Industrie viel Geld verdient. George Bush erhörte das Flehen der WissenschaftlerInnen nach mehr Radioaktivität. Noch im selben Jahr wurden in den USA drei neue Atomkraftwerkblöcke in Betrieb genommen. Ein neues Atomenergieprogramm mit fünf weiteren AKWs im Bau und drei AKWs in Planung ist ein weiteres Ergebnis.

Einige ehemalige AKW-GegnerInnen stehen heute offen auf der anderen Seite. Das muß diejenigen nachdenklich stimmen, die glaubten, der Kampf gegen die Atomenergie sei endgültig gewonnen. Ein Kampf wie dieser ist nie endgültig gewonnen, solange wir im Kapitalismus leben, dessen immanente Rücksichtslosigkeit stets nach neuen Quellen für seinen Profit sucht. Gewonnen haben wir erst, wenn die Produktion von der Kapitalverwertungslogik befreit ist.

Widerstand sowohl gegen den Abbau sozialer Rechte und demokratischer Freiheiten als auch gegen die Vernichtung der Natur ist immer ein Prozeß. Erfolge gewähren manchmal Pausen, aber sie sind nicht von Dauer, sondern stets einem enormen ökonomischen Gegendruck von seiten der Herrschenden ausgesetzt. Wenn wir zu lange ausruhen, verlieren wir, was wir erkämpft haben. Diesen andauernden Druck halten manche Menschen nicht aus, zumal die Gegenseite viel Phantasie an den Tag legt, Resignation, Anpassung und Korruption als normales menschliches Verhalten erscheinen zu lassen.

1989 war der Tiefststand bei der Neuinbetriebnahme von Atomkraftwerken erreicht: Nur drei Blöcke wurden weltweit in Betrieb genommen. Noch im Frühjahr 1991 war, schenken wir infas Glauben,[164] die AKW-Gegnerschaft der Bundesdeutschen deutlich: 71 Prozent der Befragten waren gegen Atomenergie, und 64 Prozent hielten sie auch bei (von infas unterstellter) Vermeidung von Klimaproblemen für nicht vertretbar. 15 Prozent wollen sofort und 61 Prozent mittelfristig aus der Atomenergie aussteigen. Die Mehrheit plädierte für die Energien der Zukunft: Sonnenenergie (73 Prozent), Erdgas (45 Prozent), Windkraft (42 Prozent), Wasserkraft (36 Prozent). Nur noch 23 Prozent der Befragten gaben der Atomenergie eine Zukunft.

Gegen diese atomfeindliche Meinung fanden Regierung und Energiekonzerne mit der Klimapropaganda eine Methode zur Manipulation der öffentlichen Meinung. GentechnikkritikerInnen werden als MenschenfeindInnen denunziert. AtomkraftgegnerInnen sollen, so das Ziel der Kampagne, die moralische Verantwortung für die Überflutung von Bangladesch oder der Nordseeküste, für Erosion, Hunger und für Hautkrebs übernehmen. Der Informationskreis Kernenergie zeigte im Frühjahr 1992 in teuren Anzeigen in *Spiegel* und *Frankfurter Rundschau* vorsichtigen Optimismus: »Zwar hat sich in der Bundesrepublik die öffentliche Meinung mittlerweile zugunsten der Kernenergie gewandelt, insbesondere angesichts einer drohenden Klimakatastrophe, dennoch existieren immer noch große, in erster Linie politisch motivierte Widerstände.«[165] Die Strategie, mit der die Renaissance der Atomtechnologie durchgesetzt werden soll, besteht aus vielen Schritten.

Die Klimapropaganda zum Beispiel soll einen »neuen energiepolitischen Konsens« durchsetzen helfen. Konsenspartner sollen vor allem CDU und SPD werden (CSU und FDP natürlich auch), vermittelt über die SPD, aber auch die Gewerkschaften und über die SPD und CDU die Medien. Der Begriff »Konsens« ist zwar nichtssagend, aber ebenso positiv besetzt wie Harmonie. Beides klingt gut, solange niemand prüft, wer da zu welchem Preis Konsens mit welchen Interessen hergestellt hat oder welche Art der Harmonie welche auszutragenden Interessengegensätze vernebeln soll. Ohne daß heute noch zu klären wäre, wer den energiepolitischen Konsens zuerst auf den Meinungsmarkt geworfen hat, ist er seitdem aus der Argumentation der Atomenergiebefürworter nicht mehr wegzudenken.

Als Bundeswirtschaftsminister Möllemann (FDP) am 12. März 1991 erklärte, »in der Bundesrepublik einen energiepolitischen Konsens für die gemeinsame Nutzung von Kohle und Kernenergie wiederherzustellen«, warf Harald B. Schäfer (SPD), damals Bundestagsabgeordneter, heute Umweltminister in der baden-württembergischen CDU/SPD-Regierung, ihm und Bundesumweltminister Töpfer (CDU) vor, »gemeinsam den Kurs in den Atomstaat einzuschlagen«.[166] Wenige Tage später, am 22. März 1991, war die schleswig-holsteinische SPD-Landesregierung bereit, ihre angebliche Ausstiegsposition offen aufzugeben. Sie verschob den angekündigten Atomausstieg um 19 Jahre auf 2010.[167] Umweltminister Töpfer betonte am 15. April 1991, wie sehr er um »einen solchen Konsens bemüht« sei, aber er »sehe [...] derzeit wegen der Diskussion innerhalb von SPD und Grünen keine Basis dafür«.[168] Töpfer hatte nicht aufgepaßt, denn im selben Monat sprach Möllemann in Sachen Konsens mit Oskar Lafontaine, Hans-Jochen Vogel, Johannes Rau, Björn Engholm und Willy Brandt. Über den Inhalt der Gespräche wurde Stillschweigen bewahrt.

Knapp drei Wochen brauchte Harald B. Schäfer, bis er die Zeichen richtig zu deuten begann. Am 16. April 1991 stimmte er »dem Versuch der Herstellung eines energiepolitischen Konsenses mit den Koalitionsparteien ausdrücklich zu«.[169] Sechs Monate später, am 25. September 1991, war er reif für den ganzen Konsens. Er erklärte im Bundestag: »Wir Sozialdemokraten sind zu einem energiepolitischen Konsens bereit«. Unter der Bedingung, daß es weder einen Neubau noch einen Ersatzbau von Atomkraftwerken geben solle, gab er eine weitere Position auf: »Ob wir dann in 10 oder 15 Jahren das letzte Atomkraftwerk in der Bundesrepublik abschalten, ist sodann für uns nicht mehr die entscheidende Frage.«[170]

Seit 24 Jahren lief das AKW Obrigheim ohne endgültige Genehmigung. Bis der neue SPD-Umweltminister Harald B. Schäfer kam. Der genehmigte im August 1992 den Dauerbetrieb des Schrottreaktors. Gleichzeitig gab Schäfer zu, daß dieser Reaktor so unsicher sei, daß er heute nicht mehr genehmigt würde.

Im Mai 1991 einigten sich SPD und FDP bei den Koalitionsverhandlungen für eine rheinland-pfälzische Regierung auf die folgende Klausel: »Die Koalitionsparteien haben unterschiedliche Auffassungen über Verantwortbarkeit und Dauer der Nutzung der Atomenergie zur Stromerzeugung. Die Landesregierung wird alle Entscheidungen nach Recht und Gesetz treffen.«[171] Natürlich wissen beide Koalitionspartner, daß das Atomgesetz ein *Pro*-Atomgesetz ist und daß mensch auf seiner Basis ausbaut und nicht aussteigt. Das Atomgesetz, das radioaktive Verseuchung legalisiert, verstößt gegen Menschenrechte, gegen — behauptete — Grundwerte der Verfassung. Es verletzt die Unversehrtheit und die Würde des Menschen.

Jahrelang, während ihrer Koalition mit der FDP seit 1987, hatte der Mehrheitseigner SPD (73,6 Prozent hält die Stadt durch eine Holding) in den Hamburgischen Electricitätswerken (HEW) mit dem Hinweis auf den widerspenstigen Koalitionspartner FDP die für den Atomausstieg notwendigen Satzungsänderungen vertagt. Erst im Juni 1992 wurde ein Gummibeschluß in Form einer Satzungsänderung gefaßt, der die Unternehmen verpflichten soll, »so zügig, wie dies rechtlich möglich und für die Gesellschaft wirtschaftlich vertretbar ist«, auf den Einsatz von Atomenergie zu verzichten. Der HEW-Vorstandsvorsitzende Roland Farnung beruhigte diejenigen, die dies für einen echten Ausstiegsbeschluß hielten: »Bis der Verzicht auf Kernenergie rechtlich möglich und wirtschaftlich vertretbar sei, müßten jedoch die vorhandenen Kernkraftwerke im sicherheitstechnisch gebotenen Rahmen weiterbetrieben werden.«[172]

Aus dem angeblichen Atomausstieg wird ein Konsens, wird die Zustimmung zum Betrieb von Atomkraftwerken noch über die von den Betreibern geplante Betriebsdauer hinaus einschließlich der entsprechenden Änderungen des Atomgesetzes, wie wir noch sehen werden. Was kümmert die in der Landesregierung sitzenden und die in die Bundesregierung strebenden SozialdemokratInnen Materialermüdung von Atomreaktoren, radioaktive Niedrigstrahlung, Hunderte kleinerer und größerer Störfälle, Zehn- oder Hunderttausende von Krebstoten und die stets drohende Atomkatastrophe. Es kann nirgendwo die sogenannte Endlagerung geben. Kein Material der Welt hält die radioaktive Strahlung über Jahrzehntausende zurück. Radioaktiver Abfall ist nicht sicher lagerbar. Der Begriff »Entsorgung« soll Sicherheit suggerieren und bedeutet nichts anderes als eine zynische Verschleierung der Zeitbomben. Der schrittweise Konsens mit den Zielen des Atomkapitals ist Sozialdemokraten ein ernsteres Anliegen.

Unter dem öffentlichen Druck nach der Atomkatastrophe von Tschernobyl (April 1986) hatte die SPD auf ihrem Nürnberger Bundesparteitag (August 1986) einen wachsweichen Atomausstiegsbeschluß gefaßt. Eine Ausstiegsfrist von zehn Jahren – deren Beginn im Beschlußtext zudem trickreich an eine Mehrheit im Bundestag gekoppelt worden war – sollte unvereinbare Widersprüche versöhnen: die Atomenergiegegnerschaft von SPD-

WählerInnen und die Profitinteressen der mit der SPD verfilzten Atomindustrie. Heute ist die SPD, was sie vor Beginn der Anti-AKW-Bewegung Anfang der siebziger Jahre war: eine Pro-Atomkapital-Partei. Gewiß gibt es in der Partei noch AtomkraftgegnerInnen oder ZweiflerInnen. Aber die haben keinen Einfluß auf den Kurs der Partei oder auf sozialdemokratisches Regierungshandeln und ziehen selbst keine Konsequenzen. Andere Interessen, etwa Parteikarrieren, sind auch ihnen letztlich wichtiger.

Eine SPD, die für die sogenannte Regierungsverantwortung, also die unbedingte Unterwerfung unter die herrschenden Verhältnisse, an die Regierung will, muß sich der Unterstützung der Gewerkschaften vergewissern. Bald konnte die Atommafia befriedigt feststellen, daß die ÖTV-Vorsitzende Monika Wulf-Mathies Ende Mai 1991 »die SPD aufforderte, den Kernenergie-Ausstiegsbeschluß von 1986 aufzuheben und die Chance zu nutzen, ihre Politikfähigkeit dadurch zu erhöhen, daß sie sich vom Datumsfetischismus trennt«.[173] Noch im April 1991 erklärte ÖTV-Vorstandsmitglied Zimmermann, wer jetzt die Diskussion auf Standorte verkürze, ignoriere die Arbeiten und Empfehlungen der Klima-Enquete-Kommission des Bundestages.[174] Diese hatte im März 1990 die Reduktion von CO_2 durch folgende Maßnahmen empfohlen: 19 Prozent durch Energieeinsparungen, 4 Prozent durch Verringerung des CO_2-Ausstoßes im Verkehr, 4 Prozent durch den Einsatz von alternativen Energien und 2 Prozent (!) durch den zusätzlichen Ausbau von Atomenergie. So wird eine zwischen den Kapitalparteien und dem Atomkapital ausgehandelte politische Zahlenkombination zum neuen, vermeintlich wissenschaftlich abgesicherten Dogma.

Auf dem IG-Chemie-Kongreß am 27. Juni 1991 in Bonn appellierte nun auch der Vorsitzende Hermann Rappe an die SPD, nicht durch »irgendwelche Jahresfristen« für die Stillegung von Atomkraftwerken einen »energiepolitischen Konsens« zu vereiteln. »Ausstieg« solle durch »Umstieg« ersetzt werden. Rappe: »Wenn eine Partei glaubt, die Kernenergie als solche heute und für alle Zukunft ablehnen zu müssen, dann hat sie die Zukunft nicht begriffen.«[175a]

Die Aufgabe von Ausstiegsfristen und die Zustimmung zu längeren Laufzeiten lebensgefährlicher Atomkraftwerke sind nur zwei Elemente des »energiepolitischen Konsenses« zwischen Atomkapital, Bundesregierung, SPD und Gewerkschaften. Das dritte Element ist die Ermächtigung und die offene Aushebelung parlamentarischer Mehrheiten. Einen »Energiefrieden« bot das Deutsche Atomforum der SPD an. Was das ist, erklärte am 23. April 1991 Eberhard Wild für das Deutsche Atomforum. Die SPD müsse »die energiepolitischen Entscheidungen der jetzigen Bundesregierung auch in Zukunft respektieren«.[175b]

Möchten Sie wissen, was das Deutsche Atomforum ist? Ein Lobbyunternehmen der Atommafia, dessen Aufgabe die Durchsetzung der Atomenergie um fast jeden Preis ist: Öffentlichkeitsarbeit, Kontakte zwischen Wirtschaft, Wissenschaft, Verwaltung und Medien. Das Deutsche Atomforum ist gewissermaßen der organisierte Ausdruck des bundesdeutschen Atomfilzes, bei dessen näherer Betrachtung die Mafia vor Neid erblassen würde, eine Art Energie-Camorra.

Der eben zitierte Dipl.-Ing. Eberhard Wild, Mitglied des Forums, zum Beispiel begegnet uns in der Propagandabroschüre *Kernenergiereport 1992* des Informationskreises Kernenergie als dessen Vorsitzender. Das genügt ihm noch nicht, er ist außerdem Vorstandsmitglied der Bayernwerk AG, München.

Der Präsident des Deutschen Atomforums, Claus Berke, der zugleich Vorsitzender der Geschäftsführung der Interatom GmbH in Bergisch Gladbach ist, wurde am 16. Juni 1992 auch zum Präsidenten von Foratom gewählt,[176] einer europäischen Organisation zur »Förderung der friedlichen Nutzung der Kernenergie«.[177] Dieser Club von Atommafiosi will sich »stärker als Gesprächspartner der Europäischen Gemeinschaft [...] profilieren«, um die Atomenergie als »unverzichtbare, wirtschaftliche und umweltfreundliche Säule der Stromversorgung«[178] durchzusetzen. Was damit droht, sehen wir später. Foratom ist der Zusammenschluß der nationalen Atomforen, denen wiederum sämtliche Unternehmen, Beratungsstellen und Forschungseinrichtungen des Atomkapitals angehören.

Oder Dipl.-Ing. Karl Stäbler, Mitglied des Vorstandes der Energieversorgung Schwaben AG, Stuttgart, der zugleich Mitglied des Deutschen Atomforums und des Kerntechnischen Ausschusses (KTA) beim Bundesamt für Strahlenschutz (BfS) ist.

96

Überall treffen wir VertreterInnen der Parteien CDUCSUSPDFDP beziehungsweise treffen wir die VertreterInnen der Atomwirtschaft als Abgeordnete von CDUCSUSPDFDP. Wir begegnen immer denselben Lobbyisten und Kapitalvertretern in Verbänden, Verbundgesellschaften, Forschungszentren, Gemeinschaftsprojekten.[179]

Aber zurück zum Angebot des Deutschen Atomforums, dem Energiefrieden. George Orwell hätte diesen verlogenen Begriff sicher gern in sein Buch *1984* aufgenommen, hätte er ihn gekannt. Selten ist das Wort »Frieden« abstoßender mißbraucht worden. Es gibt keinen Frieden mit der Atomtechnologie und keinen mit dem Atomkapital. Der Wunsch, »einen energiepolitischen Konsens über [...] mehrere Legislaturperioden hinweg« garantiert zu bekommen, ist der Wunsch nach einem Ermächtigungskonsens. Die Beschlüsse der gegenwärtigen CDU/FDP-Bundesregierung sollen auch dann gelten, wenn andere, vielleicht atomkraftkritischere Mehrheiten in den Bundestag gewählt werden.

Eine solche Vereinbarung würde die letzten Spuren demokratischer Verfahren im Umgang mit dem Monopol weniger Energiekonzerne wegwischen. Ein solcher Frieden hebelte die wenigen Einfluß- und Entscheidungsmöglichkeiten der Parlamente aus. Wie wenig die bundesdeutsche Energieversorgung mit einer wirklich demokratischen Struktur zu tun hat, zeigt schon die Geschichte des »Gesetzes zur Wehrhaftmachung der deutschen Energieversorgung« aus dem Jahr 1935.

Dieses Gesetz diente den Nazis zur Zerschlagung dezentraler Energiestrukturen, zur vollständigen, diktatorischen Zentralisierung der Energieversorgung im Rahmen der Kriegsvorbereitung. Bis heute kann sich die deutsche Energiewirtschaft auf dieses Gesetz (Energiewirtschaftsgesetz) stützen, das — geringfügig entnazifiziert — neun Energieversorgungsunternehmen, Monopole in aufgeteilten Einflußgebieten, die Entscheidung darüber läßt, auf welche Weise in der Bundesrepublik Strom erzeugt, transportiert und verkauft wird. Ohne diese Stromdiktatur gäbe es die Chance für eine ökologische Energieversorgung, ohne Niedrigstrahlung und ohne Bombenpotential.[180]

Organisiert sind die neun Monopolisten mit dem Ziel der »Förderung des Ausbaus der Verbundwirtschaft in der deutschen Stromversorgung« in der Deutschen Verbundgesellschaft e. V. (DVG) mit Sitz in Heidelberg. Ihre Namen: Badenwerk AG (Karlsruhe), Bayernwerk AG (München), Berliner Kraft- und Licht (Bewag)-AG (Berlin), Energie-Versorgung Schwaben AG (EVS, Stuttgart), Hamburgische Electricitäts-Werke AG (HEW, Hamburg), PreussenElektra AG (Hannover), RWE-Energie AG (Essen), VEAG Vereinigte Energiewerke AG (Berlin), Vereinigte Elektrizitätswerke Westfalen AG (VEW, Dortmund).[181]

Claus Berke, Präsident des Deutschen Atomforums und Geschäftsführer von Interatom − noch eine Funktion dieses ehrenwerten Mitglieds der bundesdeutschen Atommafia −, verschärfte auf der Jahrestagung Kerntechnik die Drohungen gegenüber der SPD. Wenn sich die SPD langfristigen, über Wahlperioden hinausgehenden AKW-Regelungen − »wie bei völkerrechtlichen Verträgen« − verschließen würde, fühle sich die Stromwirtschaft nicht länger an den Jahrhundertvertrag gebunden.[182]

Wir stoßen hier auf ein weiteres Instrument atomarer Erpressungsstrategie: Kohlepolitik. »Die Rolle der Kohle und damit der Zechengesellschaften ist mit dem Jahrhundertvertrag bis 1995 auf eine bestimmte Verstromungsmenge festgeschrieben, diese Kohleförderung wird durch Regierungssubventionen und Abnahmegarantien der Stromkonzerne subventioniert. Dem liegt offiziell die Angst vor der Arbeitslosigkeit einer ganzen Menge Bergarbeiter als sozialem Sprengstoff zugrunde«, schreibt *Atom*, die Zeitschrift der Anti-AKW-Bewegung. Die Verhandlungen für ein neues energiepolitisches Konzept liegen bei Möllemann. Was in aller Welt hätte auch Umwelt mit Energie zu tun? Die Kommission Energiepolitik des Wirtschaftsrates der CDU findet die »ökologische Überfrachtung der Energiepolitik« sowieso schrecklich lästig.[183] Ich wiederum finde die Befrachtung menschlicher Körper mit Radioaktivität, Chemie und Metall unerträglich.

Deutsche Kohle ist teurer als solche aus Polen oder Südafrika. Nicht nur deshalb will die bundesdeutsche Energiewirtschaft den sogenannten Drittelmix − die Anteile am Primärenergieeinsatz − zu Lasten der Kohle, zugunsten der Atomenergie verschieben. Die Investitionen in die Nachrüstung osteuropäischer Atomkraftwerke können etwa von Siemens/KWU vorfinanziert und mit der Lieferung von Atomstrom bezahlt werden. Die Drohung, von der teuren Inlandkohle weniger abzunehmen, verfehlt ihre Wirkung auf die Kumpel und ihre Angehörigen und auf die Industriegewerkschaft Bergbau und Energie (IGBE) nicht. Bei jeder Drohung, etwa von Möllemann, den »Jahrhundertvertrag zur Kohleverstromung« in Frage zu stellen und den Mix neu zu berechnen,[184] geht die IGBE im pawlowschen Reflex in die Knie. Sie verstand den Auftrag, die SPD, deren WählerInnenpotential sie teilweise bindet, unter Druck zu setzen. Am Ende des IGBE-Kongresses im Mai 1991 appellierte, nach pflichtgemäßer Kritik an Möllemann, IGBE-Vorsitzender Hans Berger an die Parteien und die Energiewirtschaft, »den Konsens in der Energiepolitik auf der Basis des Mikat-Gutachters wiederherzustellen«, denn »auf absehbare Zeit« sei »kein Energieträger verzichtbar, auch die Kernenergie nicht«. Die Anteile müßten für einen energiewirtschaftlich sinnvollen Zeitraum, also für die nächsten 20 bis 25 Jahre festgeschrieben werden.[185]

Im Juli 1991 bestätigte der Vorstandsvorsitzende der Ruhrkohle AG, Heinz Horn, auf der Bilanzpressekonferenz die von Möllemann geforderte Kürzung der Koksbeihilfe von 1992 bis 1994 um 1,5 Milliarden Mark. Die »politisch Verantwortlichen« sollten die »Chance für ein ausgewogenes, langfristig tragfähiges Energiekonzept nicht [...] verspielen«.[186] Die CDU/FDP-Koalitionsspitze und das Bundeskabinett stellten die Entscheidung über die von Möllemann geforderten Subventionskürzungen unter dem »Vorbehalt« einer »nach Verhandlungen mit allen Beteiligten« zu fällenden Entscheidung »über ein kohlepolitisches Gesamtkonzept«. Hans Berger (IGBE) zeigte sich befriedigt.[187] Die neue Funktion der Gewerkschaften: Scharnier zwischen Bundesregierung, SPD und Energiewirtschaft zugunsten der Durchsetzung des Atomstaates?

Konrad Adam, Kommentator der *Frankfurter Allgemeinen Zeitung*, kritisierte »die sogenannte Konsenstheorie« aus konservativer Sicht als eine Erfindung von »begabten Polemikern«, die sich »mit der Drohung, die Widerwilligen für bösartig oder für schwachsinnig zu erklären«, durchsetzen wollen. »Die deutschen Stromversorger haben sich auf die Antwort verständigt, ein Unfall solcher Art mit diesen Folgen (Windscale, Harrisburg,

Tschernobyl) sei ›praktisch‹ ausgeschlossen [...] schon heute [kann] jeder Mensch damit rechnen, einmal in seinem Leben zum Zeugen eines Unfalls zu werden [...] Wie will man [...] Verantwortung für etwas tragen, was man gar nicht kennt? [...] Noch keiner von ihnen [den Versicherern] hat sich bereit gefunden, die mit der Kernkraft verbundenen Risiken zu angemessenen Konditionen [...] zu übernehmen [...] Man weiß, daß sich zwischen Geiseln und ihren Bewachern erstaunliche Beziehungen ergeben können [...] Nur auf Konsens sollte man nicht rechnen. Einen Geiselnehmer liebt man nicht.«[188]

Was schließen wir aus all dem? Das Atomkapital will diktatorische Zustände: eine grundsätzliche Ermächtigung für den ungestörten Betrieb von atomaren Anlagen. Es will nicht mehr abhängig sein von so lästigen formal-demokratischen Erscheinungen wie Wahlen mit − ganz unwahrscheinlich in absehbarer Zeit − möglichen Regierungsmehrheiten gegen Atomenergie. Es pokert cool und nennt die Ermächtigung einen neuen »energiepolitischen Konsens«. Daraufhin stimmt ein Pressechor an, und Parteien, vor allem die SPD, und Teile der Gewerkschaften verfallen in hektische, tief dienernde Beschlußfassungen. Was ist schöner, friedvoller als ein Konsens? Auch wenn er nichts anderes bedeutet als die Rekonstruktion angeschlagener diktatorischer Macht für das Atomkapital. »Konsens« heißt die Zustimmung zur radioaktiven Verseuchung von Menschen, zu ihrem Tod und dem ihrer natürlichen Umwelt aus Gründen des Profits. Zwischen Verseuchung und Nicht-Verseuchung, zwischen Pro-Atom und Anti-Atom gibt es keinen Konsens. Mensch kann nur auf der einen oder auf der anderen Seite stehen.

Das Recht gehört der Atommafia

Ende Mai 1991 berichtete der *Spiegel*, RWE-Chef Gieske und Veba-Chef Piltz hätten den »Verzicht auf Neubauten« beschlossen und zu ihrem vorrangigen Ziel erklärt, die »bestehenden Kernkraftwerke zu sichern«. Ihre neue Parole: Bis zum Jahr 2000 [...]

sei Zeit, Energie zu sparen und herauszufinden, ob man wirklich ohne Kernenergie auskomme. »Konsens« bedeute für die Energieversorgungsunternehmen (EVU), »eine Garantie zur ungestörten Ausbeutung der Restlaufzeit ihrer Kernkraftwerke auszuhandeln, und dazu müßten auch die Sozis eingebunden werden. [...] Nach 2004 aber sind dann Jahr für Jahr Großkraftwerke vom Typ Biblis reif zum Abschalten. [...] Die Kernkraft, die dann eventuell zum Zuge kommen könnte, soll eine andere, sie soll ›inhärent sicher‹ sein [...] Die projektierten Größenordnungen liegen zwischen 100 und 300 Megawatt.«[189] Der Verdacht, sich »klammheimlich« von der atomaren Stromerzeugung zu verabschieden, wird von den Energieversorgungsunternehmen prompt dementiert.[190] Auch Bundesumweltminister Töpfer ergänzt, nach dem Jahr 2000 sei der Zubau von neuen Atommeilern mit verbesserter Technologie möglich.[191]

Darum geht es: Die Betriebsdauer der vorhandenen Atomkraftwerke im Westen verlängern, die Atomenergie im Osten ausbauen und Atomstrom von dort reimportieren, gleichzeitig einen neuen Reaktortyp auf den Markt bringen, regenerative Energieträger als für die Massenversorgung ungeeignet denunzieren, jede Entwicklung ökologischer Energietechnologien bekämpfen und langfristig auf die harte neue atomare Großtechnologie setzen, die Atomfusion, genannt Kernfusion. Der Durchsetzung dieses Plans dient der »Konsens«. Auf dem Weg dazu gibt es Zwischenschritte.

Das Atomgesetz, auf dessen Basis die SPD angeblich den Ausstieg aus der Atomenergie probt, soll geändert werden. Knallharte Bedingungen, so hören wir, sollen zu Lasten der ächzenden Energiewirtschaft gestellt werden. Was ist wirklich geplant? Ein Rechtsanspruch auf die Genehmigung von Atomanlagen soll verankert, die Klagemöglichkeit für die BürgerInnen stark eingeschränkt und die Zuständigkeit für das Bau-, Immissionsschutz- und Wasserrecht von der Länder- auf die Bundesebene verlagert werden. Die Atommülllagerung soll privatisiert werden, womit das Tor für bundesdeutsch produzierte Radioaktivität in belgischen Flüssen und in polnischer Erde geöffnet würde.

Zu einem Atomrechtssymposium von Umweltverbänden wie Greenpeace, BUND und IPPNW im Dezember 1991 kam die eingeladene SPD erst gar nicht.[192] Im Juli 1991 hatte Töpfer sie aufgefordert, an der Novellierung des Atomgesetzes mitzuwirken. Die Begründung war ganz einfach: Da in der Bundesrepublik auf nicht absehbare Zeit Atomkraftwerke weiter betrieben würden, sei die Anpassung des Gesetzes von 1976 an die heutigen sicherheitstechnischen und wirtschaftlichen Bedingungen dringend erforderlich, meinte der Umweltminister.[193] Neben ein paar Bonbons für frustrierte Sozis (Verpflichtungen für Sicherheitsüberprüfungen, Rücklagen für Störfälle usw.) dient die Novellierung ausschließlich dem wirtschaftlichen Interesse der Betreiber.

»Neben die bisher angestrebte Wiederaufbereitung verbrauchter Brennstäbe soll gleichrangig die direkte Endlagerung unter die Verantwortung der Betreiber gestellt werden. Mit diesen Änderungen würde das Atomgesetz zu einem ›modernen Anlagensicherheitsgesetz‹ fortentwickelt«, sagte Töpfer. Das Atomgesetz schreibt vor, daß die Voraussetzung für den Betrieb von Atomkraftwerken die sogenannte Endlagerung des Atommülls ist. Wie kann irgendwer einen Stoff wie Plutonium 239 »endlagern«, der in winzigster Dosierung tötet und eine Halbwertszeit von 24 110 Jahren hat? Eine sichere Endlagerung wird es nie geben. Und es gibt keine vom Atomgesetz als Betriebsvoraussetzung verlangte Wiederaufarbeitungsanlage in der BRD, und wenn es sie gäbe, wäre sie so lebensgefährlich und umweltverseuchend, wie dies Forschungsergebnisse für La Hague (Frankreich) und Sellafield (Großbritannien) zeigen. Ersatzweise soll das sogenannte direkte Endlager eingeführt werden, damit Atomkraftwerke unbehindert weiterbetrieben werden können, in denen bisher radioaktiver Abfall »zwischengelagert« wurde. Die ehemalige DDR-Atommülldeponie Morsleben soll das erste deutsche Endlager werden.

Das Bezirksgericht von Magdeburg verbot im November 1991 den Weiterbetrieb der Deponie Morsleben in Sachsen-Anhalt, dicht hinter der Stadtgrenze von Helmstedt (Niedersachsen). Aber sowohl das Bundesamt für Strahlenschutz (BfS) als auch Umweltminister Töpfer begehrten dieses Erbe der DDR, verlangten Revision. Der Oberbundesanwalt beim Bundesverwaltungsgericht will die in der DDR 1986 erteilte Genehmigung fortdauern lassen, denn für die Einigung Deutschlands sei die »Kontinuität der notwendigen wirtschaftlichen Tätigkeiten und der staatlichen Daseinsvorsorge« schon aus einigungspolitischen Gründen notwendig. Irgendwer muß vergessen haben, der Treuhand diese Logik für all die anderen Fälle von Betriebsstillegungen mitzuteilen.[194] Im Juni 1992 hob der 7. Senat des Bundesverwaltungsgerichts das Stillegungsurteil des Magdeburger Bezirksgerichts wieder auf und gab der Revision des Bundes in vollem Umfang statt. »Das Fehlen eines Planfeststellungsverfahrens mit ausreichender Öffentlichkeitsbeteiligung sei infolge der Übergangsregelung bis zum Jahr 2000 unerheblich«, meinte der Vertreter des Bundes.[195]

Die 21 Atomkraftwerke in der Bundesrepublik sind in den siebziger Jahren und Anfang der achtziger Jahre erbaut worden. Immer mehr Anlagenteile erreichen den sogenannten Erschöpfungsgrad 1. Was macht ein Atomfreund dann? Er schafft den Erschöpfungsgrad ab, nicht die Atomanlagen. Töpfer erklärte, wie er den Weiterbetrieb von Atomkraftwerken erlauben kann, auch wenn die Reaktoren aufgrund ihres Alters Materialermüdungen zeigen: Wenn der Betreiber nachweist, daß keine Schäden auftreten können, werden heute schon Ausnahmeregelungen praktiziert. Jetzt sollen sie zur Regel werden.

Das Atomgesetz wird zur automatischen Betriebserlaubnis von Atomkraftwerken verfeinert. Der Reaktorsicherheitskommission (RSK), die nach der Atomkatastrophe von Tschernobyl keine besondere Gefährdung der Menschen in der Bundesrepublik feststellen konnte, und dem Kerntechnischen Ausschuß (KTA) genügen »geeignete betriebliche Überwachungsmaßnahmen«, die gewährleisten, »daß Schädigungen in sicherheitstechnisch zulässigen Grenzen gehalten werden«[196]. Im KTA sitzen unter anderem sämtliche Betreiber von Atomanlagen und entscheiden über ihre eigenen wirtschaftlichen Interessen. Die Reaktorsicherheitskommission schloß eine vom Anlagenbetrieb ausgehende Gefährdung bis zum 30. Juni 2000 aus.[197] Und die Erde ist wahrscheinlich eine Scheibe.

Auch das US-Ministerium sucht nach einer Lösung für das Atommüllproblem. Abgebrannte, radioaktive Brennelemente aus mehr als 100 Atomkraftwerken müssen untergebracht werden, »vorübergehend« mehr als 10 000 Tonnen. Die US-Regierung nutzt die wirtschaftliche Not der Ärmsten. Jede Gemeinde, die bereit ist, den strahlenden, krebserzeugenden Dreck unterzubringen, soll eine bis mehrere Millionen US-Dollar erhalten. Die Dörfer werden zur Verseuchung aufgekauft. Sieben Gemeinden haben ihr Interesse bekundet, fünf davon liegen in Indianerreservaten.[198]

Seit 1990 ist der Superphénix, der schnelle Brüter im Rhonetal bei Creys-Malville (Frankreich), wegen verschiedener Defekte stillgelegt. Im Sommer 1977 hatte eine internationale Anti-Atom-Demonstration versucht, seinen Bau zu verhindern. Dabei wurde ein Demonstrant, der französische Lehrer Vital Michalon, durch eine Tränengasgranate der paramilitärischen Polizeieinheit CRS getötet. Einem anderen Demonstranten wurde der Fuß abgesprengt, unser internationales Camp von der Polizei überfallen. Die französische Regierung will ab 1994 radioaktiven Abfall aus Atomkraftwerken im Superphénix verbrennen, darunter ab 1998 weltweit zum erstenmal Plutonium.[199] Der Superphénix wird von einem europäischen Konsortium namens Nersa betrieben. Darin finden wir auch den deutschen Stromversorger Rheinisch-Westfälisches Elektrizitätswerk (RWE).

Für Atommüll interessiert sich auch die Internationale Atomenergie-Organisation (IAEO, engl.: IAEA) mit Sitz in Wien, der auch die Bundesrepublik angehört. Die 1956 gegründete Organisation ist eine der brutalsten Pro-Atom-Lobbyistenverbände der Welt. Generaldirektor Hans Blix bedauerte nach einem Kurzflug über Tschernobyl den »bestürzenden Anblick des Reaktors«, weil er »arbeitende und funktionierende Reaktoren lieber mag als zerstörte«[200]. Über zerstörte Menschen sagte Blix nichts. Leonard Bennett, ein IAEO-Mitarbeiter meinte: »Global gesehen sind selbst die Auswirkungen von Tschernobyl nicht übermäßig groß.«[201] Die Funktion der IAEO nach Tschernobyl war, der sowjetischen Regierung im Interesse der internationalen Atommafia beim Vertuschen der wahren Folgen der Atomkatastrophe zu helfen. So fehlten im Bericht der IAEO unter anderem die rund 650 000 radioaktiv verseuchten HelferInnen im Sperrgebiet und die mehr als 100 000 Unfallopfer, die aus der Dreißig-Kilometer-Sperrzone evakuiert worden waren.

In der Satzung der IAEO steht: »Ziel der Organisation ist es, in der ganzen Welt den Beitrag der Atomenergie zum Frieden, zur Gesundheit und zum Wohlstand zu beschleunigen und zu steigern.« (Artikel II). Trotz beziehungsweise wegen dieser kaum verschleierten harten Pro-Atomenergie-Position hat es die IAEO geschafft, als UN-Organisation eine quasioffizielle internationale Kontrollbehörde zu werden. Mit der IAEO ist die Atomtechnologie die einzige Energietechnologie, die in der UNO eine eigene Lobby hat. Eine der selbstgesetzten Aufgaben der IAEO ist die Überwachung sogenannter ziviler Atomanlagen, damit sie nicht militärisch genutzt werden können. Die Nuklearanlagen des Irak etwa wurden vor dem Golfkrieg im Rahmen eines Inspektionsprogramms der IAEO überwacht, angeblich ohne Anhaltspunkte für eine militärische Nutzung. Wie sehr die USA der IAEO vertrauten, zeigt die gezielte Bombardierung ebenjener Anlagen durch die US-Luftwaffe während des Golfkriegs.

Seit einigen Jahren ist die IAEO unter anderem damit beschäftigt, internationale Vereinbarungen zu torpedieren, die darauf gerichtet sind, den Export radioaktiven Mülls in die Länder des Trikont zu verbieten. Die Verwässerung verschiedener internationaler Konventionen über den Transport von chemischem und radioaktivem Müll veranlaßte die Organisation für Afrikanische Einheit (OAU) zu einer Reihe von Konferenzen, die im Januar 1991 in der Konvention von Bamako (einer Stadt im afrikanischen Staat Mali) mündeten. Diese Vereinbarung – das war das besondere Anliegen der afrikanischen Staaten – untersagt den Abfallimport auf afrikanisches Gebiet, einschließlich des radioaktiven Mülls. Die IAEO versuchte und versucht die Konvention zu Fall zu bringen. Sie drohte der OAU, sie gefährde »die Implementierung eines weltweit [...] gültigen Rechtsinstruments«.[202]

Auch der Schutz der Meere liegt der IAEO am Herzen. Die International Maritime Organization (IMO) der UNO versucht sich an der Verschärfung der Sicherheitsbedingungen für den Transport von radioaktivem Abfall auf dem Meer. Dafür muß sie sich dreiste Briefe von Herrn Blix, dem IAEO-Chef, gefallen lassen. Er fordert die IMO »dringend« auf, »die [...] ausgezeichnete Sicherheitsstatistik für den Transport radioaktiven Materials entsprechend zu berücksichtigen.« Blix nörgelt, »einer der wichtigsten Grundsätze [...] der IAEO sei, radioaktive Materialien [...] ohne jedwede Verzögerung zu transportieren«. Die Sicherheit sei

»gewährleistet«.[203] Hochradioaktiver Atommüll aus der Bundes-republik, Japan, der Schweiz, Italien und Schweden wird über die Meere zu den atomaren Wiederaufarbeitungsanlagen von Sellafield (Großbritannien) und La Hague (Frankreich) transportiert. Allein zwischen Japan und Europa sind es jährlich etwa zwölf solcher Transporte.

Ab Herbst 1992 wird das japanische Schiff »Pazifischer Kranich« regelmäßig die 26 000 Kilometer lange Strecke von Japan zu den europäischen Wiederaufbereitungsanlagen antreten, beladen mit einer Tonne Plutonium, genug für 120 Atombomben. Das Plutonium stammt aus den 42 japanischen Atomkraftwerken, und es wird, ob in Japan, den USA, ob in der Sowjetunion, in Frankreich oder der Bundesrepublik, durch den ganz gewöhnlichen Betrieb »ziviler« Atomkraftwerke immer mehr davon hergestellt. Andere Transporte finden in ganz gewöhnlichen Personen- und Frachtfähren statt. Aber auch die Transporte in sogenannten Sicherheitscontainerschiffen gefährden die Meere, die Atmosphäre und die Menschen.

Rosagrüne Wege zum atomaren Konsens

»Dany Cohn-Bendit: ›Gestern warst du noch Berufsrevolutionär, heute bist du Bundestagsabgeordneter: Wie fühlst du dich in deiner neuen Funktion?‹ Joschka Fischer: ›Für mich ist das noch ein bißchen unwirklich. Ich wundere mich immer noch, daß ich jeden Tag mit den Verantwortlichen dieses Landes zu tun habe und man von gleich zu gleich miteinander umgeht.‹« (1985)[204]

Rosa Luxemburg spottete über den Sozialdemokraten Fendrich: »Worin die famose ›Gleichberechtigung‹ der badischen Sozialdemokraten im Landtag besteht, ist eigentlich schwer zu sagen. Offenbar darin, daß Fendrich in dem Landtag frei herumspazieren darf, ohne daß ihm jemand absichtlich auf die Hühneraugen tritt, und daß ihm der Präsident nicht zuruft, sobald er zu reden beginnt: Halten Sie doch den Mund, Sie dämlicher Sozialdemokrat! Das sind allerdings paradiesische Zustände. Nur ist Fendrich und seinen Kollegen das kleine Versehen passiert, daß sie sich selbst, sieben Mann, mit der badischen Arbeiterklasse verwechselt haben. Diese ist nämlich nicht ganz so ›gleichberechtigt‹ im Staate wie ihre beneidenswerten Vertreter in der Kammer. Ihr tritt die Polizei sogar sehr oft auf die Hühneraugen, zum Beispiel wenn sie ihre Klassenfeier, den Ersten Mai, begehen will. Sie läßt der Staat nicht immer bei öffentlichen Angelegenheiten den Mund auftun. [...] Sozialdemokratische Abgeordnete werden in den Landtag geschickt als Ausdruck des Protestes gegen die Entrechtung, die Versklavung, die Unterdrückung der Arbeiterklasse, sie treten in den Landtag und erklären: Es tut uns leid, wir sind ›in jeder Beziehung so gleichberechtigt‹, daß es uns unmöglich ist, dem kapitalistischen Staate ein Mißtrauensvotum zu geben! [...] Hier haben wir wieder von einer neuen Seite die rein bürgerliche Auffassung des parlamentarischen Kampfes vor uns. Nicht die sozialen, nicht die politischen Verhältnisse im Lande, nicht die allgemeine Lage der Volksmasse sind maßgebend für die Haltung im Parlament, sondern die formellen Verhältnisse innerhalb der Kammer selbst.«[205]

Seit Januar 1992 arbeitet eine Unabhängige Energiekommission des Bundestages. Großzügig wurde sie unter den Vorsitz des früheren SPD-Bundestagsabgeordneten und Vorsitzenden der Klima-Enquetekommission Reinhard Überhorst gestellt. Ihre Aufgabe ist es, die Wege für einen energiepolitischen Konsens aufzuzeigen. Unter ihren sieben Mitgliedern finden wir auch VEBA-Chef Klaus Piltz als Vertreter der Atomlobby. Spätestens 1993 soll die Kommission ihre Ergebnisse vorlegen. Ende 1993 oder Anfang 1994 sind Bundestagswahlen. Das ist kein Zufall. Bis zur Bundestagswahl hat die SPD noch ein paar Widerstände in den eigenen Reihen zu befrieden. Und sie muß das Erziehungsprogramm der Grünen abschließen. Denn die SPD will Ruhe im Land. Björn Engholm erklärte: »Es wäre verhängnisvoll, wenn wir dort [in der ehemaligen DDR] eine neue Serie von Kernreaktoren errichteten und die alte Debatte über die Atomenergie wieder von vorne begänne.«[206] Was wäre verhängnisvoller, der Bau oder die Debatte?

Bei Antritt der rosagrünen Landesregierung in Niedersachsen erklärte der neue Ministerpräsident Gerhard Schröder (SPD) am

27. Juni 1990: »Diese Koalition ist angetreten, um die Fehlentscheidungen der Atompolitik zu korrigieren [...] Die Landesregierung tut alles, was rechtlich möglich ist, um den Atomausstieg zu vollziehen und die Grundlagen für eine umweltverträgliche Energieversorgung zu schaffen.«[207] Große Hoffnung steckten viele, eher bürgerliche AtomkraftgegnerInnen auch in die ehemalige Greenpeace-Aktivistin Monika Griefahn, die Umweltministerin in Niedersachsen.

Im April 1991 überredete Griefahn vor dem Oberverwaltungsgericht Lüneburg zwei Kläger gegen den Schrottreaktor Stade zum Rückzug ihrer Klage und ermöglichte auf diese Weise den vorläufigen Weiterbetrieb des Atomkraftwerks für das laue Versprechen, »das Atomkraftwerk [...] entsprechend der Regierungserklärung zum rechtlich schnellstmöglichen Zeitpunkt stillzulegen«.[208] Stade strahlt wieder.

Die ursprünglichen Planungen sahen vor, in Gorleben eine Wiederaufbereitungsanlage (WAA) mit Brennelementezwischenlager, einer Brennelementefabrik, diversen oberirdischen Pufferläger für atomare Abfälle, einer Konditionierungsanlage zur Abfallbehandlung und Verfüllung des Salzstocks Gorleben-Rambow mit radioaktivem Müll zu konzentrieren. Der Widerstand in der Bevölkerung und die Bürgerinitiative Umweltschutz Lüchow-Dannenberg gegen dieses, von den Betreibern zynisch »Nuklearer Entsorgungspark« genannte Projekt »war Sprungbrett für die parlamentarische Arbeit einer grünen Europa-, einer grünen Bundestags- und eines grünen Landtagsabgeordneten«, schreibt das langjährige Bürgerinitiativen-Mitglied Wolfgang Ehmke im Februar 1992.[209] Die Zuarbeit der grünen ParlamentarierInnen erwies sich »als eine Unterstützung des Kampfes«, und die Bürgerinitiative unterlag in ihrer Politik »keinerlei parteipolitischen Zwängen beziehungsweise Rücksichten« (Ehmke). Das änderte sich mit Eintritt in die Landesregierung.

Als Mitglied der Landesregierung gerieten sie »in Widerspruch« (Ehmke) zur Bürgerinitiative. Im Juni 1991 blockierten 200 bis 400 Menschen für fünf Tage das atomare Faßlager (Leichtbauhalle für radioaktive Abfälle) in Gorleben gegen die Einlagerung von Atommüll aus Mol. Die DemonstrantInnen wurden auf rosagrünen Befehl − und auf Anweisung von Umweltminister Töpfer − mit Polizeiknüppeln zusammengeschlagen und mit Polizeihunden gejagt. »Was wäre denn geschehen, wenn Niedersachsen der Anweisung des Atomministers nicht Folge geleistet hätte?« fragte die damalige Bundestagsabgeordnete Jutta Braband (PDS/Linke Liste-Fraktion) im Bundestag. Und: »Hätte Herr Töpfer womöglich eine Erzwingungshaft für Frau Griefahn erwirkt? Wahrscheinlich nicht. Die Sache wäre vor dem Bundesrat verhandelt worden, und hier hätte sich die SPD nun endlich zu ihrer Forderung nach dem Ausstieg aus der Atomenergie praktisch bekennen müssen.«[210]

Am 26./27. Oktober 1991 trafen sich VertreterInnen der niedersächsischen Anti-AKW-Bewegung und erklärten: »Nach 16 Monaten rot-grüner Landesregierung ziehen wir [...] Bilanz: [...] Die Hoffnung auf eine Wende in der Atompolitik wurde enttäuscht. Im Gegenteil, die Atombetreiber erfahren eine ungebrochene Unterstützung [...] in der juristischen Auseinandersetzung zum Kompaktlager Esenshamm stellte sich die Landesregierung auf die Seite der Betreiber. Sie erteilte die Ausbaugenehmigung für die Brennelemente-Fabrik ANF in Lingen [...] Das Genehmigungsverfahren für Schacht Konrad [sogenanntes Endlager] wird weitergeführt. Die PKA [Pilot-Konditionierungsanlage, eine Fabrik zur Verarbeitung von Atommüll] wird weitergebaut. Die Genehmigungsverfahren für die Einlagerung von hochradioaktiven Glaskokillen in der Asse [sogenanntes Endlager] werden vorbereitet. Selbst Unfälle beeinträchtigen den Weiterbetrieb von Atomkraftwerken nicht, z. B. Grohnde. Auch das Atomkraftwerk Stade soll in nächster Zeit noch in Betrieb bleiben. [...] Atomtransporte werden nicht öffentlich gemacht [Wahlversprechen], Gespräche mit Initiativen sind nicht zustande gekommen, die Beteiligung der BürgerInnen im Genehmigungsverfahren für Schacht Konrad wurde nicht unterstützt.« Nach der Legitimationskrise von Tschernobyl verhülfen »rot-grüne Genehmigungsbehörden« den Atombetreibern zur »rechtlichen Absicherung« der umwelt- und menschengefährdenden Atomanlagen.[211] Fehlerhafte Antragsunterlagen für den Ausbau der Brennelementefabrik der Siemens-Tochter ANF (Advanced Nuclear Fuels) in Lingen sowie illegale Atomtransporte und andere gefährliche Schlampereien hätten der Landesregierung selbst im Rahmen des

Atomrechts die Möglichkeit gegeben, das gesamte Verfahren aufzurollen und Zeit zu gewinnen. Die Landesregierung aber erteilte die Genehmigung und legte die Genehmigungsunterlagen mitten in den Sommerferien öffentlich aus. Die Brennelementefabrik wird nun mit rosagrüner Genehmigung mit dem weltweit kaum erprobten Trockenkonversionsverfahren Uranhexafluorid in das zur Herstellung von Brennelementen für Atomkraftwerke benötigte Urandioxid verwandeln.[212]

Den Aussagen der rosagrünen Landesregierung trauen die Anti-AKW-Bürgerinitiativen nun nicht mehr. Monika Griefahn rechtfertigte sich: Die Genehmigung für die ANF-Brennelementefabrik in Lingen habe sie bei Amtsantritt im Juni 1990 »unterschriftsreif«[213] vorgefunden. Unterschriftsreife Verträge sind reif zur Unterschrift, aber eben noch nicht unterschrieben, und wer unterschreibt, trägt auch die viel beschworene Verantwortung. Tatsächlich aber erteilte Griefahns Umweltministerium als Genehmigungsbehörde die Genehmigung für Lingen am 17. Juni 1991, ein ganzes Jahr nach Amtsantritt der Ministerin. Schon zuvor war die Lagerung fremden Atommülls im AKW Lingen II vom grünen Staatssekretär Peter Bulle genehmigt worden.[214]

Auch für die Konditionierungsanlage und Schacht Konrad habe Amtsvorgänger Werner Remmers (CDU) kurz vor seinem Abtritt »noch schnell die Weichen« gestellt, sagte Griefahn, und »im Streit um das Kompaktlager beim Atomkraftwerk Unterweser sei ein Kurswechsel des Ministeriums unterblieben, weil sie sich auf zu viele andere Aufgaben habe konzentrieren müssen«.[215] Tatsache ist: Im Oktober 1981 erteilte die damalige CDU-Landesregierung die Genehmigung zur Erweiterung des Abklingbeckens im Atomkraftwerk Unterweser in Esenshamm zum Kompaktlager. Durch eine Klägerin aus Brake wurde die Genehmigung vorläufig ausgesetzt. Für den 6. März 1991 war der nächste Prozeßtermin vor dem Oberverwaltungsgericht in Lüneburg angesetzt. In einem Vorgespräch sagte die beklagte SPD/Grüne-Landesregierung der Klägerin zu, während des Prozeßtermins eine Sicherheitsüberprüfung anzubieten und damit den Prozeß erneut zu unterbrechen. »Entsetzt mußte die Klägerin am Prozeßtag mitansehen, daß die beiden Vertreter der Landesregierung keine Miene machten, sich an die Absprachen zu halten, sondern offensiv die Interessen der AKW-Betreiberin vor Gericht vertraten«[216]. Die Klage wurde abgewiesen, eine Revision nicht zugelassen, das Kompaktlager war damit rechtskräftig genehmigt.

Aus der US-Atomwaffenschmiede Hanford sollen 30 Glaskokillen mit hochradioaktivem Atommüll um die halbe Erde nach Niedersachsen transportiert werden. Sie sollen im Endlager Asse II bei Wolfenbüttel eingelagert werden. Ziel ist der Nachweis, daß die sogenannte Endlagerung von hochradioaktiven Abfällen möglich ist. Die Strahlungsintensität einer einzigen Glaskokille entspricht der Gesamtmenge des in Asse II eingelagerten Atommülls von 126 000 Fässern. Monika Griefahn behauptete im Juni 1991, für die Einlagerung der 30 Glaskokillen läge noch kein Antrag vor. Die Bürgerinitiative »Aktion atommüllfreie Asse« (AAA) wies nach, daß der Antrag von den Betreibern bereits am 8. März 1991 eingereicht worden war.[217]

Ein Erfolg sei, so Griefahn, das geplante Gaskraftwerk (dessen umweltschädigender Pipelinebau durch den Naturpark Wattenmeer bis nach Skandinavien nun die Gemüter erhitzt) des VEBA-Konzerns, das ein Atomkraftwerk erspare. Aber wir wissen, daß das Atomkapital im Moment andere Pläne als solche zu einem Atomkraftwerk in Niedersachsen hat. Ein Erfolg sei auch, daß sich Niedersachsen bundesweit um einen Konsens (!) über andere Endlagerstandorte bemühe.[218] So wird aus der AKW-Gegnerschaft die konstruktive Suche nach neuen Endlagerstätten, damit die radioaktive Produktion weitergehen kann.

Im Juni 1992, zwei Jahre nach Amtsantritt, ist die »Atomkraft« für den Ministerpräsidenten nur noch eine »gefährliche Erzeugung von Energie«, die »Zentimeter um Zentimeter zurückzudrängen«[219] sei. »Schöder hält es sich überaus zugute, daß er [...] bei der Klientel von CDU und FDP und bei ›der Wirtschaft‹ gleichermaßen gut ankommt«, berichtet die *Tageszeitung* von einer Begegnung mit Schröder und zitiert die frustrierte CDU-Opposition: »Wenn eine Regierung nichts macht, kann sie auch nichts falsch machen.«

Eine andere Taktik verfolgt Joschka Fischer, grüner Umweltminister in der rosagrünen Landesregierung in Hessen. Er täuscht sehr viel geschickter AKW-Gegnerschaft vor, um dann doch nur gegen den auch innerhalb der Energiewirtschaft umstrittenen Plutoniumzweig der Atomtechnologie in kleinsten formalrechtlichen Schritten vorzugehen. Im Verbund mit SPD-nahen MedienvertreterInnen gelang ihm die Inszenierung des Schaukampfes »David-Fischer gegen Goliath-Siemens und den bösen Töpfer«. Die Aufführung gelangte inzwischen in Variationen zur Serienreife. Hinter ihr verschwand die Bedrohung durch das Atomkraftwerk Biblis und die anderen Atombetriebe in Hanau.

Die beiden Druckwasserreaktoren A und B in Biblis wurden 1974 und 1976 in Betrieb genommen (Betreiber RWE 1968: Das wird das größte Atomkraftwerk der westlichen Welt[220]) und haben eine elektrische Leistung von zusammen 2500 Megawatt. Radioaktive Niedrigstrahlung, zum Teil schwere Störfälle (Block A: 111 Störfälle zwischen 1976 und 1984, 53 außerplanmäßige Abschaltungen), Lecks und zusätzliche Strahlung aus der Kompaktlagerung von Atommüll gefährden und verstrahlen seit rund 18 Jahren nicht nur die Rhein-Main-Region. Kein Anlaß für die SPD/Grüne-Landesregierung in Hessen, auch nur eine einzige politische Stillegungskampagne zu versuchen. Die Situation wirkt auf uns, als gäbe es nichtöffentliche Absprachen zwischen der Landesregierung und einem Teil der Atommafia.

Die rechtlichen Auseinandersetzungen hat Fischer auf einen Teilausschnitt der hessischen Atomtechnologie beschränken können, vor allem auf die Verarbeitung von Plutonium zu Mischoxid-(MOX)-Brennelementen in Hanau, in der ehemaligen Firma Alkem. Fischers Kritik an diesem Teil der Atomtechnologie teilt selbst die Gesellschaft für Reaktorsicherheit (GRS).[221] MOX-Brennelemente bestehen zu 97 Prozent aus Urandioxid und zu 3 Prozent aus Plutoniumdioxid. Der Bombenstoff Plutonium entsteht beim Betrieb von Atomkraftwerken. Jährlich werden etwa 5 Tonnen Uranbrennstoff in Plutonium umgewandelt. Das ist eine Voraussetzung dafür, warum jeder, der sogenannte zivile Atomkraftwerke betreibt, Atombomben herstellen kann, denn es gibt keine wirkliche Trennung von ziviler und militärischer Nutzung. »Noch in diesem Jahrzehnt«, schätzt der Energiefachmann Harold Feiveson von der Princeton Universität in den USA, »wird die zivile Atomindustrie über mehr Plutonium verfügen, als in allen Atomwaffen der Welt steckt.«[222]

In den Wiederaufarbeitungsanlagen von Sellafield und La Hague wird das Plutonium aus den verbrauchten Uranbrennelementen gelöst und in die Bundesrepublik zurücktransportiert. Die Atomkraftwerke, die das Plutonium zuvor erzeugt haben und gegen deren Betrieb Fischer nicht vorgeht, sollen das in MOX-Brennelementen verpackte Plutonium verbrennen. Die Supergifte werden dabei vor allem in andere radioaktive Gifte verwandelt. Streit gibt es unter anderem, weil das Verfahren zwölfmal so teuer ist wie die Verwendung herkömmlicher Uranbrennelemente − so Lothar Hahn vom Darmstädter Öko-Institut.

Selbst Teile der Atommafia, wie die GRS in ihrer Studie[223], kritisieren dieses Verfahren. Die plutoniumhaltigen Brennstäbe seien aggressiver, strahlten im Reaktor länger, die Korrosion von Anlagenteilen würden beschleunigt, der Druck so erhöht, daß Hüllrohre leichter platzen und ihr hochradioaktiver Inhalt das Kühlwasser verseuchen könnte. MOX-Brennelemente beeinträchtigten die Wirksamkeit der Steuerstäbe und gefährdeten im Notfall das »sichere« Abschalten eines Reaktors. Zum ohnehin möglichen Super-GAU in Atomkraftwerken füge sich durch MOX-Brennelemente noch die Aussicht auf einen weiteren Super-GAU: Selbst nach erfolgreicher Notkühlung könne der Reaktor − aufgrund der spezifischen Eigenschaften der MOX-Brennelemente − noch durchbrennen. »Ein Katastrophenszenario, das bei der Analyse von Kernschmelzunfällen bislang noch nicht untersucht wurde«, so der *Spiegel* in Auswertung der GRS-Studie.

Inzwischen hat auch der bayerische Umweltminister Peter Gauweiler (CSU) den Einsatz von MOX-Brennelementen im AKW Grundremmingen untersagt.[224] In Hamburg hingegen plant der SPD-Senat, den Einsatz in den Atomkraftwerken Brunsbüttel und Krümmel zu erlauben. Betreiber sind die Hamburgischen Electricitätswerke, deren Vorsitzender Umweltsenator Fritz Vahrenholt ist. Qua Amt ist der Umweltsenator ohnehin zuständig. Die Kritik des schleswig-holsteinischen Sozialministers Günther Jansen (SPD), dessen Regierung den Atomausstieg soeben auf das Jahr 2010 verschoben hat, beantwortete der Hamburger Senat klassisch sozialdemokratisch: Es wachse die Gefahr, daß Plutonium für Waffen mißbraucht werde, deshalb sei die Vermischung von

Plutonium mit Uran in MOX-Brennelementen »das kleinere Übel. Erst die Öffnung des Atomgesetzes für eine Endlagerung könne wirksam abhelfen.«[225] Die einzige Möglichkeit, dem ganzen Übel wirksam entgegenzutreten, besteht jedoch einzig und allein darin, sofort alle Atomanlagen stillzulegen und damit auch die andauernde Produktion von Plutonium zu beenden.

Teile der Atommafia fordern verfahrenstechnische Veränderungen, die sogenannte Sicherheitsstrategie, um den Ausbau der Atomenergie auf der Basis einer erhofften größeren gesellschaftlichen Akzeptanz durchzusetzen. Denn die Verlängerung der Betriebsdauer von Atomkraftwerken ist leichter zu erreichen, wenn MOX-Brennelemente nicht verwandt werden. MOX-Brennelemente sollen den »Konsens« für neue Reaktortypen, den Raubzug nach Osten und die Atomfusion nicht stören.

So selbstverständlich es ist, MOX-Brennelemente zu bekämpfen, so verlogen ist es, diese begrenzte Kritik als Anti-AKW-Widerstand zu verkaufen. Es ist eine Kritik ohne Folgen an Teilen der Plutoniumwirtschaft, mehr nicht. Aber wie sagt Fischer: »Ich betreibe diese Auseinandersetzung keineswegs unter dem strategischen Gesichtspunkt, die Kernkraftwerke stillzulegen.« Es gehe »einzig um die Eingrenzung des ›materiellen Risikos‹ der Hanauer Brennelementefabriken, und zwar streng ›nach Recht und Gesetz‹«.[226] Verständlicherweise macht es Fischer und seinen sozialdemokratischen Medienfreunden Vergnügen, einer unkritischen Öffentlichkeit Klaus Töpfer mit formalrechtlichen Tricks vorzuführen. Es gelingt, dank der Ignoranz der Medien gegenüber den Gefahren des gesamten Atomkomplexes in Hessen und dank ihrer partiellen Verwicklung in sozialdemokratische Regierungsinteressen, oft mit winzigen Schrittchen – sofern sich Töpfer nur ärgert – ein gewaltiges Rauschen im Blätterwald hervorzurufen.

Fischer beschränkt sich auf ein einziges atomrechtliches Problem. Er schöpft seine juristischen Möglichkeiten nicht aus, um den Betrieb des Atomkraftwerks Biblis zu beenden. Mit seiner Praxis läuft er auf den proatomaren Konsens zu. Der Weiterbetrieb des bald 20 Jahre alten AKW Biblis produziert immer mehr radioaktive Niedrigstrahlung, immer mehr radioaktives Material wie Plutonium. Es gibt nirgends eine rosagrüne Verfassungsklage gegen die mörderische, menschenrechtsverletzende Atomenergie. Es gibt, jenseits nicht ausgeschöpfter rechtlicher Möglichkeiten, nicht den geringsten Versuch Fischers, eine *politische* Kampagne für die Stillegung aller Atomanlagen zu entfesseln. Mit allen medialen Mitteln der Aufklärung – der Gegenpropaganda, der Information über verborgene Entscheidungsstrukturen und die Pläne der Atommafia, über Gefahren und Alternativen – wäre es in diesem Land (noch) relativ leicht, jedem proatomaren Konsens den gesellschaftlichen Boden zu entziehen.

Mit der vormaligen Grundsatzposition der Grünen, alle Atomanlagen sofort abzuschalten, hat Fischers Position nichts mehr zu tun. Es war nicht viel anderes zu erwarten, wenn wir uns erinnern, wie groß sein Drang nach dem Regierungssessel und wie ausdauernd seine Anstrengung über viele Jahre hinweg war, in Vorbereitung rosagrüner Koalitionen, den Stillegungsbeschluß der Bundesgrünen zu kippen. Joschka Fischer wußte immer, daß die Aufgabe des ernstgemeinten Widerstandes gegen die *gesamte* Atomtechnologie die Voraussetzung für das Bündnis mit der SPD und für den grünen Ministersessel war. Den Preis hat er bezahlt. Nun ist der grüne Minister, ob gewollt oder ungewollt, tragende Nebenrolle in einer sicherheitaktischen Inszenierung der Energieversorgungsunternehmen (EVU) geworden.

»Am liebsten würden die EVU-Chefs [...] aus der kostspieligen Plutoniumwirtschaft aussteigen. Voraussetzung wäre der Verzicht auf Wiederaufarbeitung. Das Plutonium bliebe dann im abgebrannten Kernbrennstoff, der müßte direkt im Salz von Gorleben vergraben werden. Dieses Verfahren würde den EVU Milliarden sparen«, schreibt der *Spiegel* im Januar 1992.[227] Erklärt dies und das Interesse, die künftigen gewaltigen radioaktiven Abfallberge aus der Atomfusion in Gorleben einzulagern, das merkwürdige Verhalten der rosagrünen Landesregierung in Niedersachsen? Wird Gorleben als riesiges Atommüllager für die heutigen und die künftigen, neu geplanten Atomreaktoren einschließlich der Atomfusionsreaktoren gebraucht? Die Wege zum »energiepolitischen Konsens« für den Weiterbetrieb und für den Ausbau des bundesdeutschen Atomprogrammes sind, wie wir am Beispiel der rosagrünen Regierungen in Niedersachsen und in Hessen gesehen haben, je nach Charakter der jeweiligen

Atomanlagen und den unterschiedlichen Interessen des Atomkapitals, verschieden. Wege aus der Nutzung der Atomenergie sind es nicht, sie führen genau in die entgegengesetzte Richtung.

Eine Energiecharta für die Eroberung des Ostens

Wieder heißt der Plan »vom Atlantik bis zum Ural«. Dies bezeichnet heute die vorläufigen Grenzen eines Großraums, der erobert werden soll, vorerst ohne Waffen. Die Europäische Energiecharta steckt den rechtlichen Rahmen ab. Die Staaten Osteuropas und der ehemaligen Sowjetunion, um deren Ausbeutung es geht, drängen »freiwillig« auf entsprechende Vereinbarungen.

Am 15. Juli 1991 tagte die Vorbereitungskonferenz für eine Europäische Energiecharta (EEC) in Brüssel. Regierungssprecher aus 35 KSZE-Staaten, aus den europäischen Staaten, aus Japan, Australien, Neuseeland und Abgeordnete zahlreicher internationaler Organisationen trafen sich, um den von einer EG-Kommission vorgelegten Entwurf zu beraten. Ihre Eckpunkte: Errichtung eines gesamteuropäischen Energiemarktes, Schaffung eines Stromverbundes, Festlegung der Bedingungen einer »langfristigen, verbindlichen Kooperation«. Am 17. Dezember 1991 wurde die Europäische Energiecharta in Den Haag von den VertreterInnen von 45 Ländern, einschließlich der Republiken der GUS, unterzeichnet.

Ist die mit der Europäischen Energiecharta verbundene Absicht wirklich das »Wohlergehen der Bürger«, die »Gewährleistung der sicheren Energieversorgung«, ein europäisches »Vertrauensklima« und vor allem die »Umweltverträglichkeit« der geplanten Maßnahmen?[228] Entfernen wir die wohltönenden Absichtserklärungen und betrachten die Substanz der Charta. Es besteht »eine Komplementarität in Europa zwischen den Ländern, die über Ressourcen, und den Ländern, die über fortgeschrittene Technologien und Know-how verfügen, sowie den Absatzmärken« beschreibt die EG-Kommission die Grundlagen des ökonomischen Reizes. Eine Charta wäre die »außenpolitische« Flankierung, die den »Austausch zu steigern« ermögliche. Ziel ist, den »Austausch zu liberalisieren [...] und die Wettbewerbsfähigkeit der Unternehmen zu erhöhen«. Nationale Gesetze im Osten dürfen den Ausbeutungsdrang westlicher Konzerne nicht behindern, »diskriminierende« Regeln, die den Zugang zu Ressourcen erschweren, soll die Charta abschaffen.[229]

In der Charta selbst heißt es: »Die optimale Erschließung der natürlichen Reserven ist Voraussetzung für die Schaffung eines großen europäischen Energiemarktes. Die Unterzeichner kommen deshalb überein, Interessenten den Zugang zu den Ressourcen zu erleichtern. Zu diesem Zweck sorgen sie dafür, daß die Vorschriften über die Erkundung, Erschließung und den Erwerb von Naturschätzen einschließlich der Vorschriften über ausschließliches Eigentum an der Ressource [...] nicht diskriminierend gestaltet sind.«[230] Im Artikel 1 des Protokolls heißt es: »Das Ziel dieses Protokolls ist es, Rahmenbedingungen zu schaffen für eine verstärkte Kooperation zwischen den Vertragspartnern, um die ›benefits‹ [Vorteile, Wohltaten] der friedlichen Nutzung der Nuklearenergie zu vergrößern und die Risiken zu begrenzen.«[231]

Daß der Reichtum nicht im Osten bleibt, garantiert das unbedingte »Recht auf Repatriierung [Rückführung] der Gewinne und die Verwendung konvertibler Devisen«. Alle rechtlichen, technischen, administrativen Handelshemmnisse für westliche Konzerne müssen abgeschafft werden. Der Westen will nicht dem Osten helfen, sondern das Atomkapital sich selbst.

Die Charta verschafft denen, die die ökonomische Macht haben, also westlichen Konzernen, »freien Zugang zu den vorhandenen und zukünftigen Energieressourcen und zu ihrer Ausbeutung mit langfristigen Rentabilitätsaussichten«. Die Ressourcen, um die es geht, liegen nicht im Westen, sondern vor allem in der ehemaligen Sowjetunion. Grenzenlose Energietransitrechte, die dazugehörige Infrastruktur, ein enges »europäisches Energienetz« machen den profitablen Verkauf etwa von Atomstrom aus osteuropäischen Kraftwerken, die von bundesdeutschen und französischen Energiekonzernen nachgerüstet oder neu gebaut wurden, auf vielen Märkten möglich.[232]

Die Gründlichkeit bei der Vorbereitung der Energiecharta vermittel eine Ahnung von den Dimensionen der zu erwartenden Geschäfte und den hinter ihnen stehenden Interessen. Allein der Aufbau eines Stromverbundnetzes ist ein Milliardenprojekt. Wenn es nach Töpfer geht, soll es spätestens 1997 verwirklicht sein.[233] Schon ab 1993 soll, in einem ersten Schritt, für die Stromgroßabnehmer der Einkauf von Energie im EG-Verbundnetz möglich sein.[234]

Bis jetzt ist die Energiecharta ein politisches Grundsatzdokument, eine Art politischer Absichtserklärung. Mit der Basisvereinbarung und den Zusatzprotokollen des Jahres 1992 werden die Absprachen und Projekte auch juristisch festgeklopft. Der Bundesrat, in dem die SPD in mehreren FDP/Grüne/Bündnis 90-Kombinationen eine Mehrheit hält, hat in seiner Sitzung am 17. Mai 1991 den »Vorrang der freien unternehmerischen Entscheidung«, die »wirtschaftlichere Gewinnung, Verbreitung und Nutzung der europäischen Energieressourcen« und »grundsätzlich« »die Liberalisierung des Energieaustausches durch mehr Transparenz und Wettbewerbsgleichheit« »befürwortet«. Natürlich fehlen auch Alibiformulierungen nicht, daß etwa der »Umweltschutzgedanke« zu berücksichtigen, alternative Energien zu fördern und der »Ausstiegsdiskussion Rechnung« zu tragen sei.[235]

Die Bundesrepublik als hervorragende Vertreterin der Interessen der Atomindustrie bereitet einen Feldzug vor, dessen Sieger und Verlierer schon feststehen. Den Ablaufplan werden auch die Verlierer unterzeichnen. Mit der Charta wurde ein Rahmenplan für das größte Ostgeschäft des Energiekapitals nach dem Zweiten Weltkrieg geschaffen. Sie ist der vertragliche Rahmen für die vollständige Kolonisierung Osteuropas im Energiebereich. Mit dem Abkommen diktieren die Energiekonzerne Westeuropas, allen voran die bundesdeutschen und die französischen, die Bedingungen, unter denen die GUS und die übrigen Staaten Osteuropas ihre Rohstoffressourcen zur Plünderung freizugeben haben.

Die Gegenleistung ist die sogenannte Nachrüstung der Ost-Atomanlagen auf das miese und angeblich so sichere Niveau des Westens und die »Modernisierung des Energiesektors«. Durch diesen ökonomischen und technologischen Einmarsch wird jede Möglichkeit einer eigenständigen technologischen und wirtschaftlichen Entwicklung der GUS-Staaten auf Jahrzehnte hinaus der Abhängigkeit vom Westen geopfert. Und vor allem wird jede Möglichkeit zerstört, durch einfache Energieeinsparmaßnahmen (zum Beispiel in der Produktion, in der Verarbeitung von Rohstoffen oder bei Heizkraftwerken) in den Staaten der ehemaligen Sowjetunion zwischen 20 und 40 Prozent der eingesetzten Primärenergie einzusparen, wie der Energieexperte Hermann Clement vom Osteuropa-Institut in München und ein finnisches Firmenkonsortium berechneten. Letzteres führte aus, daß bis 1995 in der GUS zwischen 5000 und 7000 Terawattstunden (1 Terawattstunde entspricht 1 000 000 000 Kilowattstunden) Energie einzusparen seien, ein Vielfaches der Energie aus den atomaren Zeitbomben.[236]

Den Mythos vom notwendigen Weiterbetrieb osteuropäischer Atomkraftwerke braucht allein die westliche Atommafia für ihre Geschäfte. Unterstützt wird sie von Gesinnungsgenossen wie dem russischen Atomminister Wiktor Michailow. Der antwortete auf die Überlegung, russische Atomkraftwerke stillzulegen: »Ich bin [...] ein Mann der Wissenschaft, Emotionen dürfen mich nicht interessieren. [...] Sie fahren doch mit dem Auto. Wissen Sie, wie viele Menschen täglich in Moskau und im Land ums Leben kommen? [...] Dann kommen wir dahin, daß Sie mich dazu aufrufen, in die Urgesellschaft zurückzukehren [...].«[237]

Otto Graf Lambsdorff (FDP) hat ausnahmsweise recht: »Kein anderer Wirtschaftsbereich bestimmt die wirtschaftliche Entwicklung eines Landes so nachhaltig wie der Energiesektor.«[238] Was sind die langfristigen politischen Folgen, wenn westeuropäische Energiekonzerne osteuropäische Länder mit Hilfe der Energiecharta dauerhaft unterwerfen? Ein Staat, dessen Energieversorgungssystem in Bau, Betrieb, Reparatur und bezüglich der Absatzmärkte vollständig von Westkapital abhängt, wird auch in seiner politischen Entwicklung von diesen bestimmt.

Als der vom Westen gestützte und gehätschelte Diktator Saddam Hussein nicht mehr funktionierte, wie er sollte, konnte ein Staat wie der Irak binnen weniger Monate in den wirtschaftlichen Ruin getrieben werden. Um wieviel abhängiger wird die Politik der osteuropäischen Staaten und der zerfallenen GUS vom Westen sein? Fast scheint der Alptraum eines »tausendjährigen Reiches« wiedererstanden, wenn Umweltminister Töpfer das gesamteuropäische Energiekonzept »vom Atlantik bis an den Ural« vorstellt, in das der deutsche »energiepolitische Konsens« eingepaßt werden soll. Spätestens am Beispiel der Europäischen Energiecharta entlarvt sich dieser Konsens als zentraler Baustein für ein aggressives, (öko)imperialistisches Vorhaben.

»... und morgen die ganze Welt«

Handstreichartig versuchten RWE, PreussenElektra und Bayernwerk als Mehrheitseigner des ostdeutschen Verbundunternehmens VEAG Energiewerke AG Berlin sich die Energieversorgung in den fünf neuen Bundesländern unter den Nagel zu reißen. Mit dem im August 1990 noch von Vertretern der DDR unterzeichneten Stromverträgen wollen sie als Nachfolger der ehemaligen DDR-Energiekombinate den Zugriff auf die gesamte Stromwirtschaft der ehemaligen DDR: Kraftwerke und Leitungen eingeschlossen. Augenblicklich liegt eine Klage von 146 Kommunen der ehemaligen DDR gegen dieses Vorhaben beim Bundesverfassungsgericht.

Zuerst erklärte sich die VEAG bereit, in Greifswald und in Stendal je einen 1300-Megawatt-Atomreaktor zu bauen. Dann, um die SPD unter Konsensdruck zu setzen, teilte das Unternehmen im Sommer 1991 mit, daß sie die beiden geplanten Reaktoren erst einmal nicht bauen will. Das sei kein Rückzug aus der Branche, meinte der Vorstandsvorsitzende der Bayernwerk AG, Jochen Holzer, und auch der Plan für den Bau von Atomkraftwerken in den neuen Bundesländern sei damit nicht aufgegeben. RWE-Sprecher Erwin Mühl versicherte der Bevölkerung des AKW-Standorts Stendal, daß die Stromerzeuger am Bau des Atomkraftwerkes festhielten. Sobald die Bonner Parteien einen »energiepolitischen Konsens« gefunden hätten, der zudem über eine Legislaturperiode hinaus Bestand haben müsse, würden die Energieversorgungsunternehmen die entsprechenden Genehmigungsanträge stellen.[239]

Welche Bedeutung die Wiedervereinigung für die Energiewirtschaft hat, erklärt uns Adolf Hüttl, Leiter des Geschäftsbereiches nukleare Energieerzeugung der Siemens AG: »Nur durch die Wiedervereinigung ist ja überhaupt die kurzfristige Chance auf uns zugekommen, jetzt plötzlich schon vor Mitte der neunziger Jahre ein oder zwei neue Blöcke zu bauen. Wir hatten uns zuvor darauf eingerichtet, bis zum Ersatz oder notwendigen Zubau in der alten Bundesrepublik den Service für die im Betrieb befindlichen Kernkraftwerke zu machen, bis hin zur Nachrüstung. Gleichzeitig wollten wir uns im Ausland um neue Projekte bemühen. Aber darum bemühen wir uns in jedem Fall.«[240]

Von Pierer, Chef der Kraftwerk Union AG (KWU, einer Tochter von Siemens), verlangt einen »Energie-Marshall-Plan« für Osteuropa mit westlichen Atomkraftwerken und westlicher Sicherheitstechnik. Finanziert werden kann das Geschäft, meint Siemens, durch Stromlieferungen aus den Atomanlagen, die Siemens bauen beziehungsweise nachrüsten will. Die »neuen Impulse«, die sich »zur Ausdehnung des westlichen Verbundnetzes nach Osten zwingend ergeben«, hat die Europäische Energiecharta in die passende politische Form gegossen. Für Atomfreund Riesenhuber ist die Öffnung der osteuropäischen Märkte schlicht »die größte Herausforderung des Jahrzehnts«.[241] Es geht um eine ganz außerordentliche Beute. »180 Milliarden Barrel Öl werden an unterirdischen Vorkommen vermutet, der größte Teil davon in Sibirien. 57 Milliarden Barrel sind bereits nachgewiesen. Zum Vergleich: Saudi-Arabien hat seit den 30er Jahren insgesamt 62 Milliarden Barrel Öl gefördert. 36 einschlägige Firmen haben in Erwartung eines Supergeschäfts mit dem ›schwarzen Gold‹ bereits Büros in Moskau eröffnet.«[242]

Die erste *sichere* Ostbeute – fern selbst von der (geringen) Gefahr eines atomfeindlichen Urteils des Bundesverfassungsgerichtes – ist die heutige Tschechoslowakei. Ihre Wirtschaft wird germanisiert. Schon 1991 hatte sich Siemens den Auftrag zur Nachrüstung des im Bau befindlichen AKW in Mochovce unter den Nagel gerissen. Ein Projekt, an dem inzwischen auch Electricité de France (EDF), PreussenElektra und Bayernwerk AG beteiligt sind.[243] Zu den je vier Reaktoren in Bohunice (1760 Megawatt) und Dukovany (gleichfalls 1760 Megawatt) sollen in Mochovce vier Reaktoren mit noch einmal der gleichen Leistung hinzukommen. Der erste Block soll Ende 1993 betriebsbereit sein.[244] Auch der Auftrag zur Erstellung einer sicherheitstechnischen Expertise für die vier Atomkraftwerke in Bohunice ging an Siemens.

Der Konzern bekam die Aufträge, obwohl mit VW bereits ein weiterer deutscher Konzern einen tschechoslowakischen Betrieb, den Automobilkonzern Skoda, übernommen hatte und es mit dem Schweizer Konzern Asea Brown Boveri AG (ABB) einen Mitbewerber gab. In der Tschechoslowakei gab es eine heftige öffentliche Diskussion über die neue deutsche Eroberung, »ob nach Volkswagen denn wieder ein deutscher Partner für ein tschechoslowakisches Unternehmen gewählt werden sollte«. Resigniert hieß es nach dem Vertragsabschluß in Prag, »man sehe ein, daß der geographischen Nähe nicht zu entkommen sei.«[245] Das »neue Protektorat Böhmen und Mähren« nehme allmählich Gestalt an.[246] Allerdings stieß Siemens bei seinen ersten Kontakten mit Skoda im Jahre 1989 auch auf den erfreulichen Tatbestand, daß sich auch das frühere »Bürgerforum« von Václav Havel für Atomreaktoren aussprach.[247]

In Temelin werden zwei Reaktorblöcke mit je 1000 Megawatt elektrischer Leitung gebaut, die 1994 und 1996 in Betrieb gehen sollen. Bis zum Jahr 2000 soll der gesamte Strom in der Tschechoslowakei zu 50 Prozent mit Atomenergie gedeckt werden. Ein Konsortium tschechoslowakischer Unternehmen hat die AKW-Bauer Westinghouse, Nuclear Power International (NPI, Gemeinschaftsunternehmen von Siemens/KWU und Framatome seit 1989[248]), Asea Brown Boveri (ABB), Mitsubishi und das »tschechische« Unternehmen Skoda um Angebote für zwei Leichtwasserreaktoren gebeten.

Wie tschechisch ist Skoda? Es wurde ein neues Energie-Gemeinschaftsunternehmen konstruiert, in dem Skoda Pilsen AG und die Skoda Prag AG aufgehen und an dem die deutsche Siemens AG mit 67 Prozent die Mehrheit hält. Von diesen 67 Prozent wird Siemens 10 Prozent an den französischen Konzern und Geschäftspartner Framatome abgeben. Mit dem Energiesektor übernahm Siemens auch den gesamten nationalen Transportsektor des ehemaligen Staatsmonopolunternehmens Skoda. Nach der Übernahme von Skoda Energo verriet Wulf Bürkle (Siemens-Vorstand) einen Teil des Plans: »Von dort aus können wir zusammen mit dem Stammhaus jedes Sanierungsvorhaben bei Kernkraftwerken im früheren Ostblock angehen«.[249]

Die ehemalige DDR und die ehemalige Tschechoslowakei sind nur der Anfang. Für Ungarn gründete die Electricité de France (EDF) mit den RWE AG und Bayernwerk AG eine Gesellschaft namens »Europäisches Projekt für Ungarn«, das den Bau mindestens eines Atomreaktors durchsetzen will.[250] Gemeinsame Projekte von Energieunternehmen der beiden Atomstaaten soll es auch in Frankreich geben. Für den gemeinsamen Bau neuer Atomkraftwerke, auch im Westen, schlossen sich Electricité de France (EDF), RWE, Bayernwerk und PreussenElektra zu einer gemeinsamen Stromerzeugergesellschaft in Frankreich zusammen.

Die eigentliche Beute wartet in der ehemaligen Sowjetunion: Uran, Öl, Gas, Metallerze, Gold, Land, billige Maschinen und billige Arbeitskräfte. Millionen neuer KonsumentInnen für billige Westgüter sollen den Boom zum Nutzen der Westkonzerne verstärken. Nicht einkalkuliert sind die vielen Menschen, die sich nicht einmal die einfachsten Dinge für das tägliche Leben werden leisten können oder vielleicht sogar an Unterernährung und Mangelversorgung elend zugrunde gehen werden. Die absehbare Entwicklung wird alle selbstbestimmten, sozialen und ökologischen Ansätze von Polen bis Sibirien plattwalzen.

Von Osten greifen Japan und die USA nach der GUS, von Westen sind es, als stärkste europäische Nationen, vorwiegend die Bundesrepublik und Frankreich. In Osteuropa stehen 58 Atomkraftwerke, 23 weitere sind bald betriebsbereit. Allein für die Nachrüstung errechnete Adolf Hüttl vom Siemens-Vorstand ein Investitionsvolumen von rund zwölf Milliarden Mark, das Europäische Atomforum Foratom erhöhte den Betrag auf 16 Milliarden Mark. Walter Fremuth, Vorstandsvorsitzender der Österreichischen Elektrizitätswirtschaft AG und seit zwölf Jahren Vorsitzender der sowjetisch-österreichischen Energiekommission, setzte eine Billion Mark an, »um die Elektrizitätswirtschaft der ehemaligen UdSSR auf Westniveau zu bringen«.[251]

Erst mal hat die EG unter dem Stichwort »Technische Hilfe« für die GUS-Staaten ein rasches Sofortprogramm im Wert von 230 Millionen Mark aufgestellt. Der Anteil für die Atomenergie ist Spitzenreiter mit 106 Millionen Mark. »Der größte Teil der

EG-Gelder geht in Nachrüstungsmaßnahmen für sowjetische Atomreaktoren der Typen WWER und des Tschernobyl-Typs RBMK oder in Sicherheitstraining für das Personal der Atomkraftwerke. Allein rund 60 Millionen Mark sind für die Reaktoren vom Tschernobyl-Typ eingeplant.«[252] Um eines Tages mit der »Repatriierung« (Rückführung) von Investitionen – damit ist auch der Import von Atomstrom in den Westen gemeint – Profite einfahren zu können, wird ein Reaktortyp nachgerüstet, der selbst dem Hauptgeschäftsführer der Vereinigung Deutscher Elektrizitätswerke (VDEW), Joachim Grawe, zu unsicher ist: »Dagegen erscheinen die 16 in der Ex-UdSSR arbeitenden RBMK-Reaktoren wegen grundlegender Konzept-Schwächen kaum nachrüstbar.«[253]

Die 21 Atomkraftblöcke auf bundesdeutschem Boden, sagt der russische Atomphysiker Wladimir Tschernosenko, »sind gigantische Minen mit Zeitzündern. Es müssen nur ein oder zwei Reaktoren auf deutschem Territorium in die Luft fliegen – dann braucht sich in den nächsten 100 000 Jahren dort niemand mehr blicken zu lassen.«[254] Statt den Krieg gegen Mensch und Natur in West und Ost zu beenden, wird aufgerüstet. Zivil verpackt und legal abgesichert. Während es in der Bundesrepublik noch keinen vollständigen Konsens über den Ausbau der Atomwirtschaft gibt, wird der Anteil an Atomstrom bei uns über den Umweg der neuen Transitleitungen erhöht. Während die direkten Opfer von Tschernobyl noch lange sterben, wird in unsere Stromleitungen Atomstrom aus Tschernobyl eingespeist werden. Mit der »Verlagerung der Kapazitäten«, meint die PreussenElektra so zynisch wie falsch, sei »zugleich eine Entlastung der Umwelt verbunden«.[255] Die Produktion von Atomstrom in Osteuropa wird vor allem die Menschen dort verseuchen, doch ein Teil der Radioaktivität wird in der Nahrung und der Atmosphäre zu uns kommen – auch eine »Repatriierung« von Investitionen, die in Kauf genommen wird.

Die Schlagzeile »Bonn will sowjetischer Energiewirtschaft helfen« stieß in Rußland nicht nur auf Freude. Die GUS machte noch ein paar zaghafte Versuche und hatte »Bedenken [...] bei der Verpachtung von Land und der Stärkung des Eigentumsgedankens«.[256] Sie wollte – vergeblich – mehr Unabhängigkeit, mehr Unterstützung der nationalen Energieprogramme, mehr eigenständige Entwicklungsmöglichkeiten. Der Widerstand ist gebrochen. Die Sieger, die westlichen marktbeherrschenden Konzerne, werden sich nur gelegentlich ins Gehege kommen. Sie sprechen sich in bewährter Manier ab. Die deutsche Ruhrgas AG, die niederländische Gasunie und die Gas de France wollen das Gasgeschäft in die Hand bekommen. Shell AG (Niederlande) und British Petrol (BP) zum Beispiel wollen das Öl und ein Tankstellennetz[257] auf dem neuen kolonialen Territorium kontrollieren.

Der zu erwartende Konsens, die recht erfolgreiche Klimapropaganda, die neuen Freunde vom Club of Rome und das lockende Ostgeschäft machen dem Atomkapital große Freude. Ein »Tauwetter in der Kernenergie-Diskussion« begrüßt Jochen Holzer, der Vorstandsvorsitzende der Bayernwerk AG. Klaus Piltz, der bereits erwähnte VEBA-Chef, stellt eine »erfreuliche Nachdenklichkeit« bei »Kernkraftgegnern« angesichts »des Treibhauseffektes« fest. »Der Phönix hebt seinen Kopf aus der Asche«, schreibt der Bonner *Umwelt & Energie-Report*. Bei der *New York Times* wird das »Tauwetter« zum »nuklearen Frühling«.[258]

Wolfgang Häfele, langjähriger Lobbyist des gestoppten Schnellen Brüters in Kalkar, plädiert für einen internationalen Kapitaleinsatz von vier Billionen US-Dollar in den nächsten zehn Jahren, um weltweit 2000 neue Atomkraftwerksblöcke zu bauen. Hans-Ulrich Fabian, Vorstandsmitglied der PreussenElektra, ist bescheidener. Mit zehn bis zwölf neuen Atomkraftwerken in der Bundesrepublik mit je 1300 Megawatt soll der Anteil des Atomstroms auf 70 Prozent hochgeboxt werden.[259]

Die Staaten mit den meisten Atomkraftwerken

Land	in Betrieb	in Bau	geplant
USA	111	3	3
Frankreich	55	7	2
GUS	51	23 (davon 3 gestoppt)	6
Japan	41	11	54+
Großbritannien	37	1	35–40+
BRD	20	1	21
Südkorea	9	–	1

+ Darin enthalten sind auch unrealistische Planungen.
Quelle: *Jahrbuch der Atomwirtschaft 1992*

1970 bis 1979 wurden weltweit 148 kleinere AKW-Blöcke mit einer Gesamtleistung von 546 000 Gigawattstunden in Betrieb genommen. Von 1980 bis 1985 boomte die Atomwirtschaft: 92 Großreaktoren mit etwa 650 000 Gigawattstunden elektrischer Leistung nahmen — allein im Westen — den Betrieb auf. Die Gesamtzahl der AKW weltweit liegt 1992 bei etwa 420 Atomkraftwerken mit einer Gesamtleistung von rund 350 000 Megawatt. Nach einem kurzen Tief wird seit 1989 der Zubau beschleunigt.[260] Eine mörderische Technologie erfährt ihre Renaissance.

Seit dem ersten Halbjahr 1991 hat die Atomenergie in der Bundesrepublik mit einem Anteil von 32 Prozent die Spitzenposition unter den Energieträgern bei der Stromerzeugung erobert (Braunkohle 30 Prozent, Steinkohle 26 Prozent).[261] Forschungsminister Riesenhuber geht in seinem »Bericht Energie und Klima« nicht nur davon aus, daß »die bestehenden Kernkraftwerke mit Nachrüstung weiter Energie produzieren« werden, sondern darüber hinaus gelte es für die Errichtung des »ehrgeizigen Ziels einer Kohlendioxid-Reduzierung um 25 Prozent« auch, den Neubau von Atomkraftwerken ins Auge zu fassen. Alles in bester Absicht: »Für die Reduzierung um 25 Prozent bis zum Jahre 2005 ist von 1997 an der Neubau von acht Kernkraftwerken mit jeweils 1300 Megawatt Leistung vorgesehen.«[262] Eine Studie seines Ministeriums empfiehlt neben den erwähnten acht Atomkraftwerken weitere 16 Kohlekraftwerke.[263] Ist das ein Resultat der Erpressung der Sozialdemokraten und der IGBE: Kohlekraftwerke gegen Atomanlagen? Das Szenario steht in krassem Widerspruch zu allen Behauptungen, den Schutz von Gesundheit und Umwelt verbessern zu wollen. Siemens allerdings kann sich über diese indirekte Auftragsbestätigung für seinen neuen Atomreaktortyp freuen.

Das Atomkapital plant ab der Jahrtausendwende den neuen Superatomreaktor, der »inhärent« sicher sein soll. Inhärent sicher bedeutet, daß seine Konstruktion angeblich jedes atomare Risiko restlos ausschließt. Diesen Reaktor gibt es noch nicht einmal auf dem Reißbrett. Er soll aus einer Weiterentwicklung der Druckwasserreaktoren entstehen. Bis 1994 wollen Siemens/KWU und Framatome — gemeinsam mit anderen bundesdeutschen und französischen Energieversorgungsunternehmen — die Voraussetzung für die Beantragung der atomrechtlichen Genehmigung erstellen. 1995 sollen Standortentscheidungen in Frankreich und Deutschland getroffen werden. 1998 soll der »Zukunftsreaktor« baureif sein.[264] Wieder einmal versprechen uns »Ihre Stromversorger« in großen Anzeigen das goldene Atomzeitalter.

Die europäische Energiediktatur setzt sich aus einem dichten Geflecht an Verordnungen, Gesetzen, Übernahmen, Ermächtigungen, Manipulationen, Repressionen, Erpressungen zusammen. Die Laufzeiten von Atomkraftwerken werden verlängert. Das nukleare Risiko und der mögliche Widerstand werden exportiert, um Atomstrom aus Osteuropa — vielleicht eines Tages auch aus Tschernobyl — zu »repatriieren«. Die Eroberer bringen ihre Gewinne vom Feldzug in den Osten »heim ins Vaterland«.

Für den Beginn des neuen Jahrtausends ist ein neuer Reaktortyp in Vorbereitung, noch auf der Basis von Atomspaltung. Das eigentliche Ziel weltweiter Forschung aber liegt in der Atomfusion. Einen ernstgemeinten Versuch, alternative, regenerative Energieträger zu entwickeln, gab es nie. Mit Solarzellen oder Windkraftwerken läßt sich der Bedarf an Strom und Wärme befriedigen, nicht jedoch die Gier nach Herrschaftssicherung durch Atomwaffen.

Der Angriff auf die Alternativen

Wenn es »pitsch« macht und Ihre Glühlampe knallt, sind sie möglicherweise ein Opfer der »europäischen Harmonisierung« geworden. Heimlich wird zur Zeit überall die Spannung im Stromnetz von 220 Volt und 380 Volt auf 230 bis 240 Volt und 400 Volt erhöht. Da die Mehrheit der europäischen Länder zuvor 220 Volt hatte, hätte die »Angleichung« auch nach unten erfolgen können. Aber es geht nicht um Stromsparen, sondern um Verschwendung, damit die Energiewirtschaft noch höhere Profite einsteckt. Jede Lampe, jedes elektrische Gerät, jede Maschine verbraucht künftig in der gleichen Betriebszeit rund 9 Prozent mehr Strom. Glühlampen, Geräte und Maschinen gehen früher kaputt, und die erhöhte Spannung sorgt hie und da für Überhitzung mit dem Risiko von Bränden.

Während Behörden die BürgerInnen zum Energiesparen ermahnen, knallt die Energiewirtschaft mit ihrem »Giga-Watt-Coup« (Anti-Atom-Büro Dortmund) den Stromverbrauch in neue Höhen. Bei einer Spannungserhöhung von 10 Volt erhöht sich der Verbrauch bei rund 35 Millionen Privathaushalten um 1225 Millionen Kilowattstunden nur für die Beleuchtung. Dem entspricht ein Betrag in Höhe von 300 Millionen Mark allein für Lichtstrom im Marktsegment Tarifkunden, wie das Anti-Atombüro Dortmund[265] ausgerechnet hat. Hersteller wie Osram und Philips erwarten allein für Glühbirnen einen Mehrumsatz von zwölf Millionen Mark. Die Rechtsgrundlage ist umstritten, aber wer braucht schon Gesetze, wenn er das Monopol besitzt, überreichlichen politischen Einfluß und die ökonomische Macht sowieso.

Es gibt seit vielen Jahren hervorragende Berechnungen und Szenarien, die belegen, daß selbst ein kapitalistisches Zentrum wie die Bundesrepublik − heute einschließlich der ehemaligen DDR − ohne jeden Atomstrom auskommen kann.[266] Das Institut für Energie- und Umweltforschung (IFEU) in Heidelberg (1980), das Ökoinstitut in Freiburg (1986−1989) und Greenpeace (1991) haben wie andere WissenschaftlerInnen gezeigt, daß ein *großer Teil* des Strom- und Wärmebedarfs schon heute durch regenerative Energieträger wie Wind, Sonne, Wasser und Biomasse zu decken ist und fossile Verbrennung durch eine rationelle Energienutzung und -einsparung weitgehend ersetzt werden kann. Jede dieser Studien belegt detailliert, daß alle Atomanlagen *sofort* stillgelegt werden können, ohne daß die Lichter ausgehen oder Maschinen stillstehen müßten. Wobei ich der Meinung bin, daß die Atomenergienutzung wegen ihres tödlichen Charakters selbst bei wirtschaftlichen Problemen oder solchen der technischen Umstellung auf der Stelle beendet werden müßte.

Weltweit wurden bereits bis 1977 mehr als 100 Milliarden US-Dollar in die Entwicklung der »zivilen« Atomenergienutzung investiert, »mehr als in jede andere Technologie seit dem Aufbruch des Kapitalismus«, schrieb der *Spiegel*.[267] »Noch immer«, so kritisierte das World Watch Institute in Washington, »werden für Forschung und Entwicklung der Atomindustrie fünfmal soviel

Forschungsmittel ausgegeben wie für bessere Energieausnutzung, sechsmal soviel wie für erneuerbare Energien.«[268] In der Bundesrepublik wurden bis 1988 rund 61,6 Milliarden Mark für die Atomenergie ausgegeben, kritisiert selbst die atomfreundliche Industriegewerkschaft Bergbau und Energie (IGBE). Die Bundesregierung widersprach: Lediglich 25,5 bis 34 Milliarden Mark seien es gewesen.[269] Andere Schätzungen für die staatliche Subventionierung der Atomenergie liegen bei mehr als 80 Milliarden Mark. Die Finanzierung der Atomenergie seit 1956 erfolgte zum Teil offen, zum Teil in unterschiedlichen Haushaltstiteln versteckt. Die Absichten sollten verschleiert, der Vergleich zu anderen Energietechnologien erschwert werden. Zwischen 1974 und 1983 gab die Bundesregierung beispielsweise für die Erforschung und Entwicklung von Wärmepumpen- und Solaranlagen zum Heizen lächerliche 178 Millionen Mark aus, während sie zur gleichen Zeit sieben Milliarden in den Schnellen Brüter in Kalkar steckte. Die EG-Kommission, die Milliardenbeträge in die Atomkernspaltung und die Atomkernverschmelzung (Atomfusion) investiert, hat bis 1994 ganze 14 Millionen Mark für die Entwicklung von Solarzellen vorgesehen.[270]

Wissenschaftliche und technologische Entwicklungen, in die vergleichsweise geringe Finanzmittel investiert werden, haben natürlich schlechtere Ergebnisse als solche, deren Erforschung ernsthaft und nicht nur als Alibi *betrieben* wird. Zeitweise wurden in der Bundesrepublik fehlentwickelte regenerative Energieanlagen wie der Windkonverter Growian an der Nordseeküste sogar nur deshalb unterhalten, um den Nachweis einer angeblich untauglichen Technologie zu führen. Dem immensen Potential der regenerativen *Energieträger* und bestimmten politischen Entwicklungen wie in Kalifornien oder Dänemark ist es zu verdanken, daß die sanfte Nutzung von Sonne, Wind und Wasser heute trotzdem möglich ist. Wird Windenergie nach neuesten Erkenntnissen gewonnen, ist sie längst wirtschaftlicher als Kohle und Gas.

In den USA lag der Preis für Strom aus modernen Windkonvertern im Mai 1992 bei achteinhalb Pfennig pro Kilowattstunde. 9000 Windkonverter speisen in Kalifornien im Jahr soviel Strom ins Netz wie San Francisco mit 600 000 EinwohnerInnen im selben Zeitraum verbraucht. »Würde dieselbe Menge Strom aus Öl gewonnen, brauchte man dafür vier Millionen Faß oder eine Flotte von 30 000 Tankfahrzeugen«, sagt Robert Jans, der Direktor von US-Windpower. Die Windkraftanlagen ersparen der Erdatmosphäre im selben Zeitraum 1,4 Millionen Tonnen CO_2.[271] Ganz vorsichtig hat sich die sozialdemokratische Landesregierung in Schleswig-Holstein geäußert. Im Jahr 2010 will sie mit 2000 Windkraftanlagen mit einer Leistung von 1200 Megawatt 20 Prozent des Strombedarfs decken. Heute seien − im windreichsten Gebiet der Bundesrepublik − 300 Windkraftanlagen mit zusammen 60 Megawatt Leistung im Betrieb.[272] Warten auf sozialdemokratische Energiealternativen ist wie Warten auf Godot.

Gehen wir einmal 10 und 16 Jahre zurück: In einer Studie der Kernforschungsanlage Jülich[273] wurde für die Windenergie ein technisch nutzbares Potential von 220 Terawattstunden gleich rund 36 667 Megawatt berechnet, das sind mehr als 50 Prozent der elektrischen Energie, die in der Bundesrepublik im Jahr 1986 verbraucht wurden. Zu vergleichbaren Ergebnissen, die das enorme Potential der Windenergie auf dem damaligen Stand und perspektivisch berechneten, kam auch eine Studie des Bundesministeriums für Forschung und Technologie (BMFT) von 1976[274] und eine Studie mit den unterdrückten Forschungsergebnissen von Professor Ulrich Hütter[275] vom Institut für Windenergietechnik (FWE) in Stuttgart. In der mehrbändigen, nahezu 1000 kleinbedruckte Seiten dicken BMFT-Studie berechneten unter anderem Atomforschungszentren wie Jülich oder Karlsruhe die Potentiale und Perspektiven der regenerativen Energien. Sie kamen zu Ergebnissen, die die Propaganda »Ohne Atomstrom gehen die Lichter aus« lächerlich machen und beweisen, daß auch ein industriell hochentwickeltes Land weder Atomenergie noch die Verbrennung wertvoller fossiler Rohstoffe braucht. Mitten in den tobenden Auseinandersetzungen um die Atomenergie während der großen Anti-AKW-Demonstrationen in Brokdorf, Grohnde und Kalkar (1976/1977) störte die Studie das Pro-Atom-Konzept der damaligen SPD/FDP-Bundesregierung. Sie wurde im Einvernehmen zwischen SPD/FDP und Atomwirtschaft unterdrückt. Die Studie war nie öffentlich erhältlich, nur über Beziehungen gelang es mir damals, ein Exemplar zu bekommen. Eine törichte, 165 Seiten dünne »Volksausgabe«, herausgegeben von Bundesforschungsminister Hans Matthöfer (SPD) verschweigt die wichtigsten Informationen und Zusammenhänge.[276a]

Die intelligenteste ökologische Strategie liegt in der *Nutzbarmachung* des erneuerbaren, unschädlichen, verschwenderisch vorhandenen Energieträgers Sonne. Es gibt zur Zeit drei Möglichkeiten, Sonnenenergie umzuwandeln: Solarzellen für die direkte Stromgewinnung, Sonnenkollektoren für die Wärmegewinnung und Solarkraftwerke, die Elektrizität aus Wärme herstellen. Das Potential der Sonnenenergie, die in der Bundesrepublik zur Verfügung steht, entspricht theoretisch etwa dem Achtzigfachen unseres *gesamten* Energieverbrauchs, nicht nur des notwendigen Bedarfs an Strom.[276b] »Mit etwa 3000 Quadratkilometer Solarzellenfläche, knapp 1,3 Prozent der Gesamtfläche der BRD, könnte der gesamte heutige Strombedarf abgedeckt werden«, hat das Öko-Institut Freiburg 1989 berechnet. Zum Vergleich: Die »heute in der BRD genutzte Siedlungs- und Verkehrsfläche beträgt dagegen ca. 24 000 Quadratkilometer, d. h. 10 Prozent der gesamten Fläche der BRD«. Ein relativ kleiner Teil der Dachfläche dieser Siedlungen reicht zur Installation der Solarzellen aus.[277]

Solarzellen könnten heute, wären sie mehr gefördert worden, auch in bezug auf ihre Kosten alle anderen Energiegewinnungstechniken vom Markt jagen. Das mit heutigen Techniken nutzbare Potential der Sonnenenergie für die Erzeugung von Wärme ist sehr groß. Mit einer Sonnenkollektorfläche von 4000 Quadratkilometer könnte heute der gesamte Wärmebedarf bis 100 Grad Celsius (Niedertemperaturbereich), das heißt Warmwasserproduktion und Heizung, gedeckt werden und damit 40 Prozent des gesamten privaten und industriellen Energieverbrauchs.[278]

Die auf geeigneten Flächen in Mittelmeerländern »prinzipiell installierbare solarthermische Kraftwerkleistung (12 000 Gigawatt) könnte das Vierfache des derzeitigen *weltweiten* Strombedarfs (1988: 11 000 Terawattstunden) erzeugen«. 12 000 Gigawatt sind 12 Millionen Megawatt, und das entspräche unter Berücksichtigung von Auslastung und Verfügbarkeit der elektrischen Leistung von mehr als 5000 großen Atomkraftwerken vom Typ Biblis, sagt Jürgen Nitsch, der Leiter einer im Auftrag des Bundesforschungsministeriums erarbeiteten Studie über solarthermische Anlagen im Mittelmeerraum, an der auch die Deutsche Forschungsanstalt für Luft- und Raumfahrt (DLR), Siemens und das Zentrum für Sonnenenergie- und Wasserstofforschung (ZSW) beteiligt waren.

Versuchsanlagen und kommerziell betriebene Solaranlagen in anderen Ländern haben diese Ergebnisse längst bestätigt. Die Studie belegt, daß ohne diese schadstofffreien Solarkraftwerke die CO_2-Emission im Mittelmeerraum wegen des zu erwartenden Wirtschaftswachstums in der Region um etwa 50 Prozent ansteigen wird.[279] Die Nutzung der Sonnenenergie wäre neben rationaler Energienutzung und -einsparung die einzige Möglichkeit, die CO_2-Emissionen wirklich zu senken. Solar*kraftwerke* sind der harte, großtechnische Weg der Sonnenenergienutzung. Solar*zellen* sind – bei vergleichbarer Leistung – für eine dezentrale, unabhängige, sozial angepaßte Energieerzeugung (der sanfte Energiepfad) sehr viel besser geeignet.

Mit Sonnenenergie läßt sich nicht nur in südlichen Ländern Strom erzeugen. Die Schweiz will alle ihre Bahnhöfe mit Solarzellen mit einer Gesamtleistung von 24 000 Kilowatt ausrüsten. Eine Versuchsanlage, das größte Sonnenkraftwerk Europas, wurde im April 1992 in der Schweiz in Betrieb genommen. Die 500-Kilowatt-Anlage bei Saint-Imier kostet zehn Millionen Mark und kann tagsüber 200 Haushalte mit Strom versorgen.[280]

Voraussetzungen des Greenpeace-Szenarios sind die sofortige Stillegung aller Atomanlagen, die höhere Energieeffizienz zum Beispiel bei der Kraft-Wärme-Kopplung, die Energieeinsparung und der Ausbau und die Umstellung auf regenerative Energieträger. Der Primärenenergieverbrauch würde um 38 Prozent sinken und der CO_2-Ausstoß um etwa 50 Prozent. Nach Greenpeace stellen im Jahr 2010 Wasserkraftwerke 30 Terawattstunden (TWh) Strom, Windkraftwerke 30 TWh, solare Photovoltaikanlagen 8 TWh und Biomasse etwa 41 TWh, zusammen 109 TWh Strom bereit. Legen wir eine jährliche Betriebsdauer von 6000 Stunden zugrunde, kommen wir auf eine elektrische Leistung von rund 18 167 Megawatt (von regenerativen Energieträgern),[281] dem Leistungsvolumen von rund 18 großen Atomkraftwerken.

Regenerative Energieträger decken in der Greenpeace-Studie rund ein Drittel des gesamten Stromverbrauchs und 40 Prozent der Kraftwerksleistung ab. Die Studie läßt allerdings einen Teil des Potentials außer acht. Der gesellschaftliche Druck und die Verächtlichmachung der regenerativen Energien wirken auch auf einige »alternative« WissenschaftlerInnen. Die Schere im Kopf und das alberne Bemühen um eine falsche »Seriosität« gegenüber den falschen Leuten verführen zur Vernachlässigung von großen Energiepotentialen, die selbst die Energiewirtschaft in ihren Alternativenergiestudien von 1976 berücksichtigt.

Übergangsweise brauchen wir noch eine Zeitlang die effiziente Nutzung von Kraft-Wärme-Kopplung (KWK), die kombinierte Erzeugung und Nutzung von Strom und Wärme in Blockheizkraftwerken mit hohem Wirkungsgrad (95 Prozent statt 40 Prozent in Großkraftwerken). Wir brauchen eine Energieversorgung, die die gesellschaftlichen Kosten der Nutzung der jeweiligen Energieträger mit einrechnet. Noch nie sind die gesellschaftlichen Folgekosten für die Nutzung von Atomenergie (einschließlich der toten und krebskranken Menschen, der Immunkrankheiten, der Mutationen und des Vegetationssterbens durch Uranabbau, Niedrigstrahlung, Atommülls, Atomwaffen und Demokratiezerstörung) wirklich berechnet worden. Eine Rechnung mit Menschenleben, die niemals aufginge. Und auch die Kosten der Nutzung fossiler Energieträger wie Kohle, Öl und Gas verlieren den umfassenden Vergleich mit Sonne, Wind und Wasser.

Ziel der Anstrengungen ist eine ökologische Energieversorgung, die ohne gesundheits- und klimaschädigende Verbrennung fossiler Energien auskommt. Die Diskreditierung der regenerativen Energieträger macht einen Sinn. Sie sind umwelt- und gesundheitsverträglich, hocheffizient, dezentral zu betreiben, sperren sich dem Monopolbesitz in Händen weniger. Mit ihnen lassen sich keine Bomben bauen, und ihre Nutzung bringt viele Arbeitsplätze ohne jedes Krebsrisiko. Eine Gesellschaft, die sich für ein ökologisches Energieversorgungssystem auf der Basis von Sonne, Wind, Wasser, maximaler Energieeffizienz und sinnvollen Einsparungen entscheidet, braucht keinen Überwachungs- und Polizeistaat.

Alptraum Atomfusion –
die letzte Reise der Menschheit

Ganz anders die Atomfusion, die von Betreibern und der Wissenschaft sogenannte Kernfusion. Da haben wir sie wieder, die Kirschkern-Sprache der sechziger und siebziger Jahre, die jede Assoziation an Atombomben verdrängen helfen soll. Zu den Atom(spaltungs)kraftwerken (AKW), wie wir sie kennen, sollen Atomfusionskraftwerke (AFKW), wie wir sie ehrlicherweise nennen sollten, hinzukommen. Für ihre Durchsetzung wird diese Gesellschaft noch weiter entdemokratisiert, werden die Finanzmittel verpraßt, die fehlen, um die Nutzung regenerativer Energien technologisch voranzutreiben. Noch immer wird uns die Atomfusion als »alternative Energie« angepriesen. Aber sie birgt Gefahren, die bis heute fast niemand kennt.

Kurt Biedenkopf, CDU-Ministerpräsident von Sachsen, hat die Großtechnik im Griff. »Bei der Verschmelzung von Wasserstoffatomen wird eine enorme Kraft freigesetzt, aber keine Radioaktivität«, versprach er 1986,[282] nur zehn Wochen nach der Atomkatastrophe im AKW Tschernobyl, wo sich eine vergleichbare technologische Verheißung in einer radioaktiven Explosion auflöste. Atombefürworter, die das Ende der Plutoniumwirtschaft heranziehen sehen, setzen seit etlichen Jahren auf die Atomfusion.

Riesenhuber arbeitet als Lautsprecher der Energiewirtschaft. 1986 verkündete er, es »bestehe ›berechtigte Aussicht‹, die Atomfusion als ›nahezu unerschöpfliche Energiequelle‹ zu erschließen«.[283] Ganz ähnlich die *Welt:* »Sauber, ja problemlos und ›idiotensicher‹ sind die Energiespender [Fusionsreaktoren] allemal«, eine »schier unerschöpfliche Energiequelle«.[284] Bei der Vorstellung des 3. Energieforschungsprogrammes der Bundesregierung schwärmte Riesenhuber im Februar 1990: »Die Kernfusion ist eine Langfristoption mit sehr großem Potential.«[285] Offensichtlich ist der Mann Hellseher. Denn vor Mitte des nächsten Jahrtausends glaubt selbst die Gemeinde der Atomfusionswissenschaftler nicht an das erste Zünden eines Atomfusionsreaktors.

Nein, auf keinen Fall könne die Atomenergie durch andere Energiearten ersetzt werden: »Die derzeitige Kerntechnik ist ein Übergang zu einer neuen, noch sichereren Kerntechnik«, sagte Christian Lenzer, der forschungspolitische Sprecher der CDU/CSU-Fraktion im Bundestag 1988.[286] Wissenschaftler wie der US-Physiker Glenn Seaborg halten einen GAU wie in Tschernobyl einfach für ausgeschlossen.[287]

Und die SPD? Sie wankt wie bei der Gentechnologie, die sie erst »kritisch« betrachtete, um dann auf den fahrenden Zug aufzuspringen, anstatt Gegenkräfte zu entfalten. Wolf-Michael Catenhusen (SPD), ehemaliger Vorsitzender der Enquetekommission des Bundestages zur Gentechnologie, ist Vorsitzender des Ausschusses für Forschung und Technologie. Er kennt viele gute Gründe gegen die Atomfusion, will aber nicht schnell urteilen. Woran erkennen wir heute eine klare ablehnende Haltung der Sozialdemokratie gegenüber einer menschenfeindlichen Technologie? Catenhusen verlangt »objektivierbare wissenschaftliche Kriterien zu entwickeln, die es der Politik und der Öffentlichkeit erleichtern, frühzeitiger bei Projekten wie der Fusionsforschung zu bewerten, was sie tatsächlich an Fortschritt für den Weg zu einem Fusionsreaktor erbringen«.[288] Eine eigene Bewertung und die Ablehnung mit der Folge des Konflikts mit den Fusionsbetreibern findet nicht statt. Im Gegenteil, als Sozialdemokrat ist mensch immer getrieben vom Sachzwang. Catenhusen sieht den »nationalen Entscheidungsspielraum durch die EG eingeschränkt«.[289] Alles Schicksal.

Noch 1990 vertrat Catenhusen die Auffassung, daß die Fusionstechnologie auf der Basis von radioaktivem Tritium mit dem SPD-Ausstiegsbeschluß von 1986 kollidiere.[290] Diese Sorge muß er sich nicht mehr machen. Der sogenannte Ausstiegsbeschluß ist politisch annulliert. Die Angst der SPD vor dem Vorwurf der Technikfeindlichkeit ist ebenso groß wie ihre Angst vor dem alten Vorwurf, »vaterlandslose Gesellen« zu sein. Das eine führt zu Atomspaltung und Atomschmelze, das andere zur deutschnationalen Haltung und zum Einsatz deutscher Truppen überall in der Welt.

Der Edward Teller (Entwickler und entschiedener Befürworter der Wasserstoffbombe) der Atomfusion in der Bundesrepublik ist Klaus Pinkau, der Leiter des Instituts für Plasmaphysik (IPP) der Max-Planck-Gesellschaft (MPG) in Garching bei München: »Wir müssen heute Fusionsforschung betreiben, damit zukünftige Generationen entscheiden können, ob sie diese Energie wollen oder nicht.«[291] Das ist, als ob einer sagt: Wir müssen alle Kapazitäten in eine neue atomare Großtechnologie stecken, von der wir zwar nicht wissen, ob sie jemals auch nur ein Watt Strom produzieren wird, aber wir wollen, daß künftige Generationen gar keine andere Entscheidung mehr haben. Pinkau träumt vom »point of no return«, wenn so viel Geld in die Atomfusion gesteckt sein wird, daß sich kein Politiker mehr traut, diese Technologie zu stoppen.

Der Mythos der Atomfusion ist der Nachbau der Leben schaffenden Kraft der Sonne und die Kontrolle über die alles zerstörende Gewalt der Wasserstoffbombe. Die *Verschmelzung* der leichten Wasserstoffatomkerne setzt − wie die *Spaltung* sehr schwerer Atomkerne (zum Beispiel Uran) bei den heutigen Atomkraftwerken − gewaltige Energien frei. Wie bei der Spaltung von Atomkernen ist das Hauptmotiv bei deren Verschmelzung die militärische Nutzung. Die Gegner der Wasserstoffbombe, bei deren Zündung durch eine Atombombe der Fusionsprozeß unkontrolliert abläuft, sollten mit der Aussicht auf den gezähmten Fusionsprozeß beschwichtigt werden. Schon während des Zweiten Weltkriegs interessierten sich Astrophysiker und Waffenbauer für die Atomfusion. Doch erst nach der Entwicklung der H-Bombe, ab 1954, widmete sich das US-Projekt »Matterhorn« der Verschmelzung von Atomkernen als einer möglichen zivilen Energiequelle.[292a]

Bundesdeutsche Firmen liefern Technologie und Stoffe, die für die Herstellung der H-Bombe wichtig sind, in verschiedene Trikont-Staaten, zum Beispiel nach Pakistan und Indien. Ein Mitarbeiter des IPP baute eine nach Pakistan verschobene Tritiumanlage vor Ort auf. Die Kernforschungsanlage Jülich steht in engem Austausch mit Atomwaffenforschern im indischen Bombenzentrum in Trombay. Alle Geschäfte mit den beiden Ländern waren sowohl vom Wirtschaftsministerium als auch vom Außenministerium genehmigt worden.

Die Forschung für die H-Bombe begann in Deutschland 1942. Nach dem Zweiten Weltkrieg war der BRD von den Alliierten jede militärische Atomforschung verboten. Dr. Kurt Diebner, der ehemalige Leiter der H-Bombenforschung unter den Nazis und verantwortlich für den Generalplan für eine deutsche Atombombe, gehörte nach dem Krieg zu den Gründern des Atomforschungszentrums Geesthacht. Wissenschaftler, die schon im Faschismus kooperiert hatten, arbeiteten auch später zusammen. »Friedliche Wasserstoffbomben« nannte Diebner das Ziel seiner Forschung für eine deutsche H-Bombe, etwa für »Hafensprengungen«. 1979 veröffentlichte Winterberg, daß die Forscher in der BRD das Geheimnis der H-Bombe gelöst hätten. Eine chemisch gezündete Atomfusionsbombe, wie sie von Friedwardt Winterberg 1979 vorgestellt wurde, fiele in der BRD nicht einmal unter das löchrige Atomwaffensperrgesetz. Keiner der an der deutschen H-Bombe forschenden Wissenschaftler hat 1958 den Appell der Wissenschaftler für den Verzicht der Bundesrepublik auf Atomwaffen unterzeichnet. Seit der Ostermarschbewegung Ende der fünfziger, Anfang der sechziger Jahre wird die H-Bombe und die Atombombenforschung in der BRD im verborgenen betrieben. Immer wieder wurde der gut begründete Verdacht laut, daß die BRD längst ein atomwaffenfähiger Staat ist, der über internationale Kooperation − zum Beispiel mit Frankreich − am Atomwaffensperrvertrag vorbei entwickelte, was ihm offiziell verboten war. Eine Reihe von bundesdeutschen Firmen, wie Degussa, arbeiten eng mit französischen Konzernen zusammen, die an der Herstellung von Atomwaffen beteiligt sind. Andere, wie Nukem, arbeiteten mit Tritiumtechnologie, die für die H-Bombe gebraucht wird. Überall finden wir Fäden zwischen Konzernen, Forschungseinrichtungen, Militär und Ministerien.[292b]

Auf Vorschlag der Expräsidenten Ronald Reagan und Michail Gorbatschow beschlossen die USA und die damalige UdSSR 1986, gemeinsam mit Europa und Japan einen Fusionstestreaktor zu bauen. Der Plan scheiterte eine Weile »am Widerstand des US-Verteidigungsministeriums − die Reagan-Administration fürchtete, daß die Sowjets dadurch an militärisch wertvolles Know-how herankommen«.[293] Die Produktion von Wasserstoffbomben in Fusionsreaktoren ist − nach einem Umbau − möglich. »Deshalb muß es, sollten eines Tages weltweit Fusionsreaktoren laufen, eine ähnlich regelmäßige Kontrolle geben, wie etwa den TÜV für Autos«, schlägt Dr. Günter Grieger, einer der Direktoren am IPP, vor.[294] Dieser beeindruckende Vergleich wird wohl in der Praxis auf den Vorschlag hinauslaufen, daß die uns bekannte IAEO die Fusionsreaktoren inspiziert. Die IAEO hat bereits die Schirmherrschaft über den Fusionsreaktor ITER. Dann könnte sich, wie bei der Atomspaltung, auch die Atomfusionswirtschaft selbst »kontrollieren«.

Was ist Atomfusion? Bei einer Temperatur von 100 bis 150 Millionen Grad Celsius und unter hohem Druck sollen Wasserstoffkerne zu Heliumkernen »verbrannt« werden. In einem ähnlichen Prozeß verschmilzt die Sonne pro Sekunde 700 Tonnen Wasserstoff zu Helium, von denen 4,3 Tonnen zu Energie werden und das Sonnensystem heizen. Die Sonne braucht allerdings »nur« 15 Millionen Grad, weil ihr Druck höher ist als der auf der Erde. Die Brennkammer des Atomfusionsversuchsreaktors JET ist ringförmig, in der Form eines überdimensionierten Autoreifens. Sie ist von riesigen Magnetspulen umgeben, die den 100 Millionen Grad heißen Wasserstoff im Plasmazustand ohne Wandkontakt im Zentrum des Rings zusammenpressen sollen, denn kein irdisches Material wäre solchen Temperaturen gewachsen. Im Plasma (heißes Gasgemisch aus frei beweglichen negativen und positiven Ladungsträgern sowie elektrisch neutralen Atomen und Molekülen) selbst fließt noch ein hoher Ringstrom, der mit zum Magnetfeld beiträgt und in der Startphase auch das Plasma aufheizt. Magnete und Plasmaheizung fressen unvorstellbare Mengen an Strom, der in der frisierten Energiebilanz der Fusionsforscher zum Zwecke des Erwerbs von Forschungsmitteln meist einfach nicht angegeben wird.[295]

Der Prozeß der »kontrollierten« Atomfusion ist der gleiche wie bei Wasserstoffbomben: Bei der Verschmelzung eines Deuteriumatoms mit einem Tritiumatom entsteht ein Heliumatom. Dieser Vorgang produziert außerordentliche Energie: Bei jeder Fusion werden Neutronen freigesetzt, die 80 Prozent der Energie tragen und deren Wärme theoretisch zur Stromproduktion genutzt werden kann. Das für den Prozeß notwendige radioaktive Tritium wird aus Lithium erbrütet. Dabei entsteht Plasma, bei dem sich Atomkerne und Elektronen voneinander trennen. Neutronen nehmen einen großen Teil der freiwerdenden Fusionsenergie auf und transportieren sie aus dem Plasma zur Wand. In einem Mantel aus flüssigem Lithium wird die Energie abgegeben und neue Kerne erbrütet: Tritium und Helium.[296]

Wie lauteten die Verkaufsargumente? Enorme Kraft, aber keine Radioaktivität (Biedenkopf), nahezu unerschöpfliche Energiequelle (Riesenhuber und *Die Welt*), noch sicherer als die Atomspaltung (Lenzer, CDU), Super-GAU ausgeschlossen (US-Physiker Seaborg). Klaus Pinkau behauptet, Energie aus Atomfusion werde billiger sein als Sonnenenergie und weniger riskant als Atom(spaltungs)energie. Ich erinnere mich an die Versprechen der Atommafia aus den sechziger Jahren: Atomstrom werde eines Tages so unerschöpflich vorhanden und so billig sein, daß die Stromzähler abgeschaltet werden könnten. Heute ist Atomstrom − jenseits von Krebs und Vegetationssterben, Atommüll und Proliferation − die teuerste Energie. Der Physiker Benecke schätzt den Preis des Atomfusionsstroms, sofern es ihn jemals gäbe, auf das mindestens Zehnfache des bisherigen Atomspaltungsstrompreises.[297]

Pinkau sagt auch, Atomfusion sei gut für das Klima, denn »es entstünden keine Treibhausgase wie beispielsweise bei der Verbrennung von Kohle oder Erdöl«.[298] »Auf dem Papier«, antwortet der Münchner Physiker, Professor Jochen Benecke, »auf dem Papier sieht es ganz sauber aus − der Dreck kommt bei der Realisierung.«[299] Bei der extremen Arbeitstemperatur des Reaktors dringt das radioaktive Tritium um so leichter durch das mürbe gewordene Metall. Während das Plasma auf mindestens 100 Millionen Grad aufgeheizt werden muß, müssen hinter einer dünnen Wand Temperaturen um minus 270 Grad, nahe dem absoluten Nullpunkt, erreicht werden, um die supraleitenden Magnete zu betreiben. Es entsteht eine Spannung von etwa der zweihunderttausendfachen des Erdmagnetfeldes.[300] Die bei der Atomfusion entstehende Neutronenstrahlung läßt sich durch Magnetfelder nicht aufhalten und prallt ungebremst gegen die Brennkammerwände. Selbst härtester Stahl hält diesem Trommelfeuer nur kurze Zeit stand. Die ganze Reaktorkonstruktion, das gesamte Material, wird im Normalbetrieb unweigerlich radioaktiv verseucht.

»Nach Normalbetrieb und Abschaltung des Kraftwerkes wird sich mehr radioaktiver Müll ansammeln als in einem LWR [Leichtwasserreaktor] vergleichbarer Leistung«, beschreibt das Kernforschungszentrum Karlsruhe, eine der drei einschlägigen bundesdeutschen Atomfusionsforschungszentren, in einer Broschüre eine Dimension der Gefahr durch die Atomfusion.[301] Mindestens fünfmal soviel radioaktiver Müll wie in einem Atom(spaltungs)kraftwerk sieht Professor Kaufmann vom IPP entstehen.[302] Bei jedem Auswechseln der Brennkammer (möglicherweise alle ein bis fünf Jahre) und beim Abwracken werden riesige Mengen von Atommüll, vorwiegend Metall und Beton, aber auch teure Legierungen, anfallen. Allein durch einen kleinen Fusionsreaktor von der Leistung eines AKWs entstünden 150 000 Kubikmeter radioaktiver Schrott, berechnete der Physiker Professor Kaufmann, »ein Würfel von 25 Meter Kantenlänge«.[303] Was schlagen Forscher vor? Günstig sei der Salzstock von Gorleben oder riesige »Abklingfarmen«, wo das strahlende Gift 100 Jahre zwischengelagert werden könne, um dann wiederverwendet zu werden.

Die gewaltigen magnetischen Kräfte, die zum Einschnüren des Plasmas notwendig sind, können Risse in der Reaktorkonstruktion verursachen. Tritium ist ein radioaktiver Wasserstoff und wandert durch jedes Material. »Tritium«, schreibt der *Spiegel* 1986, »ist ein so tückisches, radioaktives Umweltgift, daß auch nicht Spuren davon aus dem Reaktor entweichen dürfen.«[304] Weil Tritium chemisch wie Wasserstoff reagiert, ist es biologisch noch schädlicher als die meisten radioaktiven Spaltprodukte aus Atomkraftwerken.

Weil sich Tritium chemisch wie Wasser verhält, nimmt es an den Stoffwechselvorgängen von Pflanzen, Tieren und Menschen teil. Der Mensch kann Tritium über die Luft, das Wasser, durch die Haut und über die Nahrung aufnehmen. Aus dem Atem oder dem Magen-Darm-Trakt wird tritiertes Wasser praktisch vollständig in den Blutkreislauf übernommen. Tritium ist ein Betastrahler, der leicht in jede Körperzelle und sogar direkt in die DNS eingebaut werden und in jeder menschlichen Zelle Strahlenschäden, wie Krebs oder Mutationen, auslösen kann. Aber wozu haben wir die Gentechnologie? Im Körper der Menschen strahlt das radioaktive Gift rund zwölf Tage mit voller Kraft (biologische Halbwertszeit), seine physikalische Halbwertszeit beträgt 12,3 Jahre. Erst nach dieser Zeit ist die Hälfte aller Atomkerne des radioaktiven Stoffes zerfallen, wiederum die Hälfte nach weiteren 12,3 Jahren und so weiter.

Bei einem Leck im Atomfusionsreaktor kann Lithium austreten, das extrem aggressiv mit Luft, Wasser und Beton reagiert. Der mögliche Super-GAU könnte durch einen Lithiumbrand verursacht werden: Das gesamte radioaktive Material (fünf Kilogramm Tritium bei 1000 MW Leistung)[305] könnte aus dem Reaktor in die Umwelt gelangen. Die Instabilität der in den Magnetspulen gespeicherten enormen Energien könnte sich in gewaltigen Lichtbögen entladen und zu einem Lithiumbrand führen mit ähnlichen Folgen wie bei der Atomkatastrophe in Tschernobyl, die durch einen Graphitbrand ausgelöst wurde.

Wissenschaftler des Instituts für Strahlenschutz in Neuherberg berechneten, daß ein Atomfusionskraftwerk (AFKW) im Normalbetrieb 1000mal mehr radioaktive Niedrigstrahlung abgeben wird als eines der heutigen AKWs.[306] Tritium trägt übrigens, wie das radioaktive Krypton 85, zu Wald- und Vegetationssterben bei. Ein Atomfusionsreaktor wird wegen der unvorstellbaren Hitzeausstrahlung von Menschen nicht mehr betreten werden können. Roboter sollen Wartung und Reparatur übernehmen; die des Kernforschungszentrums Karlsruhe barsten in der Strahlungshitze auf dem Dach des Reaktors von Tschernobyl. Anschließend wurden »Bioroboter« in den Reaktor geschickt: Menschen. Es gibt bis heute kein Material, das die Hitze eines Atomfusionsreaktors aushalten kann.

Karl-Heinz Schmitter, wissenschaftlicher Leiter des IPP, tanzte etwas aus der Reihe und beschrieb den Atomfusionsreaktor als »nuklearen Wasserkocher«, der »in Grundlast-Kraftwerken wenig geeignet« sei, da »die Investitionskosten [...] sehr hoch und die Verfügbarkeit [...] sehr niedrig sein werden«.[307] Wenn ein Fusionsreaktor kaputtgeht, fällt er lange aus. Hat er die Grundlast gedeckt, muß die gleiche elektrische Leistung sofort zur Verfügung stehen. Ein AFKW zieht so das nächste nach sich.

Die Ankündigung der USA, mit der Atomfusion die »letzte Lösung für eines der drängendsten Probleme der Menschheit gefunden zu haben«, führte 1956 zu den ersten bundesdeutschen Experimenten und 1960 zur Gründung des Max-Planck-Instituts für Plasmaphysik (IPP). 1985 verkündete dessen wissenschaftlicher Direktor, Klaus Pinkau, stolz, »daß die gesamte Konkurrenz aus dem Feld geschlagen sei« und die deutsche Fusionsforschung eine »Weltspitzenstellung« einnehme.[308]

Das Programm »Kernfusion« der Bundesrepublik ist in Gänze Bestandteil des entsprechenden EG-Programms. Die Bundesrepublik zahlte bislang jährlich 200 Millionen Mark, obwohl Forschungsminister Riesenhuber 1990 für einen kurzen Moment leichte Zweifel zu befallen schienen: »Ein generelles Scheitern der Bemühungen um die Realisierung kommerzieller Fusionskraftwerke« sei »nicht grundsätzlich auszuschließen«, allerdings »weder plausibel noch wahrscheinlich«, beeilte er sich zu erklären.[309] Für 1992 wurde der Betrag auf 271,4 Millionen angehoben, bis 1994 sollen es jährlich 313,9 Millionen Mark werden. Darin nicht enthalten sind Landesmittel und indirekte oder versteckte Finanzmittel.

Von 1974 bis 1990 hat die Bundesrepublik mindestens drei Milliarden Mark für die Atomfusion ausgegeben.[310] 1993 steckt die Bundesregierung mit dem Programm »Energieforschung« neben einer Vielzahl indirekter und versteckter Subventionen 800 bis 850 Millionen Mark in Atomspaltung und Atomfusion und lächerliche 300 Millionen in die technologische Entwicklung, mit der erneuerbare Energieträger wie Sonne, Wind und Wasser genutzt werden können, obwohl, gemessen am investierten Geld, mit ihnen die größten technischen Fortschritte erzielt wurden. Die IAEO hat einen Haushalt in Höhe von 160 Millionen US-Dollar. Die Bundesrepublik trägt acht Prozent der Kosten und damit auch die für ITER, den die IAEO »betreut«.

Die EG finanzierte das Euratomprogramm »Kernfusion« von 1987 bis 1992 mit rund zwei Milliarden Mark. Sie betreibt zusammen mit dem Institut für Plasmaphysik der Max-Planck-Gesellschaft (MPG) den bis 1992 laufenden Großversuch des »Joint European Torus« (JET) in Culham bei Oxford (Großbritannien). Seit neun Jahren arbeiten dort mehr als 600 WissenschaftlerInnen. JET wurde 1983 von Euratom für 500 Millionen Mark entwickelt und kostete bis 1986 schon zwei Milliarden Mark.[311] Die JET-Anlage ist zwölf Meter hoch, hat einen Durchmesser von 15 Metern und ein Gesamtgewicht von mehr als 3500 Tonnen.[312] JET soll über die geplante Stillegung 1992 hinaus bis 1996 weiterbetrieben werden, ab 1994 mit dem Radionuklid Tritium.[313]

Seit 1986 laufen die Vorbereitungen für »Next European Torus« (NET), dessen Forschungsergebnisse die ITER-Planungen befruchten sollen. Während JET mehr als zwei Milliarden Mark kostete, wird NET vermutlich acht Milliarden Mark kosten und ITER mindestens 17 Milliarden Mark. Ein EG-Gutachten schätzte auf der Basis der Daten von 1987 die *gesamten* Entwicklungskosten bis zu einem möglichen industriell nutzbaren Atomfusionsreaktor auf 100 Milliarden Mark.[314] Vermutlich verdoppelt sich dieser Betrag rasch.

Im Rahmen seines 1982 gegründeten Projektes Atomfusion entwickelt das Kernforschungszentrum Karlsruhe (KfK) sämtliche für den Bau eines Atomfusionskraftwerks (AFKW) notwendigen Schlüsseltechnologien. Die Atomfusion ist mit etwa 20 Prozent (1989) einer der größten Arbeitsschwerpunkte des KfK. Das KfK, die Kernforschungsanlage Jülich und das IPP Garching sind die drei Atomfusionsforschungszentren der Bundesrepublik und über die Entwicklungsgemeinschaft Kernfusion aufs engste miteinander verbunden. Nach eigenen Angaben deckte das KfK 1989 bereits ein Drittel des gesamten Atomfusionsprogramms der EG ab.[315] Neben dem AKW Greifswald hat sich das KfK als bundesdeutscher Standort für den Testreaktor beworben, der ab 1997 gebaut werden soll. Aber auch Frankreich und Japan haben Interesse gezeigt.

Denn nach JET und neben NET kam ITER: International Thermonuclear Experimental Reactor. Eine Gruppe von 50 WissenschaftlerInnen aus der EG, der damaligen Sowjetunion, den USA und Japan − den vier Trägern des Projektes − hat den Entwurf ausgearbeitet. Drei internationale Planungsgruppen sollen innerhalb von fünf Jahren den Bau des Versuchsreaktors vorbereiten. Als Sitz einer der Planungsgruppen (60 WissenschaftlerInnen) wurde im Juli 1992 das IPP in Garching festgelegt. Parallel dazu wird in den Laboratorien von Naka (Japan) und San Diego (USA) geforscht. Nach vorsichtigen Schätzungen von 1991 soll der Versuchsreaktor mindestens 17 Milliarden Mark kosten. Für den Fall, daß die Vorbereitungen für ITER die Hoffnungen nicht erfüllen, wird ab 1997 auf NET als zu bauendem Versuchsreaktor zurückgegriffen. ITER, so euphorische Prognosen, könnte im Jahr 2005 gebaut sein und dann 15 Jahre lang für Experimente zur Verfügung stehen. Anschließend, über die Lebenserwartung der meisten heutigen Atomfusionsforscher hinaus, soll ab etwa 2025 Demonstrationsreaktor »Demo« gebaut und durch den kommerziellen Betrieb eines AFKW ab 2040 abgelöst werden.[316]

Geschickt wurde die Kritik an der Atomfusion in einem Papier des IPP in eine Begründung für die Finanzierung der Entwicklung von ITER umgewandelt. Die Entscheidung, zu welchem Preis die Atomfusion einst Strom liefern könne und welche Sicherheits- und Umwelteigenschaften sie habe, sei »erst sinnvoll in Verbindung mit einem Experimentalreaktor, der belastbare Vorgaben für solche Analysen liefert«.[317] Damit wäre die ITER-Forschung bis zum Jahr 2020 einschließlich aller Kostensteigerungen gesichert.

Die heutigen Fusionsexperimente verbrauchen erheblich mehr Energie, als sie produzieren können. Um die Energiebilanz der Atomfusion zu schönen, wird bei neueren Berechnungen die investierte Energie zum Betrieb des Reaktors mit Null angesetzt. Für eine erste kontrollierte Fusion eines Gasgemischs gelang es 1992 im JET in Culham, 1,2 Gramm Deuterium und 0,2 Gramm Tritium zu verschmelzen und dabei für ganze 2 Sekunden 2 Megawatt Energie freizusetzen. Um die mickrigen, kurzlebigen 2 Megawatt zu erzeugen, mußten bis zu 700 Megawatt Strom eingesetzt werden,[318] die Leistung eines großen Kraftwerks.

Physiker Jochen Benecke hört hin: Wenn die Fusionsanhänger sagen, sie hätten »noch« eine Reihe von Problemen zu lösen, »impliziert [die Formulierung], daß erstens die bekannten Probleme lösbar sind, zweitens die dabei zusätzlich und heute unbekannten Probleme ebenfalls lösbar sind und daß drittens, nach ihrer aller Lösung, die Sache schon funktionieren wird«.[319]

Geld bekommt, wer kommerzielle Verwertbarkeit verspricht. Die Entwicklung der Atomfusion kann künftigen Generationen als Musterbeispiel dafür dienen, wie eine gut organisierte WissenschaftlerInnengemeinde seit den fünfziger Jahren mit feinster Dosierung von Entwicklungsschritten und großen Verheißungen öffentliche Gelder in irrsinnigen Höhen abzapft. In den siebziger, dann in den achtziger Jahren, schließlich noch vor Ende des Jahrtausends sollte die Atomfusion den Traum auf unbegrenzte Energie erfüllen. Heute werden wir auf das Jahr 2040 vertröstet. Gut daran ist, daß wir mehr Zeit haben, diese technologische Entwicklung zu bekämpfen. Der Zeitpunkt, damit zu beginnen, ist nicht schlecht. Die Tritiumproduktion im Versuchsstadium startet bald.

Mit immer den gleichen euphorischen Verkaufsargumenten (unendliche Energie der Zukunft, alle Bedürfnisse des Menschen stillen) wird eine Großtechnologie mit atomarem Vernichtungspotential angepriesen. Sie verschlingt Milliarden Mark und bindet Mittel sowie wissenschaftliches Potential, das wir für die Entwicklung eines ökologischen, regenerativen Energiesystems brauchen. Die Zweckpropaganda für die neue atomare Technologie kommt meist von denen, deren materielles Wohlergehen und berufliches Prestige von der Forschungsfinanzierung abhängt. Solche Interessen vertragen keine Zweifel. Aber selbst die Atomfusionseuphoriker kündigen das erste Watt erst für die Mitte des kommenden Jahrhunderts an.

Überall in der Atomfusonsliteratur finden wir großsprecherische, selbstgefällige Absichtserklärungen. Die Wissenschaft wolle »Sternenglut im Fusionsreaktor [...] entfesseln« und eine »Energieerzeugung, wie sie in der Sonne abläuft, auf der Erde nachahmen«. Wäre der Einfluß selbstgefälliger, mehr auf den eigenen Vorteil bedachter, menschenverachtender ForscherInnen nicht so groß, könnten wir über sie lachen. Wieviel antihumane Dummheit und wieviel geistige Beschränktheit stecken in der Absicht, die Natur nachzubauen, bedenkt man die Unfähigkeit, die einfachsten sozialen Probleme der Menschen zu lösen.

Die Bedürfnisse der Menschen sind immer nur ein Verkaufsargument, nie aber Antriebskraft herrschender Wissenschaft. Wir haben heute 50 Jahre Erfahrungen mit der Atomspaltung. Wir kennen die Leiden verstrahlter Menschen von Hiroschima bis Tschernobyl, wir wissen, daß der Boden, auf dem wir gehen, die Luft, die wir atmen, das Wasser, das wir trinken, seit 1945 radioaktiv verseucht wird. Wir wissen, daß diese Strahlung zusammen mit chemischen Giften eine solche verhängnisvolle Wirkung entfaltet, daß vermutlich jeder dritte, bald vielleicht jeder zweite Mensch damit rechnen muß, an Krebs zu sterben.

Atomkraftwerke und künftige Atomfusionskraftwerke sind Anlagen, von denen ihre Betreiber und Profiteure spätestens seit Tschernobyl wissen, daß sie den Tod von vielen tausend Menschen herbeigeführt haben und daß sie durch den Normalbetrieb, durch Störfälle und Katastrophen weitere Menschen töten werden. Wer Atomanlagen plant, finanziert, politisch unterstützt und betreibt, macht sich der Beteiligung an massenhaftem Elend und an Massenmord schuldig. Wenn die Gesetze unseres Landes dieses Urteil nicht hergeben, zeigt das nur zweierlei: daß das Recht dem gehört, der die ökonomische Macht hat, und demzufolge der profitable Betrieb von Atomanlagen ein höherer Wert ist als die Unversehrtheit menschlichen Lebens und das Recht auf ein Leben ohne Qual.

Zu unserem Widerstand gegen den atomaren Genozid gehört die Beendigung der Gleichgültigkeit und auch der Angriff auf die herrschende Wissenschaft. Menschen müssen den falschen Respekt verlieren vor Leuten mit bedeutenden Titeln in weißem Kittel. Sie müssen sich auseinandersetzen: Wer bezahlt die ForscherInnen, Institute, Labors und Forschungsreisen? Wer bestimmt die Forschungsziele? Wem dienen die Entscheidungen darüber, welche Richtung eine Entwicklung nimmt? Wie können wir die Elfenbeinturmbewohner mit der sozialen Wirklichkeit konfrontieren? Wie lösen wir Forschung und Technologieentwicklung aus dem Griff des Kapitals? Und wie befreien wir die verschütteten, unterdrückten, diskriminierten Alternativen zur gegenwärtigen Entwicklung?

Die herrschende Wissenschaft ist dumm, mißt mensch Intelligenz an der Fähigkeit, die Lage der Menschen zu verbessern. Ausdruck von Intelligenz wäre es zum Beispiel, ein feinverzweigtes, den Bedürfnissen der Menschen wie dem Schutz der Natur angepaßtes ökologisches Energieversorgungssystem zu entwickeln. Die sanfte Nutzung der regenerativen Energien, die Erhöhung der Effizienz bei der vorläufig notwendigen Verarbeitung von Kohle und Gas, die Einsparungen durch die Veränderung der Architektur, des Transportsystems, von Geräten, Maschinen und Produktionsabläufen sind Elemente eines solchen Systems. Es scheint, als könnten die Gläubigen der Großtechnologie die differenzierte Intelligenz, das notwendige dialektische Denken nicht aufbringen, das für eine solche wirklich globale Aufgabe notwendig wäre.

Das Bundesforschungsministerium, das ein eigenes Referat »Kernfusion« hat, geht in Gestalt von Minister Riesenhuber und Referatsleiter Siegfried von Krosigk davon aus, daß die Atomfusion neben der »Solartechnik auf Wasserstoffbasis« und der

»Schnellen-Brüter-Technologie« (da ist sie wieder) »eine der drei Hauptsäulen der Energieversorgung« sein wird.[320] Spätestens jetzt wissen wir, auf welches Ziel hin heute ein »energiepolitischer Konsens« erpreßt werden soll. Nach der Verlängerung der AKW-Betriebsdauer, dem Ausbau der Atomenergie in Osteuropa und in der GUS, der Zerschlagung einer ökologisch angepaßten Energieversorgung und nach neuen weltweit verbreiteten AKW-Reaktortypen ist die Atomfusion der vorerst letzte Schritt.

Für die GentechnokratInnen gibt es keine größere Faszination als die manipulative Nutzung von Menschen. Ihr Menschenbild und ihr Naturverständnis gleichen dem der Atomfraktion, sofern es nicht sowieso dieselben Leute sind. Auch mit ihren Sprachbildern demonstrieren sie den Willen zur absoluten Beherrschung der Natur und die Unfähigkeit, ökologische Zusammenhänge zu begreifen. »Fusionsbrennstoff stünde praktisch so unbegrenzt zur Verfügung«, schwärmt US-Physiker Glenn Seaborg, »als besäße man 500 mit Benzin gefüllte Pazifische Ozeane«.[321] Hätten wir auch nur einen einzigen mit Benzin gefüllten Ozean, gäbe es vermutlich kein menschliches Leben.

Selbst in sich ist dieses Werbeargument für die Atomfusion verblendet. Was für einen Fortschritt hätten wir mit einer Technologie, die es dem Kapital ermöglicht, hemmungslos Benzin zu verbrennen? Wäre die explosionsartige Vermehrung von Verbrennungsprozessen angesichts der zerfetzten Ozonschicht wirklich ein Fortschritt? Ist nicht gerade dieses Argument für die Atomfusion ein Grund für ihre Ablehnung, weil die neue atomare Großtechnologie neben radioaktiver Verseuchung der Welt auch grenzenlose Verschwendung in den kapitalistischen Zentren garantieren soll, während Alternativenergien in den Trikont verkauft werden?

Anstatt die Sonne, die ein Vielfaches der Energie, die die Menschen verbrauchen, frei anbietet, mit klugen, sanften Technologien anzuzapfen, wird mit dem größenwahnsinnigen Versuch, ihre Energieproduktion auf der Erde nachzuahmen, in den kapitalistischen Metropolen und der GUS der Weg in eine großtechnologische atomare Zukunft eingeleitet. Können wir uns überhaupt vorstellen, welche Nebenwirkungen es haben kann, die Funktionsweise der Sonne auf der Erde zu rekonstruieren und in riesigen Reaktoren mehr als 100 Millionen Grad Celsius zu erzeugen? Was bedeutet eine elektromagnetische Spannung vom 200 000fachen der Erde für diese Erde?

ITER heißt ein Testreaktor und »Iter« ist das lateinische Wort für Weg, Reise. 1958, bei der zweiten Genfer Atomkonferenz, versprachen die Atomfusionsexperten der USA »die letzte Lösung für eines seiner [des Menschen] drängendsten Probleme gefunden zu haben«.[322] Vielleicht ist die Atomfusion, gegen alle Verheißungen, wirklich nur die letzte Reise der Menschheit.

Manche New-Age-Gemeinden, wie die international einflußreiche Findhorngemeinschaft in Großbritannien, residieren mit voller Absicht in der Nähe von Atomanlagen.

Die Geheimwissenschaft Esoterik, die wir im nächsten Kapitel untersuchen, geht von der Ankunft eines neuen Weltzeitalters aus. In diesem New Age soll ein Teil der Menschheit eine neue, höhere Stufe menschlicher Evolution erreichen. Einige New-Age-Führer fühlen sich von der Atomenergie inspiriert. Atomare Strahlen fördern ihrer Ansicht nach den Kontakt zu höheren Lebewesen und beschleunigen die esoterische Evolution, die Herausbildung der sechsten, höherwertigen »Wurzelrasse« der Menschheit. Das New Age, sagen sie, kann auch durch einen Atomkrieg kommen. Der Sprung einer esoterisch trainierten Elite auf eine vermeintlich höhere Stufe der Zivilisation rechtfertigt, ihrer Ansicht nach, auch Völkermord.

III. Ökofaschismus und Esoterik: Wege in die Ökodiktatur

Die ökologische Modernisierung
des Faschismus

»Antje Vollmer [...] warb dafür,
daß ›es unsere Sache ist‹, den ›Bruch‹
mit den Wertkonservativen aus der ÖDP,
die sich Anfang der 80er Jahre
von den Grünen abgespalten hatten,
›wieder zu kitten‹.«[323]

Die ökologische Modernisierung des Faschismus kommt auf vielen leisen Sohlen. Auf ihrer Spur finden wir an zahlreichen Orten in der Gesellschaft menschenverachtende, rassistische Positionen, die sich ökologisch verkleiden. Die CSU etwa hat auf Drängen ihres Umweltministers Gauweiler in ihrem neuen Programm verankert: »Wer unser ohnehin dichtbesiedeltes Land zum Einwanderungsland machen will, gibt das umweltpolitische Ziel, den Flächenverbrauch zu begrenzen, auf.« Für Gauweiler und die CSU ist »Umweltpolitik [...] Ordnungspolitik«.[324]

Rassismus und Neofaschismus mit Hilfe ökologischer Begründungen neu zu legitimieren und zu popularisieren, ist inzwischen ein relativ erfolgreiches Unternehmen. Einzelne ökofaschistische Argumentationsmuster sickern selbst in linke und linksliberale Kreise ein. Ohne bislang auf großen Widerstand zu treffen, konnten sie sich in der Ökologiebewegung und sogar in linken Bündnissen ausbreiten. Bis zum Frühsommer 1992 arbeiteten beispielsweise in einem Bonner Bündnis gegen den Weltwirtschaftsgipfel 1992, dem Clearing-House, VertreterInnen des Deutschen Gewerkschaftsbundes (DGB), der Sozialistischen Deutschen Arbeitsjugend (SDAJ), der Grünen, der Netzwerk Friedenskooperative, dem Bund für Umwelt- und Naturschutz (BUND) und dem Deutschen Naturschutzring (DNR) mit der Ökologisch-Demokratischen Partei (ÖDP) zusammen.

Die Kölner Anti-EG-Gruppe kritisiert diese Zusammenarbeit in einem längeren Text ausführlich und schreibt im Frühjahr 1992: »Eine Auseinandersetzung mit der gesamten in der Kampagne '92 vertretenen Ökoszene scheint uns überfällig. Bei den

Recherchen über die ÖDP stießen wir immer wieder auf Hinweise, die auf eine sehr viel engere Verzahnung der rechten bis rechtsextremen Szene mit bislang von vielen als akzeptabel angesehenen Ökologie-Gruppen schließen lassen, als dies bislang wahrgenommen wurde. So fand die ÖDP nicht nur Aufnahme im Clearing-House, sondern viele ihrer Vorstandsmitglieder (allen voran [...] ihr Vorsitzender Hans-Joachim Ritter) sind auch Mitglieder beim BUND.«[325]

Es ist dem Engagement linker Strömungen in der Gründungsphase der Grünen zu danken, daß die damals drohende politische Besetzung der Ökologie durch die rechtsextreme und neofaschistische Szene vorläufig verhindert wurde. Nach einer langen politischen Auseinandersetzung mit der rechten grünen Fraktion um Baldur Springmann und Herbert Gruhl trat der größte Teil dieser Gruppierung (mehrheitlich ehemalige Mitglieder der Grünen Aktion Zukunft, GAZ) nach der Saarbrücker Bundesversammlung 1981 aus der Partei aus. Mit ihrer zunehmenden Anpassung an die gesellschaftliche Mehrheit und ihrem abnehmenden Interesse für antifaschistische Positionen haben die Grünen jedoch zur Schwächung der linken Opposition beigetragen, der sie selbst nicht mehr angehören.

Antje Vollmer, frühere grüne Bundestagsabgeordnete, arbeitet an der für das Frühjahr 1993 geplanten Vereinigung der westdeutschen Grünen mit dem ostdeutschen Bündnis 90. Sie will in diesem Rahmen auch die Wiedergutmachung an den früheren grünen Rechten und deren Rehabilitation betreiben. Antje Vollmer macht das Bündnis mit den ÖkofaschistInnen zu ihrer politischen Angelegenheit. Auf einer Versammlung des Bündnis 90 sagte sie im Zusammenhang mit der Vereinigung mit den Grünen, es ist »unsere Sache«, den »Bruch« mit den »Wertkonservativen« aus der ÖDP, die sich Anfang der 80er Jahre von den Grünen abgespalten hatten, »wieder zu kitten«.[326] Abgespalten hatten sich jedoch Ökofaschisten wie Gruhl und Springmann.

Wer sind die neuen alten Freunde grüner FunktionärInnen und die neuen BündnispartnerInnen der Ökologiebewegung? Noch vor wenigen Jahren war es unter Linken selbstverständlich: Mit einer rechtsextremistischen bis ökofaschistischen Partei wie der ÖDP gibt es keine Gemeinsamkeiten. Linke Organisationen, die noch bei der Bundestagswahl 1990 antifaschistische Aufkleber »Wehret den Anfängen! Keine Stimme für Reps, DVU, NPD und ÖDP!«[327] verbreiteten, schweigen heute über ihre neuen BundesgenossInnen. Werden Bündnisse zum Schutz der Natur völlig beliebig? Was hat sich geändert?

Vor allem wohl die PR-Arbeit der ÖDP. Seit Herbert Gruhl im Februar 1989 als Bundesvorsitzender der ÖDP zurück- und anschließend mit einer Reihe von Gefolgsleuten austrat, gilt die ÖDP nur noch als »links-katholisch«, wie dies ein »Noch-ÖDP-Mitglied« in der Republikaner-nahen Zeitschrift *Europa vorn* von rechts kritisiert.[328] Voraussetzung für diese Fehleinschätzung, die viele Linke teilen, sind mangelnde Information, unterentwickelte Kritik und Ignoranz gegenüber menschenfeindlichen Positionen im ökologischen Gewand.

Über den Anlaß von Gruhls Austritt aus der ÖDP schreibt der derzeitige Vorsitzende Hans-Joachim Ritter in seiner kurzen *Geschichte der ÖDP*[329]: »Innerparteiliche Irritationen [...] Auseinandersetzungen um die politische Positionsbestimmung, vermengt mit persönlichen Unverträglichkeiten im Bundesvorstand, führten zum Rücktritt des langjährigen Bundesvorsitzenden Dr. Herbert Gruhl [...] Auf dem Bundesparteitag im Februar 1989 in Saarbrücken, wo es um *Formulierungsprobleme* [Hervorhebung d. d. A.] in einem Abgrenzungstext gegen die Rechtsparteien ging, fanden die Auseinandersetzungen ihren Höhepunkt. [...] In Saarbrücken wurde erneut eine Abgrenzung zu den Rechtsparteien beschlossen [...] Anlaß [...] waren Diffamierungen aus der linksextremen Szene, die gelegentlich von diesem oder jenem Redakteur unkritisch übernommen wurden.«[330] Damit ist sowohl das taktische Motiv für den Beschluß als auch die geringe inhaltliche Distanz zwischen Gruhl und der ÖDP angesprochen.

Herbert Gruhl kann Widerspruch nicht ertragen und reagiert gern autoritär. Er reagierte auf den Parteitagsbeschluß so drastisch — obwohl er sich in der ÖDP der inhaltlichen Zustimmung zu rechtsextremistischen bis ökofaschistischen Positionen sicher sein konnte und kann —, weil er selbst den formalen, einer kritischen Öffentlichkeit geschuldeten Beschluß rechtsextremistischer und neofaschistischer Kooperation verhindern wollte. Der Konflikt zwischen Gruhl und der ÖDP war nachweislich nicht grundsätzlicher Natur. Es bestand eine taktische Differenz zwischen Gruhl und der ÖDP, mehr nicht.

Bis heute nämlich liefert Herbert Gruhl die ideologischen Grundlagen für die ÖDP. Das ist nicht nur daran zu erkennen, daß sich der bereits erwähnte ÖDP-Vorsitzende Hans-Joachim Ritter in seiner offiziellen Geschichte der ÖDP unter vier Büchern auf zwei allein vom Autor Herbert Gruhl stützt. Noch immer beruhen auch die Programme der 1982 gegründeten Partei auf Gruhls Ideologie. Nach wie vor werden Gruhls Texte und Richtlinien für die Politik der ÖDP vertrieben und innerparteilich befolgt. Und er hat im Vorsitzenden Ritter unverändert einen großen Bewunderer. Noch 1990, ein Jahr nach seinem Austritt, bot die ÖDP Herbert Gruhl den Ehrenvorsitz an.[331] Im Oktober 1991, zweieinhalb Jahre nach seinem Austritt, erschien in *ÖkologiePolitik*, der Mitgliederzeitung der ÖDP, eine Hymne auf Gruhl anläßlich seines 70. Geburtstages. Autor Franz Alt lobt darin in einer Sprache reaktionären Kitsches die Gruhlsche Welt des »väterlichen Hofes in der Oberlausitz«, »die Frömmigkeit der Mutter« und die »Naturverbundenheit des Vaters« im »heimeligen Dorf«.[332]

Für Gruhl und die ÖDP ist Ökologie »die Erhaltung des Naturhaushaltes«.[333] Diese ist leicht ohne den Menschen möglich. Gruhl bezieht sich − in Kontinuität zu den Faschismus vorbereitenden Autoren wie Ernst Haeckel[334] und Oswald Spengler[335] − ideologisch auf eine Ökologie, die zugleich politischer Kampfbegriff wie mystisch und spirituell ist. Gruhls Sprache ist vollgepfropft mit »Transzendenz«, »unergründliche biologische Prinzipien«, »geheimnisvolle Schöpfungsordnung«. Er überträgt biologische Abläufe, oberflächliche Beobachtungen aus der Natur außerhalb des Menschen auf die sozialen Beziehungen der Menschen untereinander. Gruhls Begriff von Ganzheitlichkeit, der in der antihumanen Tradition des »Holismus« (eine die Ganzheit mehr oder weniger verabsolutierende Ideologie) steht, verlangt vom Menschen die vollständige Unterordnung unter die ehernen Gesetze der Natur. Das Überleben der menschlichen Art ist Gruhls Anliegen, allerdings nicht aller Menschen, sondern derjenigen mit höherer Kulturentwicklung, und die findet er nur in Europa. Gruhl: »Vor etwa 10 000 Jahren kamen die menschlichen Kulturen, die alle untergegangen sind. Die europäische, die letzte

Kultur ist etwas völlig Neues.«[336] Wie nahe diese Äußerung beim Wurzelrassen-Rassismus der AnthroposophInnen, bei neofaschistischen und esoterischen Vorstellungen liegt, werden wir noch untersuchen.

Gruhl interessiert sich an keiner Stelle für den Raubbau an der Arbeitskraft und der Kreativität des Menschen. Wer die höherwertige, europäische, »arische Rasse« retten will, dem liegt nichts am Leben und Wohlergehen der einzelnen Menschen. In Gruhls ökofaschistischer Ideologie ist der Mensch kein soziales Wesen, sondern eines, das auf seine biologischen Fähigkeiten reduziert ist und das sich mit den Verhältnissen abzufinden hat, wie sie sind: »Der Schwan ist weiß, ohne daß ihn jemand künstlich reinigt. Der Rabe ist schwarz, alles ist von selbst an seinem natürlichen Platz. Das ist gut. All dieses Streben der Menschen nach gutem Ruf und organisierter Gerechtigkeit ist hoffnungslos.«[337]

In dieser biologistischen Vorstellung vom Menschen existiert kein Platz für Schwache: »In der Natur herrscht ständiger Anpassungsdruck wie auch angestrengte Wachsamkeit; die fortwährende Leistungsbereitschaft ist dort zwingend; denn das Leben steht immer unter hautnaher Todesdrohung. Die Natur kennt bei Verstößen keine Gnade.«[338] Es ist absurd, der Natur außerhalb des Menschen, also Pflanzen und Tieren, Eigenschaften wie »Gnadenlosigkeit« anzudichten. Gnadenlos sind allerdings die Regeln und ökologischen Dogmen, die Gruhl aus einer so beschriebenen Natur für gesellschaftliches Leben ableitet: »Das Geflecht der karitativen menschlichen Einrichtungen hingegen, die man heute als ›soziales Netz‹ bezeichnet, fängt auch noch den auf, der seine Lage selbst verschuldet hat. Darin liegt die große Verführung: Alle wiegen sich in einer Sicherheit, die ganz und gar unnatürlich ist.«[339]

Für Gruhl sind das Recht des Stärkeren, die unbedingte Leistung, Unterordnung und Eliten, Herrschaft und Ausbeutung, Tod und Vernichtung Naturgesetze, die sich eine ökologische Gesellschaft zu eigen machen muß. Gruhl schätzt Oswald Spengler, der vom natürlichen Rangunterschied zwischen Menschen, von der Höherwertigkeit der einen menschlichen »Rasse« (die es nicht gibt) über die anderen sprach und der für den Imperialismus als einem Sieg höherwertiger über alte und starr gewordene minderwertige Völker warb. Auf die Unzulässigkeit, Menschen nach Rassen zu unterscheiden, habe ich schon hingewiesen. In welcher geistigen Verwandtschaft sich Gruhl mit diesem Weltbild befindet, werden wir am Beispiel des Weltbundes zum Schutz des Lebens und der Anthroposophen später feststellen.

Was versteht einer wie Gruhl, mit dem Antje Vollmer die Grünen versöhnen möchte, unter Umweltschutz? Gruhl fordert einen »Einwanderungsstopp aus ökologischen Gründen«, denn da sie hier frören und folglich viel heizten, belasteten Ausländer die deutsche Umwelt mehr als die Deutschen.[340] Auch bei der Frage der Abtreibung treffen sich Gruhl und die ÖDP. Der gesamten rechtsextremistischen und neofaschistischen Szene ist die zentrale Frage des sogenannten Lebensschutzes gemeinsam. Lebensschutz bedeutet stets mehr oder weniger rigide Strafen für Frauen, die abtreiben, sofern sie deutsche oder mindestens weiße Frauen sind. Die Bevölkerungsentwicklung im Trikont ist für Gruhl wie für die ÖDP jedoch die *Ursache* der Umweltzerstörung und nicht etwa die *Folge* kolonialer, imperialistischer und kapitalistischer Vernichtungsfeldzüge seit Hunderten von Jahren.

Rassistische Gewalt kündigt sich in der Sprache an. Gruhl spricht in nationalsozialistischen Bildern von »Menschenflut« und »Menschenlawinen«, malt als Bedrohung nicht Hunger, Ausbeutung und Verschuldung, sondern die »zunehmenden Milliarden von Menschen« an die Wand. Menschen werden in seiner und der ÖDP-Sprache zu Heuschrecken, die mit Gewalt dezimiert werden müssen. Die Drohung gegen das »minderwertige Menschenmaterial« ist eindeutig, die bestialische Grundregel wieder einmal der Natur abgeschaut: »Die einzige Währung aber, die hier gilt und in der Verstöße gegen die Naturgesetze beglichen werden können, ist der Tod. Der Tod bringt den Ausgleich, er schneidet alles Leben, das auf diesem Planet auswuchert, wieder zurück, damit der Planet wieder ins Gleichgewicht kommt.«[341] Zum Schutz des Planeten und der Natur, aber nicht aller Menschen, müssen die notwendigen Maßnahmen mit Gewalt durchgesetzt werden, von den einen (höherwertigen) Menschen gegen die anderen, die Heuschrecken, denen kein vergleichbares Existenz- und Selbstbestimmungsrecht zusteht. Weil nur die »Men-

156

schen des Abendlandes zur Geburtenkontrolle fähig«[342] sind, droht Gruhl: »Es bleibt nur die Alternative: Untergang oder vorsorgliche Reduktion mit allen Mitteln.«[343] Wem das nicht deutlich genug ist, für den zitiert Gruhl zustimmend René Dubos: »Für einige überfüllte Populationen mag dann Gewalt oder sogar die Atombombe eines Tages keine Drohung mehr sein, sondern Befreiung.«[344] Das macht den Menschen im Trikont nicht so viel aus, ist Gruhl überzeugt: »Das rührt auch von ihrer völlig anderen Grundeinstellung zum Leben her; der eigene Tod wird wie der der Kinder als Schicksal hingenommen.«[345]

»Bevölkerungswachstum« wird bereits im Bericht des Club of Rome von 1972 als ein Hauptproblem bezeichnet. Hunger wird nicht analysiert als eine Frage der Verfügbarkeit über Boden oder Einkommen, sondern als das Ergebnis einer mathematischen Beziehung von Kopfzahl zu bebaubarem Land. Dem Unternehmer-Club stellte sich noch nie die Frage, was Landraub und Großgrundbesitz mit Hunger zu tun haben und warum multinationale Konzerne in Kenia Blumen oder im Sahel Erdbeeren in Monokulturen anbauen. Die Konzerne zerschlagen eine gemischte, für die Ernährung der Menschen im Trikont notwendige Landwirtschaft, um vom Luxusgenuß der Menschen in den kapitalistischen Zentren zu profitieren.

Auch im Bericht des Clubs von 1991 finden wir den militanten, antihumanen Begriff der »Bevölkerungsexplosion«, wie wir ihn aus einer Vielzahl von Zeitungen und Zeitschriften in der Bundesrepublik, allen voran *Zeit* und *Stern*, kennen. Die feinen Club-Herren drohen nicht wie Gruhl mit der befreienden Wirkung der Atombombe, sie haben einen anderen grandiosen Vorschlag: »Alle Menschen werden Opfer bringen müssen [...] in den Industrieländern werden sich deshalb Lebensstil und Konsumverhalten ändern müssen, während in den Entwicklungsländern eine grundlegende Umstellung stattfinden muß, die zu Eigeninitiative, Disziplin und in jeder Hinsicht höheren Standards führen muß.«[346] Hat der Club jemals dagegen protestiert, daß Bauern und Bäuerinnen im Trikont von ihrem Land verjagt, daß GewerkschafterInnen trotz ihrer »Eigeninitiative, Disziplin und [ihres] in jeder Hinsicht höheren Standards« von Todesschwadronen ermordet werden, möglicherweise auch im Auftrag jener Konzerne, von denen der eine oder andere Club-Herr sein Gehalt bezieht?

Auch die ÖDP glaubt, »die Bevölkerungsexplosion bedroht das Leben auf der Erde«.[347] »Störungen des ökologischen Gleichgewichts [...] gehen mit der Bevölkerungsdichte Hand in Hand.«[348] Während sie deshalb den »Kinderreichtum der Armen«[349] durch Kontrollmaßnahmen in den Griff bekommen möchte, vertritt die Partei für weiße deutsche Frauen eine andere Position: Als »wertkonservative« Partei ist sie »gegen die Tötung ungeborenen Lebens«[350], Abtreibung dürfte nicht »öffentlich gefördert werden«, indem die Krankenkassen die Kosten übernehmen.[351]

»Die europäische Kultur, die in unserem Jahrhundert in der triumphalen, weltbeherrschenden und naturvernichtenden Technik kumulierte, [wird] nicht an der Degeneration ihrer Menschen untergehen wie frühere Hochkulturen, sondern aufgrund physikalischer Gesetze: an der alles überflutenden Masse Mensch auf gleichbleibender Erdoberfläche.« In der Dritten Welt »wird auch ohne Atomkrieg das große Sterben grassieren«. Von den »Ballungsgebiete[n] der Trikont-Staaten, den »Hunger- und Seuchengebiete[n] der kommenden Jahre« gehen wahnsinnige Gefahren für die wertvollen Menschen aus, »wenn [...] 500 Millionen Menschen aus der Dritten Welt nach Westeuropa kommen, dann bricht auch hier jegliche Ordnung zusammen. Dort allerdings schaffen selbst 500 Millionen Abgewanderter keine Entlastung, denn in nur sieben Jahren ist diese Lücke von 500 Millionen schon wieder ausgefüllt.« Es geht Gruhl um die Erde, die Natur, die europäische Kultur, die Ordnung. Gruhls Mitgefühl gilt in keinem einzigen Satz den Menschen. Mit dem in bürgerlichen Kreisen so beliebten Alterspessimismus, der so schön-schaurig Gänsehaut hervorruft, ist es für ihn »zur Umkehr zu spät«.[352] Oder doch nicht?

Gegen die Bedrohung des Planeten durch die falschen Menschenmassen braucht der Ökofaschist die Aufrüstung aus ökologischen Gründen. Gruhl plädiert für einen »starken Staat«, notfalls mit »diktatorischen Vollmachten« und bewaffnet. Er sagt sehr offenherzig, wessen Verteidigung seine diktatorischen und imperialistischen Konzepte gelten: »Für die Zukunft werden die Völker einen riesigen Vorsprung erreichen, denen es gelingt, ihren Rüstungsstandard auf der höchsten Spitze, ihren Lebensstandard jedoch niedrig zu halten«, denn »die Kriege der Zukunft werden um die Teilhabe an der Lebensgrundlage überhaupt geführt werden, das heißt um die Ernährungsgrundlage und um die immer wertvoller werdenden Bodenschätze. Sie werden darum an Furchtbarkeit unter Umständen alles bisher Dagewesene in den Schatten stellen.«[353]

Gruhl scheint von der Vorstellung des Furchtbaren kaum erschüttert, vielmehr so fasziniert wie Ernst Jünger bei der Betrachtung seiner Käfersammlung, die der Kriegeverherrlicher, Antisemit und Wegbereiter des Faschismus stets mehr zu lieben schien als die Menschen.[354] »Kulturgesellschaften«, sagt Gruhl, »sind stets von außen bedroht, weil ihr Wohlstand den Neid anderer Völker weckt. Also brauchen sie eine Streitmacht zu ihrer Verteidigung viel dringender als arme Völkerstämme.«[355]

Den Widerspruch, warum die europäische Kultur die letzte sei, da doch alle anderen Kulturen angeblich untergegangen sind, obwohl unverkennbar eine Reihe von Menschen in den nichteuropäischen Teilen der Erde lebt, klärt er nicht auf. Die letzte, ganz neue, höherwertige Kultur, die Spitze der menschlichen Zivilisation gewissermaßen, steht unter andauernder Bedrohung: »Wenn dagegen viele Kulturen in einem Raum zusammengemixt werden, so ergibt das entweder ein Neben- und Gegeneinander oder [...] Entropie, also ein Gemisch, dessen Wert mit zunehmender Durchmischung sinkt, bis es letzten Endes keinen Wert mehr hat.«[356] Auf die Frage, ob das nicht die These vom »unwerten Leben« sei, antwortete Gruhl ganz ökologisch: »Das ist ein Gesetz der Entropie, das wir besonders in der Ökologie haben, und dieses Gesetz gilt auch für menschliche Kulturen.«[357]

Wie weit ökofaschistische Positionen etwa die Kulturdiskussion beeinflussen, zeigt die Sicht von Bazon Brock, Ästhetikprofessor an der Universität Wuppertal. Seiner Ansicht nach schreitet die »Slumbildung [...] voran, wenn Kulturgemeinschaften zerfallen. Jeder vierte Frankfurter kommt schon aus dem Ausland [...] Ich sehe nicht, wie jemand aus einem Dritte-Welt-Land Interesse an unseren Häuserfassaden entwickeln soll. [...] Sie können [...] einem persischen Maler hier nicht beibringen, wie wir unsere Bilder sehen. Unsere Bildsprache ist ihm nicht eingängig.« Es gebe eine »europäische« Art der Bildbetrachtung, aber keinen

Sinn, Künstlern aus anderen Ländern »unsere Fassaden nahe-[zu]bringen«. Es gibt nicht *die* europäische Kultur, sondern die Kultur der Herrschenden, proletarische Kultur, Alltagskultur, Kultur von Frauen in bestimmten historischen und sozialen Situationen usw. Sich mit einem Menschen aus dem Senegal oder dem Iran über Hinterhofkommunikation verständigen zu müssen, wäre für Brock »die Aufhebung seiner Kultur«[358], was nur noch von seinem Schmerz übertroffen wird, daß es in der Bundesrepublik keine richtigen Eliten mehr gibt.

Zur Verteidigung der faschistischen Ideologie von der unbedingten Reinhaltung der hochwertigen »arischen Rasse« muß die Geschichte Europas und Deutschlands gefälscht werden. Deutsche Kultur? Herrschende Kreise hatten im 19. Jahrhundert ein dringendes Interesse an der Herausbildung eines deutschen Nationalbewußtseins. Es sollte den Kriegen gegen den »deutschen Erzfeind« Frankreich und dem ökonomischen Ziel einer effizienten Weiterentwicklung des Kapitalismus in einer zentralisierten politischen Struktur dienen. Auch die berüchtigten »deutschen Dichter und Denker« halfen bei der Konstruktion deutscher Identität in einem Gebiet, dessen Binnen- und Außengrenzen sich ständig änderten und dessen Menschen Produkte vielfacher Völkerwanderungen in alle Himmelsrichtungen waren.

Furchtbares ist offenbar immer besonders furchtbar, wenn es Deutschen zustößt. Das utopische Prinzip der Gleichheit aller Menschen ist ein sozialer Wert, den wir in ökofaschistischen Kreisen nie finden werden. Die besondere Sorge für das deutsche Volk teilt die ÖDP mit Gruhl. Ganz besonders dem deutschen Volk drohen Waffen, existentielle Ernährungsprobleme und »Störung des ökologischen Gleichgewichtes und die Zerstörung der natürlichen Lebensräume«, die mit »der Bevölkerungsdichte Hand in Hand« gehen.[359] Aber den Kampf des Stärkeren gegen den Schwächeren gibt es auch innerhalb einer Gesellschaft. Gruhls Vorbild Haeckel propagierte ein sozialdarwinistisches »Recht des Stärkeren«, war für »Rassenhygiene« und »Zuchtauswahl«. Und Gruhl sieht im »sozialen Netz« ein Hindernis für gesellschaftliche Selektion.[360]

Da »Deutschland [. . .] auch nicht Zufluchtstätte für die Flüchtlinge der ganzen Welt sein«, kann, will die ÖDP »Anreize für die

160

Heimkehr ausländischer Arbeitnehmer« schaffen. So schützt die ÖDP Flüchtlinge und ImmigrantInnen vor Ausländerfeindlichkeit durch Abschiebung, denn »schon jetzt wächst in unserem [!] Land die Fremdenfeindlichkeit«[361], Abschiebung wird ökologisch begründet. Sie nützt dem in seiner »Rassereinheit« bedrohten deutschen Volk und der Natur. Es werden zwar dann in den Ländern, aus denen sie flohen und in die sie nun zurückkehren müssen, noch mehr Menschen gefoltert, dafür wird in Deutschland weniger geheizt.

Neben Mordanschlägen auf Flüchtlinge und ImmigrantInnen als Teil der politischen Praxis der neuen alten Rechten (der Begriff »Neue Rechte« ist falsch, weil es praktisch kaum eine rechtsextremistische oder neofaschistische Organisation gibt, die ohne programmatische und personelle Rückgriffe auf den deutschen Faschismus [Nationalsozialismus] auskommt. Er kennzeichnet den Versuch, einen Neuanfang vorzutäuschen.) finden wir in den Programmaussagen vieler Organisationen den Rassismus als angebliche Toleranz gegenüber fremden Kulturen verschleiert.[362] Auch die ÖDP schiebt vor die Gleichheit aller Menschen, mit gleichen Rechten und gleichen Entwicklungsmöglichkeiten, den Erhalt der »Andersartigkeit und Vielgestaltigkeit der Völker«.[363] Die Abschiebung von Flüchtlingen dient scheinbar menschenfreundlich dem Erhalt fremder Kulturen, vor allem aber der »rassischen Reinhaltung« des deutschen Volkes und der Verhütung der »Bastardisierung« (Abtreibungsgegner Siegfried Ernst, Europäische Ärzteaktion).

Die ÖDP sagt dies in ihren Programmen nicht ganz so deutlich. Die offen militante Formulierung rassistischer Positionen überläßt sie offen neofaschistischen Organisationen. Die ÖDP hat objektiv eine besondere Rolle: die ökologische Frage für die hegemoniale Besetzung durch Rechte und NeofaschistInnen zuzurichten und Rassismus, Militarisierung und Bevölkerungspolitik eine neue ökologische Legitimation zu verschaffen.

Wir finden moderate, aber verwandte Positionen bei Exlinken wie Antje Vollmer, die politisch − und Häufung und Ähnlichkeit vergleichbarer biographischer Wandlungen machen stutzig − aus der dogmatischen KPD/AO kommt. In meinen undogmatischen linken Zusammenhängen der siebziger Jahre trugen die Mitglie-

161

der der »KPD-A-Null« den Spitznamen »Vaterlandsverteidiger«, und ihre vermeintlich proletarischem Verhalten künstlich angepaßte kleinbürgerliche Lebensführung war Ziel unseres Spotts.

Es wäre Gegenstand einer anderweitig zu führenden Untersuchung, weshalb so viele ehemalige Mitglieder der KPD/AO und des Kommunistischen Bundes Westdeutschland (KBW) heute völlig unpolitisch und bürgerlich leben. Viele gehören zu den leitenden FunktionärInnen der rechtesten Strömungen bei den Grünen und bekämpfen Linke oft haßerfüllter als Liberale oder Wertkonservative. Neben Antje Vollmer war Erhard Müller bei der KPD/AO; er managt heute auf seiten des Bündnis 90 als ehemaliger Westgrüner die Vereinigung mit den Grünen. Ralf Fücks, von dem wir in dessen Ägide als Funktionär des KBW in den siebziger Jahren als kleinbürgerliche Fortschrittsfeinde hart angegriffen wurden, weil wir gegen Atomkraftwerke demonstrierten, ist heute Umweltsenator in Bremen und hilft in der Ampelkoalition den Sozialabbau durchzusetzen. Seine Fraktion wollte es der DVU »ersparen«, wie die Grünen früher »an den Rand gedrängt zu werden«, und stimmte für ein Zählverfahren in den Ausschüssen der Bremer Bürgerschaft, das den DVU-Abgeordneten und NPD-Mitglied Karl-Heinz Vorsatz zum Sprecher der Kulturdeputation machte, zuständig unter anderem für die Arbeit mit ausländischen Jugendlichen.[364] Winfried Kretschmanns Weg vom dogmatischen Funktionär des KBW führte die Grünen in Baden-Württemberg in Koalitionsgespräche mit der CDU.

Ihre ideologischen Berührungspunkte mit rechtsextremistischen Positionen beschreibt Antje Vollmer selbst: »Vielleicht liegt dem Mißtrauen breiter Teile der Bevölkerung gegen das multikulturelle Konzept die vage Völkererinnerung zugrunde, daß — historisch gesehen — die einheimischen Kulturen den Einwandernden in der Regel unterlagen.« Was ist eine »Völkererinnerung«? Handelt es sich dabei um einen frisch entdeckten genetischen Defekt? Vollmer wohnt in Bielefeld. Stehen die Hunnen vor den Toren der Stadt? »Afrika ist«, schreibt Vollmer weiter, »nicht mehr in der Lage, sie [die Menschen] kulturell oder identitätsbildend an sich zu binden [...] Ob Osteuropa in dieser Hinsicht zu einem zweiten Afrika wird, ist die entscheidende Frage, über die die Politik Westeuropas in den nächsten fünf Jahren entscheiden wird [...] Von daher ist der

Stolz auf eine nationale und politisch kulturelle Identität trotz aller historischen Lasten zu fördern. Dieser vorsichtige Umgang mit Elementen der nationalen Identität als Möglichkeit, Menschen an ihr Land zu binden, sollte versucht werden.«[365]

Wenn das deutsche Volk eine volksgemeinschaftliche Vereinigung von Höherwertigen ist, sind diese mit einer »abwehrbereiten Demokratie« (ÖDP)[366] und mit aller Kraft vor ihren Feinden zu schützen. Wo die ÖDP sonst angeblich für Dezentralisierung und sogenannten Lebensschutz kämpft, hält sie in ihren Programmen den zentralistischen Herrschaftskomplex EG für eine »große Errungenschaft«, befürwortet den Erhalt der NATO und unterstützt Rüstungsexporte. Allerdings dürfen diese Waffen nicht überall hingeschickt werden. Wer — wie die ÖDP — das wertvolle deutsche Volk verteidigen will, darf Waffen nur an deutsche Freunde exportieren. Alles andere wäre wirklich töricht. So dient »Lebensschutz« der Aufrüstung und Kriegsvorbereitung zum Schutz der deutschen Volksgemeinschaft.[367]

Das »ethische Gebot der Ehrfurcht vor der Schöpfung«, das die ÖDP für sich als »wertkonservative« Partei in Anspruch nimmt, gilt vor allem für den weißen, hochwertigen Nachwuchs deutscher Frauen. Wie fast alle sogenannten LebensschützerInnen meint die ÖDP mit dem Schutz des Lebens nicht den Schutz der Asylsuchenden, die aus vermeintlichem Respekt vor ihrer Kultur längst abgeschoben wurden, schon gar nicht vor deutschen Waffen. Aus dem »Lebensschutz« der AbtreibungsgegnerInnen wird ein Gebärzwang für deutsche Frauen und ein völkischer Kampfbegriff gegen ein selbstbestimmtes Leben einschließlich einer selbstbestimmten Sexualität.

Frauen, die Sexualität nicht an Fortpflanzung binden, die selbst bestimmen wollen, ob und wie viele Kinder sie bekommen, werden in dieser persönlichen Entscheidung im Programm der ÖDP den Moralvorstellungen einer politischen Partei und staatlicher Strafandrohung unterworfen: Abtreibung ist als »Tötung ungeborenen Lebens«[368] unbedingt zu verhindern. Abtreibende Frauen vergleicht die ÖDP mit den größten Verbrechern: »Wenn Leben unwiderruflich zerstört wird, muß der Staat auch durch Gesetze handeln, ob es sich nun um Atomrüstung, Atomenergie, allgemeine Umweltzerstörung oder Abtreibung handelt.«[369]

Die sogenannte Lebensschutzfrage, also die militante Abtreibungsgegnerschaft und Feindschaft gegenüber jedweder reproduktiven Selbstbestimmung von »arischen« Frauen, und der Rassismus sind die traditionellen Scharniere zwischen den verschiedenen Fraktionen der RechtsextremistInnen und NeofaschistInnen. Die Ökologie oder vielmehr der Umweltschutz wurde zum neuen Scharnier der meisten rechtsextremistischen und neofaschistischen Organisationen in neue gesellschaftliche Milieus.

Diese Scharnierstelle bleibt nicht abstrakt. Sie wird auch durch Personen repräsentiert. Wir treffen auf Hans-Joachim Ritter, den gegenwärtigen Vorsitzenden der ÖDP, mit dem einige RepräsentantInnen linker Organisationen über Monate so harmonisch in Sachen Weltwirtschaftsgipfel zusammenarbeiteten. Ritter, der sich in Schriften der geschickten Bündnispolitik der ÖDP zwischen Kirchen, BUND und Grünen rühmt, ist auch in einer der zentralen LebensschützerInnenorganisationen aktiv, der »Aktion Lebensrecht für alle« (ALfa). Bei ALfa (etwa 11 000 Mitglieder) sammeln sich auch Mitglieder und VertreterInnen rechtsextremistischer Organisationen wie der »Aktion Leben« oder der »Europäischen Ärzteaktion« (EÄA).

Gruhl, dem Ritter so freundschaftlich verbunden geblieben ist, hat seit seinem Austritt aus der ÖDP viel zu tun. Neben Gastreden — wie schon während seiner ÖDP-Zeit — auf Schweizer Nazi-Veranstaltungen (Nationale Aktion)[370] gründete er zuerst den »Arbeitskreis ökologische Politik«, den er im April 1991 schließlich mit der »Arbeitsgemeinschaft Unabhängiger Ökologen Deutschlands« vereinigte, ein Pakt auch mit ehemaligen Mitgliedern der NPD. In seiner Gründungsrede im April 1991 kritisierte er, daß »die Mitteldeutschen« nach der Wiedervereinigung nicht bereit seien, »auf marxistische Emanzipationsideale wie die Beschäftigung der Frau zu verzichten«.[371] ÖDP-Mitglieder finden wir als AutorInnen in fast allen Zeitungen und Zeitschriften der Rechten wieder. Wenn Gruhls Unabhängige Ökologen sich bei nationalistischen Heimatveranstaltungen treffen, wenn Vertriebenenfahnen wehen, ist oft auch die ÖDP vertreten, die 1992, zur gleichen Zeit, im Bonner Anti-WWG-Bündnis von Grünen, BUND und DGB mitarbeiten durfte.

Eine selbstbestimmte Entwicklung des Trikont, die nicht zerstörerisch ist, aber ein Menschenrecht auf eine soziale und ökologische Entwicklung verwirklichen hilft, will sich der wohlsituierte Europäer Gruhl nicht vorstellen. Auf die Tagesordnung soll »die tödliche Vermehrung der Menschen«, und: »Die Völker müßten danach streben, sich klug einzuschränken und weisen Verzicht zu üben; sie müßten ein asketisches Leben führen. Beginnen müßte die Enthaltsamkeit bei der Fortpflanzung. Dazu sind 80 Prozent der Menschen gar nicht fähig [...] das teuflischste Problem [...] ist also die Vermehrung der Menschen«, die »Zeugungslust der Dritten Welt«, die »tagtäglich etwa 200 000 Menschen zusätzlich auf den Arbeitsmarkt« werfe. Vor denen fürchtet sich der deutsche Herrenmensch: »Menschenmassen ohne Arbeit sind zu unberechenbaren revolutionären Aktionen bereit, und die Demagogen bedienen sich ihrer.«[372] – Welche eigenen, gar nichtfremdbestimmten Gründe zum Aufstand gegen Gruhls »Hochkultur«-Europa, gegen die Plünderung durch die kapitalistischen Metropolen, könnten die Menschen schon haben?

In einer vorgeblich radikalen Kritik am Kapitalismus trifft er sich mit Bahro: »Das ganze Wesen der Industriegesellschaft besteht doch gerade darin, daß sie nur anti-ökologisch sein kann [...] Retten könnte uns nur der Ausstieg aus der Industriegesellschaft. Dafür befinden sich aber schon fünfmal zuviel Menschen auf diesem Planeten – und 30 Jahre weiter werden es bereits achtmal zuviel sein.«[373] Der Begriff »Kapitalismus« kommt im umfangreichen Stichwortverzeichnis von Herbert Gruhls 1992 erschienenen Buch *Himmelfahrt ins Nichts* kein einziges Mal vor. Wir finden dort fünfmal den »Teufel«, 13mal »Bevölkerungsexplosion«, und 22 Zitatstellen »Katastrophen« werden nur noch von »Deutschland« (23mal) und »Gott« (26mal) übertroffen.

Der Punkt, der MilitaristInnen, BevölkerungspolitikerInnen, reaktionäre ÖkologInnen und ÖkofaschistInnen, New-AgerInnen, SpiritualistInnen und RassistInnen verbindet, heißt: Ein besseres Leben für eine elitäre, »arische«, weiße Minderheit ist auf diesem Planeten nur dann zu haben, wenn die Anzahl der Menschen im Trikont dezimiert wird und wenn die Ausplünderung weitergeht bis ins Innerste der Zelle, die menschlichen Gene. Die Vorstellungen, mit welchen Mitteln dieses bessere Leben für die »Hochwertigen« zu bewerkstelligen sei, triefen vor Gewalt: vom planvollen Hungertod und Völkermord durch unterlassene Hilfeleistung (zum Beispiel bei Aids in Afrika) über Zwangssterilisierung und Krieg bis zum Völkermord durch die Atombombe.

Rund zweieinhalb Jahre nach seinem Wutausbruch über die formale Abgrenzung der ÖDP gegen Republikaner und NPD empfing Herbert Gruhl am 7. Oktober 1991 aus der Hand von Monika Griefahn, der ehemaligen Greenpeace-Funktionärin und gegenwärtigen Umweltministerin der Landesregierung von Niedersachsen − deren steile Karriere von der Atomkritikerin zur Förderin der Interessen des Atomkapitals wir schon kennengelernt haben −, das Bundesverdienstkreuz. Die rosagrüne Landesregierung war gewarnt. Im SPD-Pressedienst *Blick nach rechts* vom Januar 1991 hätte sie lesen können: »Das damals erschienene Buch ›Ein Planet wird geplündert‹ wurde eher irrtümlich zum Bestseller [...] Wer es las, fand darin knallharten Darwinismus mit einem fragwürdigen Demokratieverständnis, was den Vorwurf nach sich zog, Gruhl sei ein ›Ökofaschist‹.«[374]

Ritter, Vorsitzender der angeblich linkskatholischen bis wertkonservativen ÖDP, hatte jahrelang für Gruhls Bundesverdienstkreuz gekämpft und hielt bei den niedersächsischen Feierlichkeiten eine Laudatio auf den Geehrten.

Gruhl sei doch nicht für seine Verdienste in irgendwelchen Parteien ausgezeichnet worden, sondern für seine Verdienste für den Umweltschutz, verteidigte eine Sprecherin des niedersächsischen Umweltministeriums die Ordensverleihung. Als wäre »Umweltschutz« eine unpolitische, über allen Wolken schwebende Kategorie. Die Ideologie einer unpolitischen, sich nur um Tiere und Pflanzen kümmernden, von allen sozialen und ökonomischen Gewaltverhältnissen unbeeinträchtigten Naturschutzpolitik hat dazu beigetragen, Ökologie zur Okkupation durch ökofaschistische Positionen vorzubereiten. Der Mensch ist ein Teil der Natur und zugleich als ein besonderer Teil mit Fähigkeiten ausgestattet, wie wir sie weder bei Tieren noch bei Pflanzen finden: nachzudenken, zu planen, zu träumen, sein Leben kreativ zu gestalten, für Selbstbestimmung zu kämpfen, zu lernen, sich in Auseinandersetzung mit seiner sozialen Umwelt zu entwickeln − wobei wir an dieser Stelle nicht über die politischen Verhältnisse reden, die diese Fähigkeiten einschränken, unterdrücken, ersticken.

Wenn also dieses soziale Wesen Mensch ein Teil der Natur ist, dann muß ökologische Politik die sozialen Verhältnisse des Menschen berücksichtigen, sonst wird sie biologistisch und reaktionär.

Weder die rosagrüne niedersächsische Landesregierung noch das dazugehörige Umweltministerium unter Monika Griefahn stießen sich daran, mit Herbert Gruhl einen Autor der rechtsextremistischen Zeitschriften *Mut, Nation Europa* (der NPD nahestehend), *Wir selbst* (den Nationalrevolutionären nahestehend) und *Junge Freiheit* geehrt zu haben. Die neofaschistische *Nationalzeitung* zollte Gruhl Hochachtung, nur er könne eine Umweltschutzpartei seriöser Prägung aufbauen.[375]

Vor seinem Eintritt in die Grünen gründete Gruhl die Grüne Aktion Zukunft (GAZ, in der auch Mitglieder des rechtsextremistischen Weltbundes zum Schutz des Lebens (WSL) Aufnahme fanden. Zeitweise konnte die GAZ auch den inzwischen verstorbenen Zoologen Bernhard Grzimek, ehemaliges NSDAP-Mitglied und Vertreter der Forderung nach Wiedereinführung der Todesstrafe, als Aushängeschild gewinnen. Eine enge Zusammenarbeit gab es außerdem mit dem Lieblingsnaturwissenschaftler der rechtsextremistischen Szene, dem Nobelpreisträger Konrad Lorenz. Lorenz beantragte am 28. Juni 1938, gleich nach der Annektion Österreichs durch Hitler, die Mitgliedschaft in der NSDAP (Mitgliedsnummer 6170554). In seinem 1973 erschienenen Buch *Die sieben Todsünden* beschreibt er das »verderbliche Wachstum bösartiger Tumore« aufgrund des Versagens von »Abwehrmaßnahmen«, die gegen die »asozialen« Zellen schützen könnten. Er zieht eine »Analogie« zum Menschen: »Ein Mensch, der durch das Ausbleiben der Reifung sozialer Verhaltensnormen in einem infantilen Zustand verbleibt, wird notwendigerweise zum Parasit der Gesellschaft [...] Es ist nicht auszuschließen, daß viele Infantilismen, die große Anteile der heutigen ›rebellierenden‹ Jugend zu sozialen Parasiten machen, möglicherweise genetisch bedingt sind.«[376]

Es ist kennzeichnend für BiologistInnen aller Schattierungen, daß sie mit einer von ihren sozialen Interessen und ihrer ideologischen Position getrübten Sicht oberflächliche Beobachtungen äußerer Erscheinungsformen biologischer Abläufe anstellen. Sie belegen ihre »Beobachtungen« hochwissenschaftlich mit Begriffen aus der menschlichen Gesellschaft: Abwehrmaßnahmen, asozial, Parasit, Ordnung, Raubzüge, Hackordnungen, Hierarchie, Mutterinstinkt usw. und nehmen die so kategorisierten Verhaltensweisen als Beleg für nun »natürlich« begründete, angeblich festgelegte menschliche Verhaltensweisen und für gesellschaftliche Ordnung. Diese Rückübertragung von wissenschaftlich übertünchten biologistischen Ansichten dient nur der »ökologischen« Legitimation rechter gesellschaftspolitischer Konzepte.

Eine der Autorinnen des GAZ-Manifests war Christa Meves. Sie ist eine der einflußreichsten AbtreibungsgegnerInnen und BiologistInnen der rechtsextremistischen und neofaschistischen Szene. Sie referiert auf Seminaren der rechtsextremen »Gesellschaft für biologische Anthropologie, Eugenik und Verhaltensforschung« gemeinsam mit Mitgliedern der NPD, wie zum Beispiel 1976 mit Adolf von Thadden und Rolf Kosiek beim Stettenfels-Seminar. In ihren Büchern im katholischen Herder Verlag verbreitet sie ihren biologistischen Mist in millionenfacher Auflage. Wir finden ihre Bücher als offizielles Lehrmaterial auch an einigen Fachhochschulen für Sozialwesen.[377]

Meves wütet »gegen dieses Wahnsinnszerstörungswerk [...] dieses Ausliefern der jüngeren Frauen an die Sexualität des Mannes, diese verderbliche Abkapselung des Triebes von der Liebe, diese Knospenverstümmelung bei gleichzeitiger Überbewertung qualvoll intellektualisierter Bildungsgänge«. Ausgeliefert an den »Dämon [...] autonome Sexualität«[378], die nicht Teil der weiblichen Natur sei, sei hingegen »das Besitzstreben des Menschen [...] Teil seiner Natur.«[379] Und: »[...] die Frau hat von ihrer biologischen Aufgabe her ein natürliches Bedürfnis nach Unterwerfung, der Mann nach Eroberung und Beherrschung.« Eine »Mütterausbildung« soll den Mädchen, die biologisch bedingt, wegen der anderen »Hirnstruktur«, vielmehr »praktisch« als theoretisch lernfähig seien, bei der Identitätsfindung und dem deutschen Volk bei dessen Vermehrung helfen.[380] Diese deutsche Vermehrung macht Frau Meves große Sorge. Sexuelle Lust, nach Meves Zeichen für eine »infantile« Sexualität, lenkt ab vom Kinderkriegen. Der »Orgasmus der Frau« ist »in seiner nackten Form [...] eine höchst künstliche Anpassung an das männliche sexuelle Erleben«. Nur Geduld, Geschlechtsgenossinnen, am »Ende der männlichen Erregung« kommt der Anfang der »Hoffnung« für die Frau, »ein Kind empfangen zu haben«.[381a] Katholisch ist sie geworden, weil dieser Papst eine »Gnadengabe« sei und Maria »uns [Frauen] [...] vor unserer immer lauernden Hexenhaftigkeit befreien« kann.[381b] Für ihre »wissenschaftliche« Arbeit für Familie, Keuschheit, Patriarchat und deutsches Vaterland wurde Christa Meves reich belohnt: mit dem niedersächsischen Verdienstorden (1978), dem Konrad-Adenauer-Preis der Deutschlandstiftung (1979) und dem Bundesverdienstkreuz erster Klasse (1984). In einem solchen Land leben wir.

Weinzierls Heimat

Zu viele Linke überlassen es gelangweilt wenigen, sich politisch mit dem Thema Ökologie zu befassen. Wer sich mit Ökologie nicht auseinandersetzt, übersieht die massenhafte Verbreitung biologistischen bis neofaschistischen Gedankengutes in allen Bereichen der Gesellschaft, was sich auch in Positionen der Parteien CDU/CSU/SPD/FDP/Grüne/Bündnis 90 in unterschiedlicher Dosierung widerspiegelt und von dort auf die Gesellschaft zurückwirkt.

Es erforderte zum Beispiel eine heftige Auseinandersetzung, angefacht von Karin Döpke und Peter Bierl von der Ökologischen Linken im lokalen Münchner Bündnis gegen den Weltwirtschaftsgipfel 1992, die ÖDP dort wenigstens als »unerwünscht« bezeichnen zu lassen. Zuvor hatte diese an einer Reihe von Sitzungen, unbeanstandet von linken Organisationen wie den Autonomen, der Vereinigten Sozialistischen Partei (VSP) oder der DKP, teilnehmen können. Am Ende stimmten nur noch die Grünen für den Verbleib der ÖDP.

Auch im bundesweiten TrägerInnenkreis für den Anti-WWG-Kongreß, der schließlich trotz der Spaltungsversuche der Grünen und des BUND erfolgreich vonstatten ging, mußten in wochenlangen heftigen Diskussionen einige linke Organisationen davon überzeugt werden, daß Hubert Weinzierl, der Bundesvorsitzende des BUND, als einziger Referent für das Forum »Ökoimperialismus«[382] (das zuerst »Umwelt und Entwicklung«, dann »Ökologie« heißen sollte) fehl am Platz war. In einem offenen Brief vom 13. April 1992 begründeten Karin Döpke und Henning Kühn (Ökologische Linke), weswegen sie sich strikt weigerten, Weinzierl als Referenten zu akzeptieren. Die ökologische Frage sei nur im Zusammenhang mit der sozialen zu lösen. Weinzierl verwende eine rassistische Sprache gegen Asylsuchende und habe geäußert: »Nur wenn die Hauptsorge der Menschheit, die Eindämmung des Überbevölkerungsstromes, gewährleistet ist, wird es einen Sinn haben und wird eine Aussicht bestehen, an einer durchaus verbesserungsfähigen Umwelt zu bauen, unsere Zivilisationslandschaft zu gestalten, daß sie wert bleibt, Heimat genannt zu werden.«[383] Im Oktober 1991 habe Weinzierl Peter Gauweiler zu einem Seminar des BUND über »die Folgen des Bevölkerungswachstums für die Umwelt« (nicht etwa der kapitalistischen Weltwirtschaft für Menschen und Natur) eingeladen und dort erklärt: »Jeder Naturschutz ende dort, wo die Menschenlawine alles überrollt.«[384]

Als Reaktion auf diese Kritik zog sich der BUND beleidigt aus dem Trägerkreis zurück, anstatt sich endlich mit der Ideologie seines Vorsitzenden zu befassen. Weinzierls ökofaschistisches Gedankengut ist keine Neuentdeckung. Auch Manfred Bissinger, der ehemalige Chefredakteur der Zeitschrift *Natur*, war entsetzt und entfachte eine wichtige Diskussion, nachdem Bernd Lötsch und Hubert Weinzierl Konrad Lorenz 1988 in einem *Natur*-Interview unbeanstandet hatten durchgehen lassen, daß er, Lorenz, wegen der Überbevölkerung eine gewisse Sympathie für Aids habe und daß die ethisch wertvollen Menschen nicht so viele Kinder bekämen wie die Gangster in der Dritten Welt, die sich hemmungslos vermehrten.[385]

Möglicherweise sieht der BUND deshalb keinen Anlaß, sich mit besagten Äußerungen auseinanderzusetzen, weil biologistische Ideologie bereits zum Standardinventar der Gesamtorganisation gehört. Der Bund Naturschutz Starnberg (BN) hatte Sorgen, nein, nicht wegen der vielen Wohnungssuchenden oder

der Vernichtung der Alpenvegetation. Man schrieb an den Starnberger Stadtrat, der solle Asylsuchende auffordern, bei einer »Ramadama«-Aktion mitzuwirken. Das bayrische »Ramadama« meint so viel wie »Laßt uns aufräumen!« und appelliert an die EinwohnerInnen, in einer Gemeinschaftsaktion ihren Wohlstandsmüll zu beseitigen. Im Brief des Naturschutzbundes steht: »Nach unserer Meinung ist der Bevölkerung schwer zu vermitteln, daß arbeitende Bürger dieser Stadt als Freiwillige am Ramadama teilnehmen, während von Sozialhilfe bzw. Arbeitslosenhilfe lebende Asylbewerber spazierengehend zuschauen, wie andere ohne Honorar den ›Wohlstandsmüll‹ wegräumen.«

Durch den Brief der Starnberger Naturschützer wabert der Neid der unter Schweiß Müll sammelnden Deutschen auf die schlendernden Flüchtlinge. Wer selbst nicht am Wohlstand teilhaben darf, soll wenigstens den Müll wegräumen. Was interessiert solche Naturschützer die Angst von Menschen vor rassistischer Gewalt und Abschiebung, wenn es um Höheres wie saubere Straßen, getrennte Müllsammlung und den deutschen Wald geht? Ein menschenverachtendes Umweltschutzverständnis haben viele potentielle Bündnispartner des Naturschutzbundes. Auch nach Ansicht der RepublikanerInnen sind Verfolgte und Arme nur faul: »Empfänger von Sozial- und Arbeitslosenhilfe sollten gemeinnützige Arbeiten leisten, insbesondere bei der Alten- und Behindertenpflege sowie beim Umweltschutz.«[386]

Der ökologische Wert der Armut

Die ÖDP ist am einflußreichsten im süddeutschen Raum, und sie entfaltet heftige Aktivitäten in der ehemaligen DDR. In Sachsen half sie der Zeitschrift *Ökostroika* mit Geld und Anzeigen. Die *Ökostroika* druckte, was als Mißverständnis entschuldigt wurde, nämlich eine Anzeige des Jahresweiserverlages, der auch neofaschistische Texte publiziert. In einem Interview in *Ökostroika* wurde die Frage aufgeworfen, ob »die Auseinandersetzungen innerhalb der schwarzen Bevölkerungsmehrheit nicht eigentlich eine späte Rechtfertigung für die Apartheidspolitik« seien. Aus *Ökostroika* und *Bündnis 2000* wurde die Monatszeitschrift *Quer*, die seit Januar 1992 monatlich in Berlin erscheint. Hier schreiben, neben dem Exchefredakteur von *Ökostroika* auch Leute von der ÖDP, der AL (dem Berliner Landesverband der Grünen), dem Bündnis 90 und dem Neuen Forum[387], ein Bündnis, das über die laufende Vereinigung der Grünen mit dem Bündnis 90 auch organisatorische Gestalt annimmt.

Müll und Armut spielen im Menschenbild von »Bürgerbewegten« eine besondere Rolle. Möglicherweise haben wir in unserer linken Blindheit bis heute eine wesentliche Seite an der »Marktwirtschaft« übersehen, wie die Bürgerbewegten den Kapitalismus neckisch nennen. Über den ökologischen Nutzen der Armut klärt uns *Quer* unter der Überschrift »Ökologisch nützlich − sozial geächtet« in einem ungewöhnlich zynischen Artikel auf. In Jakarta sammeln jeden Tag 37 000 Menschen auf Müllhalden Papier, Glas, Metall und Holz. »Sie verkaufen es an Händler und erhalten so ein Recyclingsystem, das jährlich mehrere Millionen Tonnen dieser Wertstoffe in die Produktion zurückführt. Ihr wirtschaftlicher Nutzen ist groß für die Stadt.« *Quer* bedauert nicht die elende Existenz, sondern die gesellschaftliche Ächtung, die die Menschen im Müll erfahren, wo sie arbeiten, um überleben zu können. Den indonesischen SlumbewohnerInnen fehlt nach Ansicht der deutschen Bürgerbewegten der echte Unternehmergeist: Die »Müllsammler« (Frauen kommen in der Sprache nicht vor), heißt es bedauernd, »geben [. . .] ihr Geld aber zumeist nicht zukunftssichernd aus, sondern unterstützen Angehörige in den Heimatdörfern oder erwerben Konsumgüter.« *Quer* preist ein Projekt der Deutschen Gesellschaft für Technische Zusammenarbeit (GTZ), das »Hilfe zur Selbsthilfe« leiste, Infrastruktur, effektivere Selektierung und Vermarktung des Mülls und Hilfe bei der Erhöhung der »Akzeptanz bei der Bevölkerung und den Behörden [. . .], um die Müllsammler in die städtische Gesellschaft sozial zu integrieren.« Diese Akzeptanz ist nicht einmal ein Übergangsschritt in eine bessere Zukunft, die Armut wird gebraucht: »Die Eigeninitiative der Müllsammler verringert die sozialen und ökologischen Kosten des Staates erheblich.«[388] Manche Interessen lassen sich widerspruchsfrei vereinen. Während rechte Natur-

schützerInnen Armut aus ökologischen Gründen nützlich finden, brauchen Konzerne viele billige Menschen für die Produktion.
Auf der Tagesordnung der Konferenz des Bündnis 90 im April 1992 in Berlin stand die geplante Vereinigung mit den Grünen. Eine große Gruppe von ÖDP-Gästen beobachtete interessiert die Versammlung. Vielerorts arbeitet das Bündnis 90 bereits eng mit der ÖDP zusammen. Das Image des Bündnis 90 als tapfere, aufrechte, selbstlos um Demokratie kämpfende politische Gruppe ist ein Mythos. Auf dem Parteitag der Grünen vom 1. bis 3. Mai 1992 in Berlin beschlossen die Grünen die Vereinigung mit dem Bündnis 90 zu einem Projekt, das den »Geist von Bewegung atmet und die Kraft zur politischen Intervention besitzt.« Was für ein Geist?
Konrad Weiß, Bundestagsabgeordneter des Bündnis 90, plädierte während des Golfkrieges für Rüstungsexporte nach Israel. Er setzt sich gegen offene Grenzen und für Kontingente für EinwanderInnen ein. Er forderte die Bundestagspräsidentin auf, den Anti-§-218-Antrag seiner Fraktionskollegin Christina Schenk nicht zuzulassen. Und er war vermutlich nicht unzufrieden über die Brandenburger Landtagsfraktion des Bündnis 90, die die ÖTV-Mitglieder im Frühjahr 1992 zum Abbruch des Streiks und zum Lohnverzicht aufrief.[389] Das Bündnis 90 ist keine besonders soziale Partei – außer es geht um populäre Forderungen für die Ost-*Deutschen*. Wie sieht es beim Naturschutz aus? Durch die Enthaltung der Brandenburger SPD/FDP/Bündnis 90-Regierung scheiterte die Einführung des Tempolimits von 120 Stundenkilometern im Bundesrat.[390] Für den Riesenflugplatz »Berlin International«, ausgelegt auf 25 Millionen Passagiere (der Flughafen Tegel fertigt heute sieben Millionen Passagiere ab) bekam Ministerpräsident Stolpe natürlich auch die Zustimmung des Bündnis 90, ökologische Bedenken hin oder her oder gleich ganz vergessen.
Es ist kaum vorstellbar, daß die Grünen im Frühjahr 1993 gegen die Vereinigung mit dem Bündnis 90 entscheiden. Dieser Vereinigung werden die wenigen Reste vormals emanzipatorischer Politik zum Opfer gebracht werden, was dem größeren Teil der grünen Partei kein besonderes Bauchgrimmen mehr verursachen wird. Ein bißchen Streit wird es vielleicht um das Frauen-

statut und die Mindestquotierung geben. Der Antikapitalismus ist schon abgeschafft, Basisdemokratie schon lange. Die klassische Forderung der Grünen nach sofortiger Stillegung aller Atomanlagen ist heftig umstritten und wird, wie wir gesehen haben, in der rosagrünen Regierungspraxis ausgehebelt. Die Forderung nach offenen Grenzen für alle Flüchtlinge steht nur noch auf dem Papier und auch dort nicht mehr lange. Daniel Cohn-Bendit, der in Frankfurt den öffentlichen »Diskurs« mit der NPD pflegt, findet die im Mai 1992 noch einmal knapp bestätigte grüne Forderung nach offenen Grenzen »gemeingefährlich« und »kindisch-trotzig«.[391] Keine Sorge, der Beschluß wird fallen. Die Grünen in Hessen, Bayern, Baden-Württemberg und Saarland haben seine Revision bereits angekündigt.[392]

Mit dem Widerstand gegen Rassismus hat das Bündnis 90, das die »freie Entfaltung wirtschaftlicher Eigeninitiative« von der FDP abgeschrieben hat, nichts am Hut. In einem programmatischen Grundsatzbeschluß vom Mai 1992[393] wird das gescheiterte »größte zentralistische Gesellschaftsexperiment«, der Sozialismus (der keiner war), erwähnt, mit keinem Wort aber die notwendige politische Aufarbeitung des Faschismus oder die Auseinandersetzung mit rechtsextremistischen und neofaschistischen Gruppen. Wir lesen Vages über »die Weiterentwicklung [...] unserer Ethik« (ausgerechnet unter dem Punkt »Stärkung der Organisationsstruktur«). Statt der Solidarität mit den Opfern des Rassismus finden wir eine Anerkennung des »Anderen als Anderen«. Weiß das Bündnis 90, wie dicht es mit dieser Formulierung bei den taktischen Positionen von RechtsextremistInnen liegt, die statt »Ausländer raus« nun das strikte, unvermischte, abgegrenzte »Nebeneinander« der Völker (das in Südafrika zur Apartheid gerann) als Respekt vor anderen Kulturen verkaufen?

Ein nicht weiter ausgeführtes »Bewußtsein der eigenen Identität« (als Deutsche?) und die Absicht des Bündnis 90, sich »von moralischen und spirituellen Werten« leiten zu lassen, sind schon der schärfste Ausdruck seiner gesellschaftlichen Vision neben dem »Blick nach vorn: Teilhabe am Eigentum«. Günter Nooke, Mitglied im Landessprecherrat und zugleich Vorsitzender der brandenburgischen Landtagsfraktion des Bündnis 90, erklärt uns, wie er sich von »moralischen und spirituellen Werten« leiten läßt.

Unverantwortlich sei der kleine, noch teilweise linke grüne Landesverband in Brandenburg, »absurd und wenig politikfähig« seine Vorstellung von offenen Grenzen, mit der »zwei Milliarden Menschen nach Brandenburg« eingeladen werden.[394] Die Zeitung *Junge Freiheit*, deren Redaktion sich aus Republikanern, Aktivisten der neofaschistischen Freiheitlichen Arbeiterpartei (FAP) und Nationalrevolutionären zusammensetzt, steht als »Plattform für eine Ideologie zur Verfügung, in deren Mittelpunkt ›die europäische Zivilisation der Weißen‹ steht. Ihr biologistisches Weltbild geht davon aus, daß die in der genetischen Vielfalt wurzelnde Ungleichheit nicht aufhebbar sei.«[395] Der »Ethnopluralismus«, die Formel der Rechtsextremisten und Neofaschisten für die Anerkennung »des Anderen als Anderen« (Bündnis 90), bedeutet nicht weniger, als daß die weiße europäische »Rasse« − und darin vor allem das deutsche Volk − unvermischt zu bleiben hat, daß jede »Bastardisierung«, jede Vermischung mit »minderwertigem Menschenmaterial«, mit Gewalt zu unterbinden ist. In *Junge Freiheit* verbreitet der österreichische Journalist Günther Nenning: »Das Nationale war immer ein wichtiger Bestandteil der europäischen Politik. Warum soll es das nicht wieder sein?« Ein »Menschenrecht« sei, »bei sich daheim zu sein, nicht überrollt zu werden, sondern das Seine behaupten zu dürfen«.[396]

Im Schlepptau des Bündnis 90 könnte die ÖDP mit zahlreichen VertreterInnen oder vielleicht ganzen Ortsverbänden in die Grünen einzusickern versuchen. Sie trifft zum Teil auf ihre eigenen Leute und auf ein vielerorts gut vorbereitetes Terrain, nicht nur in den Köpfen. Die Zeit scheint reif für einen erneuten Versuch, eine gesellschaftlich noch anerkannte, im Inneren aber desolate grüne Partei als organisatorische Hülle um ein ökofaschistisches Massenprojekt zu stülpen.

»Juden, Zigeuner, deutsche Ossis und Russen aller Arten werden uns auf den Straßen begegnen...«

In Hamburg lobt die ÖDP die gute Zusammenarbeit mit der GAL, den Landesverband der Grünen. Mitten im Wahlkampf 1991 zur Hamburger Bürgerschaftswahl lud die ÖDP ihre Mitglieder für den 28. Mai 1991, also fünf Tage vor der Wahl, »zu einer Informations- und Diskussionsveranstaltung mit Conny Jürgens, Mitglied der Hamburger Bürgerschaft, Wahlkandidatin der Grünen/GAL, zum Thema ›Was bedeutet der grüne Neuanfang für die ÖDP?‹ [...] Sie haben die Gelegenheit, die populäre Kandidatin der Grünen/GAL, die gleichzeitig Vorstandsmitglied des Grünen Forums [einer rechten Abspaltung bzw. Fraktion der GAL] ist, zu den Chancen und Perspektiven, die sich durch den – von der Hamburger ÖDP unterstützten – Zusammenschluß von Grünem Forum und GAL [...] ergeben, zu befragen. Die aktuelle Entwicklung der Grünen im Bundesgebiet, deren realpolitische Wendung von der ÖDP wohlwollend betrachtet wird, spielt dabei sicherlich auch eine Rolle.«[397] Einige BesucherInnen berichteten, was die »populäre« grüne Kandidatin, die früher einmal Linke war, der ÖDP zu sagen hatte: »Es geht darum, alle ökologischen Kräfte zu bündeln. Dazu gehört auch die ÖDP.« Und: »Solche Schlagwörter wie Antifaschismus dürfen keine Rolle mehr spielen.«[398]

Für die GAL Hamburg, den grünen Landesverband, sitzen heute, seit der Bürgerschaftswahl 1991[399], mindestens zwei Mitglieder des ÖDP-nahen Grünen Forums in der Hamburger Bürgerschaft, ebenjene Conny Jürgens und Martin Schmidt. »In mehreren Bezirken sind ÖDP-Mitglieder Mitglied der Fraktion der Grünen Bezirksversammlungen beziehungsweise ihrer Ausschüsse (Altona, Harburg, Wandsbek). Die Mitarbeit der ÖDP-Mitglieder ist normaler Alltag unserer politischen Arbeit«, schrieb Peter Schwanewilms, Kreisvorstandsmitglied der Grünen Altona im Mai 1992 in einem Leserbrief an die *Tageszeitung (taz)*.[400] Nach der umstrittenen Vereinigung des ÖDP-nahen Grünen Forums mit der GAL Hamburg hatte die *taz* gejubelt: »Innerhalb weniger Wochen wurde aus einer starr dogmatischen, ja fast reaktionären Fundi-Festung ein normaler grüner Landesverband [...] das ist kein Rechtsruck, sondern neue Vielfalt [...] Es ist bewundernswert, wie sie den neu eingeschlagenen Weg konsequent zu Ende geht.«[401]

Welche »konsequent« menschenverachtende, rassistische und antisemitische Sprache diesen »neuen« Weg begleitet, formulierte das grüne Bürgerschaftsmitglied Martin Schmidt, der auch eine Zusammenarbeit mit der CDU nicht ausschließen will,[402] schon vor den Wahlen: »Was soll aus Hamburg werden? [...] Die schönen Tage von Aranjuez sind jetzt vorbei: Hamburg wird nach allen Regeln der ökonomischen und politischen Entwicklung in den nächsten Jahren eine führende Stellung in Mittel- und Osteuropa einnehmen. Hamburg wird auch, als prosperierende Großstadt, ein vorzügliches Ziel für Einwanderer aus dem Osten werden. Juden, Zigeuner, deutsche Ossis und Russen aller Arten werden uns auf den Straßen begegnen. [...] Hamburg muß die Auswanderung von jungen Menschen in den Ostteil Deutschlands und nach Osteuropa fördern. Ostdeutschland und Osteuropa sind nicht zu reformieren ohne neue Menschen aus dem Westen.«[403] Mit diesen Worten wird die aggressive Ausdehnung des deutschen Lebensraums nach Osten und das Plattwalzen des minderwertigen, kulturlosen, östlichen »Menschenmaterials« durch den hochwertigen, westeuropäischen »neuen Menschen« gutgeheißen.

Die Grünen in Hamburg sind tatsächlich ein »normaler grüner Landesverband« (*Tageszeitung*), denn die grüne Normalität hat sich weit nach rechts verschoben. Während Daniel Cohn-Bendit nach den Landtagswahlen in Baden-Württemberg im Frühjahr 1992 in Frankfurt erst Geheimgespräche mit der NPD führte und dann mit öffentlichen Gesprächen zu ihrer Gesellschaftsfähigkeit beitrug,[404] stürzten sich die baden-württembergischen grünen Realos in Koalitionsgespräche mit der CDU. Diese Gespräche hatten 1992 erst einmal die Funktion, den Gedanken an eine Koalition mit der CDU in den Grünen zu etablieren. Das gelang. Nur ein einziger Redner auf der Bundesversammlung der Grünen im Mai 1992 in Berlin widersprach der Begeisterung über den Bericht aus Baden-Württemberg. Die grüne Frauenministerin

Waltraut Schoppe in Niedersachsen, der Landtagsabgeordnete Fritz Hertle in Hessen – viele sind inzwischen für schwarzgrüne Pfründe.

Während die Grünen von einer unaufmerksamen Öffentlichkeit noch für einen bunten, alternativen Haufen gehalten werden, bestimmen mehr und mehr grüne Bündnisse mit Rechtsextremisten und Neofaschisten den Parteialltag der Basis. Für den Kreisvorsitzenden der Grünen im Unterallgäu, Gottfried Schwank, sind »die Klischees der achtziger Jahre«, die »von einer fundamentalistischen Minderheit geprägt« wurden, überholt. Das notwendige politische Gewicht für die Bundestagswahlen 1994 solle durch den Zusammenschluß mit dem Bündnis 90 erreicht werden, im Unterallgäu sei dazu auch ein Zusammengehen »unter einem Dach mit der ÖDP« denkbar. Schon 1990 stimmte eine grüne Stadträtin in Starnberg für den Republikaner Ernst Röhm (den Großneffen von SA-Röhm) als Umweltreferenten. Im Herbst 1991 hielt die grüne Fraktion im Schwabinger Stadtteilparlament in München einen Republikaner für das Amt des Ausländerbeauftragten für geeignet. Im Kreistag von Mühldorf/Inn (Bayern) schlossen die Grünen Ende 1991 eine Listengemeinschaft mit den Republikanern. Nur so könnten, begründeten sie das grünbraune Bündnis, Sitze in einigen Ausschüssen gewonnen werden. Denn »es geht um die konkrete Arbeit«, und außerdem seien die Mühldorfer Republikaner »gemäßigt«, »die sitzen nur drin und sagen nichts«.[405] Der Mühldorfer Kreisverband sprach, anstatt ein Ausschlußverfahren einzuleiten, den grünen Kreisrätinnen Birgit Schmidt und Edda Zimmermann das Vertrauen aus. Schon 1989 kungelte in Heilbronn der grüne Stadtrat Wolf Theilacker mit Alfred Degenbach, dem Sprecher der Republikaner, über die Besetzung von Ausschüssen.

Explosives Potential

Seit den fünfziger Jahren wird von rechten Ideologen gezielt versucht, Ökologie in rechter Interpretation für eine Modernisierung des Faschismus und als ein ideologisches Scharnier der Organisierung der rechtsextremistischen und neofaschistischen Szene zu nutzen. 1958 gründeten ehemalige Mitglieder der NSDAP den Weltbund zum Schutz des Lebens (WSL), der Lebensschutz und Umweltschutz mit Rassismus und völkischer Ideologie verknüpfte. Mitte der siebziger Jahre formulierte die NPD ein »Ökologisches Manifest«. Ende der siebziger Jahre gründete der ehemalige CDU-Bundestagsabgeordnete Herbert Gruhl die Grüne Aktion Zukunft (GAZ) und beteiligte sich mit dem neofaschistischem Gedankengut verbundenen Biobauern Baldur Springmann am Aufbau der Grünen, verließ aber die Partei 1981 wegen ihrer Linksentwicklung.

Teile der emanzipatorischen Gegenkultur der sechziger und siebziger Jahre, der StudentInnen-, Hippie-, Indianer- und sogenannten Alternativbewegung, entpolitisierten sich und wandten sich okkulten, esoterischen Sekten zu. Eine der einflußreichsten Sekten, die AnthroposophInnen, bildeten einen starken rechten Flügel aus, der heute enge Verbindungen zur rechtsextremistischen bis neofaschistischen Szene entwickelt hat, aber auch VertreterInnen seines linken Flügels finden wir als AutorInnen »nationalrevolutionärer« Postillen wie *Wir selbst*. In den achtziger Jahren gewannen die sogenannten LebensschützerInnen und ökofaschistische Tendenzen innerhalb der Ökologiebewegung größeren Einfluß. Diese begann, durch die Anpassung der Grünen, teilweise auch durch den Einfluß der SPD und der CDU auf einige Umweltverbände, ihre soziale und antikapitalistische Orientierung aufzugeben.

Die ökofaschistische Szene und ihre Vorfeldorganisationen sind für Außenstehende kaum durchschaubar. Unpolitische Szenen wurden und werden vereinnahmt. Früher verfeindete rechtsextremistische und neofaschistische Organisationen und Strömungen haben begonnen, sich anzunähern. Man braucht sich, man trifft sich, man schult gemeinsam. Es ist ein explosives Potential entstanden, nicht von der restlichen Gesellschaft getrennt, sondern mit seinen Wurzeln und ideologischen wie personellen Verästelungen tief in die Gesamtgesellschaft eingebunden. Biologistisches, rassistisches emanzipationsfeindliches Gift hat sich längst in liberalen und linken Kreisen verbreitet. Wir finden es in der Alltagssprache, in Lehrinhalten und in den Medien. Es ist in den

Kreisen der akademischen Mittelschicht sehr beliebt und wird Gegenstand der Werbung. Die Firma *Esprit* ließ auf Werbetafeln plakatieren: »Wir könnten alle in Harmonie mit der Natur leben, wenn die Überbevölkerung nicht wäre.«

Biologie als Schicksal

Wer an einer Hamburger Schule ein Referendariat absolvieren will, muß einen rassistischen Text unterschreiben: »Ich erkläre, daß ich deutscher Staatsangehöriger bin und meine Eltern und Großeltern nicht im Ausland geboren sind und auch nicht längere Zeit dort gelebt haben.« Der Text schließt nicht nur Nichtdeutsche aus und Menschen, deren Großeltern lange Auslandserfahrungen gemacht haben, sondern definiert das Deutschsein per Abstammung und Blut, also biologisch und nicht sozial, etwa mit dem Ort des Aufwachsens. Hamburger Eltern können zufrieden sein. Ihre Kinder werden von richtigen Blutsdeutschen unterrichtet, die sich beugen ließen, ein solches Papier zu unterzeichnen. Trotz öffentlicher Kritik will die Hamburger Schulbehörde nicht auf den Text verzichten. Anderes »würde zu einer nicht hinnehmbaren Vergrößerung des Personenkreises führen«. Rassistische Auslese unter einer sozialdemokratischen Alleinregierung.[406]

In den Schulen beginnt sich die Auffassung durchzusetzen, daß menschliches Verhalten angeboren und nur begrenzt erlernbar ist: Biologie ist Schicksal. Die Soziobiologie, deren Wurzeln in der Verhaltensforschung Konrad Lorenz', in neueren Erkenntnissen der Physiologie menschlicher Gefühle und Verhaltensweisen und in der sogenannten Populationsgenetik liegen, führt letztlich zu der Konsequenz, daß es sich auch aus ökonomischer Sicht nicht lohnt, an den angeborenen, biologisch determinierten Fähigkeiten eines Menschen weiterzuarbeiten. Das Menschenbild des Faschismus erfährt seine Wiederauferstehung in modernem, wissenschaftlichem Gewand. Es kriecht in die Soziologie, die Psychologie und in die pädagogische Praxis. Schon werden hier und dort einzelne Familien und Menschen für »nicht therapierbar« erklärt.[407] Eine Gesellschaft beginnt sich ihrer sozialen Verantwortung für Krankheit und sogenannte Abweichungen zu entledigen. Auf der anderen Seite haben sogenannte Eliten Konjunktur. Die Konsequenz liegt im Interesse des Staates und des Kapitals. Der Abbau sozialer Hilfen verbilligt auch die Lohnnebenkosten: Der Mensch ist selbst schuld an seinem Elend.

Biologistisches Gedankengut fiel auch in den fünfziger Jahren nicht vom Himmel, sondern hat eine − sehr deutsche − Geschichte. Wissenschaftler wie Konrad Lorenz oder sein Schüler Irenäus Eibl-Eibesfeldt lieferten und liefern die pseudowissenschaftliche Grundlage: Praktisch alle Verhaltensweisen des Menschen seien angeboren und genetisch bestimmt. Der Mensch sei unveränderlich aggressiv und egoistisch, er hasse »Fremde« und verteidige sein »Revier«. So sei es ganz natürlich, daß Männer Frauen beherrschen.[408] Lorenz' Position war seit 1940 weitgehend unverändert, nur seine Wortwahl paßte er der Zeit an. Durch das Bevölkerungswachstum komme es zu einer »Verhaustierung« (1940)[409], die Menschheit degeneriere, weil »sozial Ausfallbehaftete« (1973)[410] nicht mehr selektiert würden. Gegen die angebliche Überbevölkerung setzte Lorenz schon 1940 den »rassischen Gedanken«[411] und 1988 seine »gewisse Sympathie für Aids«, wie wir vernommen haben. Das läßt uns ahnen, welche mörderischen Motive hinter der Gleichgültigkeit der europäischen Elite gegenüber der Lage der aidskranken Menschen in Afrika stecken könnten.

Wenn Eibl-Eibesfeldt die Rolle der Frau als Mutter biologisch festschreibt und sie anderenfalls durch »gezielte Propaganda irregeführt« sieht, wenn er eine »Ethnie« für selbstmörderisch hält, die eine zu große »Zuwanderung« erlaubt, dadurch »Land [...] ab[tritt]« und die »eigenen Fortpflanzungsmöglichkeiten zugunsten eines anderen Volkes [...] begrenzt«, wenn sogar die Marktwirtschaft stammesgeschichtlich erklärt wird,[412] sind irgendwann auch Kapitalismus und Imperialismus genetisch bestimmt, und Ausbeutung ist Schicksal, »Karma«, wie EsoterikerInnen sagen würden.

Was ist Faschismus, was Ökofaschismus?

Faschismus, wie zum Beispiel der deutsche von 1933 bis 1945, ist die extreme Herrschaftsform des Kapitalismus, in dem er als Möglichkeit, nicht als Zwangsläufigkeit angelegt ist. Faschismus ist die systematischste Form der Herrschaft von Menschen über Menschen. Er drängt danach, jeden Ansatz von Emanzipation einschließlich aller Organisationen der Arbeiterbewegung zu zerschlagen und die Produktion zu militarisieren mit dem Ziel der maximalen Ausplünderung und Unterwerfung der menschlichen Arbeitskraft für die Interessen des Kapitals. Faschismus beinhaltet die biologistisch begründete Definition von »unwertem« oder »minderwertigem« menschlichem Leben. Seine eugenische Definition von Leben führt zur Annahme von biologischen Eliten. Faschismus ist ohne Rassismus − und darin als besondere Erscheinung der Antisemitismus − nicht denkbar, und er kommt ohne starken, repressiven Staat nicht aus. Dieser will die totale Kontrolle über alle, auch die privatesten Lebensäußerungen. Die Formen können sich historisch bis zur Unkenntlichkeit verwischen: vom sichtbaren Blockwart bis zur unsichtbaren, legalisierten, vernetzten High-Tech-Überwachung.

Faschismus ist eine patriarchal-kapitalistische Herrschaftsform, die militant gegen Abweichungen von herrschenden Normen vorgeht. Opfer sind zum Beispiel Schwule, Lesben oder KünstlerInnen. Das faschistische Dogma vom unwerten Leben und der höherwertigen »arischen Rasse« oder europäischen Zivilisation verbindet sich mit der Kontrolle der privatesten Lebensäußerungen im Frauenbild des Faschismus. Faschistische Herrschaft verlangt die Steuerung der Bevölkerungsentwicklung, den Zugriff auf die menschliche Reproduktion, ob in Gestalt von Zwangssterilisierung, als »arische Menschenzucht« (»Lebensborn«) oder in der modernen Gen- und Reproduktionstechnologie.

Was ist Ökofaschismus?

Im Ökofaschismus, dem ökologisch modernisierten Faschismus, erkennen wir alle genannten Elemente faschistischer Herr-

schaftsform, zum Teil in ökologisierten Begründungszusammen-
hängen, wieder: Die größte Verantwortung für die Zerstörung der
Natur durch die kapitalistische Produktionsweise tragen, nach
Meinung der Ökofaschisten, die Opfer ebenjener Produktions-
weise, die Menschen im Trikont. Sie versauen durch ihre bloße
Existenz das Klima der höherwertigen, zivilisierten, weißen
Menschen in Europa.

Ökofaschisten kennen zwar Eliten und »unwertes Leben«, aber
keine sozialen Klassen. In den Zentren sind »wir alle« angeblich
gleichermaßen an der Zerstörung der Natur schuld. Der Mensch
steht, nach Auffassung der Ökofaschisten, feindlich in der Natur
und ist nicht ihr besonderer Teil. Andererseits sagen die Ökofaschisten auch, daß der Mensch kein soziales Wesen sei, sondern
biologisch und genetisch bestimmt, also von den Regeln der
Natur außerhalb des Menschen determiniert. Von diesen Regeln
ist er angeblich so abhängig, daß die Einflüsse der sozialen
Umwelt − und damit soziale Verantwortung − praktisch bedeu-
tungslos sind.

Ökofaschistische Ideologie verlangt die Ausrichtung der gesellschaftlichen Ordnung nach den vermeintlichen Regeln »der
Natur«. Die herrschende Wissenschaft richtet sich nach den
Gesetzen der Kapitalverwertung, wie wir nicht nur an den Bei-
spielen der Gen- und Reproduktions- und Atomtechnologie
sehen. NaturwissenschaftlerInnen sind damit in eine Logik eingebunden, die − wenn sich die ökonomischen und gesellschaftlichen Verhältnisse entsprechend entwickelt haben − auch die
systematische Verwertung und Vernichtung von Menschen möglich macht. Ökofaschistische Dogmen entstehen aus oberfläch-
lichen Beobachtungen in der nichtmenschlichen Natur und durch
Übertragung dieser vermeintlich »natürlichen« oder »ökologischen« Regeln auf soziale Verhältnisse.

Ökologie wird zur ordnungspolitischen Kategorie. Aus den Regeln der menschenlosen Natur, die soziale Prozesse ausschließt,
leiten Ökofaschisten ihre »Werte« ab. Aber im Gegensatz zum
Menschen kennen Tiere und Pflanzen weder Selbstreflexion noch
Selbstbestimmung oder gar Befreiung. Wesenselement des Ökofaschismus wird so die Unterwerfung unter die herrschenden Verhältnisse, verklärt als biologische Ordnung. Darin liegt einer sei-

ner Berührungspunkte mit der Esoterik. Ökofaschismus heißt: Stabilisierung von oben und unten, Unterwerfung des Individuums unter patriarchal-kapitalistische Herrschaft und Ausbeutung. Naturschutz und Ökologie werden zum Kampfbegriff gegen die Emanzipation des Menschen. Sosehr Ökofaschisten den Raubbau an der Natur beklagen, so sehr ignorieren sie systematisch den Raubbau an der menschlichen Arbeitskraft.

Der angebliche »Respekt« der Ökofaschisten vor den verschiedenen menschlichen »Rassen«, vor der genetischen menschlichen Vielfalt, ist selbst blanker Rassismus und eine Voraussetzung für die Vernichtung menschlichen Lebens. Menschen unterscheiden sich nach sozialer Klassenzugehörigkeit, vielfältiger ethnischer Herkunft, durch ihre Geschichte, durch Erfahrungen, durch klimatische Lebensverhältnisse. Das sind genug Unterschiede. Die Behauptung verschiedener menschlichen Rassen war nie etwas anderes als ein ideologisch begründeter Mythos.

ÖkofaschistInnen, so sanft, biologisch anbauend und dezentral sie auch auftreten mögen, wollen den starken Staat, eine Elite und die Strafandrohung für »unnatürliches« abweichendes Verhalten (von der Abtreibung bis zur Homosexualität). Die aggressive, imperialistische Expansion der »biologisch Höherwertigen« wird als wehrhafte Verteidigung gegen angebliche Menschenfluten getarnt oder als militärischer Einsatz im Trikont zum angeblichen Schutz der Natur (zum Beispiel Grünhelme).

Wer den Menschen als Feind der Natur sieht, minderwertige menschliche Rassen zu erkennen meint und die Natur vor »den Menschen« schützen will, verrät sich irgendwann an der Sprache mörderischer Gewalt. Da werden Menschen zu »Asylantenfluten«, da bedrohen »Bevölkerungsexplosionen« und braune und schwarze »Menschenlawinen« die weiße Ordnung: biologische Elite und ökonomische Herrschaft. Der sogenannte Lebensschutz gilt stets nur für die »weiße, arische Rasse«. Gegen zu viele minderwertige Menschen hilft – im Namen des Naturschutzes –, Bevölkerungspolitik mit Zwangssterilisation, Selektion, demnächst Menschenzucht mit Hilfe der Gen- und Reproduktionstechnologie und gelegentlich Völkermord, zum Beispiel durch die kaum bekämpfte epidemische Ausbreitung von Aids unter den Ärmsten in Afrika.

Wer leugnet, daß der Mensch ein soziales Wesen ist, wer Emanzipation verachtet und vermeintliche biologische Regeln menschlichem Verhalten aufpfropft, wer an höherwertige Menschen glaubt und deren Vermehrung aggressiv durchsetzen will, braucht Bevölkerungspolitik und die Verfügungsgewalt über die weibliche Sexualität und damit den Zugriff auf die menschliche Fortpflanzung. So sind im Ökofaschismus ein reaktionäres Frauenbild und der sogenannte Lebensschutz nicht voneinander zu trennen. Die Gesellschaftsform, die entstünde, setzten sich ökofaschistische Positionen durch, wäre eine auch ökologisch legitimierte faschistische Diktatur, modernisiert durch die Gen- und Reproduktionstechnologie und die modernen Kommunikationstechnologien.

»Alle menstruierenden Frauen haben den Kreis zu verlassen«

Anja T. aus München fuhr zum »SommerCamp für Spiritualität, Ökologie und Politik − Lied der Erde − Tanz des Lebens« vom 1. bis 14. August 1988 im WassermannZentrum auf der Schwäbischen Alb. Mitveranstalter war die sogenannte grüne Bundesarbeitsgemeinschaft »Spiritualität in Wissenschaft und Politik«.[413] Auf dem Programm standen »Schamanisches Wissen«, Karl Everdings »Reinkarnationsseminar«, eine Menge »Höheres selbst«, »Rebirthing«, »ökosophisch-meditative Betrachtungen über Sonne, Mond, Planeten, Wetter« und »die Erde als Leib«, »Feuertanz«, »Ökogarten«. Und als einer der Höhepunkte: Tom Yellowtales »Heil- und Sonnenaufgangszeremonien«. Deutlicher Hinweis im Programmheft: »Tom Yellowtale nimmt für seine Arbeit keine Bezahlung, sondern nur Geschenke an.« Neben Findhorntänzen, Hopi- und Voodoo-Kult stehen auch grüne ReferentInnen auf dem Programm: Karin Zeitler (ehemalige grüne Bundestagsabgeordnete[414]), Eva Quistorp (ehemaliges Mitglied im Bundesvorstand der Grünen und seit 1990 grüne Europaparlamentarierin), Wolfgang Ehmke[415] (grüner Amtsträger in Joschka

Fischers hessischem Umweltministerium), Rainer Langhans und Rudolf Bahro.

Anja T. schrieb[416] mir, was sie dort erlebt hat:

»Montag, 8. August 1988. Ich komme mittags im Wassermann Zentrum an [...] Ein erster Kontaktversuch mit einer Frau, die neben meinem Zelt in der Sonne liegt, mißlingt: ›Stör mich bitte nicht, ich meditiere, und stell doch Dein Zelt woanders hin.‹ Schade. − 16.30 Uhr: Ich gerate durch Zufall in Karl Scherers[417] Vortrag ›Der Krieger des Herzens − Ein Weg der Schönheit und des Mitgefühls‹, wo man/frau für 400 Mark dann ein paar nette Stories über indianische Erziehung [...] erfährt.« Im Programm, das Anja mitgeschickt hat, lese ich: »Der Krieger des Herzens besitzt [...] den Mut, alle Lebensumstände anzugehen, die zum Leid beitragen, und die Geduld zu warten, bis das erfolgreich möglich ist.« Anja fährt fort: »Scherer vergißt auch nicht zu erzählen, daß es eine große Anstrengung für ihn war, heute ins WassermannZentrum zu kommen. Übermorgen müsse er in Mailand sein, und er komme gerade aus London, Rom, Paris, Brüssel usw. [...] ein Terminkalender wie ein Manager [...] Karl Scherer ist Tom Yellowtales Assistent, d. h. sein ›Blutsbruder‹: [...] ›es ist ja bekannt, die Welt geht nicht wegen der Kapitalisten unter, sondern wegen eines Tiefs, in dem sich alle Menschen befinden [...]‹« Ganz entgegen dem Programmhinweis möchte Tom Yellowtale, schreibt Anja, »für seine Arbeit jetzt doch keine Geschenke (Schwierigkeiten beim Flugzeugtransport), und er bittet die Leute, je nach Vermögen 200−300 Mark zu zahlen. Entrüstetes Gemurmel, Gesprächsfetzen: ›[...] aber was sollen wir denn mit den Energiepyramiden, [...] alle Steine umsonst gekauft.[...]‹

Beim Abendessen (bei dem einige der männlichen Anwesenden ganz begeistert davon sind, daß sie ihren Teller selber spülen dürfen − ›dieses intensive Gefühl der körperlichen Aktivität‹ −, höre ich ein Gespräch von zwei Frauen, die beim Feuerlauf waren: Frau 1: ›Hast Du eigentlich auch lauter Brandblasen an den Füßen?‹ Frau 2: ›Ja schon, aber ich glaube, ich weiß wieso. Jedesmal, wenn uns dieser Typ fotografiert hat, hat er die Aura zerstört.‹ Ich konnte mir das Lachen [...] nicht verkneifen. Abends, beim gruppendynamischen Teil [...] erzählte mir eine

Frau, die gerade in der Schwitzhütte war (100 bis 200 Mark, je nach Zahlungsfähigkeit), von ihren Erlebnissen: ›eine Schwitzhütte dauert etwa 4 Stunden [...] Zuerst wird im Kreis um die Hütte, einem igluförmigen Bau aus Zweigen und Decken, getanzt, wobei die Himmelsrichtung, in der später dein Platz in der Hütte ist, vom Guru festgelegt wird. Ausziehen, der Guru säubert deinen Körper mit Federn. Zu Trommelklängen kriechen die Menschen in die Hütte und kauern sich auf ihren Platz. Erste Runde: der Guru spricht Gebete, singt. Zweite Runde: Steigerung der Hitze. In der Mitte befinden sich glühende Steine, deren Anzahl bei jeder Runde gesteigert wird. Jede und jeder schreit seine/ihre persönlichen Anliegen in die Hütte. Dritte Runde: Gebete für die Angehörigen und die, die man/frau liebt. Vierte Runde: Anrufen der Mächte durch gemeinsames Singen. [...] es wird in der Schwitzhütte eine unheimliche ›energy‹ frei, so daß zwar von Männern erwartet wird, daß sie durchhalten, Frauen die Hütte jederzeit verlassen dürfen.‹ Menstruierende Frauen dürfen überhaupt nicht teilnehmen, sie sind zu powerful und bringen die Kräfte durcheinander – so die indianische Weisheit, die von allen Frauen, die ich zu diesem Thema befragt habe, widerspruchslos akzeptiert wird.«[418]

Dienstag, den 9. August 1988. »Lightwork«. Im Programm, das Anjas Brief beiliegt, lese ich dazu:

»Wo kommen wir her? Warum haben wir gewählt, auf diesen Planeten zu kommen? Wir arbeiten mit geführten Meditationen, Clearings (nach Rhe Powers) und Energiearbeit.« Anja beschreibt: »Zuerst Tanz, etwa eine Stunde, Musik aus den siebzigern, man/frau soll sich austoben ›alles loslassen‹. Dann eine Vorstellungsrunde: wir lassen uns Zeit, [...] die meisten berichten, auf welchen Seminaren, Workshops, Bioenergetic Kursen usw. sie schon waren. [...] Die erste in der Runde wird vorgebeten, sie soll sagen, was ›in ihr ist‹. Sie sagt: ›Nichts‹. Die Kursleiterin darauf: ›Du lügst, besinne Dich‹. Die Frau wiederholt ihre Antwort. Der gleiche Wortwechsel dreimal. Die Frau bricht in Tränen aus, ist ein Häufchen schluchzendes Elend.

Nachmittags Rebirthing bei Nicola Schlubbach-Graf, Diplom-Psychologin aus München. Nach einer kurzen Einführung in Sinn und Zweck des Rebirthing (Trauma der Geburt, ähnlich vergrabene, tiefsitzende Erlebnisse sollen zum Vorschein kommen) teilen wir uns in Zweiergruppen. Eine rebirthed, der oder die andere hilft. Unter Nicolas Anleitung beginnt die erste Gruppe ihren jeweiligen Partner zu massieren und dadurch zum richtigen Atmen anzuregen [. . .] Nach etwa fünf Minuten fangen einige an, zu stöhnen und zu keuchen, klingt wie bei einer Massenorgie. Ein Mann rastet total aus, schreit, kreischt, beschimpft seine Mutter als Schwein, Hure, dreckige Nutte, bäumt sich auf, tritt gegen einen Heizkörper. Nicola bekommt bei dem Versuch, ihn zu bändigen, ein blaues Auge. Berufsrisiko? Die Frau neben mir fängt an, hysterisch zu lachen, schreit, weint ›der Tisch, es ist kalt‹. Geburtstrauma? Bei fünf von acht Leuten ›klappt‹ das Rebirthen.

Abends gerate ich zufällig (bei einem Gang zum ökologisch-dynamischen Bio-Klo mit Sägespäne und meditativer Musik) zu einer Gruppe von Menschen, die auf Tom Yellowtale ›den obersten und rangältesten Sonnentanzhäuptling‹ warten, um mit ihm eine Heilzeremonie zu erleben. Sie warten bereits seit eineinhalb Stunden: ›er wird schon kommen, wenn er es für richtig hält, Indianer haben keine westlichen Zeitnormen, man darf ihn nicht drängen‹ [. . .] Endlich, nach einer weiteren Stunde, ich wollte gerade gehen, kommt er, begleitet von zwei ›Assistenten‹. Alle menstruierenden Frauen werden aufgefordert, die Runde zu verlassen. Die Armen, zweieinhalb Stunden umsonst gewartet, mehrere stehen auf, keine verlangt eine Erklärung. Tom nimmt erst mal einen kräftigen Zug einer geheimnisvollen grünen Flüssigkeit und bittet die erste Kundin (wer Heilung will, muß zahlen), in die Mitte des nach Osten geöffneten Kreises (Verbindung mit den Außerirdischen) zu treten. Er fächert sie mit einem Federwisch ab, murmelt Gebete, fächert wieder, singt, das alles dauert ca. eine halbe Stunde, dann kann sie sich setzen. Ist sie geheilt? ›Der nächste bitte [. . .]‹«

Yellowtale behauptet, Mitglied des Elders Circle of all Indian Tribes zu sein, der nichts als eine Namenserfindung ist, die absichtsvoll auf Verwechslung mit dem einflußreichen und angesehenen Traditional Elders Circle zielt. Anja fährt fort: »Das Camp sollte zwar ›Verbindungen schaffen zwischen Spiritualität, Ökologie und Politik‹ (siehe Programm), was ich allerdings nirgends finden konnte, war die Politik«, beendet Anja ihr Schreiben.

Renate Domnick von der »Gesellschaft für bedrohte Völker« protestierte am 20. August 1988 schriftlich beim Bundesvorstand der Grünen. Sie kritisierte, daß Grüne durch ihre Unterstützung des Wassermann-SommerCamps ausgerechnet europäisch vermarktete indianische Gurus unterstützen: »Swift Dear [der im SommerCamp auftrat] ist ein rechtsradikaler Meti und US-Chauvinist, der traditionellen Indianern auf übelste Art feindlich gesinnt ist, insbesondere dem Traditional Elders Circle, der sich gegen die kommerzielle Ausbeutung und Verfremdung ihrer Kultur und Religion durch Weiße wehrt. Dazu gehört auch der Sonnentanz, der nur an den heiligen Stätten ihrer Stammesländer ausgeführt werden darf [...] finden wir es mehr als bedauerlich, daß Grüne sich an der Unterminierung der Authentizität indianischer Kultur beteiligen [...] es ist eine, wenn auch unbewußte Übernahme imperialistischer Haltungen, zu glauben, daß die oft streng gehüteten Zeremonien indigener Völker jedermann zugänglich sein müßten [...] die Aufführung von Sonnentänzen ist eher eine Sabotage als ein Akt der Solidarität.«

Auf dem SommerCamp wurde geworben für den »keltischen Druiden Kaledon Naddair«, der in Workshops über »Druidentum, Schamanismus und Kraftplätze« referierte.[419] Der »Frankfurter Ring« darf sich in der »spirituellen Stadtzeitung« *Lichtnetz Frankfurt* vorstellen. Der Ring unterstützt Veranstaltungen mit Fritjof Capra und ist der Meinung, daß das »Wesen der Frau [...] mehr offen ist für die intuitiven Erfahrungen«. Daneben wirbt das *Lichtnetz* für die komplette esoterische Szene. Karl Everding, der im SommerCamp ein »Reinkarnationsseminar« anbietet: »Es geht nicht um die äußeren Lebensumstände, es geht um Deine innere Fähigkeit, Dein Leben so zu kreieren, wie Du es willst.« Zu dumm, wenn du arm oder krank bist. An vielen schönen teuren Orten macht Everding Reinkarnationstraining. Stufe eins: intrauterine Phase und frühere Leben; Stufe zwei: Rückführung zu Zeugung und Geburt einschließlich weiterer früherer Leben, Stufe drei: hier »erlebst Du, weshalb Du Dir Deine Eltern gewählt hast [...] Du wirst nur das erfahren, wozu Du bereit bist und was Du verkraften kannst.«

Glückliche Kunden schreiben an Everding: »Ich fühle mich leicht und gelöst [...] ich genieße es sehr, hier in einem anspruchsvollen Hotel mit vielen Einrichtungen verwöhnt zu werden.« Wiedergeburt ist teuer, Everding ist ein guter Geschäftsmann. Er bildet zum Gruppenleiter aus (6000 bis 8000 Mark pro Jahr), bietet Gruppenreisen nach Griechenland (»Sonnenuntergänge bei klassischer Musik mit Gewichtskontrolle«: 1800 Mark), bietet zweitägige Reinkarnationsseminare (250 Mark), »Psychologische Gewichtskontrolle« (450 Mark, Arbeitslose: 350 Mark) einen Abend mit dem »großen« Lehrer Werner Erhard für 60 Mark (»wird den *space* im Seminar erheblich steigern«), am selben Wochenende sind auch noch Psychotherapien drin (50 Minuten zu 90 Mark) und Fußreflexzonentherapien (»nur« 50 Mark).[420]

In der Friedensbewegung blühte nicht nur linker Nationalismus auf (»Keine Raketen auf *deutschem* Boden«), sondern auch die Esoterikszene. Im Seminarraum der Pressehütte des Widerstandsorts Mutlangen gab es mindestens 1989 ein esoterisches Programm: »Fasten als Aktionsform, Heile Erde, Zen-Meditation, Hatha-Yoga, Gewaltlosigkeitstrainings.«[421]

Die faschistischen Wurzeln der Esoterik

Ein großer Teil der in der Alternativszene gelesenen Literatur über eine naturnahe Spiritualität ist mit reaktionären, völkischen oder gar nationalsozialistischen Inhalten verwoben. Neofaschistische und rechtsextremistische Positionen finden wir nicht nur in den unterschiedlichsten politischen − eben auch ökologischen − Gruppen, sondern auch, was weitgehend übersehen wird, in neuheidnischen, esoterischen beziehungsweise okkulten Zirkeln. Der inzwischen verstorbene evangelische Sektenexperte Friedrich W. Haack veröffentlichte 1984, daß im deutschen Sprachraum mehr als tausend Menschen pro Woche in okkulte Lehren eingeführt werden und jedes Jahr mit 52 000 neuen Angehörigen von okkulten Traditionen gerechnet werden muß.[422]

Unter Esoterik wird eine nach innen gerichtete, vergeistigte Geheimlehre verstanden, die sich mit Übersinnlichem, rational nicht Erfaßbarem und Okkultem befaßt. Ihre Bedeutung ist angeblich nur ihren AnhängerInnen zugänglich, sie entzieht sich der rationalen Auseinandersetzung. Statt zu lernen, werden ihre Ideologieelemente in Zeremonien und Ritualen »erfahren«. Die AnhängerInnen der Esoterik glauben, daß ein New Age, ein neues Zeitalter, bevorsteht und daß die Menschheit an der Schwelle des Übergangs vom Fische- zum Wassermannzeitalter steht. Das kommende Zeitalter wird die Menschheit auf eine höhere Bewußtseinsstufe katapultieren, zumindest die höherwertigen, zivilisierten Menschen, welche die elitären esoterischen Regeln intensiv trainieren und fest an sie glauben.

Esoterik und Faschismus überschneiden sich in der Entpolitisierung der Menschen, dem knallharten Egokult, dem elitären Führertum und einer vollständig antisozialen, antihumanistischen und antiaufklärerischen Orientierung.

Mit New Age wird auch die aktuelle esoterische Szene bezeichnet, und die macht mit Gurus, Tarotkarten, teuren Seminaren, Psychotechniken, Büchern, Musik, Läden, Diskos, Zeremonien und Konsumartikeln weltweit ein Milliarden-Dollar-Geschäft. Etwa 20 Millionen Menschen zählt die New-Age-Ideologie allein in den USA, vorwiegend Angehörige der gutverdienenden Mittelschicht. Um zur Elite zu gehören und an der kosmischen Zeitenwende teilzunehmen, muß sich der Esoterikfan intensiv beschäftigen. Nicht mit seiner Umwelt, nicht mit seinen Mitmenschen, nicht mit Politik, nicht mit Armut, Elend und Naturzerstörung, sondern mit sich selbst! Er taucht tief in einen Sumpf aus ideologischen, religiösen und kulturellen Versatzstücken ein.

Esoterische Ideologie ist ein übelriechender Eintopf aus geklauten, ihrem sozialen und kulturellen Zusammenhang entrissenen Elementen aus allen traditionellen Religionen, wie dem Buddhismus, dem Taoismus, dem Christentum, germanischen und keltischen religiösen Vorstellungen, Indianerreligionen sowie Schamanismus, Techniken wie Feuer- und Sonnentanz, Schwitzhütten-Workshops, Reinkarnationsübungen, Séancen mit Pendeln, Kristallen oder Runen, bewußtes oder intuitives Atmen, Fasten, Meditieren, Astrologie und Spiritismus.

New Ager klauen aus anderen Kulturen, sofern sich die Elemente vermarkten lassen und keinen lästigen sozialen Kontext mit sich herumschleppen. Die Bewunderung für Indianer oder afrikanische Traditionen ist Lug und Trug sowie Konsumgier und wird keinesfalls dadurch irritiert, daß ganze Ethnien aussterben. Es geht nicht um die Menschen, sondern um die Plünderung ihrer Kultur, um die Sinnleere der New Ager zu füllen. Zu diesem Zweck müssen die Reste der Kulturen ganz oder teilweise ausgerotteter Völker für die Kommerzialisierung zugerichtet werden. Ihre scheinbare Wiederbelebung dient ihrer Verwandlung in Geld und ihrer endgültigen Verwertung. Politisch bewußte und organisierte IndianerInnen, die sich gegen diese neokoloniale Plünderung wehren, erleben die Ignoranz und Aggressivität der EsoterikerInnen. Warum sich auch mit aussterbenden Völkern herumstreiten?

Im Verständnis der verschiedenen esoterischen Strömungen einschließlich der AnthroposophInnen ist das Aussterben einiger weniger zivilisierter »Rassen« karmisch leider unvermeidbar. Was für lupenreine BiologistInnen die genetische Bestimmung des Menschen ist, ist für die EsoterikerInnen das Karma, das unabwendbare Schicksal, das in einem früheren Leben selbst verschuldet wurde. Unterdrückung und Ausbeutung sind Karma. Soziales und politisches Engagement gilt als Einmischung in ein fremdes Karma und ist tabu. Damit ist die esoterische »Elite« frei, sich am knallharten kapitalistischen Geschäft zu beteiligen. Eventueller Völkermord ist esoterisch längst entschuldigt. Erhard F. Freitag, einer der führenden EsoterikerInnen aus der BRD, sagt: »Denken Sie nicht zu viel an die Welt, denken Sie an sich, denn Sie sind der Mittelpunkt dieser Welt.«[423]

Auch für private Gewaltsverhältnisse empfehlen New-Age-Manager wie Erhard Freitag »positives Denken«. »Eine von ihrem Mann verprügelte Frau suggeriert sich: ›Ich erfülle meine Aufgaben mit Freude und Harmonie. Ich bin behütet und geborgen in der Tiefe meines Wesens. Meine Liebe strömt auch zu meinem Mann. Vor meinem geistigen Auge sehe ich meinen Mann, der mir gütig und hilfsbereit entgegenkommt.‹ Nach vier Wochen war sie ein anderer Mensch. Und ihre Güte und Freundlichkeit färbte auch auf ihren Mann ab.«[424] Gedemütigte, Obdachlose,

Kranke, Hungernde, Gefolterte haben — esoterischem Zynismus zufolge — alle nur ein Problem: Sie haben nie gelernt, positiv zu denken: Don't worry, be happy! Und wenn dabei Menschen sterben. Esoterik und Demokratie schließen sich aus. Die spiritualistische Welt, der erträumte Gottesstaat, das natürliche Universum entsprechen extrem hierarchischen bis diktatorischen Ordnungsvorstellungen.

New Age wird gelegentlich als technologieskeptisch oder gar kapitalismuskritisch mißverstanden. Ganz im Gegenteil liefert die Esoterik die passende Ideologie für das gegenwärtige Stadium des High-Tech-Kapitalismus. Von der Gentechnologie erwarten sich New-Age-Gurus wie Rainer Langhans den »neuen Menschen«, gewissermaßen die wissenschaftliche Beförderung ins Wassermannzeitalter.

Andere — beileibe nicht alle — glauben tiefenökologisch an die Beschleunigung der esoterischen Evolution durch radioaktive Strahlung aus Atomkraftwerken oder sogar Atomraketenstandorten. Die einflußreiche Findhorngemeinschaft etwa wurde mit voller Absicht in die Nähe eines solchen Standortes verlegt. Das New Age kann, so viele AnhängerInnen, auch durch einen Atomkrieg kommen. Die Evolution des menschlichen Bewußtseins auf eine höhere geistige Stufe der Zivilisation rechtfertigt selbst Völkermord.

Der unbedingte Egokult und die Entpolitisierung durch New Age helfen, Widerstand zu schwächen und die Ellenbogengesellschaft zu fördern. Während die einen New Ager sich ganz auf sich, ihre Zeremonien und kultische Rituale zurückziehen, gehen esoterisch geschulte kapitalistische Manager geistig gereinigt, frisch und brutal ans Werk. Spiritualität, heutige sogenannte Hochtechnologie und Kapitalismus vereinen sich in tiefster Harmonie. Die Esoterik ist die ideale Ideologie für leistungsbewußte, durchsetzungsstarke Angehörige der herrschenden Schichten. Kein Esoterikkongreß leidet unter Geldmangel, Teile der Wirtschaft haben sich der Szene längst angenommen.

Eine auserwählte Lichtrasse soll die Erde im neuen Zeitalter besiedeln, und die Euthanasiepositionen tragender New-Age-Führer wie David Spangler oder Sir George Trevelyan sind eine Bedrohung alter, kranker, eben »minderwertiger« Menschen. Die straffen, hierarchischen Strukturen rechtsextremistischer und neofaschistischer Organisationen könnten in den nächsten Jahren eine wachsende Attraktivität für entpolitisierte, autoritär strukturierte New Ager bekommen. Die New-Age-Bewegung ist (noch) nicht faschistisch. Aber wer ihr faschistisches Potential leugnet, hilft bei der Konstruktion eines spirituell wie ökologisch modernisierten Faschismus.

Die IdeologInnen des New Age

* Helena Petrowna Blavatsky (1831–1891) begründete die Theosophie mit ihrem Hauptwerk *Geheimlehre* (1888). Bis heute ist es das ariosophische Standardwerk. Noch vor Steiner beschrieb Blavatsky darin als höchstentwickelte menschliche »Wurzelrasse« die »Arier«. Ihre Geheimlehre ging ein in die germanentumelnde Thule-Gesellschaft und in die Gedankengänge von Naziführern. Die Theosophie wurde die wichtigste Wurzel der heutigen Anthroposophie und der New-Age-Szene. Blavatsky definierte Theosophie als »Weisheitsreligion oder göttliche Weisheit: die Grundlage und der Extrakt aller Weltreligionen und Philosophien, gelehrt und praktiziert von einigen Auserwählten, seitdem der Mensch zu denken begann«. Diese Auserwählten sind Teil jener »planetarischen Hierarchie« geheimnisvoller Meister, die von Theosophen gemeinhin auch als die zum Wohle der Menschheit wirkende »Große Weiße Bruderschaft« bezeichnet wird. An ihrer Spitze stehen Krischna, Buddha und Jesus Christus. Blavatskys Wurzelrassenlehre schätzte auch Adolf Hitler. Aus der Theosophie entwickelte Steiner die Anthroposophie. Eine besonders enge Beziehung besteht zwischen der Theosophie und der New-Age-Bewegung: Diese selbst wird von Theosophen verschiedentlich als die neue »sechste Unterrasse der fünften gleich arischen Wurzelrasse« gedeutet, und das »reine positive Denken« der »Großen Weißen Bruderschaft«, das wir als zentrale Botschaft des New Age kennen, dient der rein geistigen Weiterentwicklung der Menschheit.[425]

* Pflichtlektüre für EsoterikerInnen ist das Buch *Das grüne Gesicht* von Gustav Meyrink (1868−1932), auch ein sogenannter Theosoph. Darin propagiert er die Herrschaft des »vergeistigten Menschen über die Natur und die Tiermenschen, wobei der Neger der Schlimmste ist, halb Raubtier, halb Mensch, hinter dem finstere Mächte stehen!«[426]

* Julius Evola (1898−1974) übersetzte Meyrinks Werke ins Italienische, war Berater von Mussolini und Ideologe der rechtsextremistischen und neofaschistischen Szene in Frankreich und Italien. Sein Ziel war, die »moralische, humanistische Soße« zu überwinden. Magie ist für Evola die Loslösung des Ichs von der Erde und damit deren Beherrschung. Im privaten Eigentum an Grund und Boden sieht er die einzige Lösung der Umweltproblematik. Eigentum ist auch die Frau, deren »absolute Hingabe« an den Mann er verlangt, wozu auch die Witwenverbrennung gehört. Sein Vorbild ist die Hierarchie der indischen Kastengesellschaft.[427] Wer Sklave ist, muß sein Karma dafür verantwortlich machen. Das Aussterben von Völkern ist nicht Folge imperialistischer Gewalt, sondern natürlicher Ausdruck des Niedergangs ältester Völker und Kulturen, deren Lebensmöglichkeiten erschöpft sind. Gegen drohende Erhebungen niederer Völker und Schichten helfen sogenannte heilige Kriege.[428]

* Für die Ariosophen wie den »Bund der Germanen« war die »arische« beziehungsweise germanische Rasse der Höhepunkt menschlicher Entwicklung. Ihre Grundidee ist die einer schicksalhaft vorbestimmten (Welt)Herrschaft der Germanen. Frauen sind für die Ariosophen rassezersetzende SünderInnen.

Ariosophen sind extreme Antisemiten. Zu den ariosophischen Organisationen, die in den zwanziger Jahren aus dem Boden schossen, gehörten beispielsweise der Wälsungen-Orden oder die Edda-Gesellschaft, die Ausgangspunkt der rechtsextremistischen Ludendorffer-Bewegung wurde. Alle ariosophischen Verbände bejubelten die Machtübernahme der Nazis. Es ist kein Widerspruch dazu, daß die ariosophischen Vereinigungen von den Nazis infolge innerfaschistischer Auseinandersetzung später aufgelöst wurden. Die Ludendorffer- beziehungsweise ariosophische Bewegung, einer der Wurzeln des Weltbundes zum Schutz des Lebens (WSL), existiert immer noch. Ihr heutiges Interesse richtet sie, wie viele rechtsextremistische und neofaschistische Kreise, auf den sogenannten Lebens- und den Umweltschutz. Die Vereinigten Grünen Österreichs (VGÖ) haben es fertiggebracht, sie als Vorreiter der Umweltschutzbewegung zu würdigen und immer mal wieder mit ihnen zu paktieren.

* Die bekannteste ariosophische Gruppierung ist die 1969 gegründete medienwirksam arbeitende Armanenschaft unter der Leitung von »Großmeister« Adolf Schleipfer und seiner Frau, der »Hohepriesterin« Sigrun Schleipfer-Friese. Mitte der achtziger Jahre versuchten sie die Rechten zu veranlassen, die Grünen zu unterwandern: »Löst doch den NPD-Haufen endlich auf! Was Besseres könnte gar nicht passieren! Geht in die Basis! Arbeitet bei Grünen, Alternativen, Nationalrevolutionären usw. mit. Bringt dort Euer Wissen ein [...] Und wenn man Rechte dort nicht will, sagt ihnen, daß das Ziel ›grün‹ ist und nicht rot [...]«[429] Sie hassen die Forderung nach sozialer Gleichheit und fordern atomare Abrüstung, Ausländer raus, dezentrale Wirtschaft, »Heidentum« als staatstragende Religion sowie völkische Grundlagen des Staatswesens. Die Ariosophen haben einigen Einfluß auf ökologisch orientierte Biobauern.

* Hermann Wirths (1885–1981) Hauptwerk ist *Die heilige Urschrift der Menschheit.* Er wollte eine »reine deutsche Geistigkeit« aus dem »Sumpf« der »liberalistischen Wissenschaft« befreien und mit der Erweckung der »arisch-nordischen Urkultur« die Befreiung der Menschheit vom Fluch der Zivilisation« erreichen. Ohne Adolf Hitler, der den »Aufbruch Deutschlands herbeiführte«, wäre das deutsche Volk »ein Volk ohne Gottesleben mit einem siechenden Körper« gewesen. Wirth haßte »die künstliche Lebenserhaltung der erbrassig Minderwertigen, die sich wahl- und schamlos vermehren dürfen, während die noch wertvollen gesunden jungen Menschen in einem verzweifelten Existenzkampf [...] selber zugrunde gehen dürfen: darum weil sie [...] keine Scholle [haben], kein Heim, das die Sippe, das Geschlecht sichert«. Wirth war NSDAP-und SS-Mitglied, Himmler unterstützte ihn. Nach 1945 wird sich Wirth als politisch Verfolgter des Dritten Reichs darstellen, weil die Nazis nicht auch seine kultisch-germanistisch-matriarchalischen Vorstellungen hatten übernehmen wollen.[430]

1956 erklärte Wirth vor dem Landesverwaltungsgericht Köln, »daß auch viel Gutes im nationalsozialistischen Reich gewesen wäre und daß dies noch heute meine Überzeugung sei«. In den frühen siebziger Jahren gewann Wirth einigen Einfluß auf die Indianerunterstützer-Szene und später auch auf bürgerliche Kreise. 1979 besuchte der SPD-Vorsitzende Willy Brandt den Titularprofessor und war von dessen Sammlung prähistorischer Symbole »beeindruckt«. Brandt versprach seine Unterstützung für ein Institut für Urgemeinschaftskunde, das durch heftige öffentliche Proteste gestoppt werden konnte. Auch Werner Haverbeck vom Weltbund zum Schutz des Lebens (WSL) ist Wirth-Schüler.[431]

Bei einem Hermann-Wirth-Symposion im Mai 1985 im Collegium Humanum in Vlotho hielt Baldur Springmann ein Runenreferat mit praktischen Übungen. Wirth-Schüler Andreas Lentz, der auch die Armanenschaft der Schleipfers verteidigt, trat am 1. September 1985 dem Worpsweder Kreis bei, einem Zusammenschluß von New-Age-Buchverlagen. Ihr Motto: »Kooperation statt Konfrontation«[432], die Ideologie der Versöhnung mit dem Kapitalismus und Hermann Wirths Sprung ins New Age.[433]

∗ Den alternativen Nobelpreis (Preisverleiher: Jakob von Uexküll) erhielt 1982 Sir George Trevelyan (geb. 1906). Bei ihm mischen sich Anthroposophie und Theosophie. Trevelyan verkündet beispielsweise: »Der Atomkrieg ist für die ›Spirituellen‹ eine Aussicht auf höchste Freuden, nur für ›Materialisten‹ wird es schrecklich werden.«[434] David Spangler, der in Findhorn als Reinkarnation Jesu verehrt wird, hat zusammen mit der Psychologin Myrtle Glines die Aufgabe, Menschen aus der Hippie- beziehungsweise Alternativbewegung zu »disziplinierten, sauberen, ordentlichen, nicht mehr rebellischen« New Agern zu erziehen.[435] Die New-Age-Szene will Herrschaft. Einige ihrer einflußreichsten Vertreter sitzen im Direktorium der »Weltbürger« (Planetary Citizins), einer 1972 gegründeten New-Age-Organisation. Einflußreiche New Ager wie Peter Caddy, David Spangler und William I. Thompson sind Findhornianer. Die Organisation wurde offiziell als Unterabteilung der UNESCO anerkannt. Durch den Einfluß von Findhornianern wurde 1983 eine Meditationsgruppe in einer EG-Kommission in Brüssel gegründet. Das Ziel der politisch aktiven EsoterikerInnen ist eine UNO-Weltregierung.

Peter Caddy, Major der britischen Royal Air Force (RAF), gründete 1962 die Findhorn-Gemeinschaft in Schottland, mit dem Ziel, gemäß der Lehre der Theosophen die »sechste arische Wurzelrasse« zu züchten, denn die »Führungsrasse«, die für die UNO-Weltregierung gebraucht wird, muß erst noch trainiert werden. Findhorn ist ein Schloß in einem »magischen Garten« in der Nähe von Atomraketenstellungen. In den Gebäuden sind eine Computerfirma, ein Design- und Tonstudio, ein Verlag, eine Töpferei, eine Apotheke, eine Weberei und eine Rudolf-Steiner-Schule untergebracht. Die guten Kontakte eines der Findhorn-Führer, Sir George Trevelyan zur Soil Association, eine mit dem englischen Königshaus verbundene anthroposophische Vereinigung, in der Adlige und Angehörige der herrschenden Klasse organisiert sind, befreite die Findhorn-Gemeinschaft offensichtlich von jeglichen Steuern. Etwa 4000 Besucher zählt die Gesellschaft jährlich. Zu den sprudelnden Einnahmequellen gehören auch extrem teure Seminare und Wirtschaftskonferenzen in Findhorn, an denen unter anderem Volvo, Shell, Rank Xerox, Philips und IBM teilnehmen, vermutlich nicht ohne finanzielle Beteiligung. In Bielefeld hat sich mittlerweile ein deutscher Ableger der britischen Gesellschaft gebildet.[436]

* Marilyn Fergusons Roman *Die sanfte Verschwörung* gilt als zentrales New-Age-Werk. Ihre wichtigste Wurzel ist die Theosophie und ihre Praxis die enge Zusammenarbeit mit Managern, Militärs, UNO, Regierungen und Werbewirtschaft. »Der beste Führer ist der, der das Verhalten der Menschen verändert, ohne daß sie es merken! [...] Sobald man einmal die Macht, die der gemeinsamen Ausrichtung der Menschen innewohnt, erkannt hat, kann man nicht mehr in den alten Begriffen an die Zukunft denken.«[437] 1977 unterstützte sie ein »Hungerprojekt«, das von der UNO als regierungsunabhängige Organisation (NGO) anerkannt wurde. 1982 waren über 50 Prozent des Spendeneinkommens vermögensbildend angelegt. Weil aber laut Ferguson das Sprechen über den Hunger eine Wandlung der Psyche bewirkt, kann das wohl vernachlässigt werden.

* Gerd Gerken, Unternehmensberater und hochbezahlter Managertrainer des New Age, nimmt Wirtschaftsführern mit der Ideologie des »positiven Denkens« und der rein geistigen Verän-

derung soziale Verantwortung und schlechtes Gewissen ab. Etwa seit 1980 wird die Esoterik von Fraktionen des Kapitals auch finanziell stark gefördert, weil sie nicht nur Manager glücklich macht, sondern sich auch bei MitarbeiterInnen auf mittleren Ebenen der Reiz der Magie und des Übersinnlichen als enorm identifikationsstiftend (mit dem Unternehmen) und erfreulich leistungssteigernd herausgestellt hat. Gerken ist verantwortlich für das Manager-Magazin *Radar für Trends,* das New-Age-Philosophie in die Wirtschaft hineinträgt. In den USA gibt es bereits eine Reihe von Firmen, in denen den Mitarbeitern esoterische Seminare kostenlos angeboten werden. Gerkens New-Age-Seminar-Kartei enthielt schon im Januar 1985 folgende Firmennamen: Blendax, AEG, Maggie, Tschibo, Deutsche Bank, BMW, SEL, Wella, Daimler Benz, Esso, Otto-Versand, Hoechst und Karstadt.[438]

OkkultistInnen und ParapsychologInnen arbeiten in den USA auch in der Wirtschaft. Die Psychic Enterprises in Los Angeles vermieten OkkultistInnen an Firmen, die bei Ölbohrungen, in der Kriminalistik, beim Militär, in der Politik und im Bankwesen eingesetzt werden. Der Okkultismus hat sich fast vollständig zur profitorientierten Bewegung entwickelt.[439]

* Dem moderat auftretenden, populärsten und am weitesten in bürgerliche Kreise hineinwirkenden Vertreter des New Age, Fritjof Capra, haben wir ein eigenes Kapitel gewidmet.

Das New Age des Nationalsozialismus war das Dritte Reich

Germanenkulte waren bei großen Teilen der Arbeiterjugendbewegung wie der Naturfreunde- und der Freidenkerbewegung beliebt. Wir finden germanentümelnde Elemente in Reden, Texten und Ritualen.[440] Sonnwendfeuer wurden in proletarischem Traditionsbewußtsein zu gewaltigen Zeremonien, die Bewegung traf sich in zahlreichen »okkult«-sozialrevolutionären Gruppen unterschiedlichster Art. Gustav Landauer, Erich Mühsam und

Gerhart Hauptmann etwa standen dem 1906 gegründeten Deutschen Monistenbund nahe, der einen mystischen, spirituell fundierten Sozialismus mit freier Religiosität und die »wilde Natur« pries. Ursprünglich sozialrevolutionäre, ritualisch-naturmystische Gruppen wie zum Beispiel der Wandervogel gerieten ins Fahrwasser konservativ-nationaler, später nationalsozialistischer Kreise.[441]

Durch NSDAP-Parteikader wurde die Jugendbewegung den herrschenden Interessen unterworfen. Pfingsten 1933 feierte die Jugendbewegung ihr letztes »Fest der freien Bünde.« Das Fest endete mit der Selbstauflösung der beteiligten Gruppen, in denen vier Millionen Jugendliche Mitglied waren, nur rund 400 000 junge Menschen waren bis dahin in den originär nationalsozialistischen Jugendverbänden organisiert. Die Hitlerjugend trat das Erbe der Jugendbewegung an, pervertierte und zerstörte es. Spiritualität wurde gleichbedeutend mit Kult: Kult der Jugend, Kult der Arbeit, Kult des Volkes, Führerkult und Kult der Stärke.[442]

Biologischer Landbau verband sich magisch mit der heiligen »Mutter Erde«. Aus der Verbundenheit »mit der Scholle« konnte sich eine Wurzel von »Blut und Boden« entwickeln. Die Wurzelrassenideologie der Theosophen und der Anthroposophen fügte sich nahtlos in nationalsozialistische Vorstellungen von der Reinhaltung der »arischen Rasse«. Die Angst der BürgerInnen und GroßbürgerInnen vor dem sozialen Abstieg ließ sie gierig Mystisch-Okkultes-Übersinnliches aufsaugen, was half, lästige Klassenkämpfe zu ignorieren, und die Ideologie der Vorherrschaft der eigenen Volksgemeinschaft nährte. Auch heute bilden Angst vor sozialem Abstieg, Sinnleere, Egokult, Gleichgültigkeit gegenüber den Menschen im Trikont und der Armut in Europa den Nährboden für den wachsenden Einfluß der Esoterik.

Esoterische Gruppen aller Schattierungen blühten und halfen, den Boden für den Faschismus zu bereiten. Zu den Mitgliedern des antisemitisch-völkischen Geheimordens Thule-Gesellschaft (1918 gegründet) gehörten beispielsweise NS-Funktionäre wie Alfred Rosenberg, Julius Streicher und Hans Frank, Industrielle, Theodor Morell, der spätere Leibarzt Hitlers, und eine ganze Reihe von Adligen.[443] »Thule« nannten die Theosophen und Ariomystiker die vermeintliche geistige Urheimat der Arier, ein versunkener Kontinent, von dem alle »höheren« Kulturen abstammen sollten.

Wie Konrad Lorenz wird heute der Psychologe C. G. Jung in Alternativkreisen unverdientermaßen verehrt. Wie Jungs analytische Psychologie trug Lorenz' Verhaltensforschung zur Unterstützung neuer deutscher Herrschaftsansprüche bei. So wie Konrad Lorenz' Buch *Die sieben Todsünden der Menschheit* nach dem Faschismus von seinem Schüler, dem Zürcher Psychologieprofessor Norbert Bischof, seiner faschistischen Inhalte bereinigt wurde,[444] wurde auch bei C. G. Jung Geschichtsfälschung betrieben. 1939 würdigte Jung Hitler als »Medizinmann, Seher und Prophet«, als »wahre[n] Führer«, der mit magischer Macht ausgestattet sei. Und: Sofern die »Eingebung« des Führers die Eroberung Europas bedeute, stehe eine »extrem interessante Periode« bevor. Jungs wissenschaftlicher Beitrag bestand darin, die »Verschiedenheiten der germanischen und jüdischen Psychologie« herauszuarbeiten. Jung ist mit seiner Archetypenlehre, die unter anderem auch Wotan, dem germanischen »Gott der Raserei«, eine besondere Rolle zuschreibt, zum »auserkorenen Liebling« und einem der »Väter« der modernen New-Age-Bewegung geworden. Seine nationalsozialistische Vergangenheit wird geleugnet.

Das Blut, sowohl physisch wie mythisch begriffen, wurde zum Träger des Erbes der Germanen. Ariosophen wie Hans Wilhelm Hammerbacher (Vater der Armanenschaft-Chefin Sigrun Schleipfer) schrieb 1974: »Als im Jahre 1938 der Anschluß Österreichs an das Deutsche Reich vollzogen wurde, war die Freude der Vorarlberger über die Vereinigung mit dem schwäbischen Nachbarland tief und echt«, denn es handelte sich, so Schleipfer, um die Vereinigung Germanenstämmiger gegen die minderwertigen Slowenen. Bis heute ist das Deutschsein im bundesdeutschen Grundgesetz an das »Blut« und nicht an den Wohnort gebunden. Heute kämpfen Neofaschisten auf der Seite Kroatiens gegen Serben und haben sehr ähnliche »Begründungen«: »Jetzt kämpfe ich gegen die verdammten Serben. Wie mein Vater damals in der Wehrmacht«, sagt einer, und ein anderer ergänzt im Sommer 1992: »Die serbische Mörderbande muß beseitigt werden, die Kroaten sind fleißiger als die Serben. Die sind dem Deutschen ähnlicher.«[445] Die hintergründig rassistische Botschaft vieler Medienberichte entfaltete ihre Wirkung.

Hitler, der der Thule-Gesellschaft nahestand, hielt seine erste programmatische Rede »Warum sind wir Antisemiten?« auf einer NSDAP-Versammlung in München am 13. August 1920. Er sprach vom »tief-innerlichen Seelenleben« als Hort menschlicher Schöpferkraft, deren Träger in besonderer Weise »nordische Rassen« seien. Diesen stünden als Kulturzerstörer die »müßiggängerischen Südrassen«, insbesondere die Juden, gegenüber. Während erstere allerorts ihre »befruchtende Kraft« entfalteten, bezweckten letztere durch ihr Wirken den Niedergang der Menschheit, zum Beispiel durch die kapitalistische Wirtschaftsweise. Hitler forderte daher den erbarmungslosen Kampf gegen den »Materialismus und Mammonismus«, was er gleichsetzte mit der »Entfernung der Juden aus unserem Volke [. . .] Unsere Sorge muß es sein, das Instinktmäßige gegen das Judentum in unserem Volke zu wecken und aufzupeitschen und aufzuwiegeln, so lange bis es zum Entschluß kommt, der Bewegung sich anzuschließen, die bereit ist, die Konsequenzen daraus zu ziehen.«[446] Wesentlicher Bestandteil des Selbstverständnisses der frühen NSDAP war der Wille, die Natur durch den Geist zu überwinden und okkult zu beherrschen. Sie glaubten an »Wurzelrassen«, an eine Weltverschwörung und beschworen eine Endzeitmystik. Das New Age des Nationalsozialismus war das Dritte Reich, das tausend Jahre dauern sollte. Für die Behauptung ihrer angeblichen Höherwertigkeit und für tausendjährige Heilsversprechen unterwarfen sich Menschen der faschistischen Ordnung, ertrugen ihr Leben und wurden zu MittäterInnen. Auch heute, im Angesicht des sogenannten Wassermannzeitalters, soll niemand soziale Verantwortung tragen, nicht eingreifen, die herrschende Ordnung nicht stören, Erniedrigung und Naturverseuchung nicht aufhalten und jeden Gedanken an die Befreiung aller Menschen fallenlassen. Und wieder schwebt da ein Heilsversprechen: zu einer post»arischen« höherwertigen »Wurzelrasse«, einer Elite auf einer höheren Evolutionsstufe, zu gehören, den meisten Menschen überlegen. Trost für Dumpfheit, Verrat, Unterwerfung und Sinnleere.

Sexy Sadie — Gegenkultur und Esoterik seit 1945

Die politische Indianerbewegung, die nach dem Zweiten Weltkrieg in den USA entstanden war, als Hopi und Lakota anläßlich der US-Atombombenabwürfe auf Japan ihre eigene Situation auf Uranabbaugebieten in den Reservaten öffentlich machten, verwandelte sich Ende der siebziger Jahre zum Teil in eine apolitische, romantisierende, magisch-kultische Indianerwelle. Daneben entstanden auch politische IndianerInnen-Solidaritätsorganisationen, wie die Gesellschaft für bedrohte Völker (GfbV) oder die Münchner Big-Mountain-Aktionsgruppe. Aber auch in der Gesellschaft für bedrohte Völker scheint es merkwürdige Tendenzen zu geben. In der nationalrevolutionären, rechtsextremistischen Zeitschrift *Wir selbst* 1/1991 finde ich eine Anzeige der GfbV. Und auf einer streckenweise gemeinsamen Zugfahrt, 1987 oder 1988, verkündete ihr Vorsitzender Tilman Zülch, der schon früh für die Wiedervereinigung eingetreten war, Lenin sei ein ebensolcher Massenmörder gewesen wie Hitler. Neben der politischen IndianerInnen-Unterstützerszene entstanden die Stadtindianer — wie die Göttinger Mescaleros[447]. Sie stopften Indianer in positiv besetzte Klischees (weibliche Helden gab es nicht). Indianer waren wie Geronimo immer tapfere Krieger. Die Projektion der eigenen Sehnsucht nach dem Fremden, ganz in der Art Karl Mays, machte aus dem kolonialen Klischeebild des »wilden roten Teufels« ein alternatives, es blühen Schamanismus und Indianerkitsch.

»So manche Nacht hatte ich im Schlafsack an verlassenen Stränden zugebracht und einsame Tage der Meditation hoch in den Hügeln, mit Castanedas ›Lehren des Don Juan‹ oder Hermann Hesses ›Steppenwolf‹ als einzigen Begleiter«, trug Fritjof Capra auf einer Lesung vor.[448] In manchem Selbsterfahrungskitsch geht die Wahrheit unter. Carlos Castaneda, der Schriftsteller, der eine ganze Generation beeindruckt hat, ist ein erfolgreicher Blender. Seine ethnologische »wissenschaftliche Feldforschung« erwies sich als reine Schreibtischtätigkeit, und seine »historischen« Figuren sind nichts als Phantasiegestalten. Seine indianischen Schamanen haben keine soziale und politische Funktion mehr, und der politische Überlebenskampf und der Widerstand der indianischen Nationen gegen Zwangsumsiedlungen, Tiefflieger, Uranabbau, Wasserkraftwerke, goldschürfende Weiße oder Landraub werden in einer spekulativ-okkulten Traumwelt totgeschwiegen.

Politischer war die karibische Rastafariebewegung ab etwa 1975, sie verband Naturreligion, Christentum und Marihuanakult mit politischen Zielen. Regionale Widerstandsbewegungen im Baskenland (Euzkadi), in der Bretagne, auf Sardinien, Korsika, in Okzitanien, Irland, Wales und Schottland lebten schon früher wieder auf, entdeckten und entwickelten ihre eigene politische und kulturelle Identität durch Geschichtsbewußtsein, Lieder, Sprache, Politik und − zum Teil bewaffnete − Militanz.

Auch diese Bewegungen blieben, etwa ab 1980, nicht von einer unpolitischen, ökologisch-esoterischen Keltenwelle verschont, an die sich rechtsextreme, auch germanische Okkult-Gruppen anschlossen. Seit Anfang der achtziger Jahre boomt das Geschäft mit der naturreligiös-indianisch-keltisch-germanisch-esoterisch-ariosophisch-spirituellen Szene, die auch in Teile der feministischen Bewegung hineinwaberte. Wir finden ein spirituell-okkultes Naturverständnis etwa bei Rudolf Bahro und in Teilen der Frauenbewegung in den USA wie in der Bundesrepublik. Das Leben soll sich harmonisch in den Kreislauf der Natur einbetten (»Kreislauf« ist einer der vielen erfolgreichen, nicht hinterfragten Begriffe aus der Esoterikszene), und über allem schwebt als Vertreterin der »Mutter Erde« die matriarchalische »Göttin«.

Wo so viel Irrationalität grassiert, geben irgendwann autoritäre, emanzipationsfeindliche und rechtsextremistische Ideologen den Ton an. Gugenberger und Schweidlenka ziehen in ihrem hervorragenden wissenschaftlichen Grundlagenwerk *Mutter Erde, Magie und Politik*[449] Parallelen zwischen der heutigen Esoterik und der Gegenkultur der Zeit zwischen den beiden Weltkriegen. Die Nazis hatten es leicht, Symbole und Zeremonien der Esoterikszene zu vereinnahmen, zu zahlreich waren die Berührungspunkte der faschistischen und der esoterischen Ideologie. Diese bot den NS-Faschisten »bereichernde« Kultur- und Kultelemente: mystisch inszenierte Massenversammlungen, Runen-SS-Symbole, Blut-und-Boden-Ideologie. Über das seit etwa 1900 in völkisch-nationalen Kreisen gebräuchliche Hakenkreuz sagte Hitler 1920: »Wir wissen«, daß den »arischen« Menschen, als sie ihre nördliche Heimat verließen und nach Süden zogen, »ein Zeichen gemeinsam blieb: das Zeichen der Sonne [...] Es ist das Hakenkreuz dereinst von arischer Kultur gegründeten gemeinen Wesen.«[450]

Mitte der sechziger Jahre entdeckten Teile der Gegenkultur östliche Spiritualität. Die Beatles fanden im Guru Maharishi Maheshi Yogi ihren Meister, und der wurde weltberühmt. Das beschleunigte die Flucht aus der Politik, von den Straßen und Anti-Vietnam-Demonstrationen in die Aschrams. Irgendwann begriff John Lennon, wem sie da aufgesessen waren: »Als die Nachricht vom Tode Brian Epsteins kam, waren wir geschockt, völlig erschlagen. Wir gingen zum Maharashi und sagten: ›Brian ist tot!‹ Und er antwortete so auf die Art: ›Ah, so? Vergiß es, sei glücklich‹ – wie ein Vollidiot. Lächle, das sagte er – und wir haben es getan.«[451] Als die Beatles dann vom Vergewaltigungsversuch des Gurus an Mia Farrow überzeugt waren, nahmen sie Abschied vom Maharishi und seinem »inneren Licht«: Wir »sagten: ›Wir hauen ab‹. Er fragte erstaunt, warum. Ich sagte: ›Wenn du so kosmisch bist, dann weißt du es sowieso.‹ Und da warf er mir einen Blick zu, der besagte: ›Ich bring' dich um, du Hund!‹ Da wußte ich es, ich hatte ihn durchschaut. Ich hab' dann das Lied ›Sexy Sadie‹ geschrieben [...] Jetzt wißt Ihr es. Sexy Sadie, was hast Du getan, Du hast jeden zum Trottel gemacht.«[452]

Der Maharishi äußerte später, wer in Armut lebe, sei faul oder nicht intelligent genug. Ein großes Geschäft machte er, als Anfang der achtziger Jahre die ganze Belegschaft von General Motors sein Transzendentale Meditations (TM)-Programm kaufte. TM hat weltweit zwei Millionen Mitglieder, in der Bundesrepublik mehr als 100 000. Der Maharishi wurde so reich, daß er 1984 mit der Unterstützung des Diktators Marcos zwei philippinische Universitäten mit 60 000 StudentInnen für TM-Massenexperimente kaufen konnte.

Sekten wie Scientology, Mun oder Universelles Leben sind besonders unter Jugendlichen, an Universitäten aber auch in allen anderen Bereichen der Gesellschaft auf dem Vormarsch, mit ihnen neofaschistische Gruppen wie die Europäische Arbeiterpartei (EAP), der seit längerem Kontakte zum Ku-Klux-Klan nachgesagt werden. Die objektive Aufgabe der Esoterik besteht heute wieder in der Umwandlung und der Anpassung gegenkultureller Bewegungen, die in Widerstand gegen die herrschenden Verhältnisse ausarten könnten, an den Kapitalismus und seine Verwertungsnotwendigkeiten. Es geht nicht um Naturbewußtsein, Magie und kosmische Paradigmenwechsel, sondern um Profit, Verblödung, Entpolitisierung, Anpassung und damit letztlich um gar nicht übersinnliche Herrschaftsstabilisierung.

Rudolf Bahro und Rainer Langhans: Der »grüne Adolf« und der »neue Mensch«

> »Wer den Nationalsozialismus nur als politische Bewegung versteht, weiß fast nichts von ihm. Er ist mehr noch als Religion, er ist der Wille zur neuen Menschenschöpfung.«
> Adolf Hitler[453]

Rudolf Bahro, 1935 geboren, schrieb 1977 *Die Alternative,* saß dafür zwei Jahre im DDR-Knast, kam zu den Grünen und verließ sie 1985 wieder. In seinem Buch *Logik der Rettung* (1987) kann er sich die Rettung der Umwelt schon nicht mehr anders als durch eine »Rettungsregierung« – beispielsweise bestehend aus Biedenkopf/Lafontaine/Schily – vorstellen. Dies ist jedoch nur eine so törichte wie moderate Vorstufe auf dem Weg zur eigentlichen politischen Konstruktion, einer »Weltregierung«, einem »Fürsten der ökologischen Wende«, »ein bißchen »Ökodiktatur« sei angebracht«. Kritik an seinem »Ruf nach dem starken Mann« konterte Bahro auf einer Veranstaltung: »Ist es nicht wunderbar, wenn ein Land einen starken Mann hat wie Gorbatschow?! Er ist der Fürst, er wird sich durchsetzen.«[454] Muß jetzt, nach dem Abtritt Gorbatschows, ein noch stärkerer, diktatorischerer Mann kommen?

Einige Zeit nach seinem Austritt aus den Grünen gründete

Bahro eine »Lebensgemeinschaft« und »Lernwerkstatt« in Niederstadtfeld in der Eifel. »Neun Erwachsene und ein Kind« haben »sich zusammengefunden«, um unter dem Motto »Ganzheitliches Leben – ganzheitliche Politik« zu einer »spirituellen Neubegründung der Politik beizutragen«[455] – was soll das im einzelnen sein? Wir finden Mozart, Beethoven und New Age, selbstgemachte Naturkosmetik, Tarot-Workshop, indianische Rituale, Vollwertkost, Tai Chi, Franz Alt, selbstgefertigter modischer Schmuck, Kreistänze, adventlicher Apfelnachmittag, dazwischen als Minderheitenprogramm einmal einen Vortrag über die Verschuldung Lateinamerikas, Marias Mies als Referentin über Patriarchat und Kapital und Bahro selbst über Spiritualität und Politik, zweimal. 1989 finden wir in den Programmen für Januar, Februar und März kein einziges politisches Thema mehr: benediktinische Lebenspraxis und Spiritualität, New Age, Frauensprache – Männersprache (noch das politischste Thema), Mutterrecht am Beispiel von Sumatra, Maria Magdalena – Gefährtin Jesu im Lichte feministischer Theologie, Schwarze und weiße »Magie« in der Pädagogik, Tief-Ökologie, Sexus – Eros – Liebe usw.

Auf dem Programm der grünen Arbeitsgemeinschaft »Spirituelle Wege in Wissenschaft und Politik« in der Lernwerkstatt stand die Beschäftigung mit unterschiedlichen spirituellen Wegen und ihrem Verhältnis zu grüner Politik: dynamische Meditation nach Bhagwan Shree Rajneesh[456], verschiedene Arten Yoga, Sufismus, christlich-spirituelle Transformation, Buddhismus, Ökosophie, Anthroposophie. Einen Anhänger fand Bhagwan auch unter grünen Bundestagsabgeordneten. Wolfgang Daniels progagierte 1988 dessen Buch *Die größte Herausforderung: Die goldene Zukunft* mit den Worten: »Ich sehe hier eine Chance für großartige Veränderungen [...] Die Sannyasins könnten ein Glied in der Kette der Grünen sein. Sie verkörpern eine Kultur, die unserer Partei abhanden gekommen ist.«[457]

In einem Interview der Bhagwans Ideologie nahestehenden Zeitschrift *Connection* sagte Bahro: »Das Wichtigste ist, daß sich die vernetzen, die den Weg ›zurück‹ gehen und auch weisen wollen in die Großen Gleichgewichte, in die Übereinstimmung der menschlichen Ordnung mit dem Tao des Lebens. Worüber ich nachdenke, ist das ›esoterisch‹-politische Thema ›König und Königin der Welt‹, im Grunde gerade die Frage, wie sich Mann und Frau spirituell umfassend genug begreifen und engagieren sollen. Wer sich nicht zur Mitwirkung an der Weltregierung aufschwingt, verdient die Bescherung [...]«[458]

Besonders aktiv in Bahros Lernwerkstatt und in der grünen AG »Spirituelle Wege« ist Volker Buddrus aus Hamburg, der sich positiv auf die Findhorn-Gemeinschaft bezieht, die, wie gesagt, Major Caddy 1962 mit dem Ziel gründete, eine »Führungsrasse« für die Weltregierung zu züchten. Buddrus schwärmt: »In der Findhorn-Kommune (Schottland) sagen beispielsweise die Foculizer [eine Art Anführer] jeden Morgen, welche Arbeiten anliegen.

Dann stehen die Kommunemitglieder im Kreis, fassen sich an, schweigen und spüren, was auf sie zukommt. So übernimmt der eine den Abwasch, der andere beispielsweise die Gartenarbeit. Sie fühlen sich zu ihrer Arbeit hingezogen, und am Ende geht alles auf.«[459]

Noch 1987 formulierte Bahro Kritik an der New-Age-Szene: »Meditation, die nicht auf ein anderes Alltagsleben und -handeln hinausläuft, ist eitel«, um gleich anschließend die Verschiebung von »Tiefenkräften« Richtung Moskau festzustellen.[460] Er schimpfte eine Zeitlang auf »gesellschaftliche Unverbindlichkeit und Ziellosigkeit, gepaart mit gedanklicher Unschärfe, [...] [als] das eigentliche Gebrechen der spirituellen Szene, des ganzen ›New-Age‹-Feldes, schlimmer noch als das kommerzielle Absahnen«. Formuliert Bahro damit wirklich nur eine Kritik oder vielleicht einen Ansatz, die unpolitische New-Age-Szene politisch zuzuspitzen – und dies geht nur nach rechts, Richtung Ökofaschismus. 1987 schreibt er: »Kein Gedanke verwerflicher als ein neues anderes 1933? Gerade der aber kann uns retten. Die Ökopax-Bewegung ist die erste deutsche Volksbewegung seit der Nazibewegung. Sie muß Hitler miterlösen [...]«[461]

Was macht Bahro heute? Er hat einen Lehrstuhl für soziale Ökologie an der Humboldt-Universität in Berlin und gehört neben Rainer Langhans und anderen inzwischen zu den prominentesten Figuren der ökofaschistischem Gedankengut nahestehenden Esoterikszene. Auch Rainer Langhans beteiligte sich an der Lernwerkstatt. Langhans, früher Mitbewohner der Kommune I in Berlin, bezeichnet den Nationalsozialismus als ersten großen Versuch, Materie und Spiritualität zu verschmelzen. »Spiritualität in Deutschland heißt Hitler.« Denn die »Faszination, die ungeheure Vollständigkeit des Lebens in diesem faschistischen Staat bestand ja darin, daß erst mal auch der Tod mit hineingenommen wurde in das Lebenskonzept des Nationalsozialismus«. Was schaden schon Folter und Völkermord dem Zyniker, wenn es »den Ausstieg aus dem Körper gibt«, den »wir studieren müssen«. Wirklich schrecklich am Faschismus ist für Langhans, »daß sich hier ein Volk in einem rauschhaften Amoklauf auf eine Gottsuche gemacht hat, die alles wollte, was nur irgend an Schönem, Lichtem möglich war – und dabei in der tiefsten Hölle landet«.[462]

Die deutschen Jüdinnen und Juden, die KommunistInnen und SozialistInnen, Roma und Sinti, Schwule und andere Verfolgte scheinen für Langhans bis heute nicht Teil dieses Volkes zu sein, denn wo hätten sie sich im Faschismus vergleichsweise »rauschhaft« auf »Gottsuche« begeben? Von Hitler »muß man erst mal seine Vision verstehen und dann seine Fehler sehen [...] Wir müssen sozusagen die besseren Faschisten werden«, sagte der Exkommunarde.[463] Der Faschismus war für Langhans »nur die pervertierte Version des an sich richtigen Anliegens, einen neuen Menschen zu schaffen«.[464] Und: Wir müssen uns »genau anschauen, was er [Hitler] Großes versucht hat«.

Auf die Frage des Interviewers Mathias Bröckers, ob denn die Linke nicht richtig handle, wenn sie die Möglichkeit eines Rassismus im Laboratorium am Beispiel der Gentechnologie bekämpfe, beschreibt Langhans seinen Aussichtspunkt: »Wenn du weiter oben auf dem Baum sitzt [...] siehst du den größeren Zusammenhang und siehst: Es ist gut.« Vom Baum aus sieht er, wie »diese rassischen Geschichten«, die die Nazis »durch Ausrottungs- und Züchtungstechniken« betrieben haben, »heute mit den feinen Methoden der Gentechnologie« erreicht werden. »Unsere Aufgabe müßte sein, hinter diesen ganzen Schreckensbildern ihren utopischen Gehalt [...] zu erkennen [...] noch in den fürchterlichsten Verzerrungen das Schöne zu entdecken [...] Was will die Gentechnologie? Sie will auf der grobstofflichen Ebene einen ›neuen Menschen‹ realisieren, so schön wie irgend möglich.«

Sieh nach innen, laß alles geschehen! Möglich ist, daß es in der Sowjetunion zu »Mord und Totschlag [...] kommt«, aber das sei notwendig, »um die trägen Bewußtseine [...] zum Lernen und Handeln zu zwingen. Ich greife nicht ein [...] Wir sollten erkennen, daß das Nichtstun das wahre Tun ist.«[465] Diese vollkommen asoziale Haltung, diese absolute Amoral und Verantwortungslosigkeit außer für sich selbst bestimmt die Grundeinstellung der meisten FührerInnen und AktivistInnen der New-Age-Szene.

StudentInnen von Bahro berichten, daß seine Veranstaltungen zweisemestrig sind und daß er im ersten Semester ostdeutsche StudentInnen mit seiner scheinbar linken radikalen Industriekritik fasziniere, die dann in der zweiten Hälfte in abstoßend völkisch-esoterische Positionen umkippe. Wir können das nachvollziehen, wenn wir Bahro lesen. Für ihn ist »die ökologische Krise« das Hauptthema, die ihn »von ihren Tiefenstrukturen her« beschäftigt und die »mit links und rechts nichts zu tun« hat. Er will herausfinden, warum die menschliche, »insbesondere die nördliche weiße Zivilisation zu diesem Charakter der Selbstvernichtung« kommt. Seine HauptgegnerInnen sind inzwischen Linke: »Es ist nun einmal so, daß das Stammesbewußtsein tiefer als das Klassenbewußtsein [...] liegt.« Für Bahro »ist die nationale Frage eine objektive Realität von tieferen Gründen als die Klassenfrage«. Bei den Grünen »sah« Bahro »sehr wohl, daß Baldur Springmanns Erbhofbauernpsychologie was mit den Nazis zu tun hatte. Mich hat das aber im einzelnen nicht so sehr interessiert«. »Die Grünen« waren für Bahro »als Linkspartei [...] eine Enttäuschung, weil sie dieses nationale [...] völkische Moment nicht bedient [haben]. Eigentlich ruft es in der Volkstiefe nach einem grünen Adolf. Und die Linke hat davor nur Angst, anstatt zu begreifen, daß ein grüner Adolf ein völlig anderer Adolf wäre als der bekannte.«[466] Die Linke sei sich über die Notwendigkeit völkisch-autoritärer Strukturen nicht bewußt, weil sie die spirituelle Sicht ablehne und deshalb den deutschen Volksgeist »in sich« nicht realisieren könne. Deutsche Visionen würden sich mit den Positionen des Faschismus vereinen. Denn eigentlich sei die Nazibewegung eine idealistische Bewegung gewesen.[467] Von Demokratie hält Bahro wenig. Er will einen neuen »Gottesstaat«[468], ein hierarchisches, autoritäres und diktatorisches Politikmodell.

Bahro betrachtet die ökologischen Zerstörungen als Folgen eines »kranken« Geistes und predigt eine »Bewußtseinspolitik«, eine »geistig-seelische Veränderung« Mitteleuropas. Er fordert einen »Umbau der Staatsverfassung«, eine »Rettungsregierung« mit einem »Fürsten der ökologischen Wende« als dem neuen Führer. Auch Bahro sieht den Nationalsozialismus als eine spirituelle Bewegung, seine Gewalttätigkeit als Reaktion auf einen »übermächtigen Materialismus«. Diese spezifisch deutschen seelisch-spirituellen Bedürfnisse müsse die ökologische Wende berücksichtigen. Oft spricht Bharo auch von einer »Göttin«. Abgesehen davon, daß die Besetzung hierarchischer Strukturen – ob klerikal oder weltlich – durch weibliche Figuren ihren autoritären Charakter nicht verändert, konnte ich den Eindruck nie loswerden, daß Bahro mit der »Göttin« nur den Platz frei hält für einen anderen Ökodiktator und vielleicht von sich selbst träumt.

Die tiefe, ganz tiefe Ökologie des Fritjof Capra

> »Der *reale Humanismus* hat in Deutschland keinen gefährlicheren Feind als den *Spiritualismus* oder den *spekulativen Idealismus,* der an die Stelle des *wirklichen individuellen* Menschen ›*das Selbstbewußtsein*‹ oder den ›*Geist*‹ setzt und mit dem Evangelisten lehrt: ›Der Geist ist es, der da lebendig macht, das Fleisch ist kein Nütze.‹ Es versteht sich, daß dieser fleischlose Geist nur in seiner Einbildung Geist hat.«
> Friedrich Engels und Karl Marx[469]

Voraussetzung für menschliches Bewußtsein ist, daß ein Mensch geboren wird, daß er atmet, ißt und trinkt. Nicht der Gedanke schafft den Körper, sondern der Körper, die Materie, ist Voraussetzung für das Bewußtsein. Spiritualisten wie Capra (*Wendezeit*) leugnen diese Erkenntnis, wenden sich kosmischen Dimensionen zu und behaupten, ein vom Bewußtsein der Menschen losgelöster mystischer »kosmischer Geist«[470] schaffe die Materie. Und nicht etwa ökonomische Interessen, sondern »falsche Werte«, von »uns allen«, produzieren radioaktive Energie, plündern Rohstoffe, vergiften Wasser und Luft. Wir hätten vor allem eine »Krise der Wahrnehmung«.[471] Capra leugnet Herrschaftsstrukturen und somit den Unterschied zwischen denen, die entscheiden, und denjenigen, über die entschieden wird.

Die Weltbank folgt in Capras Logik nicht den Profitinteressen ihrer eigentlichen Auftraggeber, den Banken und transnationalen Konzernen, sondern einem »falschen Geist«. Folgerichtig genügt ihm zur Behebung aller Probleme ein abstrakter Wertewandel. Das macht spiritualistische Ideologien in Managerkreisen so attraktiv. – Einzugreifen in konkrete gesellschaftliche Kämpfe, etwa in Gestalt ökologischer Initiativen gegen großtechnische Anlagen, liegt Capra so fern wie praktische Solidarität mit Streikenden. Ganz abscheulich und »übertrieben« ist die »Rolle von Kampf und Konflikt«.[472] Er kritisiert Marx, der historische Entwicklung als einen Prozeß von Konflikten und Klassenkämpfen dargestellt habe. Was Marx zutreffend analysierte, will Wohlstandsbürger Capra mit seiner Kritik ausblenden: die störende gesellschaftliche Realität. Konflikte, predigt Capra, sollen, »mehr der Weltanschauung des [chinesischen] I Ging als der marxistischen folgend, [...] in Zeiten gesellschaftlichen Wandels möglichst niedrig gehalten werden«. Es sei besser, »sich gewisser Formen von Aktivität zu enthalten [...] die nicht mit dem fortlaufenden kosmischen Prozeß harmonisiert«.[473] Aber ohne Kämpfe und Konflikte wie den Widerstand der Anti-AKW-Bewegung gegen die Interessen der Atomindustrie gäbe es heute in der Bundesrepublik fast 70 Atomkraftwerke mehr, ohne Streiks weder den Achtstundentag noch das Frauenwahlrecht.

Statt auf Befreiung und Emanzipation setzt Capra auf Kosmos und Jenseits. Der freie Wille des Menschen (»nur ein spezieller Faden im Gewebe des Lebens«[474]) gilt ihm nichts. »Wenn ich eins bin mit dem Universum, ist der freie Wille relativ.«[475] Freiheit existiert nur als »Freiheit unserer inneren Welt der Begriffe«.[476] Capras »Deep Ecology« steht in den USA in erklärter Gegnerschaft zu einer mit der sozialen Lage der Menschen vermittelten »Social Ecology«. Wie beurteilen wohl eine Chemiearbeiterin, ein Obdachloser, ein Slumkind des Autors Ideal gesellschaftlichen Wandels: »Es ist also eine natürliche Bewegung, die sich von selbst ergibt. Darum ist die Umgestaltung des Alten auch ganz leicht. Altes wird abgeschafft. Neues wird eingeführt, beides entspricht der Zeit und bringt daher keinen Schaden.«[477] Ideologien, die faktisch die Harmonie von Unterdrückten mit Unterdrückern verlangen, dienten historisch stets als ideologische Grundlage autoritärer Systeme.

In allen seinen Büchern (auch im *Tao der Physik* oder *Wendezeit im Christentum* wie auch im neuen Wendezeit-Film (wir warten noch auf das Wendezeit-T-Shirt) ist des Gurus Schlüssel zu den Köpfen und Brieftaschen seiner AnhängerInnen die Auflistung leichtfüßig erklärter banaler Einsichten: Kritik an Schulmedizin, Wissenschaftsmoral, am Zustand der Natur und dem der Dritten Welt usw. Mit der Schere durch Geschichte und Philosophien hüpfend, verklebt Capra Versatzstücke von Buddhismus, Quantenphysik, Christentum, Taoismus usw. mit seiner »neuen« Systemtheorie. Aber die Systemtheorie ist nicht neu. Sie ist eine mathematische Theorie und Grundlage zum Beispiel der Regeltechnik bei Computern. Im Gegensatz zu denjenigen mechanischen Wissenschaften, die das Ganze in Teile zerlegen, geht sie vom Ganzen aus, dessen Teile sie als feste Unterfunktionen betrachtet. »Leben und Geist [...] [sind] Manifestationen derselben Gruppierung von Systemeigenschaften [...] Es gibt höhere Manifestationen des Geistes, in denen unser individueller Geist nur ein Untersystem darstellt.«[478] Nichts ist in Capras Systemtheorie wichtiger als der störungsfreie Ablauf aller Teilfunktionen, die Unterordnung zum Zwecke des Systemerhalts. Was ist mechanistischer?

Capra tritt auf wie einer, »der zum ersten Mal auf einen Berg steigt und meint, er hätte soeben den Alpinismus erfunden«, schrieb ein Kritiker.[479] Alles, was er als »neu« anbietet, haben schon andere vor ihm geschrieben: der Jesuit Pierre Teilhard de Chardin über Mystik und Wissenschaft, der amerikanische Mathematiker Norbert Wiener, der Wissenschaftshistoriker Thomas Kuhn und andere. »So schlägt Capra fremdes geistiges Eigentum mit ein paar eigenen Ansichten locker zu Schaum und backt es bei milder Inspiration zum Soufflé. Die nicht eben verwöhnte Esoterikszene löffelt das Gebilde voll Dankbarkeit«, schreibt Jörg Albrecht.[480]

Auf den Vorwurf, er habe sein Yin-und-Yang-Weltbild geklaut, reagiert Capra beleidigt, nein, er hat alles selbst erfühlt: »Eines Nachmittags im Spätsommer saß ich am Meer; ich sah, wie die Wellen anrollten und fühlte den Rhythmus meines Atems, als ich mir plötzlich meiner Umgebung als Teil eines gigantischen kosmischen Tanzes bewußt wurde [. . .] Ich ›sah‹ die Atome der Elemente und die meines Körpers als Teil dieses kosmischen Energietanzes; ich fühlte seinen Rhythmus und ›hörte‹ seinen Klang, und in diesem Augenblick wußte ich, daß dies der Tanz Shivas war, des Gottes der Tänzer, den die Hindus verehren.«[481]

Wer so schwebt, hat am Kapitalismus, der solche Träume möglich macht, nicht viel auszusetzen. Capra ist lediglich ein bißchen unzufrieden mit dem »anhaltend schlechten Management unserer Volkswirtschaft«.[482] Er leugnet das in dessen Wesen angelegte soziale und ökologische Zerstörungspotential der kapitalistischen Produktionsweise und legt sich nicht mit den Schuldigen an. Ersatzweise benötigt Capra als Buhmann das mechanistische Weltbild Descartes', auf welches er einprügelt. Nun, selbst die konservativsten Technokraten halten die Natur heute nicht mehr für eine Maschine oder gar ein Uhrwerk. Für den dringenden Nachweis, daß mit Descartes die Ursache fast allen Übels über die Welt hereinbrach, fälscht er die Geschichte Europas vor dem französischen Philosophen und Naturwissenschaftler (gestorben 1650). Da gab es »Glaube an die Heiligkeit der Natur; moralische Verurteilung des Geldverleihens gegen Zinsen; die Forderung nach ›gerechten‹ Preisen; die Überzeugung, daß man dem Streben nach persönlichem Gewinn und dem Horten von Gütern entgegentreten sollte [. . .]«[483] Vergeblich suchen wir im Capra-Kitsch die imperialistischen Kreuzzüge, den habgierigen Hansehandel, die blutige Eroberung und Ausraubung Amerikas und anderer Weltteile, die ausgebeuteten Bauern und Leibeigenen, Bauernkriege, Antisemitismus und Hexenverbrennungen. Soziale Ignoranz und Geschichtsfälschung kann sich nur leisten, wer von den sozialen Verhältnissen profitiert.

Wie in allen patriarchalen Gesellschaften wurden und werden auch in der chinesischen Kultur menschliche Eigenschaften geschlechtsspezifisch zerteilt, Emotionalität und Rationalität weiblich und männlich aufgespalten und auf diese Weise deformiert. Capra übernimmt diese biologistische Trennung: Yin, sagt er, ist »weiblich, bewahrend, empfänglich, kooperativ, intuitiv, nach Synthese strebend«, und Yang ist »männlich, fordernd, aggressiv, wettbewerbsorientiert, rational, analytisch«.[484] Yin und Yang aber als ideologische Grundlage des chinesischen Patriarchats zu betrachten sei »eine moderne westliche Interpretation«.[485] Er begreift nicht, daß schon die geschlechtsspezifische Zuordnung dieser Eigenschaften Ausdruck patriarchalen Denkens ist. Fast tausend Jahre lebten Chinesinnen mit verkrüppelten Füßen in vollständiger Abhängigkeit von Männern in Staat und Familie. Völlige Rechtlosigkeit, Frauenhandel, Mädchen- und Frauenmord waren keine »westliche Interpretation«, sondern grausame Realität für Millionen von Menschen. Capras vermeintlicher Respekt vor anderen Kulturen entpuppt sich als zynische Gleichgültigkeit gegenüber den weiblichen Opfern des chinesischen Patriarchats.

»Der spirituelle Gehalt der ökologischen Weltanschauung findet seinen idealen Ausdruck in der von der Frauenbewegung befürworteten feministischen Spiritualität, was angesichts der naturgegebenen Verwandtschaft zwischen Feminismus und Ökologie, die in der uralten Gleichsetzung von Frau und Natur wurzelt, zu erwarten ist. [...] Mit der Wiedergeburt der Vorstellung von einer weiblichen Gottheit schafft die feministische Bewegung auch ein neues Selbstbildnis für die Frauen, zusammen mit neuen Denkformen und einem neuen Wertsystem.«[486] Neben der dreisten Vereinnahmung »der« feministischen Bewegung für das hierarchische Vorbild »Göttin« und der Orientierung aller Hoffnungen aufs Jenseits will Capra uns davon abhalten, Verstand und Gefühl zusammenzubringen, denn mit der dogmatisch als linear definierten Rationalität drohe die Übernahme böser, zerstörerischer, angeblich männlicher Werte. Capra ordnet den Frauen die irrationalen Eigenschaften zu. Zum Lohn sind sie die besseren Menschen, bewahrend, gebärfähig, erdverbunden, naturgleich. Sie werden für den Übergang des Geistes in den nächsten kosmischen Weltzyklus gebraucht, als Heilerinnen männlicher Unvollständigkeit.

Befreiung? Emanzipation? Capras Frauenbild erinnert an jenes der katholischen Kirche: Maria, solange unbefleckt, auf Platz vier, die anderen Frauen ganz unten, bodennah und erdverbunden. Capras Spiritualismus ist patriarchale Ideologie pur. Nichts liegt ihm ferner als die Emanzipation des weiblichen und des männlichen Menschen von Ausbeutung und Erniedrigung. Seine Ideologie bewirkt, daß alles so bleibt, wie es ist und somit schlimmer wird. Sie ist die passende Heilslehre für Angehörige der wohlhabenden Mittelschichten im reichen, weißen Norden. Damit diese nicht in einer verwirrenden Welt für soziale Gerechtigkeit kämpfen müssen, sondern profitierend und meditierend warten können, bis die Welt »per Geist« gut wird.

Lukas Beckmann, ehemaliger grüner Bundesvorstandssprecher, anthroposophischem Gedankengut wenigstens nahestehend und einer derjenigen, die 1988 mit einem erfundenen Finanzskandal den linken Bundesvorstand der Grünen stürzen halfen, betrieb Politik stets am liebsten »okkult«: undurchsichtig und mit starkem Drall nach rechts. Sein sehnlichstes Ziel seit grünen Gründungszeiten waren nur zwei Dinge: Macht über Menschen, die Beförderung eines elitären Menschenbildes »besonderer Personen« und die Vertreibung der Linken aus den Grünen. Zu seinen engsten Vertrauten gehörten Petra Kelly, Antje Vollmer und Otto Schily, selbst Anthroposoph und der festen Überzeugung, einer Elite anzugehören. Beckmann schwärmt für Capra. Auf einer Veranstaltung mit seinem Guru 1988 in Köln sagt er zur Einführung: »Ich hoffe, daß heute abend hier das neue Denken durchbricht.« Mittendrin: »Ich habe geradezu eine Sehnsucht danach, neu zu denken.« Und am Ende: »Ich sehe, daß es keine Alternative zum neuen Denken gibt.«[487]

Die Internationale Szene der New-Age-Schickeria traf sich mit FreundInnen 1985 auf einem Kongreß in Amsterdam. Luxushotel und teure Eintrittspreise garantierten, daß nur die richtigen kamen. Darunter: Robert Muller (Vizesekretär der UNO und ihr New-Age-Philosoph), Rodrigo Carazo Odio (Exregierungschef von Costa Rica, Gründer der UNO-Friedensuniversität), verschiedene Zen-, Yoga-, Tantra-, Tai-Chi-Lehrer, Benediktinermönche, ein Rabbi, der ehemalige Privatsekretär des Dalai-Lama, Fritjof Capra, Marilyn Ferguson, Jakob von Uexküll[488] und Monika Griefahn, heute niedersächsische Umweltministerin. Veranstalter war die Organisation Agape (Freiburg). Der Kongreß war straff auf die Gurus ausgerichtet, autoritär durchorganisiert bis hin zu Prügelszenen, wenn es darum ging, die Interessen etwa politischer IndianerInnen zum Schweigen zu bringen. Nach dem Kongreß gründete Mitveranstalter Frank Köchling die New-Age-Zeitung *Die neue Zeitung*. Die wissenschaftliche Beratung erfolgt durch Fritjof Capra, Rudolf Bahro und Franz Alt. Speziellen Wert legt das Blatt auf die Bedeutung des New Age für den Kapitalismus. Heute ist *Die Neue Zeitung* mit dem New-Age-*Magazin 2000* vereint, das im Mai 1987 für den Witwenverbrenner Julius Evola warb.

»Arier« und Waldorfschulen

In einer Frankfurter Kneipe lag das anthroposophische Mitteilungsblatt *Trigonal*[489] aus. Darin schreibt ein Helmut Kirchner[490] gegen den Vorschlag eines Einwanderungsgesetzes, den wir von links kritisieren, weil er in rassistischer Manier Menschen aus dem Trikont nach ihrer wirtschaftlichen Verwertbarkeit kontingentiert. Kirchner kritisiert von rechts: »einem apokalyptischen Rassen- und Klassenwahn« solle »nach dem Willen« der »kafkaesken achtundsechziger Bewegung [...] nun alles Deutsche ausgemerzt werden«, das bedeute »die Beseitigung von Deutschland und den Deutschen als selbständige politische Größe«.

Anthroposoph Kirchner meint wahrscheinlich die Konzentrationslager und zwei Weltkriege, wenn er schreibt, wie die Geschichte zeige, hätten die Deutschen einen Fehler: Sie seien zu gutmütig, die »betreiben eine gute Sache [Humanität] so gründlich, daß daraus eine böse Sache wird«. »Dies Land kann daher weder menschlich noch ökologisch auf Dauer schon nicht mit der vorhandenen Bevölkerung auskommen.« Notfalls muß das deutsche Volk sich mit Gewalt schützen, denn »mit welchem Recht will man den hier Lebenden ihren Wohlstand nehmen und dieses demokratisch und nicht von oben herab?« Es drohe eine »Deutschendämmerung«, wenn »sämtliche ökonomischen Mittel und geistigen Kräfte des Landes [...] in Anspruch genommen [würden], so daß für Selbstbesinnung und kulturelle Impulse keine Kraft mehr wäre«. Denn Kultur gibt es offenbar nur rasserein, »ethnopluralistisch« – wie bei den Neofaschisten.

Die Sekte der AnthroposophInnen ist klein, einflußreich, reich und beruht ideologisch fast ausschließlich auf der Lehre von Rudolf Steiner, der 1913 die Anthroposophische Gesellschaft gründete. Es ist ihnen gelungen, in den verschiedensten gesellschaftlichen Bereichen Fuß zu fassen: durch die 1920 von Steiner gegründeten Waldorfschulen (heute mehr als 60), den biologisch-dynamischen Landbau, seine Demeterprodukte und Drogeriewaren der Marke Weleda, durch Krankenhäuser wie Herdecke und eine sich als »Christengemeinschaft« bezeichnende Kirche bis hin zur Freien Hochschule für Geisteswissenschaften in Dornach bei Basel. In die Waldorfschulen flossen reformpädagogische Ansätze vom Beginn des Jahrhunderts ein, die anthroposophische Ideologie verschleiern sollen.

Aber führen die AnthroposophInnen nicht die Waldorfschulen, wo Kinder ohne Leistungsdruck und betont musisch ausgebildet werden? Zur Ideologie von WaldorfpädagogInnen wie dem bayrischen grünen Landesvorsitzenden Gerald Häfner gehört, daß die Anthroposophie, wie es sich für eine richtige Geheimwissenschaft gehört, in den Unterricht nur möglichst geschickt einfließt: »Gewisse Teile der Geheimkunde können allerdings auch heute nur solchen mitgeteilt werden, die sich den Prinzipien der Einweihung unterwerfen«, sagt Steiner. Die anthroposophische Ideologie verwirft Rationalität und zielt auf Dumpfheit: »Es kommt nicht darauf an, die Lehren der Geisteswissenschaft verstandesmäßig zu beherrschen, sondern Gefühl, Empfindung, ja das ganze Leben mit ihnen zu durchdringen.«[491] Was fließt da in die Köpfe?

Rudolf Steiner entwickelte die Anthroposophie in enger Anlehnung an die Theosophie Blavatskys, die auch den deutschen Faschisten von Nutzen war. Menschen unterscheidet er nach »Wurzelrassen«. Es gibt sieben aufeinanderfolgende menschliche »Wurzelrassen«, die sich während der Zeitenrunde planetarischer Existenz auf einem Planeten entwickeln. Jede dieser »Wurzelrassen« zerfällt in sieben »Unterrassen«, die evolutionär aufeinanderfolgen und eine Kette menschlicher Entwicklung bilden. Nach der »Wurzelrassen«-Ideologie gibt es noch ein paar Reste niederer

Menschenrassen, »die jetzt auf Erden durch ein paar elende, aussterbende Stämme und die großen menschenähnlichen Affen repräsentiert sind.«[492] Blavatsky in ihrer Geheimlehre, Band II: »Ein Decimierungsvorgang findet über die ganze Erde statt unter jenen Rassen, deren Zeit um ist [...] Es ist ungenau zu behaupten, daß das Aussterben einer niederen Rasse ausnahmslos eine Folge der von den Kolonisten verübten Grausamkeit oder Mißhandlungen sei. [...] Rothäute, Eskimos, Papuas, Australier, Polynesier usw. sterben alle aus [...] Die Flutwelle der inkarnierten Egos ist über sie hinweggerollt [...] und ihr Verlöschen ist daher eine karmische Notwendigkeit [...]« In dieser Logik liegt, daß Alice Ann Bailey, eine Kampfgefährtin Rudolf Steiners, 1949 die Ermordung von sechs Millionen Juden im Nationalsozialismus als »Feuer der Reinigung« rechtfertigte. Denn wer ermordet wird oder im sozialen Elend lebt, ist selber schuld, weil er in seinem früheren Leben irgendein Vergehen begangen hat: schlechtes oder gar kein Karma. Steiner erklärt die karmische Notwendigkeit des »Hinsterbens« der indianischen »Rasse« beispielsweise so: »Nicht etwa deshalb, weil es den Europäern gefallen hat, ist die indianische Bevölkerung ausgestorben, sondern weil die indianische Bevölkerung die Kräfte erwerben mußte, die sie zum Aussterben führten.«[493]

Wer Steiner liest, muß sich mühsam durch gedanklichen Schrott kämpfen. Grundlage des anthroposophischen Weltbildes ist die »Wurzelrassenlehre«, wie sie rassistischer und menschenverachtender kaum sein kann. Nach den ersten beiden menschlichen »Wurzelrassen« kamen die Lemurier, die vergaßen immer alles, handelten instinktiv, weil sie kein »eigenes Vorstellungsvermögen« entwickelten. Dann die »Atlantier«, die hatten eine solche »Lebenskraft«, daß sie durch Gedankenkraft »Korn zum Wachsen« bringen konnten und sich selbst in geringer Höhe [in] über den Boden schwebenden Fahrzeugen, mit »Pflanzensamen angeheizt«, fortbewegten.[494] Aus den besten »Atlantiern« wuchsen die »Arier«, die fünfte »Wurzelrasse« der Menschheit, der noch zwei folgen werden.[495] Demnächst soll die sechste »Wurzelrasse« auftreten, deren Entstehungsort die USA und deren Ausgangspunkt die New-Age-Bewegung sein könnte. Aber zurück zu Steiner, dem Guru der Anthroposophen.

Auch Steiners »Wurzelrassen« haben sieben »Unterrassen«, die natürlich nicht gleichwertig sind. Sein Rassismus entwickelt sich ganz »natürlich«. »Nur hat man sich das nicht so vorzustellen, als ob eine Unterrasse gleich verschwinden würde, wenn eine neue sich entwickeln. Es erhält sich vielleicht eine jede noch lange, wenn neben ihr andere sich entwickeln. So leben immer Bevölkerungen auf der Erde nebeneinander, die verschiedene Stufen der Entwicklung zeigen.«[496] So kommt es, daß die Mongolen als siebte »Unterrasse« der was-weiß-ich-wievielten »Wurzelrasse« ein bißchen minderwertiger als andere sind. Steiner gesteht ihnen schon die »Denkkraft« zu, aber auch – typisch für »Unterrassen«, einen »unmittelbaren naiven »Glauben«.[497] Erst die fünfte »Unterrasse« der fünften »Wurzelrasse«, die »Arier«, haben »die vollständige Ausprägung der denkenden Kraft mit allem, was dazu gehört«.[498]

Von Gruhl über neofaschistische Organisationen bis zu Steiner – alle sind sich darin einig, daß die höchstentwickelten Menschen, deren Territorium und materiellen Interessen im höchsten Maße und mit Gewalt zu verteidigen sind, die europäischen »Arier« sind. Wohin die volle anthroposophische »Denkkraft« führt, sehen wir in der Lehre des Chefideologen Rudolf Steiner: »Diese Schwarzen in Afrika haben die Eigentümlichkeit, daß sie alles Licht und alle Wärme vom Weltenraum aufsaugen. Sie nehmen das auf. Und dieses Licht und diese Wärme im Weltenraum, die kann nicht durch den ganzen Körper hindurchgehen, weil ja der Mensch immer ein Mensch ist, selbst wenn er ein Schwarzer ist. Es geht nicht durch den ganzen Körper durch, sondern hält sich an der Oberfläche der Haut, und da wird die Haut dann selber schwarz. [...] Überall nimmt er Licht und Wärme auf, überall. Das verarbeitet er in sich selber. Da muß etwas sein, was ihm hilft bei diesem Verarbeiten. Nun sehen Sie, das, was ihm hilft bei diesem Verarbeiten, das ist namentlich sein Hinterhirn. Beim Neger ist daher das Hinterhirn besonders ausgebildet. Das geht durch das Rückenmark. Und das kann alles das, was da im Menschen drinnen ist an Licht und Wärme, verarbeiten. Daher ist beim Neger namentlich alles das, was mit dem Körper und dem Stoffwechsel zusammenhängt, lebhaft ausgebildet. Er hat, wie man sagt, ein starkes Triebleben, Instinktleben. Der Neger hat also ein starkes Triebleben. Und weil er eigentlich das Sonnige, Licht und Wärme, da an der Körperoberfläche in seiner Haut hat, geht sein ganzer Stoffwechsel so vor sich, wie wenn er in seinem Innern von der Sonne selber gekocht würde. Daher kommt sein Triebleben. Im Neger wird das drinnen fortwährend richtig gekocht, und dasjenige, was dieses Feuer schürt, das ist das Hinterhirn. [...] Und wir Europäer, wir armen Europäer haben das Denkleben, das im Kopf sitzt. [...] Daher ist Europa immer der Ausgangspunkt für alles dasjenige gewesen, was nun das Menschliche so entwickelt, daß das zur gleichen Zeit mit der Außenwelt in Beziehung kommt. [...] Wenn die Neger [...] nach dem Westen auswandern, da können sie nicht mehr so viel Licht und Wärme aufnehmen wie in ihrem Afrika. [...] Daher werden sie kupferrot, werden Indianer. Das kommt davon her, weil sie gezwungen sind, etwas von Licht und Wärme zurückzuwerfen. Das glänzt dann so kupferrot.« Und nicht Kolonialisierung und imperialistische Raubzüge sind das Problem, sondern ihre »Natur«. »Das [kupferrote Glänzen] können sie nicht aushalten. Daher sterben sie als Indianer im Westen aus, sind wiederum eine untergehende Rasse, sterben an ihrer eigenen Natur, die zu wenig Licht und Wärme bekommt, sterben an dem Irdischen. [...] Die Weißen sind eigentlich diejenigen, die das Menschliche in sich entwickeln. Daher sind sie auf sich selber angewiesen. Wenn sie auswandern, so nehmen sie die Eigentümlichkeiten der anderen Gegenden etwas an, doch sie gehen, nicht als Rasse, sondern mehr als einzelne Menschen, zugrunde.« Die Natur des Europäers zwingt ihn gewissermaßen zur Eroberung der Welt: »Die weiße Rasse ist die zukünftige, ist die am Geiste schaffende Rasse.«[499]

Auch VertreterInnen des sogenannten linken Flügels der Anthroposophie gehen unbefangen mit den rechtsextremistischen Nationalrevolutionären um. In deren Zeitschrift *Wir selbst* finden wir neben den vermutlich nichtanthroposophischen Autoren Konrad Buchwald, Günter Kießling, Arno Klönne und Lutz Rathenow auch die AnthroposophInnen Josef Beuys, Rhea Tönges und Johannes Stüttgen und häufig den − nichtanthroposophischen − Nationalisten Alfred Mechtersheimer, den die Grünen Baden-Württembergs einmal in den Bundestag hievten.[500]

Die AnthroposophInnen hatten noch nie Probleme mit Geld. Einerseits, weil sie meist dem wohlhabenden Bürgertum angehören, andererseits finanzieren Konzerne wie Siemens (seit vielen Jahren) und Bertelsmann, das Bankhaus Trinkaus & Burckhardt, die Hussel Holding AG und die vielen anderen anthroposophischen Projekte. AnthroposophInnen befinden sich als Teil der Esoterikszene auf geistigem Beutezug in der ehemaligen DDR. Viele Gruppen kommen sich auf ihrem missionarischen Feldzug gelegentlich ins Gehege.

Es gibt Anhaltspunkte dafür, daß innerhalb der bürgerbewegten Gruppe Neues Forum starke esoterische Gruppen arbeiten. 1990 wurde eine Fachgruppe Neues Bewußtsein gegründet. Beobachter vermuten, daß innerhalb der Organisation zwei Sekten, Sannyasins und Anthroposophen, um ihren Einfluß kämpfen. Möglicherweise existieren auch Verbindungen zur völkisch-rechtsextremistischen-anthroposophischen Partei Neues Bewußtsein. Diese Partei scheint sehr viel Geld zu haben. Es besteht der Verdacht, daß sie aus Wirtschaftskreisen verschwenderisch finanziert wird. Sie begründet »spirituell«, weshalb Unternehmensgewinne nicht gekürzt, Löhne und Renten jedoch für einige Zeit ausgesetzt werden sollten.[501] Das neue Bewußtsein ist das brutale alte kapitalistische Bewußtsein.

WSL: Weltbund zum Schutz der biologischen Substanz des deutschen Volkes

Zum Wesen der Anthroposophie gehört ihre enge Verbindung zum Faschismus. 1989 erschien ein Buch von Werner Georg Haverbeck: *Rudolf Steiner − Anwalt für Deutschland*. »Haverbeck, der im Hause des Führerstellvertreters Rudolf Heß zur Anthroposophie bekehrt wurde«,[502] ist ein einflußreicher Ideologe, der zum Aufbau und zur Vernetzung der ökofaschistischen Szene beiträgt.

Haverbeck wurde am 28. Oktober 1909 geboren. Als Jugendlicher wurde er Mitglied der Bündischen Jugend, die Lagerfeuerromantik mit der Glorifizierung soldatischen Seins und der »Volksgemeinschaft« verband. 1928 trat er in die SA ein und war von 1929 bis 1932 Mitglied der Reichsleitung der NSdAP-Studentenschaft und der Reichsjugendführung der Hitlerjugend, daneben war er noch Reichsamtsleiter in der NS-Organisation »Kraft durch Freude«. 1933 wird sein Ausweis von Rudolf Heß mit dem Vermerk ausgestattet: »Dieser Mann darf nicht verhaftet werden.« Damit entging er der innerparteilichen Säuberung anläßlich des Röhm-Putsches. Im selben Jahr berief ihn Heß zum Leiter der Reichsmittelstelle für Volkstumsarbeit. Diese Stelle war maßgeblich an der Organisierung des Nürnberger Parteitages und der Großveranstaltungen im Berliner Sportpalast beteiligt. Haverbeck wurde 1937 Referent im Stab des Hitler-Stellvertreters Rudolf Heß und promovierte gleichzeitig, sein Doktorvater war der Gründer des SS-Instituts »Deutsches Ahnenerbe«, Hermann Wirth, von dem wir schon gehört haben. Rechtzeitig zu Kriegsbeginn erhielt Haverbeck die Zuständigkeit für die deutsche Rundfunkpropaganda in Dänemark und wurde 1942 Referatsleiter für ganz Südamerika. Haverbeck meldete sich später freiwillig zum Fronteinsatz und war bei Kriegsende Offizier.[503]

Ab 1950 studierte er Theologie und wurde Pfarrer der anthroposophischen Glaubensgemeinschaft (»Christengemeinschaft«) in Marl. Seit 1960 arbeitete er in der Erwachsenenbildung. 1963 gründete er das Collegium Humanum (CH) in Vlotho/Nordrhein-Westfalen. 1973 wurde er Professor für angewandte Sozialwissenschaften an der Fachhochschule Bielefeld[504] und 1974 zum Präsidenten des Weltbundes zum Schutz des Lebens (WSL) gewählt. Er bleibt bis 1982 im Amt. Ein Jahr später, 1975, gründet Haverbeck zusammen mit Gustav Heinemann den Deutschen Rat für Umwelt und Lebensschutz. 1978 beruft ihn Erhard Eppler in die Gustav-Heinemann-Initiative, die heute mit der Friedrich-Ebert-Stiftung und den IG Medien kooperiert. 1979 wird Haverbeck Berater von Egon Bahr in Umweltschutzfragen.[505]

Haverbeck engagierte sich gegen Atomkraftwerke und für die Ostermarsch- und Friedensbewegung, was ihn manchen Leuten sympathisch macht. Aber es gibt auch rechte und rechtsextremistische Gründe gegen Radioaktivität und Krieg: Der nächste Krieg werde besonders das deutsche Volk dezimieren, und Radioaktivität schade auch »arischem« Erbgut, so die Argumentationsstränge in diesen Kreisen. 1981 gehörte er zu den Erstunterzeichnern, möglicherweise zu den Autoren des rassistischen »Heidelberger Manifests«, in dem vermeintlich ökologisch-wissenschaftlich die Notwendigkeit der »Ausländerbegrenzung« propagiert wird.

In Haverbecks Interpretation werden der Erste und der Zweite Weltkrieg zu einem dreißigjährigen Verteidigungskampf des deutschen Volkstums gegen ausländische Aggressoren, Hauptgegner ist das »Weltherrschaftsstreben der angelsächsischen Rasse«,[506] hinter dem die »dem altjüdischen Bewußtsein entsprechenden intensiven Vorstellungen von einer Berufung zur Weltherrschaft«[507] stecken. Der »Verzichtpolitiker« Hitler[508] wurde durch Polen und die USA[509] zum Krieg genötigt. Daß es »Massenvernichtungslager« gegeben habe, bezeichnet Haverbeck als »historische Lüge«, »Feindpropaganda«, als »Greuelpropaganda« der Alliierten[510] und erfüllt mit seinem Antisemitismus und der Verharmlosung des Faschismus wesentliche Voraussetzungen einer neofaschistischen Position. Rußland, Opfer in zwei Weltkriegen, wird zum Aggressor; die Ermordung von über 20 Millionen Russen durch die Truppen Hitlers geschah »zum Heile beider Völker«.

Haverbeck meint, die Unterarten des Menschen seien ebenso wie die Pflanzen und Tiere einem jeweiligen Ökosystem zugeordnet. Umweltschutz sei deshalb Völkerschutz, Schutz der biologischen Substanz, beziehungsweise der nationalen Identität vor Überfremdung.[511] Auch für die RepublikanerInnen ist die »Überbevölkerung« Deutschlands mit Flüchtlingen und MigrantInnen schuld an der Umweltzerstörung. Umweltschutz ist für sie die »Erhaltung des deutschen Volkes, seiner Gesundheit und seines ökologischen Lebensraumes«.[512]

Wer steckt nun hinter dem Weltbund zum Schutz des Lebens (WSL)? Gründungspräsident des deutschen WSL war der Medizinalrat Dr. Walter Gmelin. Gmelin schrieb 1965 in der Zeitschrift *Erbe und Verantwortung. Eugenische Rundschau*, daß »Intelligenz eine Sache der Erbmasse sei«. Gmelin war im Faschismus Arzt an der berüchtigten Vernichtungsanstalt Grafeneck bei Münsingen im heutigen Baden-Württemberg. Bis zu seinem Tode im Jahr 1974 gehörte er zum »wissenschaftlichen Beirat« der rassistischen und ausländerfeindlichen Gesellschaft für biologische Anthropologie, Eugenik und Verhaltensforschung (GfbAEV), die rassistische Forderungen, darunter die nach einem Verbot von »Mischehen«, erhebt. Dort treffen sich auch Jürgen Rieger, (*Die Zeit*: »Neonazi in Anwaltsrobe«), Alain de Benoist, Vordenker der französischen Neuen Rechten und Rolf Kosiek, ehemaliger NPD-Landtagsabgeordneter.

Gmelins Nachfolger im Amt des WSL-Präsidenten wurde Helmut Mommsen, Mediziner und Professor in Frankfurt.[513] Mommsen referierte gelegentlich auf Tagungen der Neonazizeitschrift *Bauernschaft*, die von Thies Christophersen herausgegeben wird, der mehrfach wegen neonazistischer Straftaten vorbestraft und Verfasser der Broschüre über »die Auschwitzlüge« ist. Mommsen gehört wie Gmelin zum wissenschaftlichen Beirat der gemeinsam mit südafrikanischen Buren gegen die »Rassenmischung« kämpfenden GfbAEV.[514]

1970 folgt Beck, Professor für Geographie in Bonn. 1971 Max Otto Bruker, Arzt und Klinikleiter in Lahnstein. Auch er sitzt im wissenschaftlichen Beirat der GfbAEV und ist eine schillernde Figur in der ökofaschistischen Szene. 1974 wird Werner Haverbeck Präsident und bleibt auch nach dem Ende seiner Amtszeit bis heute die zentrale Figur des WSL und des Collegium Humanum. 1982 wird Bruker noch einmal kurzzeitig Präsident. Von 1983 bis 1989 ist Ursula Haverbeck-Wetzel Präsidentin, die Frau von Werner Haverbeck: »Ich bin aus religiösen Gründen nicht bereit, mich von irgendeinem Menschen zu distanzieren, auch nicht von Adolf Hitler.«[515] Sie schreibt zum Beispiel im antisemitischen, rechtsextremistischen Blatt *Sieg* und in der nationalrevolutionären Zeitschrift *Junges Forum*. Für sie ist »der Nationalsozialismus [...] nicht gleich Judenverfolgung und Vergasung«.[516] Die »positiven Seiten« des Nationalsozialismus sind in ihren Augen das Streben nach Gesundheit, die Tendenz, Überkommenes wie Bauerntum, Volksbräuche, Naturschönheiten zu pflegen und zu verehren.

Der heutige Präsident, seit 1989, ist Ernst Otto Cohr, Versandhändler für biologisch-dynamischen Gartenbau in Rothenburg an der Wümme. Cohr besaß früher einen Verlag, in dem er Bücher wie *Es gab keine Gaskammern* oder *Der Auschwitz-Mythos* herausbrachte. Er arbeitet mit der rechtsextremen Zeitung *Sieg* zusammen, und wir finden seine Verlagsanzeigen in Zeitungen wie *Bauernschaft* des in Dänemark lebenden Faschisten This Christophersen.[517]

Einer der ehemaligen WSL-Präsidenten, Dr. med. Max Otto Bruker, ist in Ökokreisen besonders beliebt. Auch die ÖDP beruft sich auf den bekannten Autor von Ernährungsbüchern. In seinem Werk *Lebensbedingte Krankheiten* stellt Bruker 1985 zur Rolle der Frau fest: »Ihre eigene Aufgabe ist, dem Beruf des Mannes entsprechend, die Versorgung und Erziehung der Kinder und Erledigung anderer häuslicher Pflichten.« [...] An anderer Stelle heißt es: »Inzwischen haben wir aber so viele Kenntnisse erworben, daß es sich beinahe erübrigt zu sagen, daß bei einer biologisch vollwertigen Kost auch 15 Schwangerschaften, die hintereinander folgen, ebensowenig Gesundheitsschäden mit sich bringen, wie dies bei im Freien lebenden Tieren der Fall ist.« Bruker war nicht nur Kuratoriumsmitglied des wissenschaftlichen Beirats der GfbAEV,[518] er ließ diese auch als Arbeitskreis Humangenetik für den WSL Deutschland aktiv werden.

Bruker ist Unterzeichner der »Bürgerinitiative Ausländerstopp«[519] und arbeitet eng mit NPD und den jungen Nationaldemokraten sowie dem Kampfbund deutscher Soldaten zusammen (was im WSL sogar zu einigen Konflikten und zur Abspaltung des saarländischen Landesverbandes führte) sowie mit Baldur Springmann, dem germanentümelnden Ökofaschisten, ehemaligen Grünen und heutigen Landesvorsitzenden des WSL Schleswig-Holstein.[520] 1973 bis 1982 saß Bruker im Kuratorium der Bruderschaft Salem und traf dort Manfred Roeder (ein alter Freund des Abtreibungsgegners Siegfried Ernst, Vorsitzender der Europäischen Ärzteaktion), der 1982 wegen Rädelsführerschaft bei der Deutschen Aktionsgruppe (einer neofaschistischen Wehrsportgruppe) zu 13 Jahren Haft verurteilt wurde. Bruker ist der Ernährungspapst der Ökoszene, einflußreich, seine Schriften finden wir in Bioläden und Buchhandlungen. Sein Informationsblatt über »naturgemäßen Landbau« erschien sogar als Gemeinschaftsproduktion von Umweltbundesamt in Westberlin und WSL.

Der WSL ist eine der etabliertesten und einflußreichsten Umweltschutzvereinigungen. 1983 legte auch der reiselustige Papst Johannes Paul II. seinen Katholiken den WSL, der ein zutiefst religiöses Anliegen habe, das die volle Unterstützung der Kirchen verdiene, ans Herz.

Die Bildungsstätte des WSL, das Collegium Humanum (CH) in Vlotho, ist ein Zentrum ökofaschistischer Schulung. Es wurde auf Initiative von Werner Haverbeck 1963 als Verein gegründet. Entgegen dem Anspruch im Programm, »eine Bürgerinitiative des freien Geisteslebens« zu sein, die »sich um eine vorurteilslose Urteils- und Bewußtseinsbildung gegenüber allen gesellschaftlichen Fragen« auszeichnet, finden wir im Zusammenhang mit dem Collegium jede Menge Personen und Organisationen aus der rechtsextremistischen und neofaschistischen Szene mit dem Schwerpunkt Ökofaschismus. Das Collegium Humanum ist eine rechtsextremistische Bildungs- und Koordinationsstelle, die gemäß dem Erwachsenenweiterbildungsgesetz des Landes Nordrhein-Westfalen staatlich gefördert wird.

Zu den Organisationen und Veranstaltungen im CH gehören: Komitee zur Vorbereitung der Feierlichkeiten des 100. Geburtstags Adolf Hitlers, Sonnenwendfeiern mit Gästen und anderes aus der FAP, den Goden und dem Bund der heimattreuen Jugend (BHJ), einer militanten, rechtsextremistischen Jugendorganisation. Ehemaliger Mitarbeiter war Michael Kremer, ein Vertrauter von Michael Kühnen und Autor im österreichischen Hetzblatt *Sieg*, der seine Artikel mit »Heil Deutschland« unterzeichnet.

In letzter Zeit fällt auf, daß Seminare mit Titeln wie »Heilsame Berührungen« (Therapeutic Touch), Angebote zur »Lichtmassage« oder über Anthroposophie im Programm zu finden sind. Das CH wird zum ideologischen Scharnier und zur Bildungszentrale zwischen neofaschistischer, ökofaschistischer, esoterischer, völkischer, anthroposophischer, germanisch-urheidnisch-urreligiöser Szene ausgebaut. Einrichtungen wir diese brauchte der Ökofaschismus für die Verschärfung seiner gesellschaftlichen Sprengkraft.

Rassismus, Antisemitismus, Rechtsextremismus und Neofaschismus werden ökologisch geschminkt. Im WSL-Info Nr. 1 lesen wir: »Nicht nur die Natur muß vor einer ökologischen Überanspruchung geschützt werden, auch der Mensch kann in eingeengtem Umraum nicht gedeihen, und schließlich müssen auch die ›autochthon‹, d. h. ›aus ihrem Umraum gewachsenen‹

und in ihrer Eigenart zu verstehenden Völker vor einer Entfremdung der ihnen angeborenen Eigenart gegenüber geschützt werden.«[521] Da haben wir ihn wieder, den Ethnopluralismus des Neofaschismus. Zur deutschen Eigenart gehöre der Agrarstaat, daß das nicht so ist und daß Atomkraftwerke das deutsche Volk bedrohen, erklärt Professor Haverbeck damit, daß keine sechs Millionen Juden vergast worden seien. Die Zahl sei künstlich festgelegt, um die acht Milliarden Mark Reparationszahlungen rechtfertigen zu können. Die wiederum machten es nötig, daß die BRD ein Industriestaat und kein Agrarstaat wurde. In einem Agrarstaat, der dem deutschen Wesen entspreche, gebe es auch keine Atomkraftwerke.[522]

Der Braungeist in der Pfandflasche: Ökologie in rechtsextremistischen und neofaschistischen Programmen[523]

Die Programme von Rechtsextremisten und Neofaschisten aus rund zehn Jahren zu lesen befördert zwei Erkenntnisse: Erstens hat die rechtsextremistische und neofaschistische Szene den Umweltschutz – mit vielfältigen Widersprüchen – längst für ihre Interessen vereinnahmt und verformt. Zweitens haben sich fast alle Parteien, und damit ein großer Teil der bundesrepublikanischen Gesellschaft, rechtsextremistischen und neofaschistischen Vorstellungen in nur zehn Jahren auf erschreckende Weise angenähert. Der Erfolg der extremen Rechten läßt sich nicht nur in Wahlergebnissen messen, sondern liegt vor allem in ihrem erfolgreichen Kampf um kulturelle Hegemonie.

Nationalrevolutionäre Ideologen wie Henning Eichberg oder Günter Bartsch vermischen germanisch-keltisch-indianische Kulte mit völkisch-nationalem Gedankengut zu einer neuheidnischen Mixtur, die bis weit in die Alternativszene hinein Anklang findet. Ihre Achse in die Friedensbewegung war die Forderung nach Abschaffung aller Atomwaffen, die die Nationalrevolutionäre mit der Forderung nach der deutschen Wiedervereinigung einschließlich Österreichs und ehemals deutscher Ostgebiete verbanden. Sie erhielten zeitweise Zulauf von frustrierten Exkommunisten und Exanarchisten, beteiligten sich am Aufbau der Grünen und wurden erst Mitte der achtziger Jahre hinausgeworfen. Wir wissen nicht, ob endgültig.

Christentum, Kapitalismus und Marxismus zerstören — so Eichberg — die ökologische Balance und die Identität der Völker. Gegen den Internationalismus setzen Nationalrevolutionäre, ähnlich wie die Freiheitliche Deutsche Arbeiterpartei (FAP), einen »nationalen Sozialismus«. Eichbergs Plädoyer für eine neue »nationale Identität« ähnelt in Argumentation und Begrifflichkeit dem von Antje Vollmer, die den »Stolz auf eine nationale und politisch kulturelle Identität trotz aller historischen Lasten [...] fördern« will.[524] 1983 organisierte die Arbeitsgemeinschaft »Deutschlandpolitik« der Alternativen Liste Berlin einen Vortragsabend mit Eichberg, der erst nach heftigen Protesten ausfiel.

Wo Rudolf Bahro von »Stammesbewußtsein« und »deutscher Volkstiefe« spricht, gibt sich die FAP mit »Deutsche Arbeitsplätze für deutsche Arbeiter« und »Gemeinschaftssinn statt Klassenkampf« zufrieden,[525] was in Göttingen unter Leitung des niedersächsischen Landesvorsitzenden Karl Polacek auch lebensgefährliche Anschläge auf ausländische Menschen und Linke einschließt. Die FAP will — wegen des »gestörten Verhältnis[ses] des Menschen zur übrigen Natur« — eine »ökologische Revolution«. Marxismus, Liberalismus, Christentum hätten den »Menschen aus seinem Eingebundensein in die natürlichen Kreisläufe unserer Erde herausgerissen«. Gegen »die sich abzeichnende ökologische Katastrophe« genüge kein »technischer Umweltschutz«. Eine »radikale Bewußtseinsrevolution« müsse die »Wiedereinordnung des Menschen in das Gesamtgefüge des irdischen Lebens« herbeiführen.[526] Noch ein Bündnispartner für New Age.

Die NPD versuchte bereits 1973, die Stimmung der Gegenkultur aufzufangen: »Die verschmutzte und verseuchte Umwelt des zur Masse degradierten und in zunehmender Vereinsamung lebenden Menschen ist nur das hervorstechendste Symptom des zerstörten Gleichgewichts [das nie näher bestimmt wird] von Natur und Mensch.«[527] 1988 spinnt sie den Faden zur Esoterikszene weiter: »Zur Wiedererlangung [...] lebensnotwendigen Umweltbewußtseins ist zuerst eine innere Revolution des menschlichen Denkens erforderlich. Nicht das unbegrenzte Anhäufen materieller Güter und ein hemmungsloser Konsum gibt den Menschen Lebenssinn und Glück, sondern das Erlebnis der Natur, die Pflege kultureller Werte, die soziale Geborgenheit in Familie und Volk.«[528]

Rechtsextremistische und neofaschistische Gruppen legen Waffendepots an (»materielle Güter«) und meinen mit der »Pflege kultureller Werte« und der »sozialen Geborgenheit im Volk« offensichtlich mörderische Angriffe auf Flüchtlinge in Hoyerswerda oder Rostock. Sie knüpfen auf verschiedene Art und stets diffus an Unzufriedenheit und Sinnleere an, um dann auf völkische Ideologie umzupolen. In der gesamten extremistischen und neofaschistischen Programmatik werden Werte wie selbstbestimmtes Leben und Arbeit, Freiheit von Ausbeutung, Rassismus und Sexismus, internationale Solidarität, kulturelle Freiheit, Gleichheit aller Menschen, Abschaffung der kapitalistischen Produktionsweise zur Rettung von Mensch und Natur stets aufs äußerste bekämpft.

Umweltschutz sei vor allem eine nationale Frage, oberstes Ziel die Rettung des »deutschen Industrievolkes«, dessen »gefährdeter Bestand«[529] gesichert werden müsse. Unter »Gesundheit« versteht die extremistische Rechte stets »Erbgesundheit«, das heißt die rassische Reinhaltung vermeintlich hochwertigen »arischen« Erbgutes und die brutale Selektion von »erbkrankem Menschenmaterial«. Die Umweltschutzforderungen etwa von Republikanern (vorrangiges Staatsziel wie bei der DVU die »heile Umwelt«) und FAP ähneln sich wie ein Müllcontainer dem anderen. Umweltschutz ist als »Sicherung der Existenzgrundlagen unseres Volkes auch eine patriotische Aufgabe«, sagen die Republikaner. Der gesunde Bestand der Deutschen ein »höherer Wert als kurzsichtiges Gewinn- und Wohlstandsstreben«. Nichtssagend und niemals an die Wurzel — die kapitalistische Produktion — gehend, ihre Liste von Umweltschutzwünschen: »zukunftssichere Umweltpolitik [...] langlebige Güter [...] [gegen] Verschwendung von Energie und Rohstoffen [...] umweltverträgliche Verfahren [...] Verursacherprinzip [...] Wiederaufarbeitung gebrauchter Rohstoffe

[...] ökologisches Müllkonzept [...] Pfand- und Mehrwegsyste-
men [...] verantwortungsbewußte Energiepolitik« usw. Statt
eines ökologischen Verkehrssystems genügt den Republikanern
»bleifreies Benzin in ganz Europa«.[530] Sie haben Angst ums Wasser, wollen aber das Kapital nicht mit wirksamen Eingriffen in die
Produktion verschrecken, was bleibt, ist der »Ausbau von Kläran-
lagen«.[531]

Ebenso banal und kapitalfreundlich die FAP: »Die ökologischen Belange [...] mit einer funktionierenden Wirtschaft in Einklang gebracht werden [...] Senkung der [...] Schadstoffwerte
[...] Erhöhung des Strafmaßes bei Umweltschutzverbrechen
[...] technisch beste Filteranlagen [...] dauerndes Wirtschafts-
wachstum [...] gedrosselt [...] Abbau des Profitstrebens [...]
Abklingen des übersteigerten Konsums [...] Umdenkprozeß [...]
Entwicklung alternativer Energiegewinnung [...] optimale Rohstoffrückgewinnung [...] Kreislaufsystem der Natur soll [...] in
[...] Wirtschaftsbereichen übernommen werden [...] Grün- und
Parkanlagen [...] Gesundheitsaufklärung [...] gesundes Ernäh-
rungsbewußtsein [...] Gesundheit − nicht Geld und Profitsucht
[...] im Vordergrund auf dem Weg zu einer neuen Ordnung.«[532]
Auf dem Weg zu dieser »neuen Ordnung« gibt es viele potentielle
Bündnispartner, wie wir im nächsten Kapitel sehen werden.

Wie fast alle rechtsextremistischen und neofaschistischen Organisationen lösen auch die Republikaner ihren Widerspruch zwischen technokratischem Fortschrittsglauben und völkischer Ro-
mantik nicht auf. Bedrohlich »einseitig« sei die »These ›weg von
der Kulturlandschaft − hin zur Naturlandschaft‹«, denn »wir dürfen das Erbe unserer Väter«, also die Kulturlandschaft, »nicht
verschleudern«. Man bekennt sich »zu einer neuen Ethik, die
Mensch, Tier und Natur als Einheit erfaßt. Das Tier ist keine
Sache«, sondern »ein Freude und Schmerz empfindendes Lebewesen, das unseres Schutzes bedarf«, eine Wertvorstellung, die
bei »Menschen aus fremden Kulturen [...] zu fördern«[533] sei.
Während ein Mensch aus Angola von deutschen RassistInnen aus
dem Fenster geworfen wird oder eine Frau aus Vietnam durch
Messerstiche von Skinheads stirbt, bringt man ihnen noch rasch
nahe, wie wertvoll den Deutschen der Schäferhund ist.

Auch die Nazis begründeten die vermeintliche Hochwertigkeit

der »arischen Rasse« mit ihrer besonderen »germanischen« Naturverbundenheit und vermeintlichen Tierliebe. Nur wie geht das zusammen mit der unbedingten Bewahrung des schützenswerten Kulturgutes »deutsches Waidwerk« durch die Republikaner? Dieses »Waidwerk«, die Jagd, sei »angewandter Naturschutz« und keinesfalls − Achtung, Klientelkollision! − ein »Gegensatz zum Tierschutz«.[534] Da wird − Peng! − am Ende stolz die Strecke abgeschritten. Manchmal kombinieren sich rechtsextremistische Positionen auch anders. Als ich vor einigen Jahren sagte, daß ich abgetrieben habe, demonstrierte der Jagdkritiker und Harburger Grüne Georg Fruck, wie sich bei Rechtsextremisten Menschenverachtung und Lebensschutz paaren: »Jutta Ditfurth gehört in Vorbeugehaft, damit sie in den nächsten Jahren nicht noch mehr Leben zerstört.«[535] Vermutlich bis zu den Wechseljahren?

»Deutschland soll deutsch bleiben«[536], »Deutsche Wohnungen vorrangig für Deutsche!«[537] »Nationale Identität und Selbstbestimmung«[538] will auch Gerhard Freys neofaschistische Deutsche Volksunion (DVU). Umweltschutz heißt für sie vor allem »schärfere Gesetze gegen Umweltverschmutzer« sowie »strenge Untersuchung importierter Nahrungsgüter und Futtermittel«, die »Einschränkung der Tierversuche« und ein »härteres Vorgehen gegen Tierquäler«.[539] Bleibt die Frage, wie die Sache mit den Jägern zu lösen ist?

In allen Texten finden wir nur einen völkisch-national beschränkten Umweltbegriff, primitiven Fortschrittsglauben und technokratische Reparaturvorstellungen auf niedrigstem Niveau. Nirgends eine ökologische Forderung, die geeignet wäre, die Natur zu retten. Nach den Programmen der Rechtsextremisten und Neofaschisten laufen Atomanlagen und gehen radioaktive Verseuchung weiter, Gentechniklabors und die Manipulation des Lebens, Dioxinproduktion, Pestizidexport, Rohstoffverschwendung, Klimazerstörung, Ausrottung von Tier- und Pflanzenarten und die Vergiftung des Menschen als eines Teils der Natur.

Für die NPD ist Raumordnung Lebensraumordnung und die Verkehrspolitik ist ihr »unterzuordnen. Sie muß neue Siedlungs- und Wirtschaftsräume erschließen.« Polen oder erst Österreich? Verkehrsminister Krause (CDU) liegt im Jahr 1992 ganz auf der Linie des Verkehrsprogramms der NPD von 1973: Die »beste-

hende[n] Verkehrswege« sind auszubauen. »Ein »Generalver-
kehrsplan« soll »neuen Verkehrsbedarf [...] wecken. Hierfür ist
der beschleunigte Ausbau eines modernen Straßennetzes von den
Autobahnen bis zu den Kommunalstraßen [...] unerläßlich.«[540]
Neben Polizisten, Bauern, Jägern, Rassisten, Abtreibungsgeg-
nern und Umweltschützern wollen die Republikaner auch die
Autofahrer befriedigen: »Das Kraftfahrzeug hat [...] Freiheit und
Lebensqualität des Menschen wesentlich erhöht.« Darauf folgt:
kein Tempolimit.[541] Ein ökologisches Verkehrskonzept ohne
Auto, bestehend aus dichtvernetztem Schienenfernverkehr,
öffentlichem Personennahverkehr, bequemen und sicheren Rad-
und Fußwegen usw. finden wir in keinem Programm.

Einige RechtsextremistInnen und NeofaschistInnen lehnen die
Atomenergie ab, weil die vermeintlich höherwertige deutsche
Erbsubstanz bedroht ist. Die Republikaner haben nichts gegen
Atomenergie, wenn der Energiebedarf nicht anders zu decken
und »die Endlagerung« sichergestellt sei.[542] Es geht schließlich
um die »Sicherung unserer Energie- und Rohstoffversorgung«.[543]
Auf dem Weg nach Osten wird man 1990 noch atomenergie-
freundlicher: »Das Störfallrisiko deutscher Kernkraftwerke ist
unter Abwägung alle Kriterien verantwortbar.« So sind Schönhu-
bers Republikaner der SPD nur um einen kleinen Stechschritt
voraus.

Sechs Millionen ermordete Jüdinnen und Juden? Die neofaschistische NPD hat ein anderes Problem: »Zwei Kriege innerhalb
einer Generation [...] haben an der gesundheitlichen Substanz des
deutschen Volkes gezehrt«, wie sich auch die Umweltzerstörung
»nachteilig [...] auf die Volksgesundheit« auswirkt. »Anomale und
krankhafte Auswüchse« sind vom deutschen Volk fernzuhalten
ebenso »chemische Farbstoffe« und »immer mehr Erbkranke«, die
durch die Künste der Medizin »zur Fortpflanzung kommen«. Weil
die Euthanasie noch nicht durchsetzungsfähig ist, soll in den Schulen über Erbschäden aufgeklärt und sollen Geschlechtskranke −,
unter Strafandrohung −, namentlich erfaßt werden.[544] Wer Aids
hat, für den verlangen auch die Reps »Meldepflicht«.

»Gesundheit ist ein sozialer Begriff, genau wie das organische
Dasein der Menschen, als Menschen, insgesamt. So ist sie überhaupt erst sinnvoll steigerbar, wenn das Leben, worin sie steht,

nicht selber von Angst, Not und Tod überfüllt ist«, schreibt Ernst Bloch im *Prinzip Hoffnung*[545] und stellt diesen Wert eines gesellschaftlichen Begriffs von Gesundheit dem rassistischen Volks- und Erbgesundheitsbegriff der extremistischen Rechten entgegen, den diese mit Gewalt durchsetzen wollen. Individuelle Freiheiten und Entfaltungsmöglichkeiten und ein Recht auf physische, psychische und soziale Gesundheit im Sinne Blochs sind Werte, die Rechtsextremisten hassen. »Volksbewußtsein und Umweltbewußtsein sind nicht voneinander zu trennen«, sagt die NPD, denn »Millionen Fremde [...] werden eingeschleust« und bedrohen »unser Volk in seiner Existenz«, so geht es auch anderen völkischen Gütern: die »Gefährdung der Eichen« nimmt zu.[546] In bezug auf die ehemalige DDR war die Forderung nach Freizügigkeit selbstverständlich. Da ging es um Deutsche. Für Europa bedeutet Freizügigkeit in der Sprache der Republikaner »Kriminellen-Import«, »soziale Spannungen« und »finanzielle Belastungen«,[547] und bei der FAP bricht der dumpfe Haß auf den »humanistisch gebärdenden Kosmopolitismus« vollends hervor.[548]

Als »Gemeinschaft deutscher Patrioten« setzen sich die Republikaner »für die Erhaltung des Bestandes des deutschen Volkes, seiner Gesundheit und seines ökologischen Lebensraums als vorrangiges Ziel der Innenpolitik« ein. »Diesem Zweck wird [...] auch der Umweltschutz dienen.«[549] Wer den alltäglichen Härtetest in der Leistungsgesellschaft nicht besteht, hat Pech, wegen »der Grenzen des Sozialstaates« wollen die Reps »die Überprüfung des Leistungskataloges einleiten«.[550] Ökologie in rechter Interpretation ist eine lebensgefährliche Kampfansage an Schwache und Kranke und hat eine direkte Verbindung zum Utilitarismus (etwa: Bewertung von Menschen nach ihrem ökonomischen Nutzen der sogenannten Bioethiker um Peter Singer, die neu und wissenschaftlich verbrämt diskutieren, was unwertes Leben sei.[551]

Die Republikaner sind rechtsextremistische Technokraten. Voller Fortschrittsglauben schwärmen sie von der »großen Segnung« Transplantationsmedizin, um gleich darauf, vielleicht als Angebot an andere Bündnispartner, »Lehrstühle für Naturheilkunde« zu fordern und der Homöopathie wie der Anthroposophie innigste Sympathie zu bekunden. Sie ahnen, wie nützlich die Gentechnologie für ihren völkischen Rassismus einmal sein könnte. Die »unabsehbaren Nebenwirkungen« der »kontrollierten Eingriffe in die Erbanlagen«, die »für die Menschheit großen Nutzen bringen« könnten, sollen — wie tröstlich — international »geprüft und abgestimmt« werden.

1983 und 1987 empörten die ausländerfeindlichen Positionen der Republikaner eine linksliberale Öffentlichkeit. Letztere gibt es 1992 praktisch nicht mehr. Statt eines »Ausbeutungs«- oder gar »Kapitalismusproblems« haben wir angeblich ein »Asylproblem«, und das menschenverachtende Wort »Asylant« für Flüchtling oder ImmigrantIn ist fester Bestandteil bundesdeutscher Mediensprache. Wer die Programme und Beschlüsse der Parteien vergleicht, wird feststellen, daß sich die SPD heute ausländerfeindlicher artikuliert als die — vorsichtig formulierenden — Republikaner von 1983 und 1987. Mit der »Türkeninvasion 1986 aufgrund der EG-Freizügigkeitsklausel«[552] hinkt die FAP der pogromevorbereitenden Sprache der bürgerlichen Parteien und Medien von 1992 hinterher: »Menschenflut«, »Asylantenstrom« und »Bevölkerungsexplosion«.

Getrennte Müllsammlung, Pfandflaschen, Sammellager und Zwangsarbeit: Wie der Bund Naturschutz in Starnberg und die Republikaner will auch die FAP die »gesetzliche Einführung eines Arbeits- und Sozialdienstes für gemeinnützige Aufgaben« wie die »Beseitigung von Wald- und Flurschäden [...] Rohstoffrückgewinnung«, wofür »notorische Arbeitslose dienstverpflichtet werden« können.[553]

»Die »Arterhaltung« des »deutschen Volkes« (NPD) und seine aggressive Expansion verlangen gebärfreudige deutsche Mütter. Gegen die »Abwertung und Zerstörung der Familie«, der »biologischen und kulturellen Grundgemeinschaft, die Lebenszelle von Volk und Staat« ist anzukämpfen. Ein Mittel ist die schulische »Familienkunde« und das Mutter-und-Hausfrau-Training für die »weibliche Jugend«. Der »biologische Bestand unseres Volkes« ist durch Abtreibung »bedroht«, die darum unter Strafe zu verbieten ist.[554] Da können die Republikaner im wesentlichen zustimmen. Früher drei (1983: Gefahr für die Mutter, Vergewaltigung, mögliche Mißbildung des Kindes), 1987 und 1990 nur noch zwei Ausnahmen (Gefahr für die Mutter, Vergewaltigung) eines rigiden

235

Abtreibungsverbots zeigen, wie eine Programmkorrektur unangenehme Debatten erspart, weil durch die Reproduktionstechnologie die Qualitätskontrolle von Embryonen gesellschaftlich weitgehend durchgesetzt ist. Als kleines Zugeständnis an berufstätige Republikaner*innen* betonen die Reps, daß Frauen und Männer »trotz ihrer Wesensunterschiede von gleichwertiger Tüchtigkeit im Leben und Beruf« sind. »Insbesondere der Frau« aber sei es »gegeben, durch Wärme und Hingabe ein Klima der Geborgenheit zu schaffen, in welchem Familie und Kinder gedeihen können. Hier liegt die besondere und von keinem ›Hausmann‹ oder Kollektiv erfüllbare Berufung der Frau«.[555]

Eine zentrale Forderung der Republikaner von 1990 wird 1992 von CDU/CSU/SPD und FDP erfüllt: zentrale Sammellager für Flüchtlinge. Während Menschen unter demütigenden Lebensbedingungen in Sammellagern auf ihre gewaltsame Deportation zurück zu Folter, Krieg und Hunger warten sollen, stehen deutsche »Ehe und Familie unter dem besonderen Schutz der staatlichen Ordnung«. Damit die Volksgemeinschaft kein hochwertiges »arisches« Erbmaterial verplempert, sollen Frauen ungewollte Schwangerschaften zum Zwecke der Adoption austragen müssen.[556] Bis in die Wortwahl haben rechtsextremistische und neofaschistische Lebensschützer (mensch möge die Bundestagsdebatte zum § 218 vom Juli 1992 im Wortlaut nachlesen) die Bundestagsfraktionen CDU/CSU/SPD/FDP/Grüne und Bündnis 90 in der Lebensschutzfrage auf ihren Kurs gebracht, ein wesentlicher Schritt zur Eroberung der kulturellen Hegemonie in der BRD durch rechtsextremistische und (öko)faschistische Kräfte.[557]

Lebensschutz heißt für die DVU: »Schluß mit dem Abtreibungs-Mißbrauch«[558] und Kampf »gegen jede Diskriminierung und Entrechtung der Frontsoldaten, einschließlich der Waffen-SS«.[559]. Auch die Lebensschützer von der FAP halten Abtreibung für ein »Verbrechen gegen die Gesetze einer gesunden Natur und gegen Gott«. Konsequenterweise wird im übernächsten Satz gefordert: »Das Alimente-Zahlen wird abgeschafft oder nur noch symbolisch mit ca. 50 DM gefordert«[560] (Originalschreibweise der FAP). Lebensschutz à la FAP heißt demzufolge: 50 Mark Zeugungsgebühr, Unterstützung des SDI-Programms der USA, so viele deutsche Waffen, daß »kein Durchkommen« mehr ist,

Bewunderung des deutschen Soldatentums, dessen »Leistung« in zwei Weltkriegen »noch in Jahrtausenden Beachtung und Bewunderung« fänden. Elsaß-Lothringen, Südtirol und Österreich sollen zurück ins Reich. Wie sie die Prioritäten des Lebensschutzes setzt, verrät uns die FAP auch mit der (berechtigten) Forderung nach Abschaffung der Käfighaltung für Hühner bei gleichzeitiger Einführung der Todesstrafe für Menschen. Die »heutigen Atomkraftwerke sind für das dichtbesiedelte Deutschland ungeeignet«. Vor allem aber hat die Autofahrerpartei FAP ein Problem: »Jeder Autobahnparkplatz muß sofort eine Toilette bekommen. Wo sind wir denn!«[561]

Für deutsche Sicherheitsinteressen müssen die Menschen im Trikont, nicht die Armut reduziert werden. Wegen der »Bevölkerungsexplosion und der wachsenden Umweltgefährdung« besteht Entwicklungshilfe »in erster Linie« aus »konsequenter Familienplanung der betreffenden Staaten«, nicht aus selbstbestimmter Familienplanung der Individuen. Wer »diese Maxime« mißachtet, bekommt nur noch Hilfe bei »Naturkatastrophen und Hungersnöten«.[562] Nicht weniger menschenverachtend und unhistorisch ist die Mentalität derjenigen, die heute für Grünhelme plädieren.

Umweltschutz muß notfalls militärisch durchgesetzt werden. Gemeint ist damit bei rechtsextremistischen, neofaschistischen und bürgerlichen Parteien stets die ökologische Rechtfertigung von Kapitalinteressen. Schon 1973 formulierte die NPD, worin ihr ab 1991 VertreterInnen aller Bundestagsparteien einschließlich der Grünen und außer der PDS/Linke Liste prinzipiell folgen werden.[563] 1992 wollen VertreterInnen von CDU/CSU/SPD/FDP/ Grünen und Bündnis 90 Grünhelmtruppen in alle Welt schicken. Die NPD von 1973 gibt sich erst einmal mit Ersatzdienstleistenden für die »Pflege der von Verkarstung und Versteppung bedrohten Kulturlandschaft« zufrieden und verlangt den Ausbau des »Deutschen Jugenddienstes [...] zu einer idealistischen Volksbewegung« für die »Arbeit an Feld, Flur und Gewässern« zur Sicherung des »Bestandes unseres Lebensraumes«, um den »Kern Europas gesund [zu] erhalten«.[564]

Nur neun Jahre früher als Umweltminister Klaus Töpfer (CDU), Freimut Duve (SPD) oder Udo Knapp (Grüne/Bündnis 90) haben die Republikaner 1983 die »Wehrbereitschaft« des deutschen Volkes zugunsten der Natur geschärft: »Großräumige Düngungsversuche mit Hubschraubern der Bundeswehr sind als flankierende Maßnahme dringend erforderlich.« Sie bleiben im Grad der Militarisierung und der territorialen Ausdehnung noch weit hinter dem ökologisch-verkleideten Eurochauvinismus von Duve, Knapp & Co. zurück,[565] denn die wollen, wie wir sehen werden, deutsche Grünhelme in aller Welt.

Die Militarisierung der Ökologie setzt voraus, daß die Schuld des kapitalistischen Zentrums Europa für mehr als 500 Jahre Ausbeutung des Trikont geleugnet oder sogar gutgeheißen wird. Es wird absichtlich ignoriert, daß aus dieser ursprünglichen Akkumulation von Kapital (Ausplünderung der eroberten Kontinente) weltwirtschaftliche Strukturen entwickelt worden sind, später unter Beteiligung der USA und Japans als der beiden anderen kapitalistischen Zentren, welche die Chancen auf eine eigenständige Entwicklung des Trikont zerschlugen, manipulierten, zum Spielball der Interessen des reichen Nordens machten. Und daran soll sich nichts ändern. Unterstützt werden sollen nur solche Länder, »die eine umweltbewußte Politik betreiben«, damit deutschen Lungen nicht die Luft ausgeht. Ansonsten müssen »unsere Beziehungen zu den Ländern der ›Dritten Welt‹ [...] mit unseren außen-, sicherheits- und wirtschaftspolitischen Zielen synchron laufen«, sagen etwa die Republikaner. Befreundete Trikontstaaten, sprich solche, die sich den Interessen der BRD unterworfen haben, dürfen auf die Hilfe eines der reichsten Staaten zählen: »Pionierbataillone der Bundeswehr, z. B. zur Hilfe beim Straßenbau« oder Verteilung »landwirtschaftliche Überproduktion im Rahmen der EG durch Ausbildungsflüge für die Transportgeschwader der Luftwaffe«.[566] Die von der Armee massakrierten guatemaltekischen IndianerInnen könnten einiges erzählen über Hochlandstraßen, die mit deutscher Hilfe gebaut wurden, um ihre Zufluchtsorte zu stürmen.

An keinem Punkt der Betrachtung kann auch nur die Vermutung entstehen, daß Rechtsextremisten und Neofaschisten Mensch und Natur retten wollen. Trotz gelegentlicher so großspuriger wie nebulöser Kapitalismuskritik verehren sie allesamt die »sozialökologische Marktwirtschaft« (Republikaner), den Kapitalismus, und damit die Grundlagen von Elend und Raubbau. Ihre »radikale

Bewußtseinsrevolution« meint, ähnlich wie bei Fritjof Capra, nichts als Unterordnung unter die bestehenden Herrschaftsverhältnisse, unter Eliten, mit neu-alter mystisch-völkisch-ökologischer Begründung.

Kultur wurde der neue Code für Rassismus, *Ökologie* der Schlachtruf zur gentechnischen oder bevölkerungspolitischen Reduktion von Menschen, *Identität* bestimmt sich nicht individuell, sozial oder human, sondern national oder eurochauvinistisch und legt die Wurzeln für Rassismus. Auch *Selbstbestimmung* wird national verstanden, rechtfertigt imperialistische Angriffe und hat mit der Freiheit etwa der Auswahl von Lebensformen, selbstbestimmter Arbeit oder sexueller Selbstbestimmung nichts zu tun. *Gesundheit* wurde in die völkische Kategorie der Erbgesundheit des Volkskörpers transformiert und begründet eugenische Selektion und rassistische Anschläge. Aus verschlampten, kaum sozial verteidigten positiv besetzten Begriffen wurden Kampfbegriffe der Rechten für einen drohenden neuen wissenschaftlich und ökologisch modernisierten Faschismus. Dieser wird wenig zu tun haben mit dem historischen Nationalsozialismus. Geschichte wiederholt sich allenfalls als Farce (Marx). Während Neonazis und rassistische Deutsche Flüchtlinge jagen und totschlagen, entwickeln die Herrschenden politische Strukturen, die in eine parlamentarisch verkleidete europäische Parteienoder Regierungsdiktatur führen können, deren Konturen noch undeutlich sind.

IV. Diese riesige, unnahbare Ordnung

»[...] das Unheimliche sei nicht in den Schreckensgeschichten
zu sehn, diese könnten sich, in unendlicher Folge, bis zu
immer unvorstellbarer werdenden Grausamkeiten variieren
lassen, das Unheimliche sei vielmehr das ein für alle Mal fest-
stehende, diese riesige, unnahbare Ordnung, die kaum etwas
Beunruhigendes von sich gibt, die einfach nur da ist, mit
Selbstverständlichkeit fortwirkt und all das bestimmt, was uns
dann schließlich, auf weit verzweigten Umwegen, erwürgt und
vernichtet. Das Unheimliche [...] ist nicht das Grauenhafte,
das wir doch, wenn wir uns anstrengen, zu sehn vermögen,
sondern unsere Unfähigkeit, das banale, kompakt Unverrück-
bare zu erkennen. [...] war nicht die Geschichte der Menschheit eine Geschichte des Mordens, waren nicht Menschen seit
jeher in dem Dezimierungsprozeß, wo die Stärkeren die Schwächeren auslieferten, zu Hunderttausenden, zu Millionen ver-
sklavt, abgeschlachtet worden, [...] unterm Vorzeichen höchsten Herrschaftsrechts, heiligster Führungsansprüche, zumeist
zu Ehre von Göttern, oft begleitet von humanistischen, ja
demokratischen Anschauungen, verurteilt zu Minderwertigkeit,
Wertlosigkeit, [...] waren die Mörder nicht immer und überall
bereit gewesen, Hunderttausende und Millionen auszutilgen,
nicht weil sie sie haßten, sondern nur, weil es so sein mußte.
War dieses Wüten aus Überheblichkeit, abgesehn von den
gewöhnlichen, zur Tagesordnung zählenden Kriegen, nicht
Bestandteil unseres Leben.
Und der Sinn [...] dieses Tränkens der Erde mit Blut ist,
daß die Herrscher ihre Gefolgschaft durch die gemeinsam
begangenen Verbrechen noch fester an sich binden.«

Peter Weiss[567]

Fünfhundert wütende Jahre
der alten Weltordnung

Soweit die Informationen, die Transportmittel und die Waffen reichten, blieb in Hunderten von Jahren kein Landstrich innerhalb und außerhalb Europas vor der Gier der Herrschenden des »alten« Kontinents sicher. Aufgabe ihrer Propangandaabteilungen war es, den organisierten Raubzügen die bestmögliche Legitimation nach innen wie nach außen zu verschaffen. Selten fanden sie Geeigneteres als die christliche Religion. Im Namen des Kreuzes und im Namen des Goldes zogen Armeen nach Jerusalem, nach Amerika und Afrika. Sie plünderten die Kunstschätze des Orients, Gold und andere kostbare Metalle der Maya und Azteken. Sie ermordeten in nur 150 Jahren etwa 100 Millionen amerikanische UreinwohnerInnen. Sie massakrierten und raubten 50 bis 100 Millionen Menschen Afrikas als SklavInnen für ihre sogenannte Neue Welt, die doch seit Jahrtausenden entdeckt und bewohnt war. Sie rodeten und verbrannten bereits im letzten Jahrhundert Zentralamerikas tropische Regenwälder für Zuckermonokulturen, zerrissen die Erde auf der Suche nach Nickel, Kupfer und Kohle. Sie verseuchten Flüsse.

Sie töteten, plünderten, vernichteten Kulturen und Wissen. Sie häuften so viel Reichtum an, daß der beraubte und gequälte Teil der Welt keine Chance mehr auf eine eigenständige Entwicklung hatte. Aus dieser ursprünglichen Akkumulation (Anhäufung) von Kapital entstanden die weltwirtschaftlichen Strukturen, in denen Europa, das neue Amerika, das auf das vernichtete alte gebaut wurde, und schließlich Japan die neuen Herren wurden. Für etwa 70 Jahre wollte ein Teil Osteuropas und Asiens mit dem Namen Sowjetunion dem Kapitalismus eine befreite Gesellschaft entgegenstellen. Ihre anfänglich humane sozialistische Grundanschauung erstickte am eigenen Versagen und an den äußeren weltwirtschaftlichen Rahmenbedingungen. Ihre Existenz bot gleichwohl dem geknebelten Teil der Welt gewisse Spielräume für eine begrenzte eigene Entwicklung. Das Experiment scheiterte. Noch im Rausch über ihren Sieg planen die kapitalistischen Weltmächte ihre »neue Weltordnung«.

Die neue Weltordnung ist die alte Weltordnung. Ihre Herrscher – Europa, die USA und Japan – machen Milliarden Menschen zum Spielball der Interessen des reichen Nordens. Sie stabilisieren ihre patriarchal-kapitalistische Weltordnung, in der die meisten Menschen kein Recht auf Entwicklung, auf Selbstbestimmung, auf soziale Gleichheit haben. Diese »riesige, unnahbare Ordnung« (Peter Weiss), die einfach nur da ist, sich fortwebt, um zu erwürgen und zu vernichten, diese Normalität ist der Wahnsinn. Die meisten Menschen werden geboren, um nach einem kurzen elenden Leben zu sterben. Sie haben nie eine Chance, die Lust am Leben, andere Menschen, ihre vielfältigen Fähigkeiten zu entdecken und zu entfalten. Das Wüten, das Sterben, das Nicht-wirklich-Leben, die Unfreiheit, die Fremdbestimmung, der Krieg als überaus logisches Mittel herrschender Politik – alles geht weiter.

Ihr eigenes fremdbestimmtes, sorgenvolles Leben ist für viele Menschen in der Bundesrepublik so demütigend, daß ihnen die Kraft fehlt, solidarisch zu handeln. Andere, denen es besser zu gehen scheint, macht das tägliche Schlachten in sicherer Entfernung ein wenig mitleidig. Die meisten verweigern wirkliches *Wissen* und humane Verantwortung, damit ihre kleinen und großen Geschäfte mit den Mördern – die normale Ordnung bundesdeutschen Lebens – nicht gestört werden. Ein freies, selbstbestimmtes, wirklich menschliches Leben kann sich nur entfalten, wo soziale Kämpfe den Herrschenden den gesellschaftlichen Raum für dieses andere Leben entreißen. Es gab nie ein Besserwerden menschlicher Geschichte aus sich selbst heraus. Es gibt keinen automatischen Fortschritt, bloß weil sich die Gestalt der Ausbeutung des Menschen oder der Raubplünderung der Natur ändert.

Während der christlichen Inquisition und der Hexenverfolgung verbrannten Millionen von Menschen auf Scheiterhaufen, und sie starben in Folterkellern. Vor kaum 50 Jahren ermordeten die NS-Faschisten sechs Millionen europäische Jüdinnen und Juden, Hunderttausende von KommunistInnen und SozialistInnen, sie töteten Roma und Sinti, Schwule und sogenannte OstarbeiterInnen, meistens BürgerInnen der Sowjetunion und PolInnen. Rassismus, vor allem Antisemitismus, nationalistischer Dünkel, obrigkeitsstaatliches Denken, staatlich geschürter Haß und die Finanzierung der NSdAP durch das Kapital ermöglichten den größten bekannten Massenmord der Geschichte und einen Krieg, in dem Deutsche allein mehr als 25 Millionen Menschen in der Sowjetunion umbrachten.

Die Wachstumsfestung Europa rüstet für neue Schlachten

Der Kapitalismus ist keine natürliche soziale Ordnung, sondern ein menschengemachtes, historisch beschränktes, mörderisches System. Heute hat sich die auf nichts als auf Profit zielende kapitalistische Verschleiß- und Verschwendungswirtschaft − vorläufig − weltweit durchgesetzt. Weder deutsche Raubritter noch englische Kreuzritter, noch die spanischen Conquistadores reichen den Raubzügen des 20. Jahrhunderts das Wasser. Es gibt keine Aufarbeitung, keine Konsequenzen aus dem Faschismus in der Bundesrepublik Deutschland. Es ist vielmehr, als ob sich die Ziele der Täter zum Ausgang dieses Jahrhunderts in dem Bemühen um eine neue Qualität von Vernichtung und Ausbeutung bündelten. Nie zuvor wurde die Mehrheit der Menschen durch ökonomische Feldzüge, ergänzt durch militärische, so vollständig um die Perspektiven ihres einzigen Lebens gebracht.

Die offizielle Zahl der Hungernden ist in nur zwei Jahren um 100 Millionen auf 1,2 Milliarden Menschen gestiegen. Unter dem Existenzminimum leben − offiziell − 500 000 Menschen. Die Dunkelziffern von Hunger und Armut sind unbekannt. Mehr als 1,5 Milliarden Menschen haben keine gesundheitliche Versorgung. Täglich sterben mehr als 80 000 Kinder an Armut und Krieg. 4,3 Millionen Kinder starben 1990 an Lungenentzündung, die leicht heilbar ist, wenn es eine medizinische Betreuung gibt.[568] Bis zu 100 Millionen Menschen leben, laut *Newsweek*, weltweit in Sklaverei,[569] unter ihnen eine steigende Zahl von Frauen, die mit physischer und struktureller Gewalt (Armut) zur Prostitution gezwungen werden. Hier und da erreichen uns heute erste Informationen, daß Prostituierte in Südostasien, deren bundesdeutsche Verbraucher zahlreich sind, von ihnen Zuhältern systematisch und in großer Zahl ermordet werden, wenn sie ihren Warenwert durch Aids, Drogen, mangelnde Attraktivität oder Alter verlieren.

Nie zuvor wurden die natürlichen Elemente, Luft, Wasser und Boden, so unwiderruflich vernichtet und verseucht. Menschengemachte Wüsten breiten sich um die halbe Erde aus, vom Nordwesten Afrikas bis zur Wüste Gobi in der Mongolei. In Japan kam UV-dichte Kleidung auf den Markt.[570] Mit 17,5 Millionen Quadratkilometern im Oktober 1991 wuchs das Ozonloch über dem Südpol in zehn Jahren um das Dreizehnfache.[571] Die Menschen werden sich im Süden wie im Norden des Planeten in naher Zukunft nur noch nach Stundenplan der Sonne aussetzen können. Die Erdatmosphäre ist durchtränkt mit Radioaktivität, und doch erfährt der Bau von Atomanlagen einen neuen Boom, und die US-amerikanischen, russischen, chinesischen, britischen und französischen Atombombenversuche erreichten inzwischen die Zahl 2000.

Sehen wir uns nach politischem Widerstand um, der geeignet wäre, mit dieser Entwicklung zu brechen, finden wir nicht viel. Aber wir stellen fest, daß die Herrschenden dabei sind, sich neu zu formieren. Ihre neue Weltordnung meint, daß sie sich darauf vorbereiten, um die Verteilung noch nicht geplünderter Ressourcen zu kämpfen. Ihre künftigen ökonomischen und militärischen Feldzüge verlangen die Durchsetzung einer geeigneten Ordnung der Gesellschaften der Weltmächte. Die Wachstumsfestung Europa wird geschlossen. Die Besitzer der Burg haben die Verwalter angewiesen, die Falltore herabzulassen und äußerst genau, mit allen Mitteln der Überwachung und Gewalt, zu kontrollieren, wer Einlaß begehrt. Die Opfer vergangener, andauernder und künftiger Schlachten sollen den inneren Frieden der Festung nicht stören.

Innerhalb der europäischen Mauern lernen die armen Verwandten aus Osteuropa sich einzupassen. Auch die BewohnerInnen des europäischen Randes werden noch begreifen, wie sie sich am vorteilhaftesten in die herrschenden Wertvorstellungen und ökonomischen Strukturen »integrieren«. Sie stehen in Konkurrenz zu den Lohnarbeitenden in den Produktionsstätten der Festung selbst, zu einer verelendenden Reservearmee, die in miesen Wohnungen oder unter Brücken lebt. Nur noch in geringer Zahl erreichen Flüchtlinge und ImmigrantInnen aus dem Trikont die Tore der Burg. Hineingelassen wird, nach erniedrigenden Verfahren der Eignungsprüfung, wer den Verwertungsinteressen des Kapitals nützt. Die aufeinandergehetzten Armen und Lohnarbeitenden aus West-, Ost- und Südeuropa und aus dem Trikont dienen dem Kapital auf dem Weg in die Vereinigten Staaten von Europa als Rammböcke gegen die in Jahrzehnten erkämpften Löhne und sozialen Rechte.

Jeglicher Versuch, die neue europäische Ordnung formaldemokratisch zu verkleiden, scheitert an ihrer so offensichtlich diktatorischen Wirklichkeit. Der Ermächtigungsparagraph 189 des EWG-Vertrags erlaubt dem EG-Ministerrat, dem je ein Minister der zwölf Mitgliedsstaaten angehört, und der EG-Kommission, die aus 17 nationalen Spitzenbeamten besteht »Recht [zu] formulieren und erzwingen«.[572] Zwei zentrale Spielregeln parlamentarisch verfaßter bürgerlicher Demokratien, die Entscheidung des Parlaments bei Gesetzen und das Recht, Gesetzesvorschläge einzubringen, wurden mit dem Vertrag von Maastricht für die im Aufbau befindliche EG verhindert. Das Parlament darf nicht mehr als zweimal nein zu einem Gesetz sagen, und wenn es dann keine Einigung gibt, entscheidet der Ministerrat. Was im besten Fall bleibt, ist eine negative Blockpolitik. Das EG-Parlament kann dem Gesetz nur ganz zustimmen oder es ablehnen. Eine dritte Lesung gibt es nicht. Es ist nicht anzunehmen, daß dieses Vetorecht oft in Anspruch genommen wird. Es gilt zudem nur für bestimmte Bereiche wie die Anerkennung von Diplomen und Berufsausbildungsgängen von Jugendlichen, für Freizügigkeit und Niederlassungsrecht, für Infrastrukturmaßnahmen, Forschungsprogramme, Gesundheitspolitik. Die zentralen ökonomischen und politischen Entscheidungen sind längst gefällt worden – am Europaparlament und an den nationalen Parlamenten vorbei.

Das bundesdeutsche Grundgesetz, über dessen Charakter ich mir auch ohne die künftige Beseitigung des uneingeschränkten Menschenrechts auf Asyl keine Illusionen mache, verbietet in seinem Artikel 79, Absatz 3, die »Änderung dieses Grundgesetzes, durch welche die Gliederung des Bundes in Länder, die grundsätzliche Mitwirkung der Länder bei der Gesetzgebung oder die in den Artikeln 1 und 20 niedergelegten Grundsätze berührt werden«. Der Artikel 20 garantiert: Volkssouveränität, Gewaltenteilung und Bindung an die Verfassungsordnung. Alle grundlegenden Entscheidungen müssen laut Grundgesetz dem parlamentarischen Gesetzgeber vorbehalten bleiben. Aber die Eurodiktatur macht, daß »alle Staatsgewalt« nicht einmal mehr formal »vom Volk aus« geht, sondern von zwölf Ministern und 17 beamteten Kommissaren, berufen von nationalen Regierungen.

Die real existierende Konstruktion Europa dient den Verwertungsinteresssen des Kapitals und sichert Herrschaft. Der EG-Binnenmarkt wird zur Beseitigung von nationalen politischen, rechtlichen, bürokratischen und institutionellen Beschränkungen gebraucht. Das Kapital will diese Fliegen auf seinem Arm abschütteln, diese heute schon geringen, aber lästigen Behinderungen ohne Reibungsverluste. Es will herumziehen, Märkte aufbauen und demontieren, konzentrieren und monopolisieren, forschen und produzieren, was immer seinem Profit dient. Es will den Reichtum der Welt billig: natürliche Rohstoffe wie menschliche Arbeitskraft zu Elendspreisen. Dafür müssen Lohnkosten, Sozial- und Umweltausgaben auf das niedrigst mögliche Niveau gesenkt werden. Der Entwurf für eine Europäische Sozialcharta enthält nicht einmal mehr die Forderungen nach Mindestlohn und Mindesturlaub. Die Chancen für eine *schnelle* Zerschlagung erkämpfter sozialer und demokratischer Rechte waren in den Staaten des alten Europa bis zum Untergang der Sowjetunion etwas geringer. Nationale Gesetze, Streiks, politische Kämpfe, ein durch die organisierten ArbeiterInnen und andere soziale Bewegungen geschaffenes gesellschaftliches Bewußtsein für soziale und demokratische Errungenschaften bremsten das Tempo. Die Konstruktion einer Eurodiktatur war der einzige strategische Hebel, die Interessen des Kapitals in einem nur wenige Jahre dauernden, streckenweise fast heimlichen Putsch durchzusetzen.

Bei einer gemeinsamen Währung müssen die ökonomisch schwächeren EG-Länder mit erheblichen Leistungs- und Handelsbilanzungleichgewichten und mit hoher Arbeitslosigkeit rechnen, weil sie Produktivitäts- und Wettbewerbsnachteile nicht durch eine Währungsabwertung ausgleichen können. Diese kommende europäische Massenarbeitslosigkeit erhöht den Druck auf Löhne und soziale Rechte. Durch die gezielte Kontingentierung von Flüchtlingen und ImmigrantInnen und vor allem durch Industrieansiedlungen in den europäischen Niedrigstlohngebieten wird der Druck auf die Löhne und Rechte zu einer systematischen Erpressung, die Standards in der Sozial-, Arbeits- und Gesundheitspolitik bedroht, die wir schon fast für selbstverständlich gehalten haben.

Flüchtlinge, sofern sie die Mauern Europas überhaupt erreichen, können nur noch in einem einzigen Land einen Asylantrag stellen (»one-chance-only-Prinzip«). Wird der Antrag abschlägig beschieden, gilt die Ablehnung für ganz Europa, und die Asylbewerber werden abgeschoben. Nur die Niederlande wollen vielleicht eine zweite Chance geben. Polizei und Militär, Computerüberwachung und Druck auf Luftfahrtunternehmen sorgen schon heute dafür, daß Flüchtlinge die Flugzeuge nach Europa gar nicht erst betreten, die Bundesrepublik nicht erreichen und das grundgesetzlich gewährte Menschenrecht auf Asyl nicht beanspruchen können. Dabei hilft auch das Abkommen von Schengen, ein Staatsvertrag, den die Mehrheit der EG-Staaten, darunter die BRD, unterzeichnet haben. Schengen ist auch die erste vertragliche Grundlage für eine geplante europäische Polizei, nach dem Muster des amerikanischen FBI (Helmut Kohl).[573] Diese zentralisierte Polizei könnte ihre Arbeit schon heute auf eine enorme Menge an personenbezogenen Daten stützen, die zwischen den Repressionsapparaten und den Behörden der europäischen Staaten frei fluktuieren, abgefragt, kombiniert, abgeglichen und gespeichert werden.

Vor allem Flüchtlinge, ImmigrantInnen, Streikende, DemonstrantInnen, sozialistische, kommunistische, anarchistische, antikapitalistische, radikalökologische und feministische Linke werden Objekt ihrer repressiven Tätigkeit sein. Die europäische Polizei wird eine politisch agierende Polizei sein, deren formale Grundlagen in kleinen Geheimzirkeln geplant und entschieden werden.

Mit der früheren kommunalen Polizei, die gelegentlich in Widersprüche verwickelt werden konnte, weil sie die sozialen Probleme vor Ort kannte, hat eine künftige europäische Polizei so wenig zu tun wie die Ereignisse in George Orwells *1984* mit denen in einem Roman von Hedwig Courths-Mahler. Je zentralistischer eine Polizei organisiert ist (daher der Wandel von einer kommunalen zur Länderpolizei), desto härter und konformer kann sie für die herrschenden Interessen eingesetzt werden. Eine Bundespolizei wird auf Befehl einer zentralen Kommandostelle arbeiten, ohne nationale Widersprüche, ohne Widersprüche in einzelnen Landesteilen der europäischen Staaten.

Während eine europäische Polizei vorbereitet wird, wird der Bundesgrenzschutz (BGS) zur Bundespolizei umgeformt. Schon arbeitet er auf Flughäfen und Bahnhöfen. Die Bahnpolizei, eingerichtet gegen die Armutsdiebstähle nach dem Ersten Weltkrieg, wurde vom Bundesgrenzschutz übernommen. Seine veränderten Aufgaben wurden mit dem »Gesetz zur Übertragung der Aufgaben der Bahnpolizei und der Luftsicherheit auf den Bundesgrenzschutz (BGS)« im April 1992 legalisiert. Bundesbahn und Flughäfenbetreiber wurden mit einem Schlag die Kosten für die Beamten los. Mehr als 90 Prozent der Bahnpolizisten und Fahnder, insgesamt 2409 von 2609, wechselten zum BGS. Für einen teilweise paramilitärisch organisierten Bundesgrenzschutz wurde nach der Wiedervereinigung und vor den offeneren Grenzen innerhalb Europas ein neues Betätigungsfeld gefunden, im Übergang zu seiner eigentlichen Aufgabe, das einer Bundespolizei.

Der Bundesrat stimmte mit den Stimmen der rosagrünen Regierung in Hessen im Dezember 1991 den Plänen der Bonner Regierung zu – gegen die Stimmen von Nordrhein-Westfalen, Schleswig-Holstein, Niedersachsen und dem Saarland. Mit der zusätzlichen Gegenstimme von Hessen hätte die Sache mindestens ausgesetzt werden können. Zu verführerisch, vermutet die *Tageszeitung*, sei die Aussicht gewesen, die horrenden Kosten für die Sicherung am Frankfurter Flughafen auf den Bund abwälzen zu können.[574] Was zählen da grundsätzliche Überlegungen demokratischer Entwicklung?

TREVI ist die Abkürzung von »Terrorismus, Radikalismus, Extremismus und Violence International« und ist, 1976 installiert, ein Geheimzirkel der Innen- und Justizminister der EG-Mitgliedsstaaten. Durch keine parlamentarische Kontrolle beeinträchtigt, bestehen die Ziele von TREVI unter anderem im Kampf gegen linke Opposition und in der Verhinderung der Einreise von Flüchtlingen. Die TREVI-Clubmitglieder arbeiten ungeniert mit Diktatoren und Regierungen aus aller Welt zusammen, von China über Indonesien (das Osttimor martialisch unterdrückt) bis Marokko. Kein einziges der Abkommen auf EG-Ebene übrigens ist geeignet, Menschenrechten, etwa von Schwulen und Lesben, zur Durchsetzung zu verhelfen. Der Modellmensch des neuen Europa ist der politisch angepaßte, männliche, heterosexuelle Normalbürger zwischen 30 und 60 Jahren mit heller Haut, mindestens Mittelschichtsherkunft und gutem Einkommen.

Schon heute ist das Leben der meisten Menschen, sofern sie Arbeit haben, vom Rhythmus einer entfremdeten, meist monotonen, oft gefährlichen Arbeit bestimmt, der sie Kraft, Kreativität und Gesundheit opfern. Im künftigen Europa werden die Reallöhne sinken, soziale und Arbeitsrechte um Jahrzehnte zurückfallen. Die Arbeit haben, werden unter den Druck gesetzt, länger zu arbeiten, sich mit geringeren Sicherheitsvorkehrungen im Betrieb und einer schlechteren Gesundheitsversorgung abzufinden. Neue Rationalisierungsschübe werden die Zahl der Arbeitslosen erhöhen und die Arbeitenden noch intensiver ausbeuten (etwa durch kombinierte Fließband- und Gruppenarbeit und Motivationstechniken). Der organisierte betriebliche und gewerkschaftliche Widerstand wird vor einer Situation stehen, der große Teile der Gewerkschaften wegen ihrer Verfilzung mit Kapitalinteressen nicht mehr gewachsen sein werden. Ihre Funktion wird sein, die arbeitenden Menschen zu befrieden und in die sich verändernden Produktionsbedingungen zu integrieren. Ohne harte Konflikte und Kämpfe werden nicht einmal die bescheidenen Errungenschaften verteidigt werden können, die die ArbeiterInnenbewegung sich erkämpft hat.

Im DGB wird im Hinblick auf Satzungsentscheidungen für 1995 eine Änderung diskutiert, die den Widerspruch zwischen Kapital und Arbeit tatsachenwidrig aufheben und die Kollaboration mit staatstragenden Parteien und dem Kapital ganz offiziell einleiten soll. Die DGB-Spitze unterläuft die Kampffähigkeit der

Gewerkschaften bereits heute etwa damit, daß der DGB-Vorsitzende Meyer (SPD) sich für Kampfeinsätze der Bundeswehr unter UN-Hoheit ausspricht. Meyers Äußerungen wurden von Vorständen der HBV, der ÖTV und der IG Medien und anderen zwar lautstark kritisiert, zum Teil aber mit dem wenig überzeugenden, rein formalen Argument, die Aussage Meyers entspräche nicht der Beschlußlage.[575] Entspräche sie auch noch der Beschlußlage, stimmten die Gewerkschaften insgesamt mit der Position der neuen BellizistInnen überein, wäre die Lage noch katastrophaler.

Die soziale Lage vieler Menschen in der Bundesrepublik wird schlimmer. Die Zahl der ungeschützten Arbeitsplätze wächst. Die Verhältnisse nähern sich denen in den USA, wo Menschen am Rande des Existenzminimums oder noch darunter für eine Vielzahl von Billigdienstleistungen für die Mittelschicht zur Verfügung stehen: als Dienstpersonal, Putzfrauen, Boten, Bürohilfskräfte, Handwerker usw. Mehr als anderthalb Millionen Obdachlose werden offiziell zugegeben, eine weitere Million Menschen in der reichen Bundesrepublik sind von Obdachlosigkeit bedroht. Damit sind mehr Menschen wohnungslos als im Westen Deutschlands in den Nachkriegsjahren.[576] Die Wirtschaftskrise der zwanziger Jahre und der Faschismus haben uns gezeigt, wohin eine Mittelschicht driftet, die sich vom sozialen Abstieg bedroht sieht. Wir haben gesehen, wie die Flucht in esoterische Kulte ihre Faschisierung begünstigt. Einige Erscheinungen der bundesrepublikanischen Gesellschaft beginnen der Situation in den zwanziger Jahren zu ähneln. Die Arbeitslosigkeit in Ostdeutschland ist heute höher als die vor der Weltwirtschaftskrise Ende der zwanziger, Anfang der dreißiger Jahre.

Das europäische Kapital findet seine Konkurrenten in den USA und Japan. Der westeuropäische Weltmarktanteil hat sich, sagt Ulrich Menzel von der Universität Duisburg, von 40 auf 44 Prozent, der ostasiatische um das Zentrum Japan (Hongkong, Südkorea, Taiwan) von 4 auf 16 gesteigert, der Anteil der USA ist von 16 auf 11 Prozent gefallen.[577] Die innereuropäischen Machtkämpfe – einmal abgesehen von Kriegen, Bürgerkriegen und Verteilungskämpfen am osteuropäischen Rand – werden durch Arrangements und ökonomische Gewalt befriedet. Noch vor Frankreich, mit dem es sich deshalb in besonderer Weise einigen muß, setzt sich die Bundesrepublik Deutschland als europäische Führungsnation durch.

Weil alle Kräfte für die kommenden Schlachten benötigt werden, liegt es im Interesse der Burgbesitzer des Kapitals, innerhalb der Festung die Zustimmung für ihren Plan zu organisieren, sich die Weltherrschaft unter den Nagel zu reißen. Dabei helfen die bestellten VerwalterInnen der Burg, die sich in den kapitalfreundlichen Parteien CDU/CSU/SPD/FDP und inzwischen auch den Grünen und dem Bündnis 90 organisiert haben. Migration muß kontrolliert, ökonomische Hemmungen und soziale Kosten abgebaut und mögliche Opposition zerschlagen werden. So kurz vor den nächsten Raubzügen soll im Innern der waffenstarrenden Festung Ruhe herrschen. Eine wirksame linke Opposition würde die Pläne eines neuen europäischen Imperialismus erheblich behindern.

Bei der Demoralisierung der linken Opposition half die sogenannte deutsche Wiedervereinigung. Sie zog vielen Linken im Westen des Landes ihre kleinen Erfolge unter den Füßen weg und raubte den meisten Menschen im Osten ihre kurze Hoffnung auf eine eigenständige Entwicklung. Selbst Menschen, die ihre linke, sozialistische oder kommunistische Gesinnung in scharfer Kritik und Opposition zum Stalinismus entwickelt hatten, legten das Büßerhemd an. Der Versuch eines politischen Zugangs zum Verständnis dieser intellektuellen Massenflucht versandet zu leicht in Psychologisiererei. Ist es eine Mischung aus unverständlichem Schuldgefühl und Selbstmitleid auf der einen Seite und vielleicht Trittbrettfahrerei – wenn es *gegen* die Verhältnisse nicht geklappt hat, will ich ab nun wenigstens dazugehören – auf der anderen?

Wie eine Intensivkur in Sachen Einübung in den herrschenden Konsens bot der Golfkrieg Anfang 1991, nur wenig mehr als ein Jahr nach der Annektion der DDR, die günstigsten Voraussetzungen für die weitere Demontage der politischen Kritik: Nie zuvor konnte die Rechtfertigung für einen Eroberungskrieg des Nordens gegen den Süden so sehr als antifaschistischer Befreiungsschlag verkauft werden wie hier. Ausgerechnet denjenigen, die 50 Jahre lang die Aufarbeitung des deutschen Faschismus verweigert hatten, gelang es, Teile ehemaliger und Noch-Linker in den herrschenden Konsens einzubinden und von einer realistischen Analyse der Lage in Nahost abzulenken: Rüstungsexporte nach Israel als Ausgleich für Nazideutschland. Was für ein Coup!

An allen äußeren Enden Europas toben Kriege und Bürgerkriege. Alle haben objektiv die Funktion – so unterschiedlich sich die Auseinandersetzungen im einzelnen historisch entwickelt haben –, den Zugang zu Nahrung, Konsum, Produktion und Technologie zu kontrollieren und neu zu ordnen. In Nordirland verhindert die britische Armee in kolonialer und terroristischer Manier die nationale Unabhängigkeit Irlands, die Voraussetzung für individuelle und gesellschaftliche Selbstbestimmung wäre, auch wenn die soziale Frage mit der nationalen Unabhängigkeit nicht gelöst ist; eine Freiheit, die Kleinstaaten, wie den baltischen Staaten oder Slowenien, Kroatien, Bosnien, sofort gewährt wird, wenn es ins Kalkül paßt. Hierher gehört auch, die Auflösung der Sowjetunion zu befördern oder die Burg gegen den Hauptfeind, die Armutsflüchtlinge, abzuschotten.

Das modische und verblödende Etikett für Kriege und Bürgerkriege an den östlichen Grenzen Europas lautet »Nationalitätenkonflikte«. Ein Interesse an Informationen über die wirklichen Hintergründe der Kämpfe und Kriege in der ehemaligen Sowjetunion oder im ehemaligen Jugoslawien existiert in der bundesrepublikanischen Öffentlichkeit nicht. Den BewohnerInnen der westeuropäischen Abteilung der Burg sollen diese Kämpfe an der östlichen Grenze Europas fremd, irrational und unerklärlich erscheinen. Die Antwort auf die Frage, welche wirklichen sozialen und materiellen Probleme und welche realen ökonomischen Interessen – die sich »national« ausdrücken können – hinter den sogenannten Nationalitätenkonflikten verborgen liegen, ist tabuisiert.

Wen interessieren die katholischen, faschistischen oder monarchistischen Motive von KroatInnen im Kampf gegen die »barbarischen« Serben, wen die sozialen und ökonomischen Ursachen des Konfliktes? Wen interessieren die Opfer auf *beiden* Seiten? Wie merkwürdig, daß das Mitleid nicht schlicht dazu führt zu sagen: Macht die Grenzen einfach auf für Flüchtlinge. Wer hier ist, kann niemandem mehr als Geisel dienen. Angesichts des Kriegs in Jugoslawien outete sich ein mächtiges deutsches Bedürfnis nach

Ordnung und Übersichtlichkeit. Dumpf, arrogant und historisch ignorant riefen ehemalige Mitglieder der Linken Liste an der Uni Frankfurt im Frühsommer 1992 nach dem Einsatz von Nato-Truppen und mußten sich, neben scharfer Kritik ihrer ehemaligen KollegInnen, auch vom hessischen Ministerpräsidenten Hans Eichel (SPD) reduzierte politische Phantasie vorwerfen lassen.[578] Der allerdings ist längst auch für weltweite Kampfeinsätze der Bundeswehr unter UN-Hoheit.[579]

Im äußersten Südwesten Europas, in Portugal, konnte nach wenigen Jahren mit aufopfernder Unterstützung der Sozialistischen Internationale unter Führung der deutschen Sozialdemokratie mit ihrem Vorsitzenden Willy Brandt und der Friedrich-Ebert-Stiftung die portugiesische Revolution von 1975, die »Revolution der Nelken«, zerschlagen werden. Dieser Versuch selbstbestimmter gesellschaftlicher und ökonomischer Entwicklung wurde zum Scheitern gebracht, denn nichts fürchten Sozialdemokraten mehr als direkte, nicht mehr ihrer staatstragenden Kontrolle unterworfene Demokratie oder den Einfluß anderer linker Organisationen. Dann wird ein Land lieber dem Zugriff des europäischen Kapitals und den rückkehrenden Großgrundbesitzern ausgeliefert.

Mit dem Folterkönig Hassan II. von Marokko paktieren fast alle führenden Staaten der EG, BRD, Frankreich, Spanien wie auch die USA und früher die Sowjetunion. Was kümmern verschwundene Menschen, gefolterte Männer, Frauen und Kinder, wen interessiert ein nun 18 Jahre währender Krieg in der von Marokko besetzten Westsahara? Kaum jemanden – solange Marokko der Garant für den Zugriff auf nordwestafrikanische Rohstoffe ist, die es für Waffen und andere Gefälligkeiten billigst ausliefert und zugleich das Tor nach Europa für afrikanische Flüchtlinge fest und gewaltsam verschließt.

In der Türkei kämpften die Machthaber mit deutschen Waffen gegen aufständische KurdInnen, denen noch nie ein Recht auf Selbstbestimmung und auf einen eigenen Staat eingeräumt wurde, was allerdings noch keine Lösung der sozialen Frage bedeuten würde. Die nationale Unabhängigkeit – darüber dürfen wir uns nicht hinwegtäuschen – gewährleistet nicht automatisch die soziale Gleichheit. Das ist ein weiterer Kampf. Wer den europäischen Burgeignern Vasallentreue garantiert und die Tore Richtung Asien verschließt, dessen Todesschwadronen ist es erlaubt, linke türkische Oppositionelle zu foltern, zu ermorden, ohne daß die geringsten diplomatischen Irritationen entstünden. Im Gegenteil. Die Türkei erhielt von der BRD seit Mitte der sechziger Jahre Militärhilfe im Wert von 5.5 Milliarden Mark, dazu kamen Materiallieferungen im Wert von 3,7 Milliarden Mark, außerdem eine Rüstungssonderhilfe in Höhe von 1,2 Milliarden Mark und 150 Leopard-Panzer gratis. [580]

Der europäischen Diplomatie geht es um Höheres als um Menschenleben, und um wirkliche Menschenrechte ging es nur, solange diese im Osten als »demokratische« Menschenrechte eingeklagt werden konnten und den Zugriff auf neue Ressourcen und Absatzmärkte vorbereiten halfen. Ginge es auch um die *sozialen* Menschenrechte weltweit, um das Recht aller auf selbstbestimmte Entwicklung, Freiheit von Ausbeutung und entfremdeter Arbeit, auf humane Wohnungen, auf eine gesundheitliche Grundversorgung, einen freien Zugang zu Bildung, gesunder Ernährung und auf eine intakte Umwelt − was für ein Geschrei müßte überall anheben!

Mit der Konstruktion Europas als *Europa des Kapitals* droht nicht nur die Renaissance der Atomenergie, ausgehend von der BRD und Frankreich, die Durchsetzung der Gentechnologie und die Bestrahlung von Lebensmitteln. Heute ist der Einfluß des Kapitals so groß und so direkt, daß die miesen Umweltstandards, die wir in der Bundesrepublik Deutschland heute haben, nach unten nivelliert werden. Das schlechteste Niveau wird Standard. Hemmungsloses wirtschaftliches Wachstum braucht keine lästigen Produktionsveränderungen, dafür viele neue Standorte für Giftmüllverbrennungsanlagen.

Um soziale und ökologische Ansprüche zu zerschmettern, müssen demokratische Möglichkeiten der Kontrolle, der Mitsprache und des Protestes denunziert werden, damit sie abgeschafft werden können. Die Eurodiktatur wird nicht einmal die brüchigen Mindeststandards der repräsentativen Demokratie erfüllen. Heute schon sind 80 Prozent des Wirtschaftsrechtes europäisches Recht, ohne daß darüber auch nur ein Parlament entschieden hätte. Mehr als 3000 Lobbyisten haben mehr Einfluß auf EG-Verordnungen als die 518 Abgeordneten des Europäischen Parlaments. Mitentscheidungsrechte sind auch bei der gemeinsamen Außen- und Sicherheitspolitik nicht vorgesehen.

Die sogenannte Parteienverdrossenheit könnte sich als nützlich herausstellen. Je mehr Menschen Politik mit traditioneller Parteipolitik gleichsetzen und nur für ein schmutziges Geschäft halten (auch um sich damit von eigener politischer Verantwortung zu verabschieden), desto mehr können »die da oben« tun, was sie wollen. Widerstand gegen ökologisch zerstörerische Projekte vor Ort oder gegen Strukturentscheidungen, die ganze Regionen erwerbslos machen, wird schwer werden in einem Europa, in dem die nationalen Regierungen, die diese totale Zentralisierung der Entscheidungen heute einfädeln, künftig schulterzuckend auf obere Ebenen verweisen können.

Mit Massen- oder Luxuskonsum wird die Mehrheit der BurgbewohnerInnen weitgehend ruhiggestellt. Arme werden demoralisiert und vereinzelt, damit sie weder ihren Gegner bekämpfen noch Solidarität untereinander herstellen. Für einige unzufriedene Minderheiten braucht der Staat Befriedungskonzepte, für andere Repression. Bleibt Unzufriedenheit oder Sinnleere, fliehen gutsituierte BurgbewohnerInnen gern in die irreale Welt esoterischer oder religiöser Heilslehren. Das hilft, sich den notwendigen gesellschaftlichen Auseinandersetzungen zu entziehen und am eigenen, privilegierten materiellen Status nichts ändern zu müssen. Im Egokult ertrinkt der eigentliche Sinn des Lebens: sich seiner Existenz als soziales Wesen Mensch bewußt zu sein und sich verantwortlich zu fühlen für die realen sozialen und ökologischen Bedingungen, unter denen Menschen leben müssen.

»Offenbar«, schrieb Ernst Bloch 1935, zwei Jahre nach der Machtergreifung Hitlers, »verhindert nur der starke Anteil anderer Länder an der anthroposophischen Bewegung, daß diese geschlossen zu Hitler übergeht [...] Gewiß ist im gesamten Vordringen des Dunkelsinns fascistische Reaktion, ja ein totaler Frontwechsel des ›liberalen‹ Bürgertums gegen seinen ehemaligen Feind, den Obskuranten, Okkultisten.« Der soziale Inhalt »dieses Neu-Okkultismus« sei nicht erschöpft, meint Bloch, »weil die archaische Irratio der Vermissungen ebenso ein riesiges Eingeständnis der bürgerlichen Leere darstellt oder der gekommenen

Schwäche des bürgerlichen Weltbilds. [...] unmittelbar gesehen ist der okkulte Spuk gewiß nur Fascisierung des Bürgertums, Übergang seines unbrauchbar gewordenen Liberalismus ins autoritäre und irrationale Lager.«[581]

Während die Burg ihre äußeren Grenzen ideologisch und militärisch befestigt, für neue Schlachten rüstet und wirtschaftliche Krisen am Horizont aufscheinen, haben sich viele ehemalige Angehörige der linken Opposition angepaßt, sind integriert, haben resigniert, sind in Elfenbeintürme, Verbitterung und Selbstmitleid geflüchtet. Auf wen können wir uns noch verlassen, mit wem können wir uns verbünden im Widerstand gegen die Ausbeutung des Menschen und der Natur, eine Ausbeutung, die auf einer höheren Stufe der Destruktivität als je zuvor in die Wege geleitet wird?

Der begrünte Stahlhelm

»Sie töten uns, weil wir gemeinsam arbeiten,
gemeinsam trinken, gemeinsam leben, gemeinsam träumen.«
Ein Quiché-Indianer aus Guatemala[582]

Einen »militanten Humanismus an der Seite der USA« nannte Udo Knapp (Grüne) seine Position im Golfkrieg und gestand ihnen das Recht zu, überall auf der Welt, auch mit Gewalt, demokratische Menschenrechte durchzusetzen. Vor einigen Jahren meinte ein anderer westlicher militanter »Humanist«, der damalige US-Verteidigungsminister Robert McNamara, daß es besser sei, die Kinder schon im Mutterleib zu töten, als sie später auf den Schlachtfeldern bekämpfen zu müssen.[583] Im Irak starben bis heute, nach Schätzungen internationaler Menschenrechtsorganisationen, allein 200 000 Kinder. Durch Waffen, Giftgas, an Wundbrand, an mangelnder medizinischer Versorgung durch Medikamentenboykott und in Krankenhäusern ohne Strom. Sie verhungern und sind so unterernährt, daß sie die kleinste Infektion umbringt. Und schon wieder träumen bundesdeutsche

Kriegsgewinnler von der neuen Weltordnung. Auf einer Veranstaltung der Zeitschrift *Kommune* Ende Mai 1992 in Frankfurt fragte der Grüne Daniel Cohn-Bendit, ob man nicht die Serben mittels einer Militäraktion bestrafen, und Cora Stephan sinnierte, ob man Belgrad wohl bombardieren müsse?[584]

Die Bundeswehrzeitung *Aktuell* kann am 20. August 1992 hocherfreut auf ihrer Titelseite melden, daß die Grünen »ihre strikte Ablehnung einer militärischen Intervention [...] im ehemaligen Jugoslawien aufgegeben« haben.[585] Tatsächlich plädierten die beiden Grünen-Reisenden Helmut Lippelt, Bundesvorstandsmitglied, und Claudia Roth, gemäßigte Linke und Europaparlamentarierin, nach einem offiziellen dreitägigen Besuch im ehemaligen Jugoslawien für eine militärische Intervention gegen Serbien. Joschka Fischer bedankte sich bei beiden für diese wichtige Anregung zur Diskussion. Lippelts Ideal ist eine »Weltinnenpolitik«.[586] Wir können uns langsam vorstellen, wie die aussehen würde. Die evangelische Kirche in Deutschland (EKD) ist, wie der Präses der EKD-Synode, Jürgen Schmude, erklärte, nicht mehr gegen einen militärischen Einsatz in Bosnien. Es könnte durchaus sein, »daß militärische Maßnahmen ein notwendiges und schuldhaftes Übel sind, um noch größeres Übel zu vermeiden«.[587]

Tausende von Soldaten sind mit schweren gesundheitlichen Schäden aus dem Golfkrieg zurückgekommen, veröffentlichte Dominic DiFrancesco, der Kommandeur der vier Millionen Mitglieder zählenden Veteranenorganisation American League. Sie leiden an chronischen Gelenkschmerzen und Atembeschwerden. Der Verband macht die hochgiftigen Dämpfe aus mehreren hundert Ölquellen in Kuweit verantwortlich. Die Ölquellen waren von irakischen Truppen und US-Bomben in Brand gesetzt worden. Mit mindestens 40 000 Tonnen Ruß täglich wurde im März 1991 eine unbekannte Menge an Chemikalien in die Luft abgegeben, wie die Internationale Meteorologische Organisation bekanntgab. Statt die Ursache der Krankheiten der SoldatInnen herauszufinden, schickte das Verteidigungsministerium die GIs zum Psychiater. US-Army und Pentagon haben inzwischen erklärt, die Luftbelastung sei »nicht von großer Bedeutung« gewesen.[588] In einem künftigen Fall mag die Giftdosis den USA als Interventionsgrund ausreichen.

Die kommende Weltmacht Europa wird eine waffenstarrende imperialistische Großmacht sein. In der Nach-Golfkriegs-BRD wird unter »Verantwortung« für das Weltgeschehen der Einsatz von Militär und nicht die Abschaffung der mörderischen Weltwirtschaft verstanden. Der Westeuropäischen Union (WEU) gehören alle EG-Staaten außer Griechenland, Dänemark und Irland an. Ungarn, Polen, die CSFR, Bulgarien, Rumänien, Litauen, Estland und Lettland sind über einen Konsultationsrat beteiligt. Am 19. Juni 1992 beschloß der WEU-Ministerrat mit seiner »Petersberger Erklärung« künftig militärische Einheiten aller Streitkräfte für militärische Aufgaben zur Verfügung zu stellen, die unter dem Befehl der WEU durchgeführt werden.

Uns beunruhigt, was uns beschwichtigen soll, daß die künftigen Einsätze der anfänglich 50 000 Soldaten unter dem Kommando des Planungsstabs in Brüssel »im Einklang mit den Bestimmungen der Charta der Vereinten Nationen gefaßt« und die Aufgaben angeblich nur »humanitäre« und »Rettungseinsätze« an vorderster Front sind.[589] Der ehemalige Flottillenadmiral Elmar Schmähling stellt die Mythen wieder auf festen Boden: Mit einer WEU-Eingreiftruppe würde »die militärische Intervention in Gebiete außerhalb Europas verfolgt«, ein »Rückfall in den kalten Krieg«.[590] Wenn er da mal nicht untertreibt. Die WEU und »nicht die Sicherheitskonferenz KSZE (mit Mitgliedern bis Kirgisien!) bekam ›operative‹, also militärische Strukturen«, merkte die *Presse* (Wien) mißtrauisch an.[591]

»Weltinnenpolitik« ist das verschleiernde Zauberwort imperialistischer Außenpolitik zur Ablösung internationaler Solidarität. Von »Weltinnenpolitik« schwafeln fast alle, von Helmut Kohl (CDU) bis Helmut Lippelt (Grüne). Eine Innenpolitik dieser gespaltenen, aufgeteilten Welt gibt es unter den herrschenden Bedingungen nur als vollständiges Niederdrücken der schwächsten Staaten und der ausgebeuteten Klassen. Die Utopie der solidarischen »Einen Welt« wird mit dem Begriff der »Weltinnenpolitik« zu einer zentralistischen Konstruktion der Herrschenden pervertiert. Der humane Traum vom »Innen« in dieser einen Welt gerät zum Alptraum, solange Kapitalismus, Rassismus, Entfremdung, Ausbeutung, Versklavung und Erniedrigung die Menschen quält. Die soziale Utopie *einer* solidarischen Welt könnte nur der

Erfolg von Befreiungskämpfen von unten sein. Verbünden sich die Täter zu einer »neuen Weltordnung«, heißt das für die Opfer, daß sich die Organisationsform und die Gestalt der Unterdrückung verändern kann. Wie kommen ehemalige Linke, die es aufgegeben haben, die Verhältnisse in der Bundesrepublik radikal zu verändern, eigentlich dazu, diesen Sauhaufen UNO für reformfähig zu halten?

Weltinnenpolitik auf kapitalistische Art braucht Weltinnenminister und einen Weltrepressionsapparat, wie die außergewöhnlich hemmungslose Zusammenarbeit deutscher Polizei- und Geheimdienste mit Repressions- und Folterapparaten in aller Welt beweist. Das oberste Gremium der vereinigten politischen Weltpolizisten ist der Weltsicherheitsrat der UNO, der als Werkzeug der USA den Golfkrieg betrieb. Die Bundesrepublik bemüht sich hinter den Kulissen um ihren Eintritt in diesen feinen Club. Dort kann nur gleichberechtigt mitmischen, wer militärische Gewalt besitzt. Von 28 Bundeswehrbrigaden sollen bis Mitte der neunziger Jahre sieben Brigaden des Heeres, dazu Fregatten, Versorgungsschiffe und Minenräumer der Marine, Luftaufklärungs- und »Gegenangriffskräfte« hochmobil, flexibel und jederzeit einsatzbereit sein. Erstmalig seit dem Zweiten Weltkrieg wird Deutschland wieder über einen eigenen nationalen Generalstab verfügen.[592]

Der Bundesnachrichtendienst (BND) − dessen Präsident der heutige Außenminister Kinkel vier Jahre lang war − will mit seinem weltweiten Agentennetz künftig auch für die UN spionieren. Es wurde öffentlich, daß es hierüber zwischen BND und Bundesregierung bereits Gespräche gegeben habe. Eine Grundgesetzänderung sei nicht erforderlich. Es gehe um »rechtzeitiges Aufzeigen von Krisen und Gefahrenindikatoren«.[593] Das entspricht vermutlich der Aufgabenbeschreibung der CIA, verantwortlich für Attentate, Morde, Militärputsche gegen demokratisch gewählte Regierungen in aller Welt. Die kaum vorstellbaren Beträge für einen solchen Weltrepressionsapparat mit Behörden, Geheimdiensten, Armee, Flotte, Datenspeichern, Waffen und Personal zahlen die Menschen aller Kontinente. Auch in Europa werden diese Ausgaben die Ärmsten noch ärmer machen.

Während ich dieses Buch schreibe, überwindet die SPD letzte

emotionale Widerstände aus der Friedensbewegung und nähert sich der Zustimmung zum militärischen Einsatz deutscher Truppen in aller Welt. Für die verschleierte Rückkehr zu früheren Pro-Atomenergie-Positionen in Gestalt des energiepolitischen Konsenses brauchte die SPD nur fünf Jahre.

Der Weg zum vorerst blau gepinselten Stahlhelm wurde noch schneller zurückgelegt. Noch 1988 fiel auf dem SPD-Parteitag ein Antrag eines Kreises um Norbert Gansel durch, der damals erstmalig Blauhelmeinsätze deutscher Soldaten zulassen wollte. Im Mai 1991 bezog die SPD auf ihrem Bremer Parteitag rigoros gegen Kampfeinsätze unter UN-Hoheit Stellung: »Eine deutsche Beteiligung an militärischen Kampfeinsätzen unter UNO-Kommando oder durch Ermächtigung der UNO lehnen wir ab.« Eine strikte Trennung wollte die SPD zwischen den Blauhelmeinsätzen, die angeblich ausschließlich humanitären Zwecken dienen und die sie von nun an befürwortete, und militärischen Kampfeinsätzen, die mit sozialdemokratischer »Friedens- und Sicherheitspolitik unvereinbar« seien.[594] Schon diese Position war reichlich verlogen, weil Blauhelmeinsätze in der UN-Charta nicht definiert sind, also keine Grenze zu Kampfeinsätzen festgeschrieben ist.[595] Noch am 13. Mai 1992 schrieb Bundestagsvizepräsidentin und bayerische Landesvorsitzende der SPD Renate Schmidt in einem Brief: Der Einsatz von Blauhelmen sei die maximale Position der SPD. »Eine weitergehende Öffnung wird es eindeutig mit der SPD nicht geben.« Es gebe keine Bestrebungen, von diesem Beschluß abzurücken.[596] Für richtige Kampfeinsätze müßten »die Streitkräfte und die gesamte Gesellschaft erst vorbereitet werden«, sagt Volker Rühe und hilft eifrig bei dieser Vorbereitung.[597] Es ging schneller, als er dachte: Norbert Gansel, der außenpolitische Experte der SPD-Bundestagsfraktion, stand ab Juni 1992 der Beteiligung der Bundeswehr an Kampfeinsätzen im Rahmen von UN-Missionen »ausgesprochen aufgeschlossen gegenüber«.[598] Ende Juli 1992 erklärte SPD-Friedenspolitiker Egon Bahr, er befürworte die Beteiligung der Bundeswehr an internationalen UN-Kampfeinsätzen.[599]

DGB-Vorsitzender Heinz-Werner Meyer (SPD), wir hörten es schon, plädierte am 2. August 1992 für Kampfeinsätze. Am 10. August wollte auch Björn Engholm Kampfeinsätze nicht mehr ausschließen, die unter UN-Aufsicht und mit Zustimmung des UN-Sicherheitsrates (wie beruhigend) stattfinden.[600] Das ganze mündet vorläufig in den Petersberger Beschluß der SPD-Partei- und Fraktionsspitze vom 22./23. August 1992. Wenn die UNO möglichst viele Kontingente brauche »und dabei auch an die Bundesrepublik [herantrete], werden wir das dafür notwendige Abkommen prüfen und die verfassungsrechtlichen Voraussetzungen dafür schaffen«.[601] Die SPD verzichtete sogar auf ihre Forderung nach einer Reform der UNO als Voraussetzung für Kampfeinsätze.

Den nächsten Schritten der SPD weisen andere die Richtung: Die CDU ist jetzt für Kampfeinsätze ohne UN-Kommando.

Ab 1993 sollen bis zu 2000 Bundeswehrsoldaten an Blauhelmaktionen beteiligt werden.[602] Der Generalinspekteur der Bundeswehr, Klaus Naumann, nannte das nächste größere Ziel: Ab 1995 sollen 50 000 deutsche Soldaten als »Krisenreaktionskräfte«, als Eingreiftruppen, weltweit zu Kampfeinsätzen abkommandiert werden können: 40 000 Angehörige des Heeres, 8000 der Marine und 2000 der Luftwaffe.

Sechs der acht Abgeordneten der Grünen/Bündnis 90 haben im Juni 1992 den Gesetzentwurf der SPD für den Einsatz der Bundeswehr unter Blauhelmfahne unterstützt,[603] eine Position, die seit Gründung der Grünen über viele Jahre hinweg ihrer antimilitaristischen Grundüberzeugung widersprochen hätte. Entsprechend dem Motto Kaiser Wilhelms II. zum Auftakt des Ersten Weltkrieges – er kenne keine Parteien mehr, er kenne nur noch Deutsche – nähert sich jede angebliche Opposition der Regierungsposition und militaristischer Weltmachtlogik an. Opposition bei den Grünen oder der SPD bedeutet nichts Prinzipielles mehr. Es ist nicht mehr als eine Art Traditionspflege von ein oder zwei Jahre alten Beschlüssen. Der Abstand zur vorherrschenden Position bleibt meist gleich nah. Mensch zieht mit. Eines Tages in den Krieg.

Schon morgen wird die SPD bereit sein, die »verteidigungspolitische Herausforderung eines [europäischen] Zusammenschlusses« ganz und gar anzunehmen, wie nach Ansicht Außenminister Kinkels (FDP) die Petersberger WEU-Erklärung beweise[604] und wie sie mit Genschers Ankündigung auf der Generalversammlung der UNO am 25. September 1991, dafür die Verfassung ändern zu wollen, angekündigt wurde.[605] Die politische Rechte bestimmt, wohin die SPD geht, nur immer ein bißchen langsamer, aber nie gegen die zentrale Logik der Rekonstruktion deutscher Großmacht. Auch Japan rüstet für neue Kriege. Seit Juni 1992 dürfen, erstmals seit dem Zweiten Weltkrieg, japanische Bodentruppen wieder im Ausland zum Einsatz kommen.[606]

Während eines Tages 50 000 deutsche Soldaten in alle Welt geschickt werden können, verschließt die Wachstumsfestung Europa die letzten Schlupflöcher. Eine gewisse Kritik voraussehend, beschloß die SPD-Führung in Petersberg praktischerweise gleich die Abschaffung des uneingeschränkten Asylrechts durch eine Änderung des Artikels 16 des Grundgesetzes. Lange schon haben SPD-Politiker, unter ihnen auch Manfred Stolpe, SPD-Ministerpräsident in Brandenburg, darauf gedrängt. In Zukunft dürfen Flüchtlinge, die keine oder falsche Angaben machen, grundsätzlich kein Asylrecht mehr erhalten. Das gleiche gilt für Asylbewerber aus sogenannten Nichtverfolgerstaaten (zu denen vom Auswärtigen Amt regelmäßig auch Staaten gerechnet werden, in denen tatsächlich gefoltert wird.)

Das Menschenrecht auf Asyl ist ein Individualrecht. Welche Listen auf der Basis welcher Informationen könnten der Gegenbeweis zur Fluchtbegründung eines einzelnen Menschen sein? Wer aus einem Land kommt, in dem nach Meinung der CDU nicht oder meistens nicht gefoltert wird, muß ohne wirklichen Fluchtgrund sein? Und würde ich auf der Flucht in ein fremdes Land am Flughafen, nach Tausenden von Reisekilometern, übermüdet und voller Angst und Ungewißheit, alle Informationen für einen Asylantrag fehlerfrei vortragen können? Nach Auffassung Engholms und der SPD ist, wer ohne Paß flieht, ein Asylbetrüger. Können sich manche satten EuropäerInnen nicht vorstellen, daß Verfolgte auf den verschlungenen Pfaden der Flucht ihre Pässe verlieren, daß Herrschende Ausweispapiere beschlagnahmen, daß manchen Menschen ihr Leben und das ihrer Angehörigen wichtiger ist als ein Dokument? Die SPD will ein Grundrecht durch einen Gesetzesvorbehalt aushebeln, der jeder Behörde die Möglichkeit gibt, Asyl zu verweigern. Mit dieser Kehrtwende der SPD, der auch Grüne wie Daniel Cohn-Bendit folgen, gibt es in der Bundesrepublik, 47 Jahre nach dem Ende des deutschen Faschismus, keinen grundgesetzlichen Schutz für Flüchtlinge mehr. Das wiegt um so schwerer, als die Bundesrepublik in aller Welt an der Verursachung von Flucht- und Wanderungsbewegungen mitbeteiligt ist.

»Sehr geehrter Herr Minister«, schrieb Professor Dr. Hans Robert Hansen aus Wien an den sächsischen Kultusminister Meyer, »hiermit sage ich den an mich ergangenen Ruf an die Technische Universität Dresden ab. [...] In ein Land, in dem solche Grundeinstellungen toleriert werden [die rassistischen Angriffe auf die Flüchtlinge in Rostock] und in dem Regierung, Polizei und Bevölkerung so tatenlos die Gewalt gegenüber Menschen mit ansehen, möchte ich nicht zurückkehren. Die Parallelen zu den Ereignissen des Dritten Reiches sind zu offensichtlich.«[607]

In Zeiten, in denen das Feindbild Ost − bis auf befürchtete Flüchtlingswanderungen − bröselt, braucht das Militär ein neues Verteidigungskonzept. Das Verteidigungsministerium empfiehlt einen »neuen Sicherheitsbegriff«.[608] Was das bedeutet, erläuterte Bundeskanzler Kohl auf der 33. Tagung der Bundeswehr-Kommandeure in Leipzig. Der Einsatzhorizont deutscher Streitkräfte schließe nun Unwägbarkeiten in Osteuropa, die Risiken in den postsowjetischen Republiken und Krisen von Pakistan bis nach Marokko ein. Zustimmend mahnte Generalinspekteur Naumann auf derselben Tagung, deutsche Soldaten müßten gefaßt sein, wieder in kriegerische Konflikte hineingezogen zu werden.

Neue Kriege brauchen eine Auffrischung ihrer Legitimation. Ökologie dient nicht nur der Modernisierung des Faschismus. Immer häufiger muß die Zerstörung der Natur (außerhalb des Menschen) als Grund für militärische Strategien herhalten, obwohl der Krieg selbst der größte Vernichter von Menschen und Natur ist, nicht erst seit Hiroschima und den Abwürfen des dioxinhaltigen Entlaubungsmittels »Agent Orange« durch die Luftwaffe der USA über Vietnam. Nach Grünhelmen rufen vor allem diejenigen immer lauter, deren Politik die zerstörerische Normalität der kapitalistischen Produktionsweise erhält. Unter »Grünhelmen« werden UN-Truppen verstanden, die gegen Umweltzerstörung eingesetzt werden sollen. Ein Strategiepapier des

Bundesverteidigungsministeriums bringt das dahinterstehende ökonomische Interesse auf die kürzeste Formel: »Aufrechterhaltung des freien Welthandels und des Zugangs zu strategischen Rohstoffen.«[609]

Wofür wird eine diktatorische Weltregierung gebraucht? Klaus Töpfer, bundesdeutscher Umweltminister (CDU), weiß: »Wir werden sehr viel stärker Verteilungskonflikte über begrenzte Ressourcen und über begrenzte − ich sage es einmal brutal − Verschmutzungsmöglichkeiten dieser Erde bekommen. Heute ist es die Kernenergie, morgen ist es möglicherweise jemand, der mit Gentechnik umgeht. Das alles ist im Umbruch, und man wird eine neue Antwort in der UNO finden müssen.«[610] In einem internen Memorandum vom 12. Dezember 1991 bringt Lawrence D. Summers, Vizepräsident und Chefökonom der Weltbank, Töpfers unausgesprochene Frage auf den Punkt. Für die Unterstützung der »Abwanderung schmutziger Industrie« in den Trikont sprächen drei Gründe: »Die Kosten gesundheitsschädlicher Verschmutzung bemessen sich nach den entgangenen Einnahmen durch erhöhte Krankheit und Sterblichkeit. So gesehen sollte Verschmutzung in dem Land mit den geringsten Kosten stattfinden [...] Die ökonomische Logik, eine Ladung Giftmüll in dem Land mit den niedrigsten Löhnen loszuwerden, ist untadelig. [...] Ich war schon immer der Meinung, daß unterbevölkerte Länder in Afrika deutlich unterverschmutzt sind. Ihre Luftvergiftung ist, verglichen mit Los Angeles oder Mexico-City, ineffektiv gering.« Summers bedauert, daß wegen der hohen Transport- und Stromkosten »viel Verschmutzung nicht verschiebbar ist« und so ein »Handel mit Luftverschmutzung und Müll, der dem Wohlstand der Welt zugute käme«, verhindert würde. »Das Bedürfnis nach sauberer Umwelt aus ästhetischen und Gesundheitsgründen ist stark einkommensabhängig. Die Besorgnis, etwa über einen Stoff, der die Wahrscheinlichkeit von Prostata-Krebs erhöht, ist erheblich größer in einem Land, in dem die Menschen lange genug leben, um überhaupt Prostata-Krebs zu entwickeln, als in einem Lande, in dem die Kleinkinder-Sterblichkeit bei 200 von 1000 liegt.«[611]

Die Barbarei hat viele Gesichter. Dieser Weltbankrassist entscheidet mit über die finanziellen Mittel der globalen Umweltstiftung GEF, die die »nachhaltige Entwicklung« und den Wohlstand der Dritten Welt fördern soll, denn die Weltbank wurde beim Umweltgipfel in Rio zur Verwalterin eines Fonds gemacht, der bis auf 20 Milliarden US-Dollar anwachsen soll.

Ihr Interesse an einer ökologischen Begründung militärischer Aggression formulierte die Nato schon 1969, vor der Veröffentlichung des ersten Berichtes des Club of Rome von 1972. Sie setzte einen Umweltausschuß ein, der die Aufgabe hatte, die strategische Bedeutung globaler ökologischer Zerstörung herauszuarbeiten: »Für die Verschlechterung und den Verfall der Umwelt und der Ökologie und die damit verbundenen sozialen Erschütterungen, die für die etablierte Ordnung in den entwickelten Ländern vielleicht die ernsteste Bedrohung darstellen, gibt es in der Menschheitsgeschichte kein Vorbild.«[612] Die »Aufrechterhaltung [...] des Zugangs zu strategischen Rohstoffen« setzt die Bewahrung der »etablierten Ordnung« unbedingt voraus. NATO-Strategen analysierten 1971, daß Umweltfragen zu »Angelegenheiten von globalem Interesse werden«[613]. Sie begannen ein Instrumentarium zu entwickeln, das imperialistische Politik um die »Ökologie« als Sicherheitsbegriff und als militärische Kategorie erweiterte. Das Konzept »Grünhelme« ist der gegenwärtige Ausdruck des militärischen Aspekts ökoimperialistischer Politik.[614]

Die Pervertierung der Ökologie in eine militärische Kategorie erhält mittlerweile philosophische Unterstützung. Sir Karl Raimund Popper, Wissenschaftsphilosoph, Vertreter des sogenannten kritischen Rationalismus, expliziter Gegner einer humanistischen linken Position, wird von konservativen und rechten Kräften wegen seines Kampfes gegen soziale Utopien und systemsprengende, revolutionäre Gedanken geschätzt. Für Popper gab es nie Kapitalismus, »auch nie etwas Ähnliches«, Industrialisierung könne nicht Verelendung bedeuten, und den Kolonien ging es immer besser. Das erste Ziel sei der Frieden (ich übersetze: Frieden für die herrschende Ordnung): »Wir dürfen [...] nicht davor zurückschrecken, für den Frieden Krieg zu führen. [...] wenn wir unsere Welt retten wollen. [...] Es muß eine Art Einsatztruppe der zivilisierten Welt [...] geben.«[615] Wie zivilisiert sind Kriegshetzer? Und wem gehört »unsere« Welt?

Wer Kriege rechtfertigen will, braucht Feindbilder: »Früher

hielten wir Amerikaner die Umweltbelastung für ein räumlich begrenztes Problem, das nur die unmittelbare Umgebung oder Wohngegend des einzelnen betraf. Doch in den letzten zwanzig Jahren haben wir begriffen, daß sie nicht nur eine regionale oder nationale, sondern eine grenzüberschreitende Herausforderung darstellt. Folglich hat sich unser bisher militärisch geprägtes Feindbild erweitert und schließt nun die Bedrohung der Umwelt und der Weltwirtschaft mit ein.« So der US-Generalleutnant Henry Hatch.[616]

Das Konzept des Einsatzes von Militär zur angeblichen Rettung der Natur hätte vor wenigen Jahren in der Bundesrepublik noch ein lautes entrüstetes Echo hervorgerufen. Heute finden wir ÖkomilitaristInnen in allen etablierten politischen Parteien (einschließlich der Grünen/Bündnis 90), in der Wirtschaft, den Medien und in den Umweltverbänden. Ökologische Politik war gefährlich geworden, trug systemkritische Sprengkraft in sich, verband die Lösung ökologischer Probleme mit der Lösung der sozialen Frage und wurde in weiten Kreisen unbedingt antikapitalistisch begriffen. In einigen Initiativen, Verbänden und vor allem in den Grünen in ihrer linken Phase von 1984 bis 1988 hatte eine antikapitalistische radikalökologische Orientierung eine organisatorische Basis, die politisch interventionsfähig war und populär in die Gesellschaft hineinwirkte. – Zu den noch unaufgeklärten Fragen der grünen Geschichte gehört das Zusammenspiel von politischen Kräften innerhalb und außerhalb der Grünen mit dem gemeinsamen Ziel, diese zu entradikalisieren. Das sich verbreitende ökologische Bewußtsein mußte auf die Propagandabedürfnisse und Legitimationsstrategien von Kapital und Militär zugeschnitten, seiner politischen Sprengkraft entledigt werden.

Umweltminister Klaus Töpfer (CDU) sah ab Frühjahr 1991 neben Atomkraftwerken im Osten fast nur noch Grünhelme. Er warb für die Bildung einer ökologischen Eingreiftruppe der Vereinten Nationen, die weltweit gegen »die neue Aggression über Umweltverstöße« einschreiten solle.[617] Ganz plötzlich hatten alle dieselbe Idee. Exaußenminister Genscher (FDP) erklärte im Juli 1991 in Portugal, daß sich europäische Einheiten an der Aufstellung gemeinsamer Grünhelmverbände im Rahmen der UNO beteiligen sollten, die die Aufgabe hätten, für den Schutz der natürlichen Lebensgrundlagen zu sorgen,[618] und im Januar 1992, auf der zweiten Außenministerkonferenz der KSZE in Prag, verlangte Genscher Grünhelmeinheiten im Rahmen der KSZE, die für die »Sicherung unserer natürlichen Lebensgrundlagen«[619] zu sorgen hätten. Die Botschaft kam an. Im Mai 1992 schlugen 15 Mitgliedsländer der Konferenz für Sicherheit und Zusammenarbeit (KSZE) die Bildung von Grünhelmtruppen vor.[620]

Der begrünte Stahlhelm gefällt auch Rosagrün. Was opfert mensch nicht alles für die Umwelt. Freimut Duve (SPD-Bundestagsabgeordneter) fordert die Einschränkung der Souveränität nationaler Staaten, etwa wenn »die Übernationalität von Umweltproblemen (Wasser, Klima) nicht respektiert wird«. Notfalls nehme man zur Durchsetzung den »Weltknüppel«. Zur besseren Durchsetzung seines Arguments schreckt Duve auch nicht vor Verblödung zurück: In diese Drohung seien selbstverständlich alle Staaten der Welt einbezogen und damit »in der neuen Rechtsordnung der Welt auch die Supermächte nicht mehr souverän«.[621] Da werden die sich aber fürchten.

Mit einer auf vergleichbare Weise an der Wirklichkeit vorbeilügenden Dichtung plädiert auch Michael Müller (SPD-Bundestagsabgeordneter und sogenannter Klimaexperte der SPD) für die Schaffung von Strukturen, die eine »ökologische Weltinnenpolitik« durchsetzen können. Notwendig dafür sei ein »neues Souveränitätsverständnis und ein partieller Verzicht auf nationale Rechte, sowie eine Verbesserung der Qualität und Effizienz internationaler Institutionen«. Der Verzicht auf nationale Rechte von Trikontstaaten würde diese vollends dem Zugriff der kapitalistischen Zentren und ihrer Agenturen wie Weltbank oder Internationaler Währungsfonds (IWF) ausliefern. Oder meint Müller gar die Einschränkung der Souveränität der Zentren? Wir sehen vor unseren Augen, wie die USA auf ihre nationale Souveränität verzichtet und die EG-Kommission alle Pläne für die Großmacht Europa freiwillig aufgibt. Müller sei Dank! Geschaffen werden müsse, sagt er, ein »ständiger Rat für Umwelt und Entwicklung, der mit entsprechenden Kompetenzen ausgestattet ist«, sowie die »verbindliche Festlegung wirkungsvoller Sanktionsmechanismen« bei Verstößen gegen UN-Umwelt-Konventionen.[622] Über diesen ökologisch verkleideten Schleichweg nähert Müller sich weltpolizeilichen Vorstellungen. Wenn nichts geschähe, sagte Müller auf einem Symposion der SPD, bliebe als einzige Lösung die weltweite Einführung einer »Ökodiktatur«.[623] Noch darf Grünhelmfan Müller als Referent gegen die Gefahren einer »Ökologie von rechts« bei einem Seminar des Vereins Arbeiterkultur und Ökologie (Baunatal) auftreten, als ob hilflose Technokraten gegen Ökofaschismus helfen könnten.[624]

Auf Udo Knapps (Grüne/Bündnis 90) Antrag hin wurde am 21. März 1970 der Bundesvorstand des SDS und damit der SDS aufgelöst. Niemand kann sagen, daß dies eine besonders basisdemokratische Entscheidung gewesen sei. Im April 1970 kündigte er die Gründung einer Organisation der »revolutionären Intelligenz« in anderthalb bis zwei Jahren als Voraussetzung für eine »proletarische Kampforganisation auf nationaler Ebene« an. Wir wissen nicht, welche der zahllosen linken Organisationen für ihn damals die »proletarische Kampforganisation auf nationaler Ebene«[625] wurde, wir wissen nur: Knapp entdeckte den Ritt auf der Zeitgeistwelle. Er schloß sich in den achtziger Jahren den Grünen an und half Otto Schily diese nach rechts zu prügeln (als es fast soweit war, trat Schily in die SPD über, weil er Bundestagsabgeordneter bleiben wollte). Knapp bewunderte den Golfkrieg und wandelte sich vom linken Militanten zum rechten Militaristen.

Die »Bewohner des Nordens« schreibt Knapp in der Zeitschrift *Natur*[626], die für ihr positives Denken inzwischen vom Club-of-Rome-Mitglied und VW-Vorstand Daniel Goeudevert heftig gelobt wird, müssen ihren Lebensstandard, »eine Fülle von Lebenschancen und ein vom Lustprinzip bestimmter Konsumismus« verteidigen – gegen »die äußere Bedrohung durch den Rest der Welt«. Er beschreibt den »Norden« bereits als eine »Burg«, die gegen »den Süden« verschlossen bleiben müsse. Der Süden solle sich weder gegen die Ausplünderung und Naturzerstörung durch die Burgherren wehren – das sei, belehrt uns Knapp, »romantischer Antiimperialismus« – noch »die historische Entwicklung der Industriegesellschaft im Norden wiederholen«. Denn »das würde die gemeinsame Überlebensgrundlage von Burg und Vorland mit großer Wahrscheinlichkeit zerstören«. Andererseits würde das Öffnen des Tors oder das Schleifen der Mauern die Zerstörung der Burg zur Folge haben. Auch dies entzöge der

Überlebenschance aller (ach so) Menschen die Basis. Nur allmählich, durch Übernahme westlicher Technologien und »marktwirtschaftlicher« Prinzipien, bestehe die Aussicht »zur Einbeziehung des Vorlandes hinter die Burgmauern«.

Knapp will die Burg mit Gewalt verteidigen: Auf der Basis eines internationalen natürlich »ökologischen Gewaltmonopols« bestehe die »nächste, wichtige« Aufgabe der Vereinten Nationen in der Schaffung von Grünhelmen, einer »Rapid Force der Weltökologie«. Selbst Metropolenegozentriker Knapp gibt zu, »daß der größte Teil der Umweltbelastungen heute von den Metropolen verursacht wird. Dennoch besteht eher hier, hinter den Burgmauern, die Chance für eine ökologische ›nachhaltige Entwicklung‹. Von hier aus besteht die Chance zu einem Blick auf die Welt als Ganzes und ihre gemeinsame Zukunft. Aus der Burg heraus muß für die ganze Welt eine Zukunft eröffnet« werden. Den grünen Yuppie interessiert nicht, daß sich innerhalb seiner Wagenburg Erwerbslosigkeit, Armut und Elend, Obdachlosensiedlungen, Ghettos und Slums ausbreiten. Knapps Rechtfertigung, »der Weltnorden ist zur Dominanz verurteilt«, ist die zeitgemäße Variante eines Satzes aus der Zeit der Jahrhundertwende: Die europäischen Mächte verteidigten damals die koloniale Besetzung und Ausplünderung mit der Behauptung, daß sie den »Wilden« die »Zivilisation« brächten; dies sei »die Bürde des weißen Mannes«.

Militärische Strategien bekommen immer wissenschaftliche Unterstützung. Professor Udo Ernst Simonis, Umweltwissenschaftler am Wissenschaftszentrum Berlin und Vorsitzender des Kuratoriums der deutschen Umweltstiftung, fordert: »Die UN – und damit UNEP [Umweltprogramm der Vereinten Nationen] – sollten weiter gestärkt, über Grünhelme müßte jetzt [...] entschieden werden.«[627] Ist es ein Zufall, daß aus diesem Wissenschaftszentrum zur selben Zeit wissenschaftliche Konzepte zur Befriedung von Widerstand, etwa das Mediationsverfahren, kommen?

Alle zitierten Grünhelmfans befinden sich im Einklang mit einem Strategiepapier der Kernforschungsanlage (KFA) Jülich (eines der drei Forschungszentren für Atomfusion) von 1988: Notwendig sei die Etablierung einer »ökologischen Weltinnenpolitik« unter der Herrschaft eines »Weltregimes«, das stark genug sein müsse, »durch Machtpolitik auf die außerhalb des Regimes stehenden Staaten einzuwirken, um sie zu Vermeidungsmaßnahmen zu bewegen. [...] Staaten wie China, aber auch Indien, potentielle Großmächte des 21. Jahrhunderts und auf die Nutzung fossiler Energien [...] ausgerichtet, können von den Supermächten nicht ohne ein hohes Maß an Konfliktbereitschaft durch die Sanktionsspannen der Macht zu durchgreifenden, sie wirtschaftlich schwer belastenden Vermeidungsmaßnahmen gedrängt werden. Aus ihrer Interessenposition heraus könnten solche Länder, wie andere Staaten mit reichen Kohlenwasserstoff-Vorräten oder die großen Tropenwaldbesitzer (Brasilien, Zaire, Indonesien) auch, der ihnen nahegelegten Vermeidungsstrategie [bei drohenden ökologischen Schäden] eine Blockierungsmacht entgegenstellen, um die Bildung eines umfassenden Regimes zu verhindern [...]

Die nationale und die internationale Politik könnte vor einer schwierigen Wahl stehen: Die zumindest ansatzweise antizipierbaren Konflikte im Rahmen einer Vermeidungsstrategie auszutragen oder gänzlich unvorhersehbare Konflikte in einer mit einem neuen Klima konfrontierten Welt zu riskieren.«[628] Das Papier erklärt, was mit Weltinnenpolitik wirklich gemeint ist und daß Krieg nicht nur zur angeblichen Rettung der Natur bei erfolgtem Schaden, sondern auch vorsorglich (»antizipierbare Konflikte«) gegen sogenannte Umweltverbrecher geführt werden kann. Wenn Sprache nur noch Lüge transportiert, werden selbst Atomtests »umweltverträglich« (US-Verteidigungsminister Richard Cheney).[629]

Nehmen wir einmal an, es ginge den Grünhelmbetreibern um den Schutz der Natur. Kann sich irgend jemand allen Ernstes vorstellen, daß Grünhelme gegen ein geplantes Atomkraftwerk von KWU/Siemens, gegen ein Genlabor der Hoechst AG, eine Pestizidproduktion von Bayer oder eine den Amazonaswald zerstörende Rinderfarm von VW oder Daimler eingesetzt würden? Der Club of Rome will einen Umweltsicherheitsrat der Vereinten Nationen; ökologisches Wohlverhalten − aus der Sicht der kapitalistischen Zentren, deren Tarnverein die UNO geworden ist −, soll notfalls mit Grünhelmgewalt, also militärisch, erzwungen werden.[630] Die gewaltigsten Militärpotentiale sind in der Hand der Herrschenden des reichen Nordens. Diese rüsten für den Kampf um neue Märkte. Sie wollen die letzten Ressourcen plündern, Böden, Tiere, Pflanzen, menschliche Arbeitskraft und das genetische Potential des Menschen. Zur Durchsetzung dieser Interessen wird die Militarisierung der Ökologie gebraucht. Grünhelme helfen bei der Stabilisierung der herrschenden Ordnung. Die Ökologie wird gebraucht, um die Akzeptanz von militärischen Übergriffen und Kriegen bei den Bevölkerungen des Nordens zu erhöhen. Ökologie wird zum Kampfbegriff der Barbarei.

Ginge es dem reichen Norden wirklich um die Rettung der Natur, würden in Portugal nicht Korkeichen-, Kastanien- und Ölbaumwälder in großem Maßstab für schnell wachsende Eukalyptusplantagen abgeholzt, die die Kassen der Zellulosefabrikanten füllen sollen, aber sowohl die Natur als auch die soziale Existenz der von den traditionellen Mischwäldern lebenden Kleinbäuerinnen und -bauern gefährden. Ihr Widerstand gegen die EG-verordnete Monokultur zerbricht unter Polizeiknüppeln.[631] Ginge es den Herrschenden um den Schutz der Natur, würden weder zusätzliche 12 000 Autobahnkilometer in Europa geplant,[632] noch eine Atomstromsteigerung um 10 Prozent,[633] es gäbe keine Energiecharta, die den Raubbau Osteuropas vorbereitet; der größte Fluß Griechenlands, der Acheloos, würde nicht von West nach Ost umgeleitet, als wäre Stalin wiederauferstanden, nur weil ein Betrag von 600 Millionen Mark für die erste Bauphase aus Brüsseler Strukturfonds ausgegeben werden muß.[634] Ginge es um die Natur, würden nicht europaweit riesige Staudämme geplant, die Landschaften ersäufen, würden nicht neue Autobahnen Naturreservate durchschneiden und große Wälder für neue Industrieanlagen gefällt.

Ginge es um die Natur im Trikont, wäre das mindeste, seine sogenannten Schulden – die in Wirklichkeit Wucherzinsen für in den siebziger Jahren den Oligarchien und den Diktaturen aufgedrängtes, überschüssiges Kapital sind – restlos zu streichen, die Plünderung der Ressourcen im Trikont durch die Weltbank und das Kapital zu beenden, Diktaturen beziehungsweise autoritäre Regime mit Pseudoparlamenten nicht mehr zu unterstützen, gerechte Preise für Waren aus dem Trikont zu bezahlen, die nationalen Landwirtschaften nicht mehr den vernichtenden Anforderungen des Weltmarktes zu unterwerfen und den Angriff auf den genetischen Reichtum der Menschheit sofort zu beenden. Das alles sind Forderungen, die erst umsetzbar sind, wenn wir einen Weltmarkt durchsetzen würden, der dem Kapitalverwertungsinteresse nicht mehr unterworfen ist.

Bevölkerungspolitik als Kampfbegriff

Ökologie als Kampfbegriff gegen Menschen im Trikont erhält eine breite gesellschaftliche Legitimation, wenn einer wie Ernst Ulrich von Weizsäcker (1984 bis 1991 Direktor des Instituts für Europäische Umweltpolitik und seit 1992 Präsident des Wuppertaler Instituts für Klima, Umwelt und Energie an der Bergischen Universität) sagt: »Ja, in der Tat, die Bevölkerungsexplosion ist eines der größten Umweltprobleme.« Mit dieser alle Fakten vollständig verdrehenden Ursachenbestimmung befindet sich Weizsäcker in trauter Übereinstimmung mit der UNFPA, dem Bevölkerungsfonds der Vereinten Nationen, der feststellt, Überbevölkerung sei Hauptursache für die Probleme der Umweltzerstörung und das Bevölkerungswachstum habe »höchst nachteilige Folgen für die Umwelt«.[635]

Die Gegenargumentation findet kaum Öffentlichkeit. Die Bilder von vielen Menschen, vor allem Kindern, mit schwarzer oder brauner Hautfarbe dienen dem Zweck, die »Fremden« zu entindividualisieren und zur bedrohlichen Masse werden zu lassen, zu »Tiermenschen«, wie Blavatsky oder Steiner sagen würde, dem, wie Gruhl, der »arische« Europäer als die höchste Stufe menschlicher Entwicklungsgeschichte gilt. Staatliche Bevölkerungspolitik meint im kapitalistischen Norden Stimulans oder Zwang zur Gebärproduktion. Im Trikont werden die früheren Bevölkerungsprogramme (zum Beispiel in Puerto Rico oder gegen schwarze Frauen in den Südstaaten der USA) unter dem neutralen Deckmantel der UNO weitergeführt.

In Brasilien besitzt 1 Prozent der Großgrundbesitzer 60 Prozent des fruchtbaren Bodens und nutzt einen großen Teil davon für Exportgüter, für Maniok, Soja oder tropische Früchte. Die Mehrheit der kleinen Betriebe darf nur etwa 3 Prozent der landwirtschaftlichen Fläche nutzen. In anderen Trikontstaaten ist die Situation vergleichbar: Multinationale Konzerne haben den Menschen ihren Boden und ihre Nahrung mit Gewalt geraubt. Die Bundesrepublik Deutschland, die Schweiz, Dänemark, Belgien und die Niederlande sind dichter besiedelt als Länder wie Indien, Bolivien, der Tschad oder Somalia, die gemeinhin als überbevölkert gelten.[636]

Uns werden nie Bilder aus Europa mit verstopften Straßen und Städten voller Autos vorgehalten mit dem warnenden Verweis auf die bundesdeutsche Geburtenrate. Die kapitalistische Verschleiß- und Verschwendungswirtschaft zerstört die Erde. Werden uns je Fotos von riesigen Abfallbergen oder von sprudelnden, stinkenden Abwasserrohren gezeigt mit der Aufforderung an die Manager, sich als erste sterilisieren zu lassen, weil sie und ihre Nachkommen einfach zuviel verprassen? Daß eine Deutsche (durchschnittlich) 17mal soviel Energie verbraucht wie eine Inderin, ein US-Amerikaner 27mal soviel wie ein Chinese, Kinder in arabischen Ländern ein Zehntel dessen an wichtigen Nährstoffen erhalten wie Hunde und Katzen in den USA – das alles kümmert unsere Bevölkerungspolitiker nicht.[637] Ihre Interessen sind andere. Wenn ein vollständig entmenschlichter Ökologiebegriff je Maßstab sein dürfte, müßten dann nicht die Zahlen derjenigen Menschen reduziert werden, die die Umwelt am intensivsten verbrauchen und vergiften?

Durch gezieltes Preisdumping, durch die Technisierung und Chemisierung der Landwirtschaft, durch Computerisierung und künftige Gentechnologie wurden und werden riesige Landstriche im Trikont mit immer weniger Menschen profitabel ausbeutbar. Das Kapital braucht Arbeitskräfte, und um soziale Ansprüche niedrig zu halten, ein gewisses Maß an menschlicher verelendeter Reserve. Die Menschen, die nicht gebraucht werden, sind, aus der Sicht des Kapitals, Überschuß, die sogenannte Überbevölkerung. Denn zu viele enteignete und hungernde Menschen könnten die Idee reizvoll finden, sich mit Revolutionen und Aufständen zu nehmen, was ihnen gehört. Es dient nichts anderem als der Akzeptanz imperialistischer Bevölkerungspolitik in halbaufgeklärten Kreisen der kapitalistischen Zentren, wenn heute »Umweltschutz« oder die »Emanzipation« der Frauen im Trikont als Rechtfertigung für bevölkerungspolitische Zwangsprogramme herangezogen werden. Die herrschende Bevölkerungspolitik meint die Reduktion der Armen, nicht der Armut, meint die Beseitigung minderwertigen, überflüssigen »Menschenmaterials«.

Zum Beispiel Puerto Rico: Die Insel lieferte einmal genug Nahrungsmittel für ihre BewohnerInnen. Die Kolonialmacht USA stellte die gemischte Landwirtschaft auf Zuckerrohr und Plantagen für den Export um. Puerto Rico mußte Grundnahrungsmittel importieren und wurde vollständig von den USA abhängig. Während des Höhepunktes des Widerstands durch eine Befreiungsarmee – die im Gegensatz zur kubanischen nicht siegte – begannen die USA mit einer bevölkerungspolitischen Kampagne: »La operación«. 1965 waren 35 Prozent aller puertoricanischen Frauen sterilisiert, während der Bedarf der multinationalen und US-Konzerne an Arbeitskräften durch technologische Innovationen und Produktionsveränderungen weiter sank. Um die Sterilisierung in einer verarmten Bevölkerung durchzusetzen, wurden alle Fürsorgemaßnahmen für Mutter und Kind gestrichen. Ärzte erhielten Prämien für jede Sterilisation. Es wurde üblich, die Frauen gleich nach einer Geburt dazu zu überreden. Der »Plan 2020« der Puerto-Rico-Experten in der US-Regierung sieht vor, die Insel nur noch für Militärbasen, High-Tech-Industrieparks und für Abbau von Mineralien zu nutzen. Statt vier Millionen Menschen sollen dann nur noch anderthalb Millionen in der US-Kolonie leben, der Rest wird durch Bevölkerungspolitik verhindert.

Anstatt die soziale Lage aller Menschen auf ein humanes Niveau zu heben, statt patriarchal-kapitalistische Herrschaftsstrukturen und Ausbeutungsverhältnisse abzuschaffen, könnte eine Ideologie etwa mit folgender Botschaft um sich greifen: Wenn die Natur durch zu viele Menschen der falschen Hautfarbe oder der falschen ethnischen Herkunft so entsetzlich bedroht wird und sich diese »Gangster« (Konrad Lorenz), die Menschen im Trikont, so »heuschreckenhaft« vermehren und sich unseren gutgemeinten bevölkerungspolitischen Zwangsprogrammen entziehen, dann, eines Tages . . . zu unser aller Leidwesen . . . notfalls – »natürlich« mit ökologischer Begründung und ganz »vorsorglich« (KFA Jülich) – und nur in allerbester Absicht zur Rettung der Natur könnte es Krieg geben.

1987 erklärte WHO-Mitarbeiter David Griffin: »Häufig auftretende Schwangerschaften werden zu Epidemien. Um Epidemien zu vermeiden, stellt der Antischwangerschaftsimpfstoff eine sehr attraktive Waffe dar, die in das gegenwärtige Waffenarsenal integriert werden muß.«[638s] Eine dänische Zeitschrift veröffentlichte auf ihrer Titelseite das Foto einer schwangeren schwarzen Frau mit der Aufschrift »Bombe«.[638b] Wer so bedroht wird, muß doch zu seiner Verteidigung zu den Waffen greifen dürfen. Das Feindbild »Mensch« wird vorbereitet, das Gift wirkt schon. Fotos, Überschriften, Texte über »Bevölkerungsexplosionen« und »Menschenlawinen« in bundesdeutschen Medien stiften zu weltweiten Pogromen an, für deren konkrete Gestalt meine Phantasie nicht ausreicht.

Das rosagrüne Band der Sympathie

Europäische Kapitalinteressen werden auch vor Ort durchgesetzt, und selbst Rosagrün beteiligt sich als Empfangskomitee. Alle Befürchtungen, die SPD/Grüne-Regierung könnte das Geschäft der Banken irritieren oder gar diese in die Flucht schlagen, hatten sich nach der hessischen Kommunalwahl 1989 bald beruhigt. Erfreut stellten Banker bei der Commerzbank fest, daß seit dem Machtwechsel im Frankfurter Römer »mehr Offenheit gegenüber den Interessen der Banken [herrsche] als vorher«.[639] Exoberbürgermeister Volker Hauff, heute Springer-Lobbyist, beeilte sich, allüberall seine Wirtschaftsfreundlichkeit zu betonen. In Oberbürgermeister von Schoeler hat er einen würdigen Nachfolger. Umweltdezernent Tom Koenigs, nach einer großen linksradikalen Kurve in den siebziger Jahren einschließlich einer Spende an den Vietkong, ist auf dem Weg zurück in familiäre Gefilde. Vor dem

Industrieausschuß der Frankfurter Handelskammer machte der Bankierssohn einen guten Eindruck, meldete die *Zeit*.[640]

Hochhäuser sparen keinen Platz, sie brauchen unverhältnismäßig mehr Fläche an notwendiger Infrastruktur um sich herum als vierstöckige Häuser, bei denen dieses Verhältnis am ausgewogensten ist (Straßen, Parkplätze, Läden, Dienstleistungseinrichtungen). Sie stoppen Kaltluftströme, das bedeutet noch mehr Smog in Frankfurt. Sie zerschneiden Stadtteile, schaffen und verschärfen dort, wo Menschen wohnen müssen, ein soziales Problemklima. Die wohn- und arbeitsbiologische Situation ist in den Monumenten aus Beton, Stahl, Glas, Kunstfasertapeten, Plastikteppichböden und Klimaanlagen gesundheitsschädigend. Das durch alle Politikbereiche hindurchwabernde Verlangen zu beweisen, wie wirtschaftsfreundlich die Grünen sind, hat diese veranlaßt, der Grund- und Bodenspekulation keine deutliche Absage mehr zu erteilen. Die Wolkenkratzer der Banken in der Frankfurter Innenstadt heizen die Spekulation an. Die Folgen sind: Vernichtung billigen Wohnraums, Zweckentfremdung, Umwandlung, Spekulation und MieterInnenvertreibung.

Gegen die Entwicklung der europäischen Diktatur ist auch von Rosagrün kein Widerstand zu erwarten. Grüne Politik in Frankfurt hat sich der Wachstumslogik vollständig unterworfen. Institutionen Europas wie die Europäische Zentralbank wurden von den Grünen schon in ihrer Koalitionsvereinbarung mit der SPD von 1989 herbeigesehnt, und im Juni 1992 bekräftigte Umweltdezernent Koenigs dieses Begehren.[641] Was kümmert ihn die absehbare weitere Verknappung von Wohnraum, wenn 2000 EG-MitarbeiterInnen mit ihren Familien den Druck auf 60 000 Wohnungssuchende verschärfen, die Mietpreise weiter nach oben getrieben werden. Und welchen Rosagrünen interessieren schon die ökologischen Auswirkungen: Betonierung, mehr Verkehr mit allen Folgen?

Die Partei der Dezentralisierung wird zur Partei, die jeden Wachstumsschub freudig begleitet. Die frühere Kritik an der Hoechst AG, die die Luft, das Wasser und den Boden der Stadt vergiftet, gibt es nicht mehr. Im derzeit gültigen Programm der Frankfurter Grünen wird der Konzern, der die Stadt beherrscht, nicht einmal mehr erwähnt. Die kapitalistische Produktionsweise und die mit ihr untrennbar verbundenen gesellschaftlichen Herrschafts- und Ausbeutungsstrukturen sind kein Gegenstand grünen Protestes mehr, denn auch die grüne Mittelschicht in Regierungsämtern hofft, auf der Sonnenseite künftiger Entwicklung zu stehen. Sie bekämpfen Entwicklungen nicht mehr, die mit Sicherheit viele Millionen Menschen in Europa ins Elend stürzen werden.

Rosagrün hat einen Frankfurt-Paß eingeführt. Der ändert zwar nichts an Armut, Arbeitslosigkeit, Wohnungsnot oder schlechter Ernährung. Aber er hilft, die Freizeit in Palmengarten oder Zoo besser totzuschlagen. Wo im grünen Programm von 1989 noch lächerliche 100 Mark Sozialhilfeerhöhung versprochen wurden, hat Rosagrün in seiner Praxis keine müde Mark auf den Regelsatz von 475 Mark (monatlich) aufgestockt. In Frankfurt gibt es über 55 000 SozialhilfeempfängerInnen, mehr als die 50 000 Bankangestellten (Ende 1991; 1980: 35 000) in 426 Banken und Sparkassen. Es gibt rund 25 000 gemeldete Arbeitslose, und arm sind auch viele der 25 000 bis 35 000 Teilzeitbeschäftigten, die Mehrheit davon, wie überall, Frauen.[642]

Rechtzeitig vor den Kommunalwahlen 1993 hat Rosagrün in Frankfurt den Schritt auf die Seite der Saubermänner und -frauen gemacht: Man bedient sich der Hilfe der Polizei, um die Grünanlagen von drogenabhängigen Menschen zu säubern; Banken, Geschäftsleute und potentielle WählerInnen verlangen eine saubere Stadt. Neue grüne Umweltpolitik? Nein, die Wirtschaft will die autofreundliche Stadt. Daß es darin ein paar künstlich bewässerte Grünanlagen für den Spaziergang in der Mittagspause geben soll, ist kein Widerspruch. Mehr stadtteilverbindende leise, moderne Straßenbahnen, die auf eigenem Gleiskörper fahren und auch nachts die Innenstädte beleben? Das planvolle Verdrängen der Autos aus der Stadt? Nichts davon. U-Bahnen räumen für die bis zu vierzigfachen Bau- und Betriebskosten (im Vergleich zur Straßenbahn) die Straßen für die Autos frei – wofür sie in den fünfziger Jahren geplant wurden.

Autotunnels, Straßenanbindungen und neue Autobahnabschnitte saugen mehr Autoverkehr in die Stadt. Mit den bekannten Folgen, unter denen die Menschen in den meisten bundesdeutschen Städten leiden: Luftvergiftung, Gesundheitsschäden, Lärm, Beeinträchtigung ihrer Bewegungsfreiheit im städtischen

Raum und tödliche Gefahren. Ein Milliardentunnel unter dem Hauptbahnhof – ein kapitalfreundlicher Plan, unterstützt vom grünen Umweltdezernenten Tom Koenigs – soll es Metropolen-yuppies wie den Grünen möglich machen, mal eben in Paris einen Pernod zu schlürfen, während die Menschen, die von weit her nach Frankfurt zur Arbeit fahren, in Bummelzügen buchstäb-lich auf der Strecke bleiben oder aufs Auto umsteigen müssen, weil es vielerorts keine Schienenanbindung mehr gibt oder weil die Bahn angeblich kein Geld für zusätzliche Waggons und zusätzliche Schienen bei Engpässen hat.

Eine politische Wurzel der Grünen war die Bewegung gegen die Startbahn-West des Frankfurter Flughafens. Heute »bejahen« die Grünen »die Bedeutung und Funktion des Frankfurter Flugha-fens. [...] ein Kapazitätsgewinn durch räumliche Umbaumaßnah-men erscheint sinnvoll«.[643] Heute sitzt Daniel Cohn-Bendit im Aufsichtsrat der Flughafenaktiengesellschaft (FAG) und wegen der zu erwartenden sozialen und ökologischen Konflikte bei wei-terem Ausbau schlug Joschka Fischer (Vertreter des Landes Hes-sen im Aufsichtsrat) im August 1992 die Privatisierung des Frank-furter Flughafens vor. Gewisse Risiken seien von den »politisch Gewählten nur schwer zu tragen, geschweige denn zu verantwor-ten«, meint der neoliberale Fischer.[644] Wenn man ein Problem nicht lösen will, schiebt man es weg, man will ja schließlich wie-dergewählt werden.

Wer Frankfurt als Metropole und Umschlagplatz des europäi-schen Finanzkapitals will, bejaht Zentralisierung und Konzentra-tionen von Wirtschaft und Verkehr, bejaht das Austrocknen struk-turschwacher Gebiete, bejaht die mit dem Zentralisierungsprozeß zusammenhängende steigende Grundwasservergiftung und den Flächenfraß, duldet Giftberieselung von Menschen und die fort-schreitende Zerstörung des Stadtwaldes beispielsweise durch Kerosin und Abgase. Daß der Flughafen zentrale Bedeutung für das US- und Nato-Militär hat, daß er weltweiter Ausbeutung dient, der Ausplünderung des Trikont, und zerstörerischem Tier- und Pflanzenhandel, daß er eine Drehscheibe für Waffenhandel ist und ein Tor für das Verjagen von Flüchtlingen und Asylbewer-berInnen stört weder den Frankfurter Dezernenten für Multikul-turelles und FAG-Aufsichtsrat Cohn-Bendit (Grüne) noch den hessischen Umweltminister und FAG-Aufsichtsrat Fischer (Grüne). Einen Erfolg hat Rosagrün: Der Luftverkehr darf inzwischen Tag und Nacht auch neue Routen fliegen, beispielsweise tief über den dichtbesiedelten Wohnvierteln der Frankfurter Innenstadt, über die sich Kerosinschwaden und ein Lärmteppich ausbreiten.

Eiskalt im Land

Es gibt verschiedene Möglichkeiten des Staates, den Widerstand linker Opposition zu brechen. Da wäre einmal die offene Repression: Überwachung, Bespitzelung, Denunziation gegenüber Arbeitgeber oder Behörden, Einschränkung der Meinungs- und Versammlungsfreiheit, Polizeikessel, körperliche Gewalt, die sogenannten Antiterrorparagraphen 129a und 130a, Strafverfolgung, Geldstrafen, Knast, Elemente einer politischen Justiz in der »zivilisierten« Nachfolge der NS-Justiz, wie sie personell und strukturell vielfach analysiert worden ist.[645] Aus vielen linken Gruppen hören wir Berichte, daß der Verfassungsschutz und die Polizei die Bespitzelung und Überwachung der linken Opposition verschärft haben. Schon lange erfuhren wir nicht mehr von so vielen Spitzelanwerbeversuchen in der ganzen Bundesrepublik wie im Jahr 1992. Wenige fliegen auf, wie »Jo« und »Ralf« in Tübingen.[646]

Mit der organisierten Kriminalität wird alles gerechtfertigt. Dem »Gesetz zur Bekämpfung des Rauschgifthandels und anderer Erscheinungsformen der Organisierten Kriminalität« (OrgKG), das unter anderem Unschuldvermutung und Zeugnisverweigerungsrecht in Frage stellt, Rasterfahndung, Erfassung und Austausch von Daten − auch von Unschuldigen − und den Einsatz von Undercoveragenten, verdeckten Ermittlern (oft genug Anstifter strafbarer Handlungen) legalisieren soll, stimmte auch die SPD im Bundestag zu. Auch Lauschangriffe, Einbrüche in die Privatsphäre, will sie akzeptieren.[647] Aller guten Dinge sind drei. Noch vor Weihnachten will sie den Asyl-Artikel 16 Grundgesetz aushebeln. In einem Aufwasch, schlägt die SPD vor, kann doch gleich die Unverletzlichkeit der Wohnung (Artikel 13 des Grundgesetzes, ein Paragraph aufgrund der Erfahrung mit der Gestapo im Faschismus) ausgehebelt und das Verbot eines Angriffskrieges (Artikel 26 GG) – was für das Gebiet der Nato bereits möglich ist – für weltweite Kampfeinsätze zugerichtet werden.[648]

Damit alles seine Ordnung hat, wird jeder Angriff auf Restbestände an demokratischer Freiheit legalisiert. Auch das Denunziantentum will staatlich geregelt sein und braucht seine neue Ordnung. In Bayern will Innenminister Stoiber (CSU) den Blockwart wieder einführen. Geschulte Privatleute sollen als »Bindeglied« zwischen Bürgern und der Polizei dienen und Informationen an die Polizei weitergeben. Erste Modellversuche mit den staatlich beschäftigten Denunzianten sollen in Nürnberg, Deggendorf und Ingolstadt unternommen werden. Diese sollen sogar polizeiliche Aufgaben übernehmen: Polizeiwagen fahren, den Verkehr regeln, Gefangene transportieren, auf Spielplätzen Verdächtige observieren. Was für eine beruhigende Vorstellung, wenn sich nun Rechtsextremisten verstärkt in parapolizeiliche Aufgaben drängen. Eine neue Idee? Die Berliner »Freiwillige Polizei-Reserve« versieht ihren Dienst sogar bewaffnet, und in Baden-Württemberg stehen 1700 Bürger auf Abruf bereit.[649]

Von den brutalen Einsätzen der Unterstützungssonderkommandos (USK) und der bayrischen Sondereinsatzkommandos (SEK) in Wackersdorf oder anläßlich des Weltwirtschaftsgipfels in München 1992 unterscheiden sich die der Sondereinheiten in anderen Städten nicht wesentlich. Im sozialdemokratisch regierten Hamburg prügelt die Spezialeinheit 16 E Menschen, die ihnen auffallen, halb tot. Die wie Schläger vom Hamburger Kiez gekleideten Polizeibeamten erfuhren noch für jeden ihrer Überfälle politische Deckung.[650] Wer die Vergangenheit der Hamburger Polizei kennt, wundert sich nicht. In Baden-Württemberg ist der polizeiliche Todesschuß, der sogenannte finale Rettungsschuß erlaubt, in Schleswig-Holstein wird er unter der sozialdemokratischen Regierung Engholms geplant.[651]

»Jeder fünfte Polizist ist bestechlich«, schätzt Hauptkommissar Manfred Such von der Arbeitsgemeinschaft kritische Polizisten.[652] Der Leiter des Landeskriminalamtes Hamburg, Wolfgang

Sielaff, beschrieb die wachsende Anfälligkeit der Polizeibeamten für Korruption. Da werden Führerscheine gegen Geld nicht eingezogen, personenbezogene Informationen aus polizeilichen Datenbanken verkauft, Akten manipuliert, da wird geklaut und gedealt, da werden Polizeibeamte mit Geld und Dienstleistungen ausgehalten oder Prostituierte zu sexuellen Dienstleistungen genötigt. Korrupte Beamte sitzen als »Andockstellen« für organisierte Kriminalität unerkannt im Polizeiapparat. Wesensmerkmal der organisierten Polizeikriminalität sei ihre Unsichtbarkeit, die bekannt gewordenen Fälle nur Spitze eines Eisbergs, ergänzt Sielaff.[653] Frühstücksmoderator Udo Philipp von SAT 1 gab zu, mit dem Militärischen Abschirmdienst (MAD) zusammengearbeitet zu haben. 5 Prozent der Mitarbeiter der Redaktionen, vor allem der Auslandsredaktionen sind nach Auskunft von Armin Halle, Chefmoderator bei SAT 1 und früherer Informationsdirektor der Nato, von Geheimdiensten »eingespannt«.[654]

Je weniger (formal-)demokratisch und je offener diktatorisch oder faschistisch ein Staat ist, desto martialischer und mörderischer werden die Formen der Repression. Eine Form körperlicher und psychischer Gewalt ist die sogenannte weiße Folter, die an den Körpern der Betroffenen meistens keine sichtbaren Spuren hinterläßt. Sie wird in der Bundesrepublik vorwiegend bei politischen Gefangenen angewendet. Der dänische Psychologe Jörgen Pauli Jensen, der sich im Rahmen einer internationalen Kommission mit den Ursachen des Todes von Ulrike Meinhof befaßt hat, schildert die Folgen der Isolationshaft: Menschliche Kontaktbedürfnisse und Sinneswahrnehmungen werden ausgehungert. Die vegetativen Funktionen werden allmählich physisch zerstört. Schlaf-, Hunger-, Durst und Urinierbedürfnisse verändern sich krankhaft. Emotionen werden instabil. Ulrike Meinhof hat die Wirkung dieser Folter am eigenen Leib erfahren: »Das Gefühl, es explodiert einem der Kopf (das Gefühl, die Schädeldecke müßte eigentlich zerreißen, abplatzen) . . . das Gefühl, die Zelle fährt. [...] Man kann nicht erklären, ob man vor Fieber oder vor Kälte zittert – man friert. Um in normaler Lautstärke zu sprechen, Anstrengungen, wie für lautes Sprechen, fast Brüllen – [...] man kann die Bedeutung von Worten nicht mehr identifizieren [...] Kopfschmerzen – Satzbau, Grammatik, Syntax – nicht mehr zu kontrollieren [...] das Gefühl, innerlich auszubrennen [...] rasende Aggressivität, für die es kein Ventil gibt. Das ist das schlimmste. Klares Bewußtsein, daß man keine Überlebenschance hat; völliges Scheitern, das zu vermitteln [...] Das Gefühl, als sei einem die Haut abgezogen worden.«[655] Ulrike Meinhof verbrachte vom Juni 1972 bis zum Februar 1973 273 Tage in totaler Isolation. Zu dieser Zeit war die SPD an der Regierung.

Der zweite Komplex des Versuchs, linken Widerstand zu brechen, ist ein Konglomerat von Integration und Befriedung. Die Grünen werden eines Tages ein hervorragendes Beispiel für WissenschaftlerInnen werden, wie es gelang, eine in Teilen radikale Bewegung innerhalb von wenigen Jahren zu integrieren und sie mit den herrschenden Verhältnissen zu versöhnen. Eine detaillierte Analyse ihrer Geschichte würde vermutlich lehrbuchhaft die meisten Varianten staatlicher Integrations- und Befriedungspolitik zutage bringen. Als wirksamstes Element des offenen Einflusses erwies sich das Angebot zum politischen Selbstbetrug, sofern es mit materieller Bequemlichkeit und Staatspensionen verknüpft wurde: »Wenn du mitmachst, kannst du viel mehr erreichen.« Das Gegenteil ist richtig: Wenn du Widerstand organisierst und kollektiv so klug und strategisch wie möglich gesellschaftlichen Gegendruck entfaltest, kannst du Erfolge erreichen, die unter deinen langfristigen Zielen liegen mögen, aber weit über dem, was der politische Gegenwert deiner aktiven Beteiligung an den herrschenden Verhältnissen gewesen wäre. Außerdem sind diese Erfolge stabiler, weil sie erkämpft worden sind, eine Gegenmacht dahintersteht, die ihre Demontage abwehren kann, anders als bei von oben gewährten Mildtätigkeiten.

Erfolgreich war, nicht nur in Hessen, die Integration von alternativen Projekten durch finanzielle Unterstützung einer rosagrünen Landesregierung. Die soziale Lage anderer und die politischen Verhältnisse wurden einigen gleichgültig, wenn nur das eigene Projekt eine ansehnliche Finanzierung genoß. Doch der wirkungsvollste Mechanismus zur Dämpfung von Protest und zur Zerstörung von Hoffnung und sozialer Utopie ist ein ganzes Konglomerat von Regeln und Ritualen des alltäglichen Lebens. Die meisten Menschen lassen sich auf Lebensformen ein, die sie dauernd in Verpflichtungen einbinden, aus denen sich die nächsten wiederum logisch zu ergeben scheinen. Die meisten Menschen unterwerfen sich fremdbestimmten gesellschaftlichen Normen (Karriere, Kleinfamilienstreß, Konsumterror), statt selbstbestimmt zu entscheiden, wie sie leben und arbeiten wollen.

Die erstickende Harmonie der Bourgeoisie

Gegen neue zerstörerische Vorhaben wie Atomkraftwerke, Giftmüllverbrennungsanlagen, Autobahnen, Flughäfen, Teststrecken oder Genlabors könnte sich Widerstand erheben. Die Durchsetzung neuer Technologien und Eroberungsstrategien erfordert neue Repressions- und Befriedungstechniken. Vielleicht ist die angeschlagene Linke sogar endgültig zu erledigen? Fragen wie diese mögen sich die WissenschaftlerInnen gestellt haben, die nun in der Bundesrepublik eine Sozialtechnik mit Namen »Mediations-Verfahren« zur Konfliktlösung durchsetzen wollen.[656] Das Verfahren wird aus Kanada und den USA importiert, wo es erfolgreich eingesetzt wurde. Seine wesentliche Annahme ist, daß es keine objektiv vorhandenen Widersprüche und Interessengegensätze gibt, sondern daß sich reife Menschen in reifen Konflikttechniken einer wunderbaren, vermutlich kosmischen Harmonie nähern. Der Widerstand soll psychologisch gebrochen werden. Es sollen Konfliktlösungsstrukturen installiert werden, die Kämpfe wie Demonstrationen, Blockaden, wilde Streiks usw. als unreifes Konfliktverhalten diskreditieren. Danach wäre es am besten, wenn sich »Harmonie«, »Dialog«, »Konsens« oder »Diskurs« und »Kompromißfähigkeit« einstellen, bevor die Auseinandersetzungen auch nur beginnen. Sind sie aber nicht zu vermeiden, sollen Techniken wie das Mediationsverfahren verhindern, daß sich punktuelle soziale Kämpfe und Bewegungen zu einem Flächenbrand vereinen, der die Grundlage von Herrschaft in Frage stellen könnte.

Das Wissenschaftszentrum für Sozialforschung in Berlin (WZB), dessen Professor Simonis Grünhelme befürwortet und das eng mit dem Club of Rome zusammenarbeitet, hat die Aufgabe übernommen, die US-Sozialtechnik bundesdeutschen Verhältnissen anzupassen. Der WZB-Psychologe Hans-Joachim Fietkau definiert das Mediationsverfahren als eine »soziale Technik, mit deren Hilfe (Interessen)Konflikte zwischen zwei oder mehr Parteien unter Hinzuziehung eines neutralen Dritten zur Sprache gebracht, geklärt und möglicherweise beigelegt« werden sollen. Das Ziel bestünde in der »Suche nach Problemlösungen, die für alle am Konflikt Beteiligten akzeptabel« seien. »Handlungsspielräume« werden ausgelotet und »konsensuale Konfliktregelungen« angepeilt.

Die zentrale Figur ist der Mediator, sein »Vehikel« das »Gespräch«, als »kommunikativer Diskurs als Mittel der Wahrheitsfindung für die wissenschaftliche Diskussion«, Erfolgsmaßstab das »konsensuale Verhandlungsergebnis« und die »Umsetzung des Verhandlungsergebnisses in praktischen Handeln«. Der Vorteil gegenüber anderen Formen der Konfliktregulierung (etwa Gerichtsverfahren) sei, daß die »konsensualen« Lösungen Zeit und Kosten sparen und natürlich auch »ökologisch besser« seien. Ohne diese Versprechen hätte der Sozialtechniker überhaupt keine Chance. Was ließen wir uns für wunderbare Dinge entgehen, verzichteten wir auf Fietkaus Mediation: »nützliche Erfahrungen [...] Klarheit über Positionen und Beweggründe des Handelns bei anderen [...] eigene Position [...] deutlicher«.

Bei dem Gedanken an gerichtliche Auseinandersetzungen wird der Psychologe böse: Vor Gericht zu gehen entspricht der »Situation [...] streitender Kinder [...] die schreiend zu ihren Eltern rennen und sich wechselseitig über das Verhalten des anderen beschweren«, eine »infantile Form der Konfliktbewältigung« auf der Basis einer »Ich-will-Haltung« von Menschen, die »lediglich danach« trachten, »sich selbst mit den eigenen Wünschen und Überzeugungen durchzusetzen«. Unabhängig davon, daß Gerichte meist kapitalfreundliche Entscheidungen treffen, was ist falsch am Willen, sich durchzusetzen, wenn es um die Verhinderung von Atomanlagen, gentechnologischer Freisetzungsversuche oder militärischer Kampfeinsätze geht?

Das Mediationsverfahren ist natürlich »die erwachsenere Form«, der »Abschied von absoluten, reinen und insofern unschuldigen Positionen«. Der erwachsene Kompromiß sei eben auch ein »Verrat an der reinen Lehre«. Aber, sagt Fietkau: »Dieser Verrat war selbst begangen.« Diese zutiefst ideologische und keineswegs wertneutral-wissenschaftliche Argumentation bedeutet, übertragen auf einen Konflikt über ein etwa zu bauendes Atomkraftwerk, daß sich ein Vertreter einer Anti-AKW-Bürgerinitiative in einem Mediationsverfahren von einem Vertreter eines Engergieversorgungsunternehmens von dessen Motiven zum Bau des AKWs überzeugen läßt, um so mehr, je einfühlsamer dieser Atommafiavertreter schildert, wie glücklich ihn die Durchführung dieses Projektes machen könnte. Der »Konsens« mag dann sein, daß in dieses zukünftige Atomkraftwerk eine weitere sogenannte Sicherheitsmaßnahme eingebaut wird, was an der grundsätzlichen Gefährlichkeit dieser schlafenden Atombombe nichts ändert. Was ist das anderes als Verrat?

Das Interesse am Mediationsverfahren liegt in der Schwierigkeit der Betreiber, großtechnologische Anlagen (wie etwa Müllverbrennungsanlagen, Giftmülldeponien, Autobahnen, gentechnischen Laboratorien, Standorte von Chemieunternehmen) ohne lästige bürokratische Hemmnisse und in kurzer Zeit durchzusetzen. Etwas versteckt finden wir bei Fietkau dieses Zugeständnis: »Die Abwicklung dieser Konflikte in den rechtlich vorgesehenen Bahnen ist außerordentlich zeit- und kostenaufwendig.«

Wenn das Kapital doch nur begriffe, welche Durchsetzungschancen ihr die Psychologie bietet! Und wie viele fette Forschungsaufträge für die Psychologen dabei herausspringen könnten. Fietkau gibt sich große Mühe, der Wirtschaft klarzumachen, daß das Verfahren hilft, sich lästiger Erscheinungen wie »Emotionalisierung, Moralisierung und Politisierung« von Auseinandersetzungen zu entledigen, sowie »das Anwachsen der Ansprüche nach Partizipation an Entscheidungsprozessen in der Bevölkerung« und das »wachsende Umwelt- und Gesundheitsbewußtsein« sowie den »zunehmenden Anspruch an Lebensqualität, wachsendes Mißtrauen in Wissenschaft und Technik sowie zunehmendes Mißtrauen in Politik und Verwaltung« zu überwinden.

Das Mediationsverfahren ist die Weiterentwicklung der umstrittenen Akzeptanzforschung der siebziger Jahre, die etwa am Frankfurter Batelle-Institut (es ging um die Durchsetzung des

AKW Wyhl) von der Anti-AKW-Bewegung Ende der siebziger Jahre schließlich entlarvt werden konnte: Sie soll nämlich herausfinden, mit welchen Techniken und PR-Argumenten Konzerne die Akzeptanz großtechnischer Anlagen bei der Bevölkerung erhöhen oder senken können. Das Mediationsverfahren ist eine Manipulationstechnik, die in den Konflikt selbst eingreift: Sie will direkten Einfluß auf die Bewußtseinsbildung und auf das Konfliktverhalten oppositioneller Menschen nehmen. Der angestrebte »Konsens« zwischen dem Widerstand gegen ein gentechnisches Labor und dem Betreiberwillen für die Anlagen kann nur bedeuten, daß die Anlage, eventuell mit baulichen Verbesserungen, gebaut wird. Der Erfolg der Mediationstechnik in den USA und Kanada zeige, freut sich Fietkau, daß in 80 Prozent der Standortkonflikte »die vereinbarte Lösung umgesetzt« worden sei. Das kann nur bedeuten: Die umstrittenen Anlagen wurden gebaut.

Nachdem Fietkau der Industrie beigebracht hat, wie wertvoll diese Verhandlungstechnik für sie wäre, wendet er sich an die andere Seite. »Wohl niemand würde über etwas verhandeln, das ihm ohnehin rechtlich zusteht«, lockt er, die Unsicherheit über die Ergebnisse von Gerichtsverfahren nutzend. »So wäre es vorstellbar, daß im Rahmen einer Kompromißbildung eine Sondermüllverbrennungsanlage nur dann gebaut werden darf, wenn [...]« − und dann kommen eine Reihe von Versprechungen, etwa Emissionsstandards »weit über der gesetzlich einklagbaren Norm« oder »Kontrollen [...] durch unabhängige Gutachter« oder − ein sehr verbreiteter, verlogener Deal − die Stillegung »zwei weniger effizienter und in höherem Maße umweltbelastender Anlagen«, »Umweltschutzinvestitionen«, »verbindliche Zusagen über eine Umstellung von Produkten oder Produktionsweisen« oder gar »zunächst ein Probebetrieb«. Niemals sieht der Konsens so aus, daß die entsprechende Anlage *nicht* in Betrieb geht.

»Das Wesen des Mediations-Verfahrens« ist die »Überwindung« von »Spannungen« zugunsten der herrschenden Verhältnisse, des Profits. Den Psychologen interessiert vor allem »die Kenntnis der psychologisch beschreibbaren Verarbeitungsmechanismen, die im Vorfeld des Mediations-Prozesses, aber natürlich auch im

Mediations-Prozeß selbst ablaufen«. Anschließend kann an der Manipulation dieser Mechanismen so erfolg- wie ertragreich gearbeitet werden. Da wird der »Egoist« entlarvt, der dem »Sankt-Florian-Prinzip« anhängt, weil er ein großtechnisches Projekt deshalb verhindern will, weil er selbst darunter zu leiden hätte. Ein anderer Mechanismus ist die »Wahrung des Gesichts«. Der Verrat soll leichter werden: »Durch die Anwesenheit des Mediators können Verhandler offensichtlich Kompromisse eingehen, ohne sich selbst gleichzeitig als schwach zu erleben«, beschreibt Sozialtechniker Fietkau die Erfahrungen in den USA, Kanada und Japan.

Der Mediator hilft durch eine angemessene »Problemdeskription« bei der sprachlichen Vermittlung gegenüber einer aufgebrachten Basis. Zum Job des Mediators – und damit zur Aufgabenstellung des Verfahrens – gehört es, lästige »Ja-nein-Positionen« abzuschaffen, denn »Politisierung und Ideologisierung verstellt den Blick für mögliche Kompromisse«. Je tiefer sich die Verhandlungspartner in die Situation des Gegenübers hineinversetzen können, »desto kompromißbereiter waren die Beteiligten und desto zufriedener waren sie auch mit dem Verhandlungsergebnis«. Wenn sich GegnerInnen einer Giftmüllverbrennungsanlage tiefer in die Psyche deren Betreiber einfühlen können, macht das erst den Mediator glücklich und dann seine Auftraggeber. Ganz fürchterlich findet der Psychologe, wenn »die Beteiligten Positionen statt Interessen artikulieren«, denn das »Sich-Öffnen« bedeutet, »daß die Beteiligten nicht nur über das verhandeln, was sie wollen, sondern auch darüber in einen Austausch treten, welche Interessen sie mit ihren Positionen verbinden«. Techniken aber, die objektiv vorhandene Interessengegensätze verschleiern, brechen oder zugunsten sogenannter Konsense auflösen sollen, stehen in direkter Gegnerschaft zu emanzipatorischen Prozessen.

Die Behauptung, daß das Mediationsverfahren inhaltlich nicht bewerte, ist schiere Ideologie. In keinem der zitierten »psychologischen Verarbeitungsmechanismen« spielt eine Rolle, daß ein Kompromiß tatsächlich ökologisch zerstörerisch oder antisozial, also falsch sein könnte. Der Kompromiß als solcher, also die Durchführung eines Projektes, ist der Erfolgsmaßstab des Psychologen.

Ohne Polarisierung und Zuspitzung gäbe es überhaupt keine Chance für die humane Lösung vieler sozialer und ökologischer Konflikte. Ohne gesellschaftlichen Druck, der sich nicht in ungefährliche Formen pressen und befrieden läßt, ist kein nächster Ausbeutungsschritt oder eine weitere Umweltkatastrophe zu verhindern.

Psychologe Fietkau behauptet, daß »Sicherheitsanalysen [...] bei den Beteiligten einem psychischen Verarbeitungsprozeß« unterliegen, der »intuitiv« erfolge. Aus soviel intuitivem Gefühl ergeben sich leicht »menschliche Urteilsfehler«. Berechtigte, mit Verstand und Wissen gut begründete rationale Angst, etwa vor Atomkraftwerken? Risiken, denen man sich freiwillig aussetzt, werden geringer bewertet, sagt Fietkau und spekuliert auf Interessenkonflikte und auf Käuflichkeit, denn Risiken würden eher akzeptiert, wenn sie mit einem »Nutzen« verbunden sind, wobei Menschen sowieso dazu neigten, nur Einzelteile eines Phänomens zu beurteilen. Vertraute Risiken werden unterschätzt, hat er herausgefunden und installiert damit einen hohen Wert: Dumpfheit durch Gewöhnung. Er setzt auf Verdrängung und gleichmäßige Verteilung von Gefahr, wenn er argumentiert, daß ein Katastrophenfall mit vielen Betroffenen als schlimmer empfunden wird als viele Schadensfälle mit wenigen Betroffenen. Die Botschaft wird gehört, oder sollen wir sagen, abgeschrieben?

Mir liegt das Manuskript eines Vortrags vor, den Mitarbeiter der »Programmgruppe Mensch, Umwelt, Technik der Kernforschungsanlage Jülich und der Basisresearch GmbH, Frankfurt«, verfaßt haben, Titel: »Kommunikationsprobleme bei der Vermittlung technischer Sachverhalte«. Der handschriftliche Vermerk »DAtF Conference Mai 92« läßt auf eine Konferenz des Deutschen Atomforums schließen, Absender Foratom in Brüssel. Es geht den Referenten um die Frage, wie den Menschen die Atomenergie nähergebracht werden kann. Fast wortgleich mit Fietkau: »Risiken, die als freiwillig eingegangen und als kontrollierbar angesehen werden, beurteilt man als weniger groß.«[657] Eine Risikowahrnehmung, die abhängig ist von Wertebildung, ist beeinflußbar. Mensch muß nur die Gefühle der Menschen in den Griff kriegen. Die Einstellung gegen Atomenergie ist durch »Angst und Sorge« um die Folgen bestimmt und den »Glauben an die Substituierbarkeit [Ersetzbarkeit] der Kernenergie durch Einsparungen und alternative Energiequellen«, »Zweifel«, ob alles Erforderliche zur Begrenzung der Risiken getan werden. Gute Gründe gegen Atomenergie? Niemals! Gefährliche KandidatInnen auch die, die sich zur »mißmutigen, rationalen Duldung« entschlossen haben. Erst hier taucht der Begriff »rational« auf.

Um die Zweifelnden bei der Pro-Atom-Stange zu halten, muß sich die PR-Abteilung Mühe geben. Denn die Duldung der Unsicheren setze voraus, daß andauernd die Anstrengung demonstriert werde, die Atomenergie verzichtbar und weniger riskant zu machen. Die Referenten schlagen unter der Überschrift »Gesellschaftsorientiertes Marketing« vor, mit dem Begriff »Übergangsenergie [...] dieser Gefühls- und Denkstruktur Rechnung« zu tragen, immerhin sei dies die »Haltung der Mehrheit der Bevölkerung«.[658] Es sei günstiger, empfehlen die Auftragnehmer der Kernforschungsanlage Jülich, anstelle eines »Verkaufs« der Atomenergie einen »Konsens« über »Problemsichten« und »Bewertungs-Kriterien« herzustellen.[659] Es ist, als ob sie einen Intensivkurs in Sachen Mediationsverfahren verpaßt gekriegt haben: Klaus Töpfer, Harald B. Schäfer und all die anderen.

Dem Psychologen Fietkau ist die »angemessene Form des Umgangs« im Benehmen des Mediators wichtig: »Akzeptiere den anderen als Menschen [...] höre gut zu [...] nimm die Ängste des anderen ernst [...] vermeide Geheimtreffen [...] treffe dich zu informellen Begegnungen [...] lasse deine eigenen Werte sichtbar werden [...] drücke dich verständlich aus [...] erkläre den Analyseprozeß [...]« Zur Entfaltung der Kreativitätspotentiale der Teilnehmer sollte der Mediator »ein soziales Klima [...] schaffen«, zum Beispiel durch »warmes Akzeptieren [...] des anderen«. Furchtbar schön ist es etwa, wenn die Teilnehmer ihre Betroffenheit entdecken und auf »vorsichtige Öffnungen zum Beispiel Eingeständnisse partieller Inkompetenz nicht unmittelbar ein Rachefeldzug der Gegenpartei erfolgt, sondern diese vielmehr beginnt, in ähnlicher Weise offener zu werden«.

Vier Jahre lang wurden die Forscher für die Vorbereitung des Mediationsverfahrens vom Bundesministerium für Forschung und Technologie finanziert. Jetzt ruft die Praxis. Stolz melden die Psychotechniker, daß sie ein großangelegtes Mediationsverfahren im Kreis Neuss wissenschaftlich begleiten werden. Eine große Mülldeponie soll gebaut werden. Nur einige Umweltgruppen waren dagegen, hielten das Verfahren für ein »strategisches Instrument der Kreisverwaltung zur Herstellung der Akzeptanz« und sogar für eine »neue, intelligente Manipulationstechnik«. Nun scheint alles gut: Der ehemalige Präsident des Bundesgesundheitsamtes, Professor Dr. Georges Fülgraff, konnte als Mediator gewonnen werden, und viele Feldinterviews mit Beteiligten konnten diese beruhigen. Die Vorbereitungsphase ist abgeschlossen. Das erste Mediationsverfahren in der Bundesrepublik findet inzwischen in Münchehagen (Niedersachsen) statt,[660] unter der Betreuung der Evangelischen Akademie Loccum − Mediator ist ein Mitarbeiter −, um die es heftige Auseinandersetzungen in den siebziger Jahren gab. Die Akademie wollte damals den grundsätzlichen Konflikt zwischen Staat, Kapital und Anti-AKW-Bewegung durch ein Seminar mit Polizei und angepaßten Bewegungsleuten befrieden. Das Seminar wurde gesprengt.

Die erstickende Soße der Befriedung rinnt aus vielen gutbezahlten Institutionen. Die Hessische Stiftung Friedens- und Konfliktforschung (HSFK) plädierte in der Auseinandersetzung mit dem Rassismus dafür, »keine antifaschistischen Gruppen und Aktionen [zu] unterstützen«, diese trügen »Aggressionen und Ängste in der gleichen stereotypen Form aus« wie die extreme Rechte. Erstaunlich, wie geistig tief das fliegt, was wir Forschung nennen. Wer schützt Flüchtlinge vor Anschlägen? Politik, Polizei und Justiz, sagt das HSFK,[661] was in einem Staat, dessen Institutionen rassistisch durchtränkt sind, mindestens naiv ist, wenn nicht gemeingefährlich. Aber wenn ein ganzes Land nach rechts driftet, ziehen eben auch die Forschungsgelder und die Fragestellungen von dannen.

Die Forscher vom HSFK ignorieren gegen besseres Wissen, daß eine zu großen Teilen rechtsgerichtete Polizei lieber linke Demonstranten bei einer antirassistischen Demonstration in Rostock drangsaliert, als ausländische Menschen in Hoyerswerda, Rostock oder anderswo zu schützen. Im Gegenteil, ein Wohnheim in Freiberg bei Dresden wurde im Juni 1992 in den frühen Morgenstunden von 90 Polizeibeamten in Kampfanzügen überfallen, wie »terre des hommes« entsetzt berichtete. Mit Schlagstöcken, mit heruntergeklappten Helmen und Polizeihunden wurden 45 Flüchtlinge in Angst und Schrecken versetzt. Männer wurden unter Rufen wie »Ausländer raus« und »Scheißasylant« verprügelt, halb bekleidete Frauen gedemütigt, schreiende Kinder zu Boden geworfen. Der Einsatz wurde mit »Beunruhigung« in der Bevölkerung begründet, und es gab einen angeblichen Verdacht auf Diebstähle, zu denen die Polizei nicht einmal genaue Angaben machen konnte (was den Überfall keineswegs gerechtfertigt hätte).[662] Die Hessische Stiftung Friedens- und Konfliktforschung (HSFK) hat Verständnis für die (rassistischen) Ängste der Bevölkerung, findet die von der CDU vorgeschlagenen Asylrechtsänderungen nicht so schlimm und will die Einwanderung nach ökonomischer Nutzbarkeit mit einem Einwanderungsgesetz reglementieren.[663]

Kauf mich, ich bin ein Umweltschützer!

»Warum gerade wir?« fragt Schering Pharma Deutschland in einer ganzseitigen Anzeige der deutschen Ausgabe von *World Watch*. Eine berechtigte Frage. »Wie kommt ein chemisch-pharmazeutisches Unternehmen wie Schering dazu, mit einer ›Um-Welt‹-Zeitschrift zu kooperieren — und umgekehrt? Die erste Antwort lautet: weil beide etwas davon haben, trotz manchmal unterschiedlicher Positionen. Das World-Watch-Magazin braucht Geld, um seinen Auftrag erfüllen zu können, über globale, soziale und ökologische Probleme aufzuklären. Schering hat ein natürliches Interesse an Forschung und Information zu ökologischen Zusammenhängen und insbesondere zur Bevölkerungsentwicklung und Familienplanung.« Letzteres wissen wir, denn es gibt Länder im Trikont, wie Thailand, in denen Frauen Versuchskaninchen für langfristig wirkende Verhütungsmittel (wie Norplant) von Schering sind. Norplant besteht aus sechs mit dem Hormon Levonorgestrel gefüllten Kapseln von je 3 Zentimeter Länge und wird den Frauen bei örtlicher Betäubung in den Oberarm gepflanzt. Bis zu fünf Jahre verhindert es Schwangerschaften. Frauen können Norplant, wenn sie sich anders entschieden haben, nicht selbst entfernen. Sie sind, in Indonesien oder den entlegensten Bergdörfern Thailands beispielsweise, abhängig von Ärzten, die selten kommen. Vielen Frauen wird nicht gesagt, daß das Schering-Produkt über viele Jahre unfruchtbar macht. Schering rühmt sich, mit der Antibabypille »den Sprengstoff der Bevölkerungsexplosion zu entschärfen«. Gezielt wird Norplant von der thailändischen Regierung zur Reduzierung der Bergvölker des tropischen Regenwaldes eingesetzt. Schon lange haben die Herrschenden in Thailand ein Interesse am ungehinderten Zugriff auf die Holzressourcen, der von einem teilweise militanten Widerstand erschwert wird. Norplant ist Element einer militärischen Strategie.[664]

Schering war auch verantwortlich für die Schwangerschaftstestpille Duogynon. Viele Frauen, die schwanger waren, bekamen fehlgebildete Babys. Der erste Verdacht trat Mitte der fünfziger Jahre auf, die ersten Veröffentlichungen gab es 1960. Trotzdem zog der Konzern das profitable Produkt erst 1981 vom Markt, zuvor hatte er es 1978 in Cumorit umgetauft. Wissenschaftler von Schering waren bereits im Faschismus an Experimenten zur Massensterilisation von Frauen beteiligt: Tausend Frauen am Tag mit Gewalt unfruchtbar zu machen war das Ziel.[665] Die Antibabypille Femovan von Schering steht in starkem Verdacht, Östrogen im Körper abzubauen und Hirndurchblutungsstörungen mit Schlaganfällen sowie Lungenembolien mitzuverursachen.[666] »Ungezügelte Profitgier [...] zieht sich wie ein roter Faden nicht nur durch die Pharmadivision von Schering«, sagte der Berliner Arzt und angesehene Arzneimittelkritiker Ulrich Moebius.[667]

Schering vergiftet nicht nur Körper von Frauen aus Profitgründen, der Konzern war an der Entwicklung von Giftgas beteiligt, produziert lebensgefährliche Pestizide, verseucht Grundwasser und Boden durch Giftmüll und betreibt, zur Verseuchung der Luft, Giftmüllverbrennungsanlagen. »Es wird mehr von diesen ungewöhnlichen Partnerschaften geben«, droht Schering in *World Watch,* »der Anfang ist gemacht.«[668]

Wie legitimiert der Herausgeber der deutschen Ausgabe des US-Magazins *World Watch,* der Öko-Test-Verlag, diese »ungewöhnliche Partnerschaft«? Nachdem Günther Berger vom Öko-Test-Verlag im Editorial der Mai/Juni-Ausgabe den »ökologischen Sachverstand« lobt, dem sich »inzwischen auch die Wirtschaft nicht mehr verschließen« kann, erklärt er, daß »für dieses ehrgeizige und wichtige Projekt einer globalen Umweltzeitung [...] deshalb ein Unterstützer aus der Wirtschaft gesucht und gefunden« wurde. »Grundlage für die Zusammenarbeit ist die gemeinsame Erkenntnis, daß das Ziel einer lebenswerten Zukunft einen Auftrag an den einzelnen und die Gesellschaft als auch an das unternehmerische Handeln stellt. Eine solche Zusammenarbeit wird nicht folgenlos bleiben.« Auch diese Drohung sollten wir ernst nehmen.

Eine Untersuchung der Szene ergibt viele neue Freundschaften. IBM ist stolz, 27 Prozent von 4000 über das Unternehmen erschienenen Presseberichten handelten vom neuen PR-Zweig »Ökosponsoring«. IBM schützt irgendwie die Elbe bei Hamburg, Tiere im Dresdner Zoo und den Auerhahn bei Oberammergau. Die Lufthansa, deren Chef Weber soeben mit DAG und ÖTV erfolgreich über das Unterlaufen der Tarifverträge verhandelt hat, unterstützt den Naturschutzbund Deutschland. Die Stiftung Europäisches Naturerbe, die im letzten Jahr eine halbe Million Mark von Lufthansa bekam, zeigte sich dankbar: Im offiziellen Kampagnenbuch *Natur ohne Grenzen* durfte der ehemalige Lufthansa-Chef Ruhnau das Vorwort schreiben, und auf 250 Seiten findet sich kein Wort der Kritik am Flugverkehr.

Während Greenpeace jegliches Ökosponsoring ablehnt, kennt der World Wildlife Fund (WWF), in dem Großwildjäger Funktionäre sein dürfen, keine Hemmungen. Etwa drei Millionen Mark flössen jährlich aufgrund solcher Geschäfte, gibt der Verband zu. WWF-Geschäftspartner sind Opel, der Otto-Versand, die Holstenbrauerei. Der Procter & Gamble-Konzern darf gegen eine Lizenzgebühr das WWF-Signet sogar auf seine Wegwerfwindeln Pampers drucken, die sich jährlich zu ganzen Müllbergen häufen. Daimler Benz sponsort Naturreservate und den ehemaligen grünen Bundestagsfraktionssprecher und Ex-Daimler-Betriebsrat Willi Hoss. Der berät bei der Idee, aus Kokosfasern Autositze, aus Pflanzensamen Lacke zu machen. »Gewonnen werden sollen die Rohstoffe im Amazonasgebiet, von Bauern«, so die Daimler-Werbung, »die dann den Wald nicht mehr abbrennen, sondern ›schonend‹ nutzen.« Doch die Ernte lohnt sich erst, wenn die Faser auf großen, »schonend« gerodeten Anbauflächen im Regenwald angebaut werden kann. Daimler präsentiert sich als Schützer des Regenwaldes mit einem Projekt, an dessen Ende Hoss mit 160 Stundenkilometern, aber auf Kokossitz, über die Autobahn brettern könnte – und hätte doch weder den Regenwald geschützt noch den Auto- und Rüstungskonzern Daimler entmilitarisiert.

Während Greenpeacer wie Christoph Thies (Papier- und Zellstoffkampagne) im Slang von Joschka Fischer für das Opfern der »reinen Öko-Weste«, für »Taten [!] statt Worte« plädieren, nicht mehr »böse Substanzen [...] einer bösen Industrie« anprangern möchten und konstruktiv »Lösungen« entwickeln wollen, nennt Greenpeacer Wolfgang Lohbeck (Atmosphäre- und Energiekampagne) solche Empfehlungen erfrischend klar »Ermüdungserscheinungen«. Alternativen gebe es für FCKW, für Atomenergie, für Autos usw.; daß diese aber nicht durchgesetzt würden, liege an den ökonomischen Interessen der Konzerne, nicht an mangelnden Lösungen. Alle Dialogangebote, die von Konzernen auch an Greenpeace herangetragen würden, sollten bewirken, »daß wir ihnen die Lösungslitanei nachbeten, daß wir abschlaffen und uns im Dialog erschöpfen. Die achtziger Jahre waren die Zeit des Protestes, die neunziger Jahre werden die Zeit des Kampfes gegen die falschen Lösungen sein«.

Greenpeace-Geschäftsführer Thilo Bode aber sucht den »Dialog«. Man wolle mit willigen Autoherstellern über ökologisch verträgliche Mobilität nachdenken. Wir empfehlen das Mediationsverfahren. Es könnte darüber hinwegtäuschen helfen, daß sich eine ökologisch verträgliche Mobilität und das Massenverkehrsmittel Auto schlicht und einfach ausschließen. Auch Wolfgang Weinz, Geschäftsführer des Deutschen Umwelttages 1992, will »Kommunikation«, und das »gebotene Mittel für die neunziger Jahre« sei der »Dialog mit der Wirtschaft«. Und da wir uns alle ganz liebhaben und der Trikont weit weg ist, will Weinz »Feindbilder abbauen« helfen, für »Klärungen und Konsense« (das ist es wieder, das Lieblingswort der AnpasserInnen) sorgen und darum auch der Hoechst AG, der größten Giftschleuder der Rhein-Main-Region, erlauben, auszustellen und den »Dialog zu führen«.

Weinzierls Bund für Umwelt und Naturschutz (BUND) ist besonders dick im Geschäft. Hertie zahlt für dessen Beratung und darf mit dem Namen des Umweltverbandes werben. Beide veranstalten sogar gemeinsame Pressekonferenzen. Mit einem »Einkaufsführer für Hertie-Warenhäuser« hilft der BUND den KonsumentInnen, sich für einen Konzern zu entscheiden, dessen Vergangenheit − die Nazi raubten Hertie seinen jüdischen Besitzern (die sogenannte Arisierung) − diese UmweltschützerInnen nicht weiter interessiert. Ich erinnere mich an eine gemeinsame Ausstellung von Hertie, BUND und Gesellschaft für technische Zusammenarbeit (GTZ) in Frankfurt im Sommer 1991. Unter einem großen Farbfoto einer Afrikanerin mit zwei oder drei Kindern, die auf dem Boden ihrer Hütte kauerten, stand sinngemäß: Immer mehr Menschen zerstören die Erde.

Seit vier Jahren läßt sich der BUND, unbemerkt von der Öffentlichkeit, vom Automobilkonzern Ford finanzieren, der nach Angaben des Friedensforschungsinstituts SIPRI einer der größten Rüstungsproduzenten der Welt ist und auch mit seinen zivilen Produkten, den Autos, die Luft verpestet. Ford finanziert den »Europäischen Umweltpreis«, der mit viel Öffentlichkeitstamtam an lokale, meist unpolitische Initiativen vergeben wird. Sprecherin der Jury und Mitglied des Bundesvorstandes des BUND war bis vor kurzem Angelika Zahrnt. Und so verbreitet der BUND über sein Vertriebsnetz auch eine Broschüre der Ford AG über *Umweltarbeit mit Wirkung.* Geld begründet Widersprüche: Während der BUND 1990 zum Boykott aller japanischen Produkte aufrief, schloß er mit der japanischen Firma Nikon, einer Mitsubishi-Tochter, eine Sponsoringvereinbarung ab. Mitsubishi ist einer der größten Rüstungskonzerne der Welt und plündert die tropischen Regenwälder, die Mangroven- und die winterkalten Wälder Lateinamerikas, Asiens und nun auch Sibiriens.

Der Konzern hat sich außerdem in einer strategischen Allianz mit Daimler-Benz verbündet, unter anderem um die Vormachtstellung der USA in der Luft- und Raumfahrt zu brechen. BUND und Naturschutzbund gründeten die Deutsche Umwelthilfe vorwiegend zum Geldsammeln. Für ein Bodenseeschutzprojekt kassierten sie vom Waschmittelkonzern Lever 1,3 Millionen Mark.

Lever wirbt mit einem Hinweis auf den Deal für sein neues Waschmittel Skip. Als Gegenleistung für das Geld wird die aktive Unterstützung der jeweiligen Kampagne des Konzerns durch den beschenkten Verband verlangt. Schätzungsweise 50 bis 100 Millionen Mark schmieren insgesamt jährlich die neuen Verbindungen, mit steigender Tendenz. Rund 90 von 440 Werbekampagnen greifen das Umweltthema auf.

Die Verbände werden abhängig. Im Nationalen Komitee für die Umweltkonferenz in Rio stimmten im Februar 1992 zum Entsetzen vieler Mitglieder auch die Vertreter von BUND (Hubert Weinzierl, SPD), Deutscher Naturschutzring (DNR) und Naturschutzbund dem Bericht der Bundesregierung zu. Gleich im ersten Satz wird die BRD für ihre umweltpolitischen Anstrengungen gelobt, und nirgendwo findet sich eine ernstzunehmende Kritik an den kapitalistischen Zentren und ihrer Wirtschaftsweise. Es kam keine Forderung von den etablierten, allzu staatstragenden bundesdeutschen Umweltverbänden, die Hauptrolle der transnationalen Konzerne bei der Zerstörung der Welt auch nur zu thematisieren.

Kritik, Analyse, Aktion, Konflikte, Aufklärung und jegliche wirksame politische Strategie ersaufen in Dialog und Konsens. Im Bundesverband Bürgerinitiativen Umweltschutz (BBU), der mit der Ernennung des ehemaligen Vorsitzenden Jo Leinen zum saarländischen Umweltminister vollends zahnlos wurde, erklärt der Sprecher des Arbeitskreises Wasser, das eigentliche Problem seien nicht die Produktion und die Verseuchung der Flüsse, sondern die Produkte. Das Gegeneinanderausspielen zweier Probleme, der Produktion und der Produkte, macht in der aktuellen Diskussion nur Sinn, wenn einer will, daß sich der Blick fort von den Konzernen auf die schuldigen VerbraucherInnen (»Wir alle«) richten soll.[669]

Den Gegengipfel Global Forum in Rio fand Hubert Weinzierl fruchtbar. Merkwürdig, denn neben wenigen politischen Veranstaltungen beherrschten esoterische Gruppen, Industrieunternehmen und die Weltbank die Außendarstellung des Forums. Der Korrespondent der *Frankfurter Rundschau* spottete über das »Gesäusel über Gnome, Elfen und Feen, über Heilung mit Kristallen, Alchemie und Bio-Energetik«. Das Geld für den sogenannten Gegengipfel kam von den für die Umweltzerstörung Verantwortlichen: 1 Million US-Dollar aus Bonn, derselbe Betrag aus London, 500 000 US-Dollar von der Präfektur von Sao Paulo, 1 Million von der Stadt Rio de Janeiro, 800 000 von einem brasilianischen Erdöl- und einem Stahlkonzern, 825 000 US-Dollar von der UNO.

Noch im Mai rauchte Maurice Strong, Generalsekretär der UNO-Umweltkonferenz, auf der internationalen Indianerkonferenz in Rio vor surrenden Kameras zehn Minuten lang die Friedenspfeife mit einem Indigeno aus Kanada: »Wir müssen die Indianer wiederentdecken.« Einen Monat später mußte der kanadische Multimillionär Strong zugeben, daß er als Teilhaber der American Water Development Incorporation so viel Grundwasser aus dem San Luis Valley, einem Refugium für seltene Vögel in Süd-Colorado, für Landwirtschaft und eine Brauerei in 300 Kilometer Entfernung abpumpen wollte, daß das Tal austrocknen und ökologisch völlig ruiniert werden würde. Das Projekt diene der wirtschaftlichen Entwicklung (vermutlich »nachhaltig«), sagte Strong. Manchmal müsse er Dinge tun, »die umwelttechnisch nicht sauber sind«. Wäre Strong nicht ein guter Kandidat für einen Weltumweltminister einer Weltregierung unter UN-Oberhoheit oder wenigstens Vorsitzender eines künftigen Umweltsicherheitsrates, der auch über den Einsatz von Grünhelmen zu entscheiden hätte?

Die brasilianische Fast-Food-Kette »Hellen's International« sorgte für die Verpflegung der meisten TeilnehmerInnen des sogenannten Gegengipfels. Wenn möglichem Widerstand so erfolgreich die Spitze abgebrochen wird, wie könnten wir dann vom Global Forum eine ernsthafte politische Herausforderung und Kritik am Kapitalismus als herrschender Produktionsweise der Zerstörung erwarten? Nicht einmal auf eine vollständige Streichung der sogenannten Schulden des Trikont, die Forderung der Gruppe aus dem Süden, wollten sich die VertreterInnen von Umweltorganisationen des Nordens verständigen.[670]

So setzt sich die esoterische Botschaft »Think positive« oder im Slang »Don't worry – be happy« durch. VW-Vorstandsmitglied Daniel Goeudevert, dem wir schon als Club-of-Rome- Mitglied begegnet sind und der sich auf Pro-Atom-Konsens-Trip befindet, lobt das neue Konzept der Zeitschrift *Natur* (in der Udo Knapp seine Weltpolizeiattacken ausbreiten durfte): »Ihr Magazin spiegelt den Trend der Zeit, ein Zurück zur Natur voll wider. [VW hat steigende Produktionsziffern.] In einer so hektischen Zeit bedeutet Naturverbundenheit das so notwendige Zurück zu sich selbst.«[671] Die Umweltbewegung, lesen wir in der *Frankfurter Allgemeinen Zeitung*, »ist Ausdruck eines aufgeklärten Einverständnisses mit der Situation geworden [...] Diese Mischung ästhetisch-kulinarischer, moralischer, wissenschaftlicher und politischer Kategorien macht den neuen Begriff des Ökologischen aus. [...] Die ›Umwelt‹ ist nicht mehr die Gegenwelt zur Konsumgesellschaft, zu Marktwirtschaft und Leistungsethik; sie paßt sich deren Design und Selbstbild an.«[672] Und selbst dem Autor der *FAZ* fällt auf, daß am Grundsätzlichen, am »Wachstum« nicht mehr gerüttelt wird, sondern sich die ganze »moralische Energie« auf die »Rettung der Welt« konzentrieren könne, »ohne daß sich in den Industriestaaten etwas ändern muß. Überbevölkerung und Regenwald sind deshalb bevorzugte Themen.« Die Botschaft der neuen großen Versöhnung hören viele gern. Die katholische und die evangelische Kirche wollen gemeinsam mit der Pharmaindustrie die Versorgung der Armen im Trikont mit Medikamenten verbessern. Die Pharmaindustrie − durch Produkte, Sortimentsgestaltung, unverantwortliche Werbung und Indikationsempfehlungen sowie aggressive PharmavertreterInnen mitverantwortlich für viele Zehntausende Arzneimitteltote jährlich − kann nun, unter dem Zeichen des Kreuzes moralisch gerüstet, ihr Geschäft weiterbetreiben.

Weil der Mensch ein Mensch ist

In Berlin treffe ich einen Freund, einen Autonomen. Ich kenne ihn als einen politisch aktiven Menschen. Was macht er zur Zeit politisch? »Nichts. Ich bin in einer Phase der Orientierung.« Aber Warten treibt nichts voran. Bewußtsein hat keinen Urlaub. Es ist ständigen Einflüssen ausgesetzt. Nichteingreifen, Konflikte vermeiden, Distanz halten wirft Menschen in ihrer politischen Entwicklung zurück, weil der Gegendruck stark ist. Linkssein scheint für manche eine Kleidung zu sein, die in Schönwetterperioden getragen und die, sobald es stürmisch wird, abgelegt wird. Die Zeiten für Linke sind hart. Aber kann das ein Grund sein, Überzeugungen aufzugeben und politische Aktivität einzustellen?

Linkssein bedeutet die unbedingte Parteilichkeit für die erniedrigten, gedemütigten, ausgebeuteten Menschen, unabhängig von ihrer ethnischen Zugehörigkeit, ihrem kulturellen Hintergrund, ihrem Geschlecht oder ihrer sexuellen Orientierung. Jeder einigermaßen tauglichen linken Analyse der weltweiten ökonomischen Strukturen folgt mit Notwendigkeit die Konsequenz, daß die Verhältnisse, wie sie sind, abgeschafft werden müssen. Das ist ein ernsthaftes Unterfangen und kein Spiel für verwöhnte, gelangweilte europäische BürgerInnen.

Wir haben ein besonderes Problem. In der politischen Aufklärung war es uns oft möglich, an die subjektiven Interessen von Menschen anzuknüpfen. In unserem Kampf gegen Atomenergie in den siebziger Jahren konnten wir zum Beispiel mit der Aufklärung über die gesundheitlichen Schäden der radioaktiven Niedrigstrahlung und über die Atombombengefahr den Widerstand gegen Atomanlagen verbreitern. Im Kampf gegen Rassismus stoßen wir auf Grenzen. Der Versuch einiger Linker, in Auseinandersetzungen mit Teilen der Bevölkerung an ein eigenes subjektives Interesse gegen rassistische Einstellungen anzuknüpfen, schlug fehl. Diese Linken sahen sich veranlaßt, etwa so zu argumentieren: Ausländerfeindlichkeit ist schlecht, denn wer soll denn die Dreckarbeit machen, unseren Müll wegräumen [...] Ausländerfeindlichkeit ist schlecht, weil auch die deutsche Wirtschaft gesagt hat, daß sie ausländische Arbeitnehmer braucht [...] Ausländer sind wertvoll, zum Beispiel als Fußballer oder Showstars [...] Anschläge auf Asylbewerberheime machen im Ausland einen schlechten Eindruck [...] und so weiter.

Wir finden solche Aussagen in DGB-Anzeigen gegen [!] Ausländerfeindlichkeit, in Veröffentlichungen aus Kirchenkreisen, in einigen traditionellen linken Organisationen und hören sie am Rande von Demonstrationen in Diskussionen mit PassantInnen. Auf diese Weise wird rassistisches Bewußtsein auch noch stabilisiert: Dreckarbeit für AusländerInnen, sonst müssen wir Deutschen ran. Wertvoll ist, wer ökonomische Leistung bringt oder unserer Unterhaltung dient. Das Ansehen des deutschen Staates ist ein höherer Wert als die physische und psychische Unversehrtheit eines Menschen.

Wer als Linke und Linker so denkt und redet, wirft einen Bumerang. Die Absicht, »die Menschen da abzuholen, wo sie stehen«, bedeutet für manche Linke, sich so weit auf vorhandene Einstellungen einzulassen, daß sie zu keiner grundlegenden Auseinandersetzung beispielsweise mit rassistischer Mentalität mehr fähig sind. Damit werden diese Linken zu SozialarbeiterInnen eines Bewußtseins, das gesellschaftlichen Verhältnissen geschuldet ist, deren radikale Veränderung sie aber aufgegeben haben. Das mag das Gewissen beruhigen. Aber sie begeben sich jeglicher Chance, die politischen Verhältnisse wirkungsvoll zu verändern.

Wir leben in einem der kapitalistischen Zentren, in einem der Täterstaaten und sind verantwortlich dafür, die Verhältnisse zu stören, die dazu führen, daß der größte Teil der Menschheit, sofern er überlebt, ein Leben lang keinen Hauch selbstbestimmter Perspektive kennenlernt. Internationalistische Verantwortung ist keine Frage von kirchlich vermittelten Schuldgefühlen oder mildtätiger Sozialarbeit, sondern die Konsequenz aus einer Einsicht.

Das Bewußtsein von Menschen ist nie homogen, sondern zunehmend widersprüchlich. Die materiellen Interessen, individuelle Absicherung und Bequemlichkeit, richten sich oft gegen im Ansatz vorhandene oder zu entwickelnde Einstellungen wie soziale Verantwortung oder internationalistische Solidarität. Diese ergeben sich aus einer politischen Moral, einem politischen Bewußtsein, sind Konsequenzen eines bewußten Menschseins. In den politischen Auseinandersetzungen, die wir zu führen haben − einige Konfliktfelder wurden in diesem Buch ausführlich beschrieben −, müssen wir ran an die Widersprüche in den Köpfen von Menschen. Wir kleistern die Brüche zu, wenn wir taktisch Zustimmung vortäuschen, anstatt Verschleierungen aufzureißen.

Wir müssen den Schulterschluß zwischen Technokraten und

Diktatoren verhindern. Es geht nicht nur darum, das Thema Ökologie zu besetzen, sondern auch linke Wissenschaftskritik auf ein neues Niveau zu heben, damit nicht größere Teile der Gesellschaft einschließlich eines Teils der Linken in eine neue Fortschrittsgläubigkeit wegkippen. Zu diesem Konflikt gehört auch die notwendige Auseinandersetzung mit dem Lager, das sich links empfindet, und sich doch stets sozialdemokratischen Herrschaftsinteressen unterordnet.

Auch Linke geben dem Druck der Verhältnisse nach, haben Angst, nicht genug vom Kuchen abzubekommen. Sind des Kämpfens müde und setzen dem sich in allen Teilen der bundesdeutschen Gesellschaft ausbreitenden rassistischen Bewußtsein nichts mehr entgegen. Auch kritische und linksradikale Menschen sind Teil der Gesellschaft und werden von ihr beeinflußt; wenn sie sich diesen Einfluß nicht bewußt machen und aktiv Gegenwehr entfalten, verlieren sie.

Ökologie wird als ordnungspolitische Kategorie und als militärischer und rassistischer Kampfbegriff mißbraucht. Sie wurde planvoll demontiert. Die Ursachen der Ausbeutung des Menschen und der Vernichtung der Natur entstammen derselben kapitalistischen Produktionsweise. Die Lösung der sozialen Frage und die der ökologischen Frage sind untrennbar miteinander verbunden. Aus diesem antikapitalistischen, radikalökologischen Verständnis wurde bei den Grünen und in weiten Teilen der Ökologiebewegung ein technokratisches Verständnis. Mensch reduziert politische Vorstellungen auf vermeintliche Reparaturen, sucht den Pakt mit den Tätern, plädiert für die sogenannte Marktwirtschaft alias Kapitalismus, läßt die Zerstörungsmaschinerie rollen und streicht sie grün an. Eine ökologische linke Opposition steckt heute im Würgegriff von technokratischer Idiotie und ökofaschistischem Terror.

Eine linke Opposition muß sich ein politisches Niveau erarbeiten und erkämpfen, das über einzelne Fragen hinausgeht. Eine künftige außerparlamentarische Opposition (deren mögliche Unterstützung durch oppositionelle Kräfte in Parlamenten nicht unterschätzt werden sollte) wird ihre Sprengkraft daraus beziehen, daß es ihr gelingt, politische Kampffelder miteinander zu verknüpfen. Die Menschen sollten isolierte Arbeitsfelder überwinden und sich aus den Projektbeschränkungen und Elfenbein-türmen, in denen sie sich eingerichtet haben, lösen. Würden sie ihre Fähigkeiten und Erfahrungen miteinander verbinden und auf dieser Basis praktisch handeln, wäre das ein Element dieser neuen Qualität. Die Bereitschaft der einen, sich irgendwie links zu fühlen, und derjenigen, die sich die Mühe der Organisierung machen, klaffen auseinander. Die, die keine Praxis (mehr) haben, werden dieses Linksfühlen unter dem Druck der kommenden Verhältnisse kaum durchhalten.

Als Fluchthelfer aus der Wirklichkeit bieten sich viele an. Kälte, Einsamkeit, materielle Ängste machen Menschen anfällig für Ersatzbefriedigungen und Traumwelten. Sekten aller Art – und Hand in Hand mit ihnen rechtsextremistische und neofaschi-stische Organisationen – profitieren davon. Menschen entziehen sich dem Widerstand gegen die Barbarei oder wechseln auf die andere Seite. Wir brauchen den Konflikt mit denen, die meinen, sie könnten esoterische Elemente konsumieren, Mystikbücher, Tarotkarten, astrologischen Müll, ohne die dahinterstehende menschenverachtende Ideologie auch nur zur Kenntnis zu neh-men.

Die GegnerInnen der Befreiung der Menschen, RassistInnen und KriegshetzerInnen begegnen uns nicht bloß im kahlrasierten Knobelbecher-Outfit. Das ist nur die eine Abteilung, über die sich auch jene AktenkofferträgerInnen scheinheilig entsetzen, die oft kein bißchen weniger rassistisch und rechtsextremistisch sind als Skinheads. Brandanschläge oder Abschiebung, Knüppel oder geschlossene Grenzen, Sammellager oder Bevölkerungspolitik – die Art, wie sich Rassismus äußert, die spezifische Form barbari-scher Gewalt – hängen von der sozialen Lage und dem gesell-schaftlichen Einfluß der TäterInnen ab.

Ob aus ökonomischer Abhängigkeit oder aus ideologischer Blindheit, die vielseitigen Empfehlungen, praktische antifaschi-stische Aktionen auf der Straße einzustellen, wollen die Befrie-dung lebensnotwendigen Widerstandes. Sie sind zutiefst unmora-lisch, weil dann niemand mehr Flüchtlinge schützt, wie dies bei-spielsweise antirassistische Notruftelefone und Aktionsgruppen tun. Und sie sind unverantwortlich, weil nur eine auch aktions-orientierte linke Opposition in der Lage ist, das gesellschaftliche

Klima zu beeinflussen, diese rasende Rechtsentwicklung zu bremsen. Ich plädiere dafür, sich klug und strategisch zu überlegen, welche Aktionsformen heute die geeignetsten sind, gerade angesichts der ökologischen Modernisierung des Faschismus. Unsere Aufgabe ist der Schutz von Menschen. Wir müssen das Klima in diesem eiskalten Land aufbrechen, dafür brauchen wir die Beeinflussung der öffentlichen Meinung.

Wir dürfen dabei nicht stehenbleiben. Der Kampf gegen die patriarchale Unterdrückung von Frauen, gegen Ausbeutung und Vernichtung, gegen Rassismus und Faschismus und gegen die Zerstörung der Natur ist nicht damit getan, daß wir gegen Auswüchse kämpfen, aber den Kapitalismus als Ursache und Voraussetzung des Faschismus nicht beachten. Ein erweitertes Verständnis antifaschistischen Widerstandes versteht sich internationalistisch und schließt zum Beispiel den Widerstand gegen die gentechnologische Manipulation des Lebens, den Kampf um sexuelle Selbstbestimmung, soziale Existenzsicherung und, nicht zuletzt, menschenwürdige Arbeitsbedingungen mit ein. Ein menschenwürdiges Leben ist nur in einer Gesellschaft ohne *Lohn*arbeit, Geld und Waren vorstellbar, eine Gesellschaft, die Gebrauchsgüter herstellt, ohne diese Herstellung asketisch-zwanghaft zu regulieren, aber auch ohne das grenzenlose Wachstum des kapitalistischen Wirtschaftens mit seinem Zwang zu Konkurrenz, Egoismus und Ellenbogengesellschaft.

Politisches Bewußtsein verlangt eine radikale Analyse der Verhältnisse und theoretische Qualifikation. Zur Entwicklung der Linken gehört selbstverständlich die Klarheit der Sprache und der Begriffe. Aber wir brauchen die Trennung von selbstverliebten Kategorienschlachten in abstrakten akademischen Sphären, die Universitätskarrieren befördern mögen, aber Handlungsfähigkeit lähmen (sollen). Wir brauchen andererseits Aktionen, nicht blinde, sondern kluge, solche, die ihre jeweiligen Formen aus dem Charakter des Problems, um das es geht, ableiten. Was wir nicht brauchen, ist theoriefeindlicher blinder Aktionismus, der irgendwann im Suff oder in staatlichen Gewaltfallen landet oder in beidem. Zu linker Politik gehört neben der »action« auch Disziplin, neben den Büchern auch die Lust an der Provokation.

Die Zeit der Nischen, der Wohlfühlkleingruppen, der unverbindlichen Netzwerke, in denen wir alles tolerieren, was sich links fühlt, und in denen wir zum Dank selbst nie herausgefordert werden, dieser Opportunismus, sollte vorbei sein. Sich untereinander ernst nehmen heißt, sich ernsthaft auseinanderzusetzen. Anders entwickeln wir uns nicht weiter. Wir dürfen, auf der einen Seite, politische Organisationen nicht zum Familienersatz herunterwirtschaften, und auf der anderen Seite töten Herrschaftsstrukturen und dogmatische Rituale jedes Leben in einer Opposition. Es ist eine vertrackte Gratwanderung, auf die wir uns einlassen. Niemand wird uns die Arbeit abnehmen, wir werden uns dieser Aufgabe ganz einfach selbst stellen.

Die Rechte und Freiheiten, die wir heute haben, sind das Resultat von historischen Kämpfen. Ohne die ArbeiterInnenbewegung − trotz ihrer späteren Einbindung in sozialdemokratisches Regierungsinteresse −, ohne die sozialen und ökologischen Bewegungen sähe unser Leben ganz anders aus. Eine gut organisierte gesellschaftliche Gegenmacht kann, selbst wenn sie in der Umsetzung ihrer großen Ziele in einer bestimmten historischen Phase scheitert, auf dem Weg Teilerfolge erringen, die das Leben der Menschen erträglicher machen und die Bedingungen linker Opposition verbessern.

Wir brauchen verbindliche Organisationen, aber keine zentralistischen Strukturen. Wir brauchen Solidarität, aber keine vermeintlich hierarchiefreien Kleingruppen, die sich so abschotten, daß sie dumm machen. Um uns von den Auseinandersetzungen, die auf uns zukommen werden, nicht platt walzen zu lassen, brauchen wir ein solidarisches, theoretisch qualifiziertes wildes konflikterprobtes politisches Milieu. Unser Ziel ist klar: Wir wollen nicht weniger als die Abschaffung des Kapitalismus mit seinen patriarchalen Herrschaftsstrukturen. Das heißt nicht, daß der Streit darüber, wie denn eine sozialistische Gesellschaft aussehen könnte, auch nur annähernd beendet wäre. Eine Gesellschaft, in der die Menschen befreit und selbstbestimmt leben und arbeiten, ihre vielfältigen Fähigkeiten frei entfalten können, ein schonendes Verhältnis zur Natur entwickelt haben, frei sind von Ausbeutung, Rassismus und Sexismus, wo sie sich nicht mehr vertreten lassen, sondern vielleicht in basisdemokratischen Räten organisieren und eine völlig andere Technologie und Wissenschaft entwickelt haben als die, die wir heute kennen.

Um die Auseinandersetzung zu beginnen, brauchen wir kein festgefügtes dogmatisches Bild einer Modellgesellschaft. Unsere Vorstellungen, wie wir leben wollen, verändern sich mit den Erfahrungen aus unseren Kämpfen. Unser politisches Lernen ist ein Prozeß, kein Lauf auf einer abgesteckten Strecke, der uns nicht mehr erkennen läßt, was sich hinter der Ziellinie oder neben der Strecke noch alles befindet.

Wir haben nicht weniger vor, als die herrschende Weltordnung zu stürzen. Erst dann haben alle Menschen unabhängig davon, wo sie leben, welche Hautfarbe sie haben und welches Geschlecht, die Chance auf ein menschenwürdiges Leben. Wir leben im Land der TäterInnen, historisch und gegenwärtig. Radikale, ökologische linke Opposition bedeutet, diese Verantwortung zu übernehmen. Unser politischer Ansatzpunkt ist hier. Internationalistische Solidarität heißt nicht Mystifikation und Projektion eigenen Versagens auf Befreiungsbewegungen im Trikont, sondern Unterstützung ihrer Kämpfe, indem wir die Zerstörungsmaschine, die Kapitalismus genannt wird und die sich auch gegen uns richtet, behindern, wo immer wir können und sie zerstören. Wir brauchen Konfliktbereitschaft, Verbindlichkeit und Solidarität in stabilen Oppositionsstrukturen. Wir brauchen Leidenschaft und Kritik, wir brauchen Feuer in die Herzen in einem eiskalten Land — für eine soziale Revolution.

Anmerkungen

1 Die saudummen Sendetitel einiger privater Fernsehanstalten à la
»Guten Morgen, Deutschland!« machen diesen Staat zur individuellen
Person, der repressive Staat kommt als netter Nachbar zum Frühstück.

2 Üblicherweise verwende ich im gesamten Buch die Schweizer Schreib-
weise mit dem großen »I«, also etwa »AkteurInnen«, was Männer und
Frauen einschließt. In Fällen wie diesem, wenn Frauen kaum eine
Rolle spielen, gebrauche ich die rein männliche Form: »Akteure«.

3 Die gesellschaftlichen Auswirkungen der Informations- und Kommunikationstechnologien bleiben in diesem Buch aus Platzgründen leider
unberücksichtigt. Interessierten wird empfohlen, sich an das ausgezeichnete Institut für Informations- und Kommunikationstechnologie,
Balkenstr. 17—19, 4600 Dortmund 1, Tel. 0231/577 90 46 zu wenden.

4 Ostdeutschland: 30 Prozent der Lehrlinge und 25 Prozent der Schüler
meinen, »daß wir Völkervermischung verhindern sollten«. 11 Prozent
der Schüler und 29 Prozent der Lehrlinge denken, daß »die Juden
Deutschlands Unglück« sind. 25 Prozent der Schüler und 40 Prozent
der Lehrlinge meinen, daß der Faschismus auch seine guten Seiten hat.
Ergebnisse einer Untersuchung der *Forschungsstelle für Sozialanalysen*
in Leipzig. Es bleibt unklar, ob auch Schüler*innen* gemeint sind. Vgl.
Junge Welt, Nr. 144 vom 23. 6. 1992. − 13 Prozent der Deutschen haben
ein geschlossenes antisemitisches Weltbild, bis zu 58 Prozent haben
antisemitische Einstellungen. Ein geschlossenes antisemitisches Weltbild haben auch 12 Prozent der Deutschen zwischen 18 und 29 Jahren.
Von 24 Prozent der Befragten, die »Verständnis für Rechtsradikale«
haben, besitzen 82 Prozent eine neutrale (29 Prozent) bis positive (53
Prozent) »Einstellung zum NS-Regime«. Daraus schließt auch der *Spiegel,* daß ein Unterschied zwischen Rechtsextremisten und Neonazis
kaum mehr auszumachen ist. 80 Prozent aller Deutschen meinen, daß
das NS-Regime auch positive Seiten hatte. *Der Spiegel* 3 und 4/1992

5 Eine »wertfreie« Übersetzung etwa als »Erbgesundheitsforschung«
kann es nach Auschwitz nicht mehr geben.

6 Das Zitat stammt aus der *Zeit* vom 13. Mai 1988. Den Nobelpreis für
seine »Verdienste« um die Bakteriengenetik erhielt Lederberg 1958.

7 Vgl. Ludger Weß (Hg.) *Die Träume der Genetik. Gentechnische Utopien vom sozialen Fortschritt.* (Schriften der Hamburger Stiftung für
Sozialgeschichte des 20. Jahrhunderts) Nördlingen 1989, S. 184 ff

8 Die folgenden Zitate stammen aus: Hermann Joseph Muller *Out of the
Night. A Biologist's View of the Future.* New York 1935, S. 68—83,
103—127, zit. in: ebd., S. 136—154

9 Uta Eser »Reproduktionsmedizin − Bevölkerungspolitik im Mutterleib«, in: Josef Heilmeyer/Klaus Magold/Athansios Marvakis/Thomas

Pfister *Gen-Ideologie. Biologie und Biologismus in den Sozialwissen-schaften.* (Argument-Sonderband AS 175) Hamburg 1991, S. 148

10 DNS: Desoxyribonukleinsäure, englisch DNA (Desoxyribonucleic acid), die chemische Grundsubstanz der Erbinformation

11 Weß, a. a. O., S. 51

12 Robert Jungk/Hans Josef Mundt (Hg.) *Das umstrittene Experiment: Der Mensch. Siebenundzwanzig Wissenschaftler diskutieren die Elemente einer biologischen Revolution.* München, Wien, Basel 1966; zit. in: Wolfgang Hingst *Zeitbombe Gentechnik.* Wien 1988, S. 57

13 Muller, a. a. O.

14 Ludger Weß »Neues von der künstlichen Gebärmutter«, in: *Genethischer Informationsdienst* 78/Juni 1992

15 Vgl. *Frankfurter Rundschau* v. 11. 4. 1992. Die *Süddeutsche Zeitung* v. 23. 1. 1992 erwähnt, daß der Antrag unter der Nummer 88301112.4 im Jahr 1988 schon einmal eingereicht worden war.

16 *Frankfurter Rundschau* v. 18. 1. 1992

17 Das Patriarchat als spezifische Form der Herrschaft von Männern über Frauen ist mit dem Kapitalismus als patriarchal-kapitalistisches Herrschaftsverhältnis unauflösbar verflochten. Die Abschaffung des Patriarchats führt über den Kapitalismus hinaus, muß diesen aber mit einschließen.

18 Zur Diskussion um die Frage: Wann beginnt Leben? vgl.: Jutta Ditfurth *Lebe wild und gefährlich. Radikalökologische Perspektiven.* Köln 1991, S. 102 f und S. 357−370

19 Eser, a. a. O., S. 140

20 Ich hoffe, es versteht sich von selbst, daß ich damit nicht gegen eine medizinwissenschaftlich fundierte Betreuung schwangerer Frauen auf freiwilliger Basis gegen (an menschliche Bedürfnisse) angepaßte Medizintechnik und schon gar nicht gegen ein soziales, psychologisches und ökologisches »Klima« votiere, das es Frauen, die eine Schwangerschaft selbstbestimmt austragen wollen, möglichst angenehm macht, ein Kind zu bekommen und echte gesundheitliche Risiken für das Kind zu vermeiden hilft.

21 Genom = Summe der in einer Zelle vorhandenen Erbinformation

22 Mit dem grundsätzlichen Unterschied zwischen selbstbestimmter Abtreibung, die nur autonome Entscheidung der Frau sein kann, und Abtreibungen aus eugenischen Gründen habe ich mich in: *Lebe wild...,* a. a. O., S. 357−371 auseinandergesetzt.

23 Humangenetik ist definiert als die Wissenschaft von den erbbedingten Unterschieden der Menschen.

24 Sabine Rosenbladt »Biotopia«, Teil IX, in: *Natur* 5/1988

25 Vgl. *Wechselwirkung* 53/Februar 1992

26 Eser, a. a. O., S. 141

27 Das sogenannte Down-Syndrom bzw. der selbst in linken Kreisen so rassistisch genannte Mongolismus

28 Ich hoffe, ich muß nicht extra erwähnen, was hiermit dennoch geschieht, daß ich es für ausgemachten Blödsinn halte, daß das, was »Intelligenz« genannt wird — was das ist, wäre gesondert zu diskutieren —, auf irgendeinem Gen herumsitzt.

29 Gena Corea *Muttermaschine. Reproduktionstechnologien: Von der künstlichen Befruchtung zur künstlichen Gebärmutter.* Berlin 1986, S. 13 ff

30 *Frankfurter Rundschau* v. 24. 12. 1991

31 Eser, a. a. O., S. 144. Von der Diplombiologin stammen auch die angegebenen Erfolgsquoten.

32 Zit. in: Eser, a. a. O., S. 147

33 Weß *Die Träume...*, a. a. O., S. 32 ff

34 Jungk/Mundt, a. a. O., zit. in: Hingst, a. a. O., S. 53

35 Vgl. *Der Spiegel* 4/1992

36 *Tageszeitung* v. 19. 1. 1992

37 *Science* 252 v. 21. 6. 1991, S. 1614 f

38 Hingst, a. a. O., S. 49

39 Ebd.

40 *Frankfurter Rundschau* v. 7. 12. 1991

41 *Frankfurter Rundschau* v. 5. 2. 1992, 18. 1. 1992

42 *Frankfurter Rundschau* v. 8. 7. 1992

43 *Europa Chemie* 16/91

44a *Greenpeace* V/1991

44b *Der Spiegel* 7/1992

45 *Tageszeitung* v. 13. 2. 1992

46 *Der Spiegel* 7/1992

47b Eine kritische Geschichte von Bayer, Hoechst und der BASF findet sich in: Jutta Ditfurth *Träumen Kämpfen Verwirklichen. Politische Texte bis 1987.* Köln 1988, S. 86−109

48 *New Life*, März/April 1991

49 *Der Spiegel* 45/1991

50 *Frankfurter Allgemeine Zeitung* v. 24. 12. 1991

51 *Europa Chemie* 29/86, S. 498

52 *Handelsblatt* vom 18. 9. 1991

53a *Der Spiegel* 33/1992

53b Vgl. *Science* 254, S. 184; *Nature* 335 v. 20. 2. 1992 u. 356 v. 12. 3. 1992, S. 96; *Süddeutsche Zeitung* v. 7. 11. 1991

54 Vgl. Jutta Ditfurth *Lebe wild...*, a. a. O., S. 246−263, 269−276

55 *Der Spiegel* 22/1992

56 Gabriele Venzky in: *Frankfurter Rundschau* v. 28. 4. 1992; *Tageszeitung* v. 3. 6. 1992

57 *Die Andere* 14/1992

58 Ebd.; *Frankfurter Rundschau* v. 17. 3. 1992, 19. 3. 1992, 21. 3. 1992, 21. 4. 1992; *Tageszeitung* v. 18. 3. 1992

59 *Gen-ethischer Informationsdienst* 68/Juni 1991

60a Jost Herbig *Der Bio-Boom.* Hamburg 1982, S. 148

60b Sigrid Gotter *Anfang ohne Ende.* Berlin 1990, S. 20

61 *Frankfurter Rundschau* v. 14. 3. 1992

62 Ulf Fink, stellvertretender Vorsitzender des DGB, zit. in: *Kontrapunkt. Zeitschrift der IG Medien* 23/1990

63 Vgl. Bericht über den Weltkongreß, in: *Frankfurter Rundschau* v. 8. 5. 1990

64 Auf einer Veranstaltung der katholischen Landjugend in Beilngries/Bayern am 22./23. 6. 1991. Mündliche Information von Dr. Linde Peters, gentechnikkritische Referentin auf derselben Veranstaltung

65 Kommission der Europäischen Gemeinschaften v. 20. 7. 1988; Sigrid Gotter *Die menschlichen Erbanlagen im Griff der Wissenschaft.* Berlin 1990, S. 8

66 *Wechselwirkung* 53/Februar 1992

67 *Science* v. 7. 12. 1990, S. 1335

68 Beide Zeitschriften sind für gentechnik-kritische Informationen sehr zu empfehlen: (1) *E.coli-bri*, c/o Aizan, Clemens-Schulzstr. 26, 2000 Hamburg 4; (2) *Gen-ethischer Informationsdienst*, c/o Gen-ethisches Netzwerk e. V., Winterfeldstr. 3, 1000 Berlin 30, Tel. 030/215 39 91

69 Eugène TerreBlanche, Führer der »Afrikaaner«-Partei, zitiert in: Sabine Rosenbladt. *Biotopia. Die genetische Revolution und ihre Folgen für Mensch, Tier und Umwelt.* München 1988, S. 255

70 Siegfried Ernst *Wissenschaft von gestern als ideologischer Irrtum von heute.* Ulm 1990, S. 19 f

71 *Medizin und Ideologie. Informationsblatt der Europäischen Ärzteaktion.* Hg. von Siegfried Ernst, 8. Jg., Feb. 1986, S. 4/5

72 *Science* 253/September 1991, S. 1352

73 Vgl. *Nature* 339/15. 6. 1989; *Nature* 354/9./26. 12. 1991; *Nature* 355/27. 2. 1992

74 *Frankfurter Rundschau* v. 15. 5. 1992

75 Vgl. *Wechselwirkung* 53/Februar 1992, S. 10

76 *Science* 247/2. 3. 1990, S. 1027

77 *Der Spiegel* 17/1992

78 *Capital* 6/1992 und *Die Weltwoche* v. 14. 5. 1992

79 *Frankfurter Rundschau* v. 18. 2. 1992

80 *Gen-ethischer Informationsdienst* 68/Juni 1991

81 *Frankfurter Allgemeine Zeitung* v. 17. 3. 1992

82 *Tageszeitung* v. 23. 6. 1992

83 Karl Marx »Zur Kritik der Hegelschen Rechtsphilosophie«, in: Karl Marx/Friedrich Engels *Werke (MEW).* Berlin (Ost) 1972, Bd. 1, S. 378–391, hier S. 385

84 Vgl. Sabine Grimm »Befreiung zur Weiblichkeit?«, in: *Diskus* 7/1992. Grimm führt aus, daß die Theorien der Geschlechterdifferenz auf die französische Psychoanalytikerin und Philosophin Luce Irigaray zurück-

gehen, deren Rezeption – allerdings unvollständig – über italienische Feministinnen erfolgt.

85 Meine Position zu diesem Thema ist nachlesbar in: Jutta Ditfurth *Lebe wild...*, a. a. O., S. 325–351

86 Vgl. Hingst, a. a. O., S. 249

87 Bundesminister für Atomenergie und Wasserwirtschaft (Hg.) *Strahlenwirkung auf menschliche Erbanlagen. Bericht einer von der Weltgesundheitsorganisation berufenen Studiengruppe.* (Reihe Strahlenschutz, Heft 3) Braunschweig 1958, S. 6

88a Anti-Atom-Büro Dortmund »Genormte Menschheit: Wege und Auswirkungen moderner Bevölkerungspolitik«, Teil I, S. 11 f, in: *Antifaz*, Recklinghausen, Heft 33–36, 4 Teile. 1991/1992

88b Swantje Köbsell *Eingriffe.* München 1987; Ulrike Lux »Die Sterilisation geistig Behinderter«, in: AG SPAK (Hg.) *Wer nicht leben können soll, darf sterben wollen müssen.* München 1990

89 Vgl. Anti-Atom-Büro Dortmund, a. a. O., Teil II, S. 12; in: *Antifaz*, a. a. O.; und: Hingst, a. a. O.

90 Weß *Die Träume...*, a. a. O., S. 41

91 Jochen Vorfelder »Bombenträume« in: *Greenpeace Magazin* I/1992, Vorabdruck in: *Tageszeitung* v. 6. 3. 1992

92 Karl-Heinz Karisch »Wohlig wärmte der Atompilz und brachte den Tod«, in: *Frankfurter Rundschau* v. 26. 2. 1992

93 Ebd.

94 *Frankfurter Rundschau* v. 19. 5. 1992

95 Hingst, a. a. O., S. 207

96 Till Bastian, der Vorsitzende der deutschen Sektion der Vereinigung internationaler Ärzte gegen den Atomkrieg (IPPNW), laut *Tageszeitung* v. 8. 8. 1992

97 Die Zahlen stammen aus verschiedenen Quellen, vorwiegend aus Veröffentlichungen der IPPNW

98 *Der Spiegel* 27/1992

99 Informationen des Aktionsbüros Atomteststopp, Bonn, und der SPAS Information Service on Nuclear Testing, Stockholm, März 1992

100 Vorfelder, a. a. O.

101 Ebd.

102 Cordt Schnibben »Stirb, Brüderchen, stirb«, in: *Der Spiegel* 19/1992

103 Vorfelder, a. a. O.

104 Laut *Jahrbuch der Atomwirtschaft 1992*, S. 403

105 *Der Spiegel* 30/1992

106 Laut dpa v. 16. 5. 1991

107 *Der Spiegel* 30/1977

108 Die globale Dimension in einer Broschüre des Aktionsbüros Atomteststopp, Bonn, März 1992

109 Laut dpa v. 16. 5. 1991

110 Vorfelder, a. a. O.

111 Jerry Sommer »Abschied vom Atomtest«, in: *Tageszeitung* v. 6. 8. 1992
112 Ebd. und *Frankfurter Rundschau* v. 10. 6. 1992
113 *Frankfurter Rundschau* v. 29. 6. 1992
114 Sommer, a. a. O.
115 *Der Spiegel* 19/1992
116 *Frankfurter Rundschau* v. 10. 6. 1992
117 *Frankfurter Rundschau* v. 31. 1. 1992
118 Vorfelder, a. a. O.
119 Jochen Vorfelder »Die geheime Flotte mit den heißen Reaktoren«, in: *Greenpeace Magazin* V/1991
120 Vgl. Anti-Atom-Büro Dortmund, a. a. O., Teil I, S. 13
121 Vgl. *Tageszeitung* v. 23. 4. 1992; *Die Welt* v. 23. 4. 1992
122 *Frankfurter Rundschau* v. 19. 5. 1992
123 *Tageszeitung* v. 25. 4. 1992
124 *Frankfurter Rundschau* v. 27. 4. 1992
125 Institut für Energie- und Umweltforschung (IFEU), Mario Schmidt »Neue Grenzwerte nach Tschernobyl«, in: *Grünbuch Ökologie* VI., Köln 1988
126 Vgl. *Frankfurter Rundschau* v. 11. 3. 1991; *Frankfurter Neue Presse* v. 16. 5. 1991; *Süddeutsche Zeitung* v. 25. 4. 1991
127 *Frankfurter Rundschau* v. 13. 6. 1992; *Tageszeitung* v. 11. 7. 1992
128 *Tageszeitung* v. 3. 12. 1991
129 Zit. in: Hingst, a. a. O., S. 66
130 *Frankfurter Rundschau* v. 25. 3. 1992
131 *Der Spiegel* 13/1991
132 *Frankfurter Rundschau* v. 15. 5. 1992
133 *Effects on Population of Low Levels of Ionizing Radiation:* 1980. Hg. vom Committee on the Biological Effects of Ionizing Radiations (BEIR-Report III), Division of Medical Sciences, Assembly of Live Science, National Research Council, Washington D. C. 1980
134 Institut für Energie- und Umweltforschung (IFEU), Heidelberg, Mario Schmidt »Wie gefährlich ist radioaktive Niedrigstrahlung?«, in: *Grünbuch Ökologie* VI., Köln 1988
135 Ebd.
136 Ebd.
137 Zit. in: Hingst, a. a. O., S. 62
138 Informationskreis Kernenergie *Energietrends* 8/1991, S. 1
139 Aus einem Interview mit Ernest Mandel in: *Grenzen des Wachstums, Pro und Contra«.* Reinbek 1977, zit. in: Till Geist/Winfried Wolf (Hg.) *Wir spielen nicht mit im Atomverein!* Frankfurt/Main 1977
140 *Die globale Revolution. Bericht des Club of Rome 1991. (Spiegel* Spezial) Hamburg 1991
141 Ebd., S. 37
142 Reinhard Karsten »Renaissance der Atomindustrie«, in: *Atom* 38/April/Mai 1992, S. 8

143 Vgl. Wolfgang Kühr »Treibhauseffekt und CO_2-Emissionen«. Unveröffentlichtes Manuskript für eine Broschüre der Ökologischen Linken, Frankfurt/Main 1992

144 Elektrische Leistung: 1 W = 1 Watt; 1 kW = 1 Kilowatt = 1000 W; 1 MW = 1 Megawatt = 1000 kW; 1 GW = 1 Gigawatt = 1000 MW

145 Empfohlene Literatur über Atomenergie:
1. Der Klassiker über Alternative Energien (antiquarisch): Barbara Ruske/Dieter Teufel *Das sanfte Energiehandbuch*. Reinbek 1981
2. Überblick: Jens Scheer/Michael Pelster/Reimar Paul (Hg.) *Atomkraft am Ende?* Göttingen 1985
3. Ekkehard Sieker/Reinhard Kollert (Hg.) *Tschernobyl und die Folgen*. Bornheim 1986
4. *Die Folgen von Tschernobyl. IFEU-Bericht* 43, 3. Auflage, Heidelberg 1986 (ausgezeichnete Ausführungen zur Wirkung von Niedrigstrahlung)
5. Untrennbarkeit von ziviler und militärischer Atomenergienutzung und Atomwaffensperrvertrag: Matthias Küntzel »Auf leisen Sohlen zur Bombe? Bonner Begehrlichkeiten und der Atomwaffenverzicht«, in: Udo Schelp (Hg.) *Reaktoren und Raketen*. Köln 1987
6. Greenpeace-Studie. Ein klimaverträgliches Energiekonzept für (Gesamt)Deutschland ohne Atomstrom, Kurzfassung, November 1991, Bezugsadresse: Greenpeace e. V., Vorsetzen 53, Postfach 111 651, 2000 Hamburg 11, Tel. 040/311 86-0
7. Aus besseren grünen Tagen: *Das Grüne Energiewendeszenario 2010*. Untersuchung des Öko-Institutes Freiburg, Hg. Die Grünen im Bundestag. Köln 1989
8. Alles Politische und Wissenschaftliche über Radioaktivität und Atomenergie: Wolfgang Hingst *Zeitbombe Radioaktivität*. Wien 1987
9. Seit 1977 existiert *atom* als Zeitschrift der Anti-AKW-Bewegung. Bezugsadresse: atom, Postfach 1945, 3400 Göttingen

146 *CO_2-Emissionen der weltweiten Stromerzeugung*. (Analysen 28) Stellungnahme des Arbeitskreises I »Technik und Industrie« des Deutschen Atomforums, Bonn, September 1991

147 Vgl. auch: Wolfgang Kühr, a. a. O., S. 110

148 Vgl. im folgenden: Stefan Kohler/Uwe Fritsche, *CO_2-Reduktionsstrategien. Atomkraft versus Effizienz*. Freiburg 1990. Überwiegend wird die durch Atomkraftwerke verursachte CO_2-Emission durch die Urananreicherung verursacht, etwa 10 Prozent durch den AKW-Bau. Eine Reihe von internationalen Studien hat diese Bilanz bestätigt. Vgl. Wolfgang Kühr; a. a. O., S. 24

149 Ebd.

150 B. Keeping and G. Kats *Greenhouse warming. A Rationale for Nuclear Power?* Showmass: Rocky Mountain Institute, 1988

151 Hans Jürgen Schlosser »Kernenergiefeindlichkeit und Meinungs-

markt«, in: Informationskreis Kernenergie *Energietrends* 7/1991, 3. Jg., S. 2

152 Quellen: *Die globale Revolution. Bericht des Club of Rome 1991.* (*Spiegel* Spezial) Hamburg 1991; *Natur* 9/1991; *Frankfurter Allgemeine Zeitung* v. 31. 10. 1988; *Frankfurter Rundschau* v. 13. 6. 1989; *Hannoversche Allgemeine Zeitung* v. 14. 6. 1989.

153 Ricardo Diez-Hochleitner, Präsident des Club of Rome, im Vorwort zu: *Die globale Revolution*, a. a. O., S. 6

154 alle Zitate: ebd., S. 7

155 Ebd., S. 104

156 Ebd., S. 113

157 Ebd., S. 117

158 Ebd., S. 9

159 Ebd., S. 122

160 Ebd., S. 121–123

161 Ebd., S. 128

162 *Tageszeitung* v. 9. 3. 1990

163 Amory B. Lovins *Sanfte Energie*. Reinbek 1978; und ders./L. Hunter Lovins *Atomenergie und Kriegsgefahr*. Reinbek 1980

164 Kommentierte, repräsentative Meinungsumfrage von infas zum Thema »Energie- und Kernenergiepolitik in Deutschland«, in: Meinungsreport des Bundespresseamtes, Nachrichtenabteilung, 17. 4. 1991

165 Zum Beispiel: *Der Spiegel* 17/1992 oder *Frankfurter Rundschau* v. 21. 4. 1992

166 *Frankfurter Allgemeine Zeitung* v. 15. 3. 1991

167 *Tageszeitung* v. 23. 3. 1991

168 *Frankfurter Allgemeine Zeitung* v. 15. 4. 1991

169 *Tageszeitung* v. 16. 4. 1991. Vgl. auch die sehr lesenswerte »Chronologie« von Reinhard Karsten in der Zeitschrift *Atom* 36/September/Oktober 1991, der ich etliche Anregungen verdanke.

170 Aus dem Wortprotokoll der 43. Sitzung des Deutschen Bundestages, 12. Wahlperiode, Bonn, Mittwoch, den 25. 9. 1991, Bundestagsdrucksache, S. 3582; *Tageszeitung* v. 15. 8. 1992, 26. 8. 1992

171 *Frankfurter Allgemeine Zeitung* v. 21. 5. 1991

172 *Frankfurter Allgemeine Zeitung* v. 20. 6. 1992; *Welt am Sonntag* v. 21. 6. 1992

173 Monika Wulf-Mathies zit. in: Informationskreis Kernenergie *Kernenergiereport 1992*, S. 6

174 *Tageszeitung* v. 17. 4. 1991

175a *Frankfurter Allgemeine Zeitung* v. 28. 6. 1991

175b Informationskreis Kernenergie, a. a. O., S. 8

176 Presseinfo von Foratom, Bonn v. 17. 6. 1992

177 Ebd.

178 Ebd.

179 Die Informationen über die genannten Personen stammen – sofern

nicht anderes angegeben – aus: *Jahrbuch Bergbau, Öl und Gas, Elektrizität, Chemie.* Essen 1992

180 Ausführliche Informationen in: Nikolaus Eckardt/Margitta Meinerzhagen/Ulrich Jochimsen *Die Stromdiktatur. Von Hitler ermächtigt – bis heute ungebrochen.* Hamburg 1985

181 *Jahrbuch Bergbau, Öl und Gas, Elektrizität, Chemie,* a. a. O., S. 661

182 *Tagezeitung* v. 15. 5. 1991

183 Zit. in: *Atom* 38/April/Mai 1992, S. 11

184 *Frankfurter Allgemeine Zeitung* v. 11. 5. 1991

185 *Frankfurter Allgemeine Zeitung* v. 13. 5. 1991

186 *Frankfurter Allgemeine Zeitung* v. 10. 6. 1991

187 *Frankfurter Allgemeine Zeitung* v. 11. 7. 1991

188 *Frankfurter Allgemeine Zeitung* v. 24. 5. 1991

189 *Der Spiegel* v. 27. 5. 1991

190 *Tageszeitung* v. 29. 5. 1991

191 Ebd.

192 Vgl. *Frankfurter Rundschau* v. 11. 7. 1991, 2. 12. 1991, 12. 6. 1992; *Tageszeitung* v. 25. 6. 1992

193 Vgl. *Frankfurter Rundschau* v. 11. 7. 1991

194 Vgl. Eckart Spoo in der *Frankfurter Rundschau* v. 20. 6. 1992

195 *Frankfurter Rundschau* v. 26. 6. 1992; *Tageszeitung* v. 26. 6. 1992

196 *Tageszeitung* v. 25. 6. 1992

197 Vgl. *Frankfurter Rundschau* v. 12. 6. 1992, 11. 7. 1991

198 *Frankfurter Rundschau* v. 11. 1. 1992

199 *Frankfurter Rundschau* v. 21. 5. 1992

200 *Der Spiegel* 5/1992

201 *Nucleonics Week* v. 7. 3. 1991, zit. in: Greenpeace International *Dokumentation über die IAEO*, September 1991

202 Greenpeace International *Dokumentation über die IAEO*, September 1991

203 Ebd.

204 Daniel Cohn-Bendit *Wir haben sie so geliebt, die Revolution.* Frankfurt/Main 1987, S. 230

205 Rosa Luxemburg *Gesammelte Werke.* Band 1, Berlin 1974, S. 126

206 *Tageszeitung* v. 18. 4. 1991

207 Zit. in: *Atom* 37/Januar 1992, S. 15

208 *Tageszeitung* v. 17. 4. 1991

209 Wolfgang Ehmke »Der Widerstand ist ausgezehrt, Resignation hat um sich gegriffen«, in: *Frankfurter Rundschau* v. 24. 2. 1992

210 Aus dem Wortprotokoll des Deutschen Bundestages, 12. Wahlperiode, 333. Sitzung, Bonn, 19. Juni 1991

211 Gemeinsame Erklärung der niedersächsischen Anti-AKW BIs am 26./27. Oktober 1991 in Hannover, zit. in: *Atom* 37/Januar 1992

212 *Tageszeitung* v. 26. 7. 1991

213 *Frankfurter Rundschau* v. 29. 10. 1991

317

214 Anna Masuch »Die Unglaubwürdigkeit der Ausstiegspolitik«, in: *Atom* 37/Januar 1992, S. 13

215 *Frankfurter Rundschau* v. 29. 10. 1991

216 Masuch, a. a. O., S. 14

217 Ebd.

218 Alle Zitate aus: Eckart Spoo »Anti-Atom-Müll-Initiativen legen sich mit Regierung in Hannover an«, in: *Frankfurter Rundschau* 29. 10. 1991

219 *Tageszeitung* v. 11. 6. 1992

220 Reimar Paul *Der Gefährliche Traum: Atomkraft.* Frankfurt/Main 1986, S. 37

221 *Der Spiegel* 7/1992

222 Ebd.

223 Ebd.

224 *Frankfurter Rundschau* v. 5. 2. 1992

225 *Frankfurter Rundschau* v. 29. 2. 1992

226 *Der Spiegel* 3/1992

227 Ebd.

228 Aus einem Schreiben der EG-Kommission an den Präsidenten des Rates der Europäischen Gemeinschaften: Mitteilung der Kommission über eine gesamteuropäische Energiecharta, Brüssel, 15. Februar 1991

229 Ebd.

230 Titel II, Absatz 1 der Europäischen Energiecharta

231 *Salto* 19/8. 5. 1992, Wien

232 Aus einem Schreiben der EG-Kommission an den Präsidenten des Rates der Europäischen Gemeinschaften, a. a. O.

233 *Tageszeitung* v. 30. 7. 1991

234 *Frankfurter Allgemeine Zeitung* v. 24. 1. 1992

235 Beschluß des Bundesrates v. 17. 5. 1991, Drucksache Nr. 167/1991

236 *Die Zeit* v. 17. 7. 1992

237 In einem Interview in: *Der Spiegel* 14/1992

238 Presseerklärung Nr. 1345 der FDP-Bundestagsfraktion v. 17. 12. 1991

239 *Stendaler Nachrichten* v. 3. 6. 1991, zit. in: *Tageszeitung* v. 6. 6. 1991

240 *Tageszeitung* v. 16. 5. 1991

241 *Tageszeitung* v. 15. 5. 1991

242 Klaus Dräger »Die Europäische Energiecharta«, in: *Atom* 38/Mai/Juni 1992, S. 24

243 *Die Welt* v. 23. 4. 1992

244 *Jahrbuch der Atomwirtschaft 1992*, S. 395

245 *Frankfurter Allgemeine Zeitung* v. 27. 11. 1991

246 *Tageszeitung* v. 24. 1. 1992, zit. in: Reinhard Karsten »Die Renaissance der Atomindustrie«, in: *ak* 339/10. 2. 1992

247 Greenpeace e. V. (Hg.) *Siemens Atomheizreaktor für Pilsen (CSFR) – teuer, gefährlich, überflüssig.* Hamburg, (ohne Datum, vermutlich 1992), S. 9

248 *Frankfurter Allgemeine Zeitung* v. 24. 4. 1992
249 *Wirtschaftswoche* v. 13. 3. 1992; zit. in: *Atom* 39/Juli/August 1992, S. 9
250 *Tageszeitung* v. 4. 2. 1992; vgl. *Jahrbuch der Atomwirtschaft 1992*, S. 396
251 *Die Zeit* v. 17. 7. 1992
252 Dräger, a. a. O.
253 Zit. in: ebd.
254 *Der Spiegel* 5/1992
255 *Frankfurter Allgemeine Zeitung* v. 23. 4. 1992
256 *Frankfurter Allgemeine Zeitung* v. 17. 7. 1991
257 Dräger, a. a. O.
258 Alle Zitate aus: *Der Spiegel* 44/1991
259 Ebd.
260 *Atom* 39/Juli/August 1992
261 *Frankfurter Allgemeine Zeitung* v. 7. 1. 1992
262 *Frankfurter Allgemeine Zeitung* v. 12. 12. 1991
263 *Frankfurter Rundschau* v. 31. 7. 1992
264 Adolf Hüttel »Ein Rückblick auf 36 Jahre Reaktorentwicklung«, in: *Jahrbuch der Atomwirtschaft 1992*, S. 100; *Der Spiegel* 44/1991; *Süddeutsche Zeitung* v. 13. 1. 1992; *Frankfurter Rundschau* v. 29. 1. 1992
265 Die Informationen stammen aus: Anti-Atom-Büro Dortmund »Die Spannung steigt. Der Giga-Watt-Coup der Elektrizitätswerke«, in: *Atom* 36/September/Oktober 1991. Zusätzliche Informationen in: *Wertheimer Zeitung* v. 29. 7. 1992
266 Zum Beispiel: Barbara Ruske/Dieter Teufel *Das sanfte Energiehandbuch*. Reinbek 1980; *Das Grüne Energiewendeszenario 2020. Untersuchung des Öko-Instituts Freiburg.* Hg. von Die Grünen im Bundestag. Köln 1989; Greenpeace *Ein klimaverträgliches Energiekonzept für (Gesamt)Deutschland − ohne Atomstrom.* November 1991; Klaus Müschen/Erika Romberg *Strom ohne Atom. Ein Report des Öko-Instituts Freiburg.* Frankfurt/Main 1986; Stephan Kohler/Jürgen Leuchtner/Klaus Müschen *Sonnenenergiewirtschaft.* Frankfurt/Main 1987
267 *Der Spiegel* 2/1977
268 *Der Spiegel* 44/1991
269 *Die Welt* v. 10. 4. 1989
270 *Frankfurter Rundschau* v. 2. 5. 1992
271 *Frankfurter Rundschau* v. 12. 5. 1992
272 *Die Welt* v. 14. 1. 1992
273 J. Bostel u. a. *Möglicher zukünftiger Beitrag regenerativer Energiequellen zur Energieversorgung der Bundesrepublik Deutschland.* Jülich 1982, zit. in: Kohler/Leuchtner/Müschen *Sonnenenergiewirtschaft*, a. a. O., S. 74
274 Bundesministerium für Forschung und Technologie *Energiequellen für morgen.* Frankfurt/Main 1976
275 Ulrich Hütter, »Windenergie«, Vortrag beim Energiepolitischen Forum

der Landesregierung von Baden-Württemberg und der Universität Stuttgart, am 9. Mai 1977 in Stuttgart; zit. in: Ruske/Teufel *Das sanfte Energiehandbuch*, a. a. O., S. 126

276a Hans Matthöfer (Hg.) *Energiequellen für morgen?* (Reihe Forschung aktuell) Frankfurt/Main 1976

276b Kohler/Leuchtner/Müschen, a. a. O., S. 78

277 *Das Grüne Energiewendeszenario 2010*, a. a. O., S. 149

278 Ebd.

279 *Frankfurter Rundschau* v. 17. 3. 1992

280 *Tageszeitung* v. 30. 4. 1992

281 109 TWh (Terawattstunden) = 109 000 000 000 kWh : 6000 Stunden Betriebsdauer = 18 166 667 Kilowatt (kW) oder 18 167 Megawatt (MW). Die 6000 Stunden Betriebsdauer wurden entsprechend üblicher Berechnungen für Atomkraftwerke angesetzt.

282 *Tageszeitung* v. 3. 7. 1986

283 *Der Spiegel* 33/1986

284 *Die Welt* v. 9. 6. 1986

285 *Frankfurter Rundschau* v. 22. 3. 1990

286 *Frankfurter Rundschau* v. 25. 5. 1988

287 *Der Spiegel* 33/1986

288 *Frankfurter Rundschau* v. 22. 3. 1990

289 *Frankfurter Rundschau* v. 19. 9. 1990

290 Ebd.

291 *Tageszeitung* v. 3. 7. 1986

292a *Frankfurter Rundschau* v. 22. 3. 1990

292b *ak* 307/29. 5. 1989; Matthias Küntzel »Auf leisen Sohlen zur Bombe? Bonner Begehrlichkeiten und der Atomwaffenverzicht«, in: Udo Schelp (Hg.) *Reaktoren und Raketen*. Köln 1987

293 *Stern* 47/13. 11. 1986

294 *Stern* 48/21. 11. 1991

295 Vgl. *Der Spiegel* 47/1990

296 Hingst, a. a. O., S. 215

297 *Bild der Wissenschaft* 2/1987

298 *Frankfurter Rundschau* v. 22. 3. 1990

299 Ebd.

300 *Frankfurter Rundschau* v. 1. 8. 1992

301 Aus einer PR-Broschüre des KFK, zit. in: *Tageszeitung* v. 3. 7. 1986

302 *Frankfurter Rundschau* v. 5. 12. 1991

303 Ebd.

304 *Der Spiegel* 33/1986

305 Entsprechend einer im Auftrag der EG-Kommission durchgeführten Studie, zit. in: *Die Welt* v. 23. 6. 1990

306 *Die Welt* v. 23. 6. 1990

307 *Tageszeitung* v. 3. 7. 1986

308 *Frankfurter Rundschau* v. 22. 3. 1990

309 Ebd.
310 *Frankfurter Rundschau* v. 19. 9. 1990
311 *Stern* 47/21. 11. 1986
312 Quellen: Aus einer Antwort des Parlamentarischen Staatssekretärs Dr.
     Albert Probst auf die Anfrage des Abgeordneten Hermann Fellner,
     Pressemitteilung des Bundesministers für Forschung und Technologie,
     Bonn, 14. Mai 1992; *Tageszeitung* v. 3. 7. 1986
313 *Der Spiegel* 47/1990
314 *Frankfurter Rundschau* v. 22. 3. 1990
315 Vgl. *Frankfurter Rundschau* v. 6. 10. 1989
316 *Frankfurter Rundschau* v. 1. 8. 1992; *Der Spiegel* 47/1990
317 *Frankfurter Rundschau* v. 5. 12. 1991
318 *Tageszeitung* v. 21. 2. 1992, 3. 7. 1992
319 *Tageszeitung* v. 3. 7. 1986
320 *Tageszeitung* v. 21. 2. 1992
321 *Der Spiegel* 33/1986
322 *Frankfurter Rundschau* v. 22. 3. 1990
323 Bericht über die Versammlung des Bündnis 90 in der *Frankfurter Rund-
     schau* v. 4. 5. 1992
324 Zit. von Bernd Siegler in *Stadtrevue Köln* 7/1992
325 Anti-EG-Gruppe Köln »Mit Lebensschützern und Rassisten gegen EG
     und Kolonialismus?«, in: *ÖkoLinx* 6/Juli/August/September 1992
326 Bericht über die Versammlung des Bündnis 90 in der *Frankfurter Rund-
     schau* v. 4. 5. 1992
327 Vgl. Anti-EG-Gruppe Köln, a. a. O.
328 Zit. in: Thomas Jahn/Peter Wehling *Ökologie von rechts*. Frank-
     furt/Main 1990, S. 31
329 Hans-Joachim Ritter/Edgar Guhde *Geschichte der ÖDP*. Hg. von der
     ÖDP-Bundesgeschäftsstelle Bonn, 2. Auflage März 1992
330 Ebd., S. 3
331 ÖDP-Pressespiegel v. 13. 11. 1991, S. 88
332 Franz Alt war Chefredakteur von »Report« Baden-Baden, radikaler
     Abtreibungsgegner, aber Vater zweier von ihm lange verleugneter
     nichtehelicher Kinder. Seit einigen Jahren ist er moralisches Aushänge-
     schild der ÖDP.
333 Vgl. Ritter/Guhde, a. a. O., S. 2
334 Ernst Haeckel *Natürliche Schöpfungsgeschichte. Gemeinverständliche
     Vorträge über die Entwicklungslehre*. Berlin 1868
335 Oswald Spengler *Der Untergang des Abendlandes*. 2 Bde. München
     1918−1922
336 In der Diskussionssendung »Heißer Stuhl« des Privatsenders RTL plus
     am 14. 4. 1992
337 Herbert Gruhl *Das irdische Gleichgewicht*. München 1985, S. 127
338 Ebd., S. 234
339 Ebd.

340 *Tageszeitung* v. 7. 11. 1991
341 Herbert Gruhl *Ein Planet wird geplündert*. Frankfurt/Main 1987 (Erstauflage 1975), S. 110
342 Gruhl in der Diskussionssendung »Heißer Stuhl« des Privatsenders RTL plus am 14. 4. 1992
343 Thomas Ebermann zitiert aus einem ungenannten Text von Gruhl in der o. g. Diskussionssendung »Heißer Stuhl«. Gruhl bestätigte das Zitat.
344 René Dubos *Der entfesselte Fortschritt. Programm für eine menschliche Welt*. Bergisch Gladbach 1970, S. 166, zit. in: Herbert Gruhl *Himmelfahrt ins Nichts*. München 1992, S. 244
345 Gruhl *Himmelfahrt...*, a. a. O., S. 242
346 *Die globale Revolution*, a. a. O., S. 101
347 ÖDP, Bundestagswahlprogramm 1990, S. 27
348 ÖDP *Leitlinien zur Zuwandererpolitik*, 1990
349 ÖDP, Bundestagswahlprogramm 1990, S. 27
350 Ebd., S. 16
351 Ebd., S. 17
352 Herbert Gruhl »Die Menschheit ist am Ende«, in: *Der Spiegel* 13/1992
353 Gruhl *Ein Planet...*, a. a. O., S. 323
354 Vgl. »...den Stoß gegen den Juden immer viel zu flach angesetzt«. Zur Auseinandersetzung um die Verleihung des Goethepreises an den Nazi-Ideologen Ernst Jünger 1982; in: Ditfurth *Träumen...*, a. a. O., S. 287 f
355 Gruhl *Himmelfahrt...*, a. a. O., S. 81
356 Gruhl *Himmelfahrt...*, a. a. O., S. 311
357 Gruhl in der Diskussionssendung »Heißer Stuhl«, RTL plus am 14. 4. 1992
358 Streitgespräch zwischen Bazon Brock und Jutta Ditfurth »Wozu brauchen wir Ästethik?«, in: *Ambiente*, Mai 1992
359 ÖDP *Leitlinien...*, a. a. O.
360 Gruhl *Das irdische Gleichgewicht*, a. a. O., S. 234
361 ÖDP Das Programm. *Ökologischer Aufbruch und demokratische Erneuerung. Jetzt.* Wahlprogramm 1990 für den Deutschen Bundestag, S. 19
362 Vgl. die dokumentierten Programmauszüge einiger rechtsextremistischer und neofaschistischer Organisationen am Ende dieses Kapitels
363 ÖDP *Grundsatzprogramm*, S. 7
364 *Der Spiegel* 9/1992
365 Antje Vollmer in der *Tageszeitung* v. 11. 3. 1992
366 ÖDP *Das Programm*, a. a. O., S. 30
367 Ebd. S. 26
368 ÖDP *Das Programm*, a. a. O.
369 Parteitagsbeschluß der ÖDP von 1987
370 *Tageszeitung* v. 7. 11. 1991
371 *Blick nach rechts* v. 23. 9. 1991

372 Gruhl *Die Menschheit . . .*, a. a. O., S 57

373 Ebd.

374 Reimar Paul »EK III in Grün-Braun«, in: *Konkret* 12/1991

375 Eduard Gugenberger/Roman Schweidlenka *Mutter Erde, Magie und Politik. Zwischen Faschismus und neuer Gesellschaft.* 2., verbesserte Auflage, Wien 1987, S. 165

376 Zit. in: Antifagruppe Freiburg und Volksfront gegen Reaktion, Faschismus und Krieg *Menschenverachtend, frauenfeindlich, gegen Arbeiterinteressen. Ideologie und Programm der ÖDP.* Freiburg, Köln 1989, S. 84

377 Informationen aus: Frauen gegen den § 218 — Bundesweite Koordination (Hg.) *Vorsicht »Lebensschützer«. Die Macht der organisierten Abtreibungsgegner.* Hamburg 1991, S. 57 ff

378 Schreiben von Christa Meves an ihren Freundeskreis »Lebenshilfe aus Erfahrung« im September 1987, zit. in: ebd., S. 57

379 Christa Meves in: *Epoche. Freiheitliche-konservative Monatszeitschrift,* Januar 1982, S. 52 ff, zit. in: ebd., S. 58

380 Schreiben von Christa Meves an ihren Freundeskreis »Lebenshilfe aus Erfahrung« im Januar 1985, zit. in: ebd., S. 59

381a Christa Meves *Ehe-Alphabet,* 26. Auflage, zit. in: Frauen gegen den § 218, a. a. O., S. 58

381b Ebd., S. 59

382 Vgl. Ditfurth, *Lebe wild . . .*, a. a. O., S. 120—280

383 Im September 1989; Kampagnen-Heft 1992 der Bundeskonferenz entwicklungspolitischer Aktionsgruppen (BUKO)

384 Zit. in: *Süddeutsche Zeitung* v. 28. 10. 1991

385 *Natur* 11/1988. Die lesenswerte Diskussion über das Interview findet sich in den darauffolgenden *Natur*-Heften.

386 Parteiprogramm der Republikaner von 1990, Kapitel 9: Wirtschafts-, Mittelstands- und Finanzpolitik

387 Vgl. *Neues Deutschland* v. 23. 6. 1992

388 Alle Zitate aus: »Ökologisch nützlich — sozial geächtet«, in: *Quer.* Hg. v. Bündnis 90, Heft 2, S. 92

389 *Frankfurter Rundschau* v. 25. 4. 1992

390 *Tageszeitung* v. 28. 9. 1991

391 *Frankfurter Allgemeine Zeitung* v. 21. 5. 1992; *Frankfurter Rundschau* v. 21. 5. 1992

392 *Frankfurter Rundschau* v. 21. 5. 1992

393 Beschluß der Bundesdelegiertenkonferenz des Bündnis 90, 1. bis 3. 5. 1992

394 Presseinformation des Landessprecherrat des Bündnis 90 in Brandenburg v. 13. 6. 1992

395 Bernd Siegler »Eine ›rechte Taz‹?«, in: *Tageszeitung* v. 25. 5. 1992

396 *Junge Freiheit* v. 25. 5. 1992

397 Einladungsschreiben der ÖDP, Landesverband Hamburg, v. 13. 5. 1991 für eine Veranstaltung am 28. 5. 1991 in Hamburg

398 Aus einen Flugblatt der Alternativen Liste (AL) Hamburg vom Mai 1991

399 Im Gegensatz zur Behauptung, die GAL Hamburg habe Wahlerfolge, seitdem die ÖkosozialistInnen und andere Linke die Partei verlassen haben, zeigt das Wahlergebnis der Bürgerschaftswahl vom 2. Juni 1991 ein ganz anderes Ergebnis. Zwar stieg die Prozentzahl im Vergleich zur Bürgerschaftswahl von 1987 von 7,0 auf 7,2 Prozent. Bei der absoluten Stimmenzahl aber verloren die Grünen rund 10 000 WählerInnen, 1987: 69 148, 1991: 59 223 WählerInnenstimmen. Quelle: dpa-Hintergrund, Anhang zum Nachrichtenspiegel Inland vom 3. 6. 1991

400 *Tageszeitung* v. 13. 5. 1992

401 Kommentar von Florian Marten in der *Tageszeitung* Hamburg am 9. 4. 1991, nachdem die GAL Hamburg am 8. 4. 1991 mit 88 zu 60 Stimmen für die Annahme des Vereinigungsangebots des Grünen Forums vom 3. März 1991 entschieden hatte. Vgl. *Frankfurter Allgemeine Zeitung* v. 9. 4. 1991

402 *Tageszeitung*, Hamburger Ausgabe v. 13. 4. 1992

403 Aus: Martin Schmidt »Hamburgs Zukunft und die Ökologie«, in: Grünes Forum Hamburg, »Programmentwürfe für die Hamburger Bürgerschaftswahl« vom 5. 1. 1991, S. 4–5

404 *Frankfurter Rundschau* v. 7. 5. 1992

405 Vgl. auch *Süddeutsche Zeitung* v. 24. 1. 1992, 21. 2. 1992

406 *Tageszeitung* v. 24. 4. 1992

407 Elisabeth Ehrhorn »Auf leisen Sohlen kommt eine andere Biologie daher«, in: *Frankfurter Rundschau* v. 8. 11. 1988

408 Zit. in: Richard Lewontin/Steven Rose/Leon J. Kamin, *Die Gene sind es nicht. Biologie, Ideologie und menschliche Natur.* München, Weinheim 1988, S. 192 ff

409 Konrad Lorenz *Durch Domestikation verursachte Störungen arteigenen Verhaltens.* 1940; ders. *Die angeborenen Formen möglicher Erfahrung.* 1942

410 Konrad Lorenz *Die acht Todsünden der modernen Menschheit.* München 1973, S. 58

411 Lorenz *Durch Domestikation . . .*, a. a. O

412 Vgl. die Kritik von Henning Engeln an Eibl-Eibesfeldt »Der Mensch – das riskierte Wesen«, in: *Die Zeit* v. 9. 12. 1988

413 Die »grüne Bundesarbeitsgemeinschaft ›Spiritualität in Wissenschaft und Politik‹« trug ihren Namen 1988 so eigenmächtig wie unrechtmäßig. Grüne Bundesarbeitsgemeinschaften (BAG) benötigten die formale Anerkennung der Grünen nach einer ausführlichen Diskussion. Diese Anerkennung bringt programmatische Mitspracherechte und finanzielle Unterstützung. Die Arbeitsgemeinschaft »Spiritualität in Wissenschaft und Politik« wurde in den Zeiten einer linken Mehrheit in den Bundesgremien der Grünen nicht als BAG anerkannt, nannte sich aber trotzdem so: für Agitationszwecke innerhalb der Grünen und als VertreterInnen

grüner SpiritualistInnen nach außen. Gegründet hatte sich die Arbeitsgemeinschaft nach dem von der mehrheitlich realpolitischen Bundes-
tagsfraktion organisierten und bezahlten grünen Kongreß »Wissenschaft
und Politik, Quergedanken, Spiritualität, neue Orientierungen« vom 9.
bis 12. Oktober 1986 auf der Burg Stettenfels. (Vgl. die Einladung der
Grünen im Bundestag vom September 1986). Auf Burg Stettenfels trafen
sich 1976 auch schon die erwähnte Christa Meves und Mitglieder der
NPD, wie zum Beispiel Adolf von Thadden und Rolf Kosiek.

414 Karin Zeitler war vier Jahre im Bundestag und lebt (Stand 1990) im
    WassermannZentrum Hengstberg.
415 Nicht zu verwechseln mit Wolfgang Ehmke aus dem Gorleben-
    Widerstand
416 Anja T. in einem Brief an die Autorin, Eingangsdatum 10. November
    1988
417 Karl Scherer ist Gründer der »Deutschen Gesellschaft für intuitives
    Atmen«. Er behauptet in seiner Biographie, das intuitive Atmen 1979
    »in einem zweijährigen rigorosen Training durch nordamerikanische
    Medizinmänner« (die in Wirklichkeit Riten und Zeremonien geheim-
    halten und vor kommerzieller Nutzung schützen) entdeckt zu haben.
    Als »Enkel eines traditionellen deutschen spirituellen Heilers wurde er
    von zwei Familien nordamerikanischer Medizinmänner adoptiert und
    in die Union Espiritistas Philippina aufgenommen«. Quelle: »Pro-
    gramm 1988« der Deutschen Gesellschaft für intuitives Atmen
418 Schwitzhüttenzeremonien sind Teil des »geistigen Fundaments, auf
    dem die Bereitschaft zum verantwortlichen Handeln angesichts der glo-
    balen ökologischen und sozialen Krise aufgebaut werden soll«. Quelle:
    »Die Erde heilen«, Einladung zu spirituellen Camps vom 30. Juni bis
    4. Juli 1989 im WassermannZentrum und vom 23. bis 27. Juni 1989 bei
    Bebra. Veranstalter: Deutsche Gesellschaft für intuitives Atmen, Frei-
    burg
419 Aus dem Einladungs- und Anmeldungsblatt
420 Alle Informationen aus: Karl Everding (Hg.) *Transformation* 4, Ham-
    burg, September 1983
421 Aus dem Programm der Seminarreihe der Friedens- und Begegnungs-
    stätte Mutlangen: »Hinführung zu Satyagraha«
422 Gugenberger/Schweidlenka, a. a. O., S. 9
423 Erhard F. Freitag *Kraftzentrale Unterbewußtsein.* München 1990,
    S. 315. Zit. in: *Von Karma bis Lebensschutz. Über New Age, Ökofa-
    schismus und Heidentum.* Hg. v. ASA Antifa-Referat der Fachhoch-
    schule für Sozialarbeit und Sozialpädagogik, Bielefeld 1992, S. 11
424 Ebd., S. 74 f
425 *Gugenberger/Schweidlenka*, a. a. O., S. 134−140
426 Einige der nun folgenden Zitate sowie eine Reihe von Anregungen
    erhielt ich aus: *Roman Schweidlenka Altes blüht aus den Ruinen.* Wien,
    zit. in: Von Karma . . ., a. a. O.

427 Gugenberger und Schweidlenka beschreiben in *Mutters Erde*, a. a. .O., die Verbindung zwischen Nationalsozialismus und östlicher Spiritualität: Sie überschneiden sich, wie der Rassismus heute, am Beispiel des hinduistischen Kastensystems. Die Angehörigen der privilegierten oberen Kasten Indiens gelten als Nachfahren der indogermanischen »Arier« und haben oft eine hellere Hautfarbe als die niedrigste Kaste der Unberührbaren, die »Parias«. Es gab enge Verbindungen zwischen Nationalsozialismus und östlicher Esoterik. Unter anderem soll es zum Beispiel in Tibet eine »Hitler-Unterstützerszene« gegeben haben, deren Angehörige nach Hitlers Selbsttötung gleichfalls in den Tod gingen. Manche ariosophische und theosophische Gruppen haben Hitler heute in die »Große Weiße Bruderschaft« eingereiht, wo er Jesus, Buddha, Krischna und Mahatma Gandhi trifft. Der Dalai Lama, der auf die Frage nach diesem merkwürdigen Phänomen noch nie eine Antwort geben wollte, hat in seinen Ausbildungsstätten inzwischen Zehntausende von Menschen erleuchtet beziehungsweise ihnen diese Erleuchtung doch zumindest innerhalb von 16 Leben versprochen.

428 Ebd., S. 129−131

429 Ebd.

430 Ebd., S. 108 ff und S. 121

431 Ebd., S. 108 ff

432 Ebd., S. 128

433 Das Leugnen von grundsätzlichen Widersprüchen finden wir überall wieder. Auch in Sozialtechniken, die der Befriedung von Konflikten dienen, mit dem Ziel, (erfolgreichen) Widerstand gegen die herrschenden Verhältnisse zu verhindern. Vgl. die Ausführungen über das Mediationsverfahren im Kapitel IV dieses Buches.

434 Schweidlenka, a. a. O., S. 47

435 Ebd., S. 54

436 Ebd., S. 14

437 Gugenberger/Schweidlenka, a. a. O., S. 117

438 *Von Karma . . .*, a. a. O., S. 19, zit. in: Horst Saewe »Mit ›New Age‹ in eine bessere Welt?«, in : *Roter Winkel 1/1992*, S. 9; und: Gugenberger/Schweidlenka, a. a. O., S. 88

439 Gugenberger/Schweidlenka, a. a. O., S. 88

440 Ebd., S. 44 ff

441 Ebd., S. 85

441 Ebd., S. 85

442 Ebd., S. 106

443 Ebd., S. 101 ff

444 Wie Norbert Bischof in seinem Buch *Gescheiter als alle Laffen. Ein Psychogramm von Konrad Lorenz.* Hamburg 1991, zit. in: *Die Zeit* v. 31.1. 1992, selbst eingesteht.

445 *Stern 35/1992*

446 Gugenberger/Schweidlenka, a. a. O., S. 104

447 Von denen einer mit seinem mit »ein Göttinger Mescalero« unterzeichneten Brief zum Attentat an Buback im »Deutschen Herbst« 1977 dank der Staatssicherheitshysterie zu einer gewissen Berühmtheit kam. Insgesamt lesenswert: Oliver Tolmein/Detlev zum Winkel *Nix gerafft, 10 Jahre Deutscher Herbst und der Konservatismus der Linken.* Hamburg 1987, hier S. 21–27

448 Zitiert in: Jörg Albrecht »Schillerndes Schlagwort New Age«, in: *ZEITMagazin* 2 v. 8. 1. 1988

449 Gugenberger/Schweidlenka, a. a. O., S. 17

450 Ebd., S. 100 ff

451 Ein Interview mit John Lennon 1971, zit. in: Helmut Röhrling *Wir sind die, vor denen uns unsere Eltern gewarnt haben! Szenen und Personen aus den amerikanischen Sechzigern.* Berlin 1980, S. 118, zit. in: Gugenberger/Schweidlenka, a. a. O., S. 192

452 Ebd.

453 zit. in: Manfred Ach *Arbeitsgemeinschaft Religions- und Weltanschauungsfragen.* München 1982, S. 3

454 *Wormser Zeitung* v., 16. 12. 1987

455 Programm '89 der Lernwerkstatt e. V. Bildungs-und Begegnungshaus in Niederstadtfeld/Eifel

456 Was hat Bahro bei seinem Besuch bei Bhagwahn so beeindruckt? Bhagwan ist ein selbsternannter Gott, für den der Kapitalismus die einzig natürliche Lebensform ist: »eine Form der Energie«. Nachdem er Indien vermutlich wegen Steuerschwierigkeiten verlassen hatte, baute er im US-Bundesstaat Oregon sein »Rajneeshpuram«, einen kleinen Staat auf, den eine eigene bewaffnete paramilitärische Truppe schützte. Bhagwans Sekte ist eine auf einem mystischen Führerprinzip beruhende totalitäre Gemeinschaft, deren Untertanen den Bezug zur gesellschaftlichen Realität verlieren sollen. In seinen Schülerkreisen wurde er auch als »positive Hitler-Figur« verehrt. Aus einer reichen Familie kommend, verachtete er »Untermenschen«, d. h. die unteren Kasten in Indien, und befürwortete deren Zwangssterilisation.

457 Es gibt einen heftigen Briefwechsel über Daniels Unterstützung für den sogenannten Bhagwan. Das Daniels-Zitat findet sich in: *Konkret* 10/1988, S. 82

458 *Connection* Juli/August 1989

459 Interview mit Volker Buddrus in: *Tageszeitung,* Hamburger Ausgabe, v. 18. 4. 1989

460 Rudolf Bahro »Spiritualität und Politik«, Geleitwort zum *Spirituellen Adreßbuch für 1988/89,* geschrieben im September 1987

461 Zit. von: Robert Jungk »Sein Kampf, Kritik an ›Logik der Rettung‹« in: *Tageszeitung* v. 29. 10. 1987

462 Alle Langhans-Zitate stammen aus dem Interview »Es gibt nichts zu tun, packen wir's an«, in der *Tageszeitung* v. 12.4. 1989

463 Ebd.

464 Roger Niedenführ »New Age«, in: Raimund Hethey/Peter Kratz (Hg.) *In bester Gesellschaft. Berichte aus der Grauzone zwischen Konservatismus und Neofaschismus.* Göttingen 1991, S. 141–152

465 *Tageszeitung* v. 12.4. 1989

466 Gespräch mit Rudolf Bahro »Die deutschen Linken und die nationale Frage oder unsere Ölinteressen am Golf«, in *Streitschrift* 3/November 1990

467 Zit. in: Niedenführ, a. a. O., S. 141–152

468 *Der Spiegel* 26/1992

469 Friedrich Engels, Karl Marx *Die heilige Familie oder Kritik der kritischen Kritik.* Frankfurt/Main 1845, in: Karl Marx/Friedrich Engels *Werke, (MEW)* Bd. 2, Berlin(Ost) 1972, S. 7

470 Fritjof Capra *Wendezeit. Bausteine für ein neues Weltbild.* München 1988, S. 330

471 Fritjof Capra *Wendezeit. Der Film.* (Drehbuch) München 1991, S. 43

427 Capra, *Wendezeit,* a. a. O., S. 31

473 Ebd.

474 Ebd., S. 124

475 Ebd., S. 299

476 Ebd., S. 139

477 Ebd., S. 330

478 Ebd., S. 322

479 Zit. in: Albrecht, a. a. O.

480 Ebd.

481 Ebd.

482 Capra *Wendezeit,* a. a. O., S. 209

483 Ebd., S. 210

484 Ebd., S. 32 ff

485 Ebd.

486 Ebd., S. 469 f

487 Bericht von Irene Meichsner in: *Tageszeitung* v. 9. 5. 1988

488 Jakob von Uexküll, damals grüner Nachrücker im Europaparlament, Stifter und Verleiher des alternativen Nobelpreises, Mitveranstalter des Anti-Linken-Gegengipfels TOES anläßlich des Weltwirtschaftsgipfels '92 in München, der kläglich scheiterte. Während zum linken Internationalen Gegenkongreß nahezu 2000 kamen, erschienen bei den Grünen, dem BUND & Co. lediglich 80 bis 200 Menschen. Der Versuch, die Kritik an der herrschenden Weltordnung zu entradikalisieren, scheiterte – vorerst. Besonders widerwärtig war, daß die Veranstalter von TOES, Uexküll, die Grünen, der BUND usw., um Kosten zu sparen, ihre Veranstaltung in einem Kino eines Pornozentrums in München abhielten und ReferentInnen aus dem Trikont an ihren ausgebeuteten und zur Schau gestellten philippinischen Geschlechtsgenossinnen vorbeigehen mußten.

489 *Trigonal, Veranstaltungen und Berichte von Einrichtungen auf anthro-*

posophischer Grundlage im Rhein-Main-Gebiet. Dezember 1991/
Januar 1992

490 Helmut Kirchner »Deutschendämmerung — Soll Deutschland Einwanderungsland werden?«, in: ebd.

491 Rudolf Steiner *Aus der Akasha-Chronik*. Taschenbücher aus dem Gesamtwerk, Band 616, Dornach (Schweiz) 1990, S. 236

492 Gugenberger/Schweidlenka, a. a. O., S. 138

493 Gugenberger/Schweidlenka, a. a. O., S. 142

494 Steiner, a. a. O., S. 29

495 Ebd., S. 32 f

496 Ebd., S. 33

497 Ebd., S. 42 f

498 Ebd., S. 41

499 Rudolf Steiner *Gesamtausgabe*. Band 349: Vortrag vom 3. März 1923, S. 52–67

500 Als »bisherige Autoren« genannt im Impressum von *Wir selbst. Zeitschrift für nationale Identität* 1/1991

501 Roger Niedenführ »Das neue Bewußtsein. Modell für einen mittelständischen Faschismus«, in: *Akaz* 3/Januar 1992

502 Vgl. Gilbert Reis »Waldorfschulen für Arier«, in: *Akaz* 1/92, Nachrichten für Querdenker. Reis bedankt sich bei Volkmar Wölk von der VVN Göttingen für einen entsprechenden Hinweis, und ich bedanke mich bei Gilbert Reis für diesen und weitere interessante Hinweise.

503 Helmut Lörscheid/Leo A. Müller »Öko, Blut und Boden«, in: *Chancen* 10/1988

504 Volkmar Wölk »Zwischen Sekten, Steiner und Neofaschismus«, in: *Roter Winkel* 4/1991; zit. in: *Von Karma bis Lebensschutz*, a. a. O., S. 7

505 Gugenberger/Schweidlenka, a. a. O., zit. in: *Von Karma bis Lebensschutz*, a. a O., S. 8

506 Werner Georg Haverbeck *Rudolf Steiner. Anwalt für Deutschland*. München 1989, S. 143 f, vgl. S. 252 f

507 Ebd., S. 144

508 Ebd., S. 242 f

509 Ebd., S. 244 f

510 Ebd., S. 324

511 Vgl. auch Volkmar Wölk »Neue Trends im ökofaschistischen Netzwerk«, in: Hethey/Kratz *In bester Gesellschaft*, a. a O., S. 119–140

512 Programm der Republikaner, vermutlich 1987, S. 4

513 Lörscheid/Müller, a. a. O.

514 Ebd.

515 *Vlothoer Tageblatt* v. 19. 11. 1982

516 Lörscheid/Müller, a. a O.

517 Wölk »Zwischen Sekten . . .«, a. a. O.

518 Vgl. *Neues Deutschland* v. 23. 6. 1992

519 Broschüre der Antifa-Gruppe Kiel *Dr. M. O. Bruker*

520 Baldur Springmanns Buch *Partner Erde* erschien im rechtsextremen Arndt Verlag und wurde auch im *Spiegel* beworben. Er schreibt für die NPD-nahe »Nation Europa«, für die er als spirituell-ökologischer Ratgeber auftritt. In seiner Hofgemeinschaft Springe, Ostholstein, bildete er weit über 100 Jugendliche aus. Der Hof gehört zur ASE Neuland e. V., einer »agrar- und sozialhygienischen Entwicklungsgesellschaft«, die den biologischen Landbau fördert und mit dem anthroposophischen Demeter-Bund zusammenarbeitet. Den germanisch-deutschen Volksgeist verkörpern, das sieht Springmann ähnlich wie Steiner: Wotan und Odin. Denn die Germanen waren angeblich immer naturverbunden und lebensbejahrend.

521 WSL-Info Nr. 1; zit. in: ASTA/FH Bielefeld *Von Karma*..., a. a O., S. 4

522 *Vlothoer Tageblatt* v. 31. 12. 1982

523 Zusammenfassung aller Quellen für dieses Unterkapitel: (1) *Nationalrevolutionäre*: Die Nationalrevolutionäre. Gegen Fremdherrschaft und Kapital: Nationalrevolutionäre, Grundsätze unseres Wollens − Die fünffache Revolution, ohne Datum (Natrev o. D.) (2) *NPD*: (a) Das Düsseldorfer Programm der NPD von 1973 (NPD 1973); (b) Wurfsendung der NPD von 1988 (NPD 1988); (c) NPD-Zeitschrift *Deutsche Stimme* 4/5 1992 (NPD 1992) (3) *Republikaner*: (a) Grundsatzprogramm der Republikaner, verabschiedet auf dem 1. Bundeskongreß am 26. November 1983 in München (Rep 1983); (b) Programm der Republikaner von 1987 (Rep); (c) Die Dinkelsbühler Erklärung der Republikaner zur Europawahl 1989: Ja zu Europa − Nein zu dieser EG − Deutsche Interessen haben Vorrang (Rep 1989); (d) Parteiprogramm der Republikaner von 1990 (Rep 1990) (4) *Deutsche Volksunion* (DVU): (a) DVU-Flugblatt vermutlich von 1990 (DVU 1990); (b) Programm der DVU Stand: 20. 11. 1989 (DVU 1989); (c) Eigene »Übersicht der Vorstandsmitglieder der Partei und der Landesverbände«, Stand: 20. 11. 1989 (DVU Übersicht 1989 (5) *Freiheitliche Deutsche Arbeiterpartei* (FAP): (a) FAP-Aktionsprogramm, Stand: 15. 8. 1990 (FAP 1990); (b) FAP-Satzung, Stand: 15. 8. 1990 (FAP Satzung 1990); (c) Grundsätze und Ziele der FAP − Wahlprogramm, Gau Rhein-Westfalen (Hg.), Essen ohne Datum (FAP o. D.); (d) Eigene »Übersicht der Vorstandsmitglieder der Partei und der Landesverbände«, Stand: 15. 8. 1990 (FAP Übersicht 1990)

524 Antje Vollmer in der *Tageszeitung* v. 11. 3. 1992

525 FAP o. D.

526 FAP o. D.

527 NPD 1973, Kapitel V: Die Volkswirtschaft − Mensch und Arbeit, Punkt 8

528 NPD 1988

529 NPD 1973, Kapitel V: Die Volkswirtschaft − Mensch und Arbeit, Punkt 8

530 Rep 1983, Kapitel F: Fonds zur Erhaltung der Tier- und Pflanzenarten

531 Rep 1983, Kapitel F: Umweltschutz – Tierschutz – Naturschutz

532 FAP o. D.

533 Rep 1990, Kapitel 12: Tierschutz

534 Rep 1990, Kapitel 7: Weinbau, Landwirtschaft, Forsten, Jagd, Fischerei

535 *Buxtehuder Tageblatt* v. 18. 11.1988

536 DVU 1989

537 DVU 1990

538 DVU 1989

539 DVU 1990

540 NPD 1973, Kapitel VIII: Innere Entwicklung, Raumordnung und Verkehr, Punkte 4, 5, 6, 7 und 10

541 Rep 1990, Kapitel 8: Umwelt und Energie; Verkehr

542 Rep 1983, Kapitel G: Ökologie und Umweltschutz, Punkt 7 Kernenergie

543 Rep 1983, Kapitel P: Sicherung unserer Energie- und Rohstoffversorgung

544 NPD 1973, Kapitel XII: Volksgesundheit und Umweltschutz, Punkte 1, 3, 4, 5, 7 und 8

545 Ernst Bloch *Das Prinzip Hoffnung*. Frankfurt/Main 1977, Bd. 2, S. 541

546 NPD 1992

547 Rep 1989

548 FAP o. D.

549 Rep 1987

550 Rep 1987

551 Für Interessierte hier nur der Hinweis auf die Debatte um Peter Singer, wie sie etwa in *Konkret*, in der feministischen, gentechnikkritischen Zeitschrift *E. Coli-bri* (Hamburg) oder vom *Genarchiv* in Essen geführt wurde und wird, siehe auch Anmerkung 68

552 FAP o. D.

553 FAP o. D.

554 NPD 1973, Kapitel X: Die Familie, Punkte 1, 2 und 5

555 Rep 1987, III. Schwerpunkte, Punkt 9 Frau und Familie

556 Rep 1990, Kapitel 4: Familie, Jugend, Frauen, Gesundheit und Sport

557 Zum Beispiel ist der Begriff des »ungeborenen Lebens« neu, als handele es sich bei einem Embryo um einen fertigen Menschen, der nur noch seinem »fötalen Umfeld«, der Frau, mit der er nichts mehr zu tun zu haben scheint, entfliehen muß. Oder die perinatale Medizin, die sich zwar mit dem Embryo und dem Fötus befaßt, aber die Frau, als deren Teil er wächst, völlig ignoriert oder als ein störendes Objekt und ein Hindernis auf dem Weg zum neuen Subjekt betrachtet.

558 DVU 1990

559 DVU 1989

560 FAP 1990

561 FAP 1990

562 Rep 1983, Kapitel H: Unsere Verpflichtungen gegenüber der Dritten Welt

563 Vgl. das folgende Kapitel
564 NPD 1973
565 Rep 1983, Kapitel F: Umweltschutz − Tierschutz − Naturschutz
566 Rep 1983, Kapitel H: Unsere Verpflichtungen gegenüber der Dritten Welt, Einsatzmöglichkeiten der Bundesrepublik Deutschland
567 Peter Weiss *Die Ästhetik des Widerstands*. Frankfurt/Main 1985
568 *Frankfurter Rundschau* v. 24. 3. 1992
569 Zit. in: *Frankfurter Rundschau* v. 28. 4. 1992
570 *Impulse* 3/1992
571 *Tageszeitung* v. 27. 6. 1992
572 *Der Spiegel* 13/1992
573 *Tageszeitung* v. 26. 1. 1992
574 *Tageszeitung* v. 7. 1. 1992, 26. 1. 1992; DB (Hg.) *Blickpunkt − Bahn aktuell* 5/1992; *Frankfurter Rundschau* v. 22. 7. 1992; *Hamburger Abendblatt* v. 20. 1. 1992
575 Vgl. *Frankfurter Allgemeine Zeitung* v. 3. 8. 1992, 24. 8. 1992; *Neues Deutschland* v. 24. 8. 1992; *Tageszeitung* v. 3. 8. 1992; *Frankfurter Rundschau* v. 4. 8. 1992, 8. 8. 1992
576 *Der Spiegel* 6/1992
577 *Frankfurter Rundschau* v. 27. 4. 1992
578 Die politischen Auswirkungen des Golfkrieges können in diesem Buch nicht untersucht werden. Sehr lesenswert sind zum Beispiel die Beiträge von Andreas Fanidazeh und Gisbert Lepper in: *Diskus* 1/1992, dort auch der von Christoph Kind als Antwort auf Karl-Heinz Roth (in: *Diskus* 4/91) verstandene Beitrag und jener selbst. Desweiteren der Beitrag von Vera Andríc und Alex Demirović in: *Diskus* 3/1992. Der *Diskus* ist eine Frankfurter StudentInnenzeitschrift.
579 *Frankfurter Rundschau* v. 24. 8. 1992
580 *Frankfurter Rundschau* v. 27. 3. 1992
581 Ernst Bloch *Erbschaft dieser Zeit*. Erstausgabe Zürich 1935, hier: Frankfurt/Main 1977, S. 188 f
582 In einem Dokumentarfilm, lt. *Neue Hanauer Zeitung* 70/Februar 1992
583 *Neues Deutschland* v. 11./12. 1. 1992
584 *Frankfurter Rundschau* v. 1. 6. 1992
585 *Aktuell. Zeitung für die Bundeswehr* 63/20. 8. 1992
586 *Der Spiegel* 35/1992
587 *Frankfurter Rundschau* v. 13. 8. 1992
588 *Frankfurter Rundschau* v. 7. 8. 1992
589 Alle Zitate aus der »Petersberger Erklärung«, lt. *Frankfurter Rundschau* v. 20. 6. 1992: »Im Wortlaut«
590 *Tageszeitung* v. 22. 6. 1992
591 Zit. in: *Neues Deutschland* v. 23. 6. 1992
592 Andrea Lederer/Dieter Liehmann »... und morgen die ganze Welt«, in: *Neues Deutschland* v. 22. 6. 1992
593 *Bild am Sonntag*, zit. in: *Frankfurter Rundschau* v. 29. 6. 1992

594 Aus dem Beschluß des SPD-Parteitages vom Mai 1991; zit. in: *Tageszeitung* v. 24. 8. 1992

595 Werner Rätz »Neugestaltung der Bundeswehr«, in: *Atom* 39/Juli/August 1992

596 Brief von Renate Schmidt an das Kraillinger Forum vom 13. Mai 1992

597 *Die Welt* v. 20. 7. 1992

598 *Junge Welt* v. 23. 6. 1992; *Tageszeitung* v. 23. 6. 1992, die Nachrichtenagentur dpa zitierend

599 *Neues Deutschland* v. 25./26. 7. 1992

600 *Tageszeitung* v. 11. 8. 1992; *Frankfurter Allgemeine Zeitung* v. 15. 8. 1992

601 Dokumentiert in der *Frankfurter Rundschau* v. 27. 8. 1991

602 *Tageszeitung* v. 22. 6. 1992

603 Laut Heinz Suhr, der Pressesprecher der Grünen/Bündnis 90 im Bundestag, zit. in: *Lübecker Nachrichten* v. 19. 7. 1992

604 *Frankfurter Allgemeine Zeitung* v. 20. 6. 1992

605 *Frankfurter Rundschau* v. 20. 6. 1992

606 *Frankfurter Allgemeine Zeitung* v. 16. 6. 1992: Dafür stimmten 329 Abgeordnete der alleinregierenden Liberal-Demokratischen Partei (LPD), der Mokeito und der Demokratisch-Sozialistischen Partei. 17 kommunistische Abgeordnete stimmten dagegen. Die Abgeordneten der Sozialdemokratischen Partei (SPD) hatten zusammen mit zwei kleineren − leider von der *FAZ* nicht genannten − Oppositionsparteien versucht, die Abstimmung zu verhindern.

607 *Tageszeitung* v. 27. 8. 1992

608 Zit. Lederer/Liehmann, a. a. O.

609 Vgl. ebd.

610 Interview mit Umweltminister Klaus Töpfer (CDU) im *Spiegel* 14/1992

611 *Greenpeace Magazin* 1/1992

612 Zit. in: Andreas Schweer »Autonome Ökologiegruppe Wuppertal. Die Militarisierung der ökologischen Frage«, in: *ÖkoLinX* 5/1992. Diesem Artikel verdanke ich einige Anregungen.

613 Aus einem Nato-Strategiepapier aus dem Jahre 1971, zit. in der *Frankfurter Rundschau* v. 29. 5. 1989; zit. in: ebd.

614 Was Ökoimperialismus ist, wie er weltweit wirkt, wie widersprüchlich die Konzepte etablierter Umweltorganisationen in den USA und der BRD sind, wird in folgendem Buch ausführlich beschrieben und analysiert: Ditfurth *Lebe wild...*, a. a. O., S. 120−282

615 »Kriege führen für den Frieden«, Gespräch mit Karl R. Popper, in: *Der Spiegel* 13/1992

616 Henry Hatch in der Fernsehsendung »In Zukunft . . . Superbomber und giftige Wale. Umweltpolitik als Sicherheitspolitik der Zukunft«, ausgestrahlt vom WDR am 12. 7. 1991, zit. in: Schweer, a. a. O.

617 *Tageszeitung* v. 27. 5. 1991

618 *Frankfurter Rundschau* v. 13. 7. 1991

619 *Frankfurter Rundschau* v. 31. 1. 1992

620 *Frankfurter Rundschau* v. 21. 5. 1992

621 Zit. in: Schweer, a. a. O.

622 Ebd.

623 *Frankfurter Allgemeine Zeitung* v. 25. 6. 1990

624 Arbeiterkultur und Ökologie e. V.-Institut (Hg.) *Rundbrief* 1/1992, S. 2/3

625 *Spiegel*-Interview mit dem früheren SDS-Bundesvorstandsmitglied Udo Knapp in: *Der Spiegel* 14/1970

626 Alle Zitate aus: Udo Knapp »Grüne Festung Europa«, in: *Natur* 2/1992, S. 44−48

627 Zit. in: Schweer, a. a. O.

628 Sassin/Jäger/Jill u. a. in: Kernforschungsanlage Jülich (Hg.) *Das Klimaproblem zwischen Naturwissenschaft und Politik,* Oktober 1988, zit. in: Schweer, a. a. O.

629 *Frankfurter Rundschau* v. 29. 6. 1992

630 *Die Zeit* v. 24. 4. 1992

631 *Der Spiegel* 16/1992

632 *Frankfurter Rundschau* v. 12. 6. 1992

633 *Tageszeitung* v. 14. 2. 1992

634 *Tageszeitung* v. 1. 7. 1992

635 Veröffentlichung im Herbst 1991, zit. in: *Frankfurter Rundschau* v. 25. 10. 1991; vgl. auch Schweer, a. a. O.

636 Christa Wichterich (Hg.) *Zum Beispiel Bevölkerungspolitik.* Bornheim-Merten 1988, zit. in: Ingrid Strobl *Strange Fruit,* Berlin 1992, S. 25

637 Ebd. und: Nawal, el Saadawi: *Tschador. Frauen im Islam.* Bremen 1980, zit. in: ebd., S. 26

638a *E. coli-bri* Nr. 6, zit. in: Strobl, a. a. O., S. 52

638b Lt. Lis Rasmussen Kazal von der dänischen Organisation »Women and development«; zit. in: *Tageszeitung* v. 9. 6. 1992

639 *Die Zeit* v. 16. 2. 1990

640 Ebd.

641 *Frankfurter Rundschau* v. 24. 6. 1992, 26. 6. 1992

642 *Frankfurter Rundschau* v. 4. 6. 1992

643 Kommunalwahlprogramm der Frankfurter Grünen, 1989, S. 7

644 *Frankfurter Rundschau* v. 20. 8. 1992

645 Zur Geschichte der politischen Jusitz: *Terroristen und Richter.* Band 1: Heinrich Hannover *Terroristenprozesse.* Band 2: Rolf Gössner *Das Anti-Terror-System.* Band 3: Margot Overath *Drachenzähne.* Hamburg 1991

646 *Der Spiegel* 35/1992; *Frankfurter Rundschau* v. 9. 7. 1992

647 *Tageszeitung* v. 4. 6. 1992

648 *Frankfurter Rundschau* v. 13. 5. 1992; *Frankfurter Allgemeine Zeitung* v. 31. 8. 1992; Björn Engholm in der Tagesschau (ARD) vom 29. 8. 1992

649 *Frankfurter Rundschau* v. 14. 8. 1992; *Der Spiegel* 34/1992

650 *Der Spiegel* 34/1992

651 *Tageszeitung* v. 27. 3. 1992
652 *Hör Zu* v. 31. 1. 1992
653 *Die Welt* v. 19. 8. 1992; *Frankfurter Rundschau* v. 21. 8. 1992
654 *Hör Zu* v. 10. 1. 1992
655 Mario Krebs *Ulrike Meinhof.* Reinbek 1988, S. 241 ff
656 Vgl.: Hans-Joachim Fietkau *Psychologische Ansätze zu Mediations-Verfahren im Umweltschutz.* (Schriften zu Mediations-Verfahren im Umweltschutz Nr. 1, Veröffentlichungsreihe der Abteilung Normbildung und Umwelt des Forschungsschwerpunkts Technik − Arbeit − Umwelt am Wissenschaftszentrum Berlin für Sozialforschung. Hg. v. Wissenschaftszentrum Berlin für Sozialforschung GmbH [WZB] Berlin (ohne Datum, vermutlich Anfang 1992)
657 Dr. Peter Wiedemann/Gerhard Hunnius, Programmgruppe Mensch, Umwelt, Technik der Kernforschungsanlage Jülich und der Basisresearch GmbH, Frankfurt, »Kommunikationsprobleme bei der Vermittlung technischer Sachverhalte«, Mai 1992, S. 7
658 Ebd., S. 10
659 Ebd., S. 23
660 *Mediation in der Umweltpolitik. WZB-Mitteilungen* 53/September 1991, S. 5 ff
661 *Frankfurter Rundschau* v. 30. 6. 1992
662 *Frankfurter Rundschau* v. 13. 6. 1992
663 *Frankfurter Rundschau* v. 30. 6. 1992
664 *Schering Information* 10/1980, zit. in: Ute Sprenger »Das große Geschäft mit kleinen Hormonbomben«, in: Schering-Aktions-Netzwerk (SchAN), Henry Mathews (Hg.) *Die Pille macht Macht. Berichte über die Geschäfte von Schering.* Stuttgart 1992, S. 45; *Tageszeitung* v. 19. 6. 1992
665 Vgl. Ralf Störmer »Menschenversuche und Massensterilisation«, in: Schering-Aktions-Netzwerk, ebd., S. 33−44
666 Ulrich Moebius, Vorwort, in: Schering-Aktions-Netzwerk, ebd., S. 7/8
667 Ebd.
668 Ganzseitige Anzeige in *World Watch. Das globale Umweltmagazin,* Mai/Juni 1992
669 Quellen für Ökosponsoring: *Frankfurter Rundschau* v. 13. 2. 1992, 29. 2. 1992, 26. 7. 1992; *Tageszeitung* v. 13. 2. 1992, 27. 5. 1992, 19. 8. 1992; *Frankfurter Allgemeine Zeitung* v. 30. 4. 1992; *Neues Deutschland* v. 12. 6. 1992; *Greenpeace Magazin* V/1991; *az − andere zeitung* (Frankfurt/Main) v. 28. 2. 1992; *Gen-ethischer Informationsdienst* 72/November 1991
670 Quellen: *Tageszeitung* v. 9. 6. 1992; *Frankfurter Rundschau* v. 6. 6. 1992; *Neues Deutschland* v. 3. 6. 1992; *Der Spiegel* 24/1992; *Tageszeitung* v. 27. 5. 1992
671 *Frankfurter Allgemeine Zeitung* v. 30. 4. 1992
672 Ebd.